U0741900

基于"双自"教育的对分课堂实践研究

黄斌裕 曹明 主编

文汇出版社

图书在版编目(CIP)数据

基于"双自"教育的对分课堂实践研究 / 黄斌裕,
曹明主编. -- 上海 ：文汇出版社，2024.11. -- ISBN
978 - 7 - 5496 - 4369 - 1

Ⅰ. G632.0

中国国家版本馆 CIP 数据核字第 2024KT5109 号

基于"双自"教育的对分课堂实践研究

主　　编/ 黄斌裕　曹　明

责任编辑/ 张　涛　盛　纯

封面装帧/ 张　晋

出 版 人/ 周伯军

出版发行/ 文匯出版社

　　　　　上海市威海路 755 号　（邮政编码 200041）

经　　销/ 全国新华书店

排　　版/ 南京展望文化发展有限公司

印刷装订/ 启东市人民印刷有限公司

版　　次/ 2024 年 11 月第 1 版

印　　次/ 2024 年 11 月第 1 次印刷

开　　本/ 787×1092　1/ 16

字　　数/ 551 千字

印　　张/ 26.00

ISBN 978 - 7 - 5496 - 4369 - 1

定　　价/ 90.00 元

· 版权所有　侵权必究 ·

本书编委会

主　编　黄斌裕　曹　明

编　委　王志法　何月清　毛赛英　顾忠华

　　　　黄金华　盛依军　付　兵　高宇丽

　　　　顾彩凤　吴杨叶　张　斌　陆佳雯

"基于'双自'教育的对分课堂实践研究"是由浦东新区教育局立项,上海市蔡路中学于2019年4月开始研究,至2024年3月结题的学校龙头课题。

近五年的时间里,本课题基于学校"双自"教育理念与张学新教授创立的对分课堂教学模式进行了探索实践研究,既有课题内涵的阐释、文献研究的综述和学生教师素养提升情况的调查,也有对初中学生"双自"素养发展目标的定位和培养内容的厘定,还有课题行动研究实施的基本步骤、策略、形式、方法和评价体系。在教育教学实践活动中,逐步增强学生自主学习和管理的意识、提高自主学习和管理的能力、养成良好的自主学习和管理的行为习惯,进而提升学生的整体素养;提高教师的课题研究素养和其他专业素养;促进学校初中强校工程建设,提高办学质量和促进学校特色建设。

开展这一课题研究,主要基于以下三个方面的认识:

一是对分课堂实践符合发展学生核心素养的要求。2016年9月,教育部发布的"中国学生发展核心素养",提出了学生需要发展核心素养。教育部基教司领导还提出,各级各类学校要从实际情况和学生特点出发,把核心素养和学业质量要求落实到各学科教学中。核心素养的培养要求,迫切需要借助对分课堂,把眼光投向学生的成长和发展,观察学生在整个学习过程中的注意力、意志,甚至情绪、心理等生命状态,关注学生价值观的形成。

二是提高农村初中学生"双自"素养的需要。蔡路中学地处浦东新区新农村建设实验区。随着城镇化的发展,外来务工人员随迁子女占学校学生总数的比例迅猛增加,已达57%左右,优质生源大量减少。这一增一减,在行为规范的矫正与养成方面、积极向上的学风与班风的形成方面、家庭教育的环境建设方面,都给学校带来了新的难题与考验。其根本,是因为以外来务工人员随迁子女为主的农村初中学生,缺乏相关自主学习、自主管理的意识、知识、能力和行为习惯。因此,通过对分课堂的实践来加强对学生自主学习和自主管理素养的培养,显得十分迫切。

三是实施强校工程建设的需要。上海市教育委员会《关于实施百所公办初中强校工程的意见》(2018年7月4日)指出,强校工程实验校"要以提升教育教学质量为核心","加强学生社会责任感、创新精神和实践能力的培养,为不同需求的学生提供可选择的综合学习经历,提高学生综合素养",促进学生积极主动发展和全面健康成长。2010年以来,蔡路中学在"推行'双自'教育理念,促进师生共同成长,打造农村地区强校"办学目标的指导下,通过推行"双自"教育的实践与研究,已初步形成了"实施'双自'、促进学生自主发展"的办学特色。因此,实施基于"双自"教育的对分课堂的实践研究,促进学生相关良好学习素养的养成,促进学校特色的创建与发展,已被实践证明是较为有效的途径。我们期望通过对分课堂的实践研究,让学生在自主学习、自我管理的过程中更好地成长起来,从而更好地落实强校工程建设的目标。

基于以上认识,我们在与市、区相关专家研讨强校工程建设实验项目时,把目光聚焦到实施对分课堂实践促进学生"双自"素养发展的实践研究上。我们聘请浦东教育发展研究院的原资深科研员曹明老师来校做蹲点指导,开始了课题研究的历程。

本课题的研究过程,经历了以下四个阶段:

1. 准备阶段(2019年4月—2019年9月上旬)

(1) 在张学新教授和曹明老师的指导下,申报课题。

(2) 收集情报资料,设计课题研究方案。

(3) 成立课题组,明确分工,落实研究任务。

(4) 开展"学习对分课堂理念、促进教师专业发展"读书征文活动。

(5) 组织开题论证,听取专家意见,完善总课题和子课题研究方案与实施计划。

(6) 梳理研读文献资料,进行筛选、分类、分享和开展文献综述研究。

2. 实施阶段(2019年9月中旬—2022年12月)

(1) 理论研究

在实施阶段初期,以文献为主,结合专家论证与同伴互助,初步完成本课题内涵、情报、学生"双自"素养发展的总目标与分年级目标、学生"双自"素养培养内容的研究。之后,随着行动研究与文献研究的逐步深入,加以完善。

(2) 实践研究

第一轮行动研究(2019年9月中旬—2020年8月)

① 根据课题研究目标和学生"双自"素养培养内容,对实践探索过程中的基本步骤、策略、方式、方法与评价等内容制订实施计划,细化操作设计;② 根据计划,在本校全体学生中实施行动研究;③ 对研究情况进行观察、记录、分析、反思;④ 根据研究过程中出现的新问题,调整研究的实施计划。

第二轮行动研究(2020年9月—2022年12月)

　　根据调整后的计划,继续对实践探索过程中的实施基本步骤、策略、模式形式、方法与评价标准和评价方法等内容,进行第二轮行动研究,直至基本实现研究目标。

　　(3)调查研究

　　根据调查设计的要求,在实践教师进行课题实施的初期和总课题组进行实践研究基本结束时实施学生"双自"素养和教师素养现状的调查研究,为实施阶段提高设计的针对性和总结阶段提炼实践效果提供依据。

　　3.总结阶段(2023年1月下旬—2024年3月上旬)

　　(1)整理研究资料,进行初步分析。

　　(2)修改完善教师专题总结、课例和主题式案例。

　　(3)构思研究报告框架,撰写研究总报告。

　　(4)组织论证,修改完善总报告。

　　(5)汇编研究成果,申请课题结题。

　　4.深化研究阶段(2024年3月中旬—2024年11月中旬)

　　(1)梳理结题材料,推进实化、深化研究。

　　(2)听取专家意见,逐步完善个人研究成果。

　　(3)课题组成员与专家紧密合作,逐步完善集体研究成果。

　　(4)听取出版社编辑意见,完成学校层面定稿。

　　(5)配合出版社编辑,完成区级课题综合成果选出版。

　　(6)组织现场会,交流宣传研究成果。

　　实践研究表明,借助对分课堂教学,学生的"双自"意识有明显提升,"双自"能力和"双自"良好习惯也有较大的提高和改善,如,学生在课堂上能专注听讲、内化吸收知识、积极讨论,学习效果明显提升;研究也促进了教师的课题研究素养和其他专业素养的发展,从而带动了教学实效性的提高。学校形成了良好的科研氛围,提升了整体教育质量,促进了强校工程与后强校工程建设和"双自"教育的特色发展。

　　本课题的研究具有很强的针对性,研究内容比较系统、全面,突出实践性,兼具理论阐述、现状调查和评价体系研究;所用科研方法适切;研究结果规范、系统、科学,具有一定的创意。因此,本课题的研究对同类学校实践基于"双自"教育的对分课堂、在一所公办的农村类初级中学开展整体研究、促进中学生"双自"素养的合理定位、开展系列实践举措的探索和评价体系的设计与实施等,具有一定的普适性。

　　本课题研究得到了浦东教发院原资深科研员曹明老师的全程指导和倾力帮助,得到了王志法和黄斌裕前后两任校长,以及广大干部、教师的大力支持和积极参与,得到了课题组成员的辛勤付出。这些,都保证了课题研究的顺利实施、成果的总结和书稿质量的提高。

　　这本区级课题综合成果选集《基于"双自"教育的对分课堂实践研究》正是大家共同努力的结晶。本书包括综合研究报告1篇、子课题研究报告3篇、小课题专题总结8篇、研究课课例2篇、主题式案例11篇,共25篇。

　　本书能够顺利出版,也得到了出版社和编辑的鼎力支持,在此一并表示感谢。

　　本书在出版过程中难免存在不足之处,敬请读者指正。

编　者

2024 年 7 月

目 录

第二篇　子课题研究报告

第三篇　小课题专题总结

第一篇

结题报告

"基于'双自'教育的对分课堂
实践研究"结题报告

黄斌裕(上海市蔡路中学)

曹　明(上海市浦东教育发展研究院)

王志法　何月清　毛赛英　顾忠华　黄金华　盛依军　付　兵

高宇丽　顾彩凤　吴杨叶　张　斌　陆佳雯(上海市蔡路中学)

一、问 题 提 出

(一) 概念界定

所谓"'双自'教育",是指学校有组织地对学生进行"自主学习、自主管理"方面素养的培养,以提升初中学生"自主学习、自主管理"的相关意识、能力和行为。

"对分课堂",是复旦大学心理学教授张学新博士于 2014 年原创的一种新型教学模式,由呈示、独学、讨论、对话四个教学元素组成,以课堂讲授(Presentation)、内化和吸收(Assimilation)、讨论(Discussion)这三个环节来平衡教师与学生的权力,贯彻"权责对分"新理念,也被称为 PAD 课堂。其核心理念是把一半课堂时间分配给教师进行讲授,另一半分配给学生以独学和讨论的形式进行交互式学习,其关键创新在于把讲授和讨论错开,让学生在中间有一定的时间自主安排学习,进行个性化的内化吸收。如此,给予学生一定的自由空间去探索,让学生去反思、发现问题,从而会引发新颖的想法。学生创新的欲望提升了,创造性行为增多了,学习能力也就提升了。

"实践研究",是指课题研究内容中以操作性举措为主要部分的探索过程。在本课题中,主要是指研究内容中的"实践探索"(核心是在初中学科的课前、课中与课后"三程"教学实践的实施基本步骤、实施策略、实施形式和实施方法中,有机融入"对分课堂"的相关理念与对分的具体形式,来促进初中学生"双自"素养发展目标和素养培养内容落实的探索过程)。

"基于'双自'教育的对分课堂实践研究",是指通过研究,揭示本课题的内涵,了解国内外相关研究的现状和本校师生素养的现状,厘定初中学生"双自"素养发展目标和培养内容,开展基于"双自"教育的学科对分课堂实践之实施基本过程、实施策略、实施形式、实施方法与评价体系的探索,逐步增强学生自主学习和管理的意识、提高自主学习和管理的能力、养成良好的自主学习和管理的行为习惯(简称"双自三素养"),进而提升学生的整体素养,提高教师的课题研究素养和其他专业素养,促进学校初中强校工程建设,提高办学质量和促进学校特色建设。

(二)研究依据

1. 对分课堂实践符合发展学生核心素养的要求

2016年9月,教育部发布的《中国学生发展核心素养》提出了核心素养,是指学生应具备的、能够适应终身发展和社会发展需要的必备品格和关键能力,以培养"全面发展的人"为核心,把学生需要发展的核心素养分为文化基础、自主发展、社会参与三个方面,综合表现为人文底蕴、科学精神、学会学习、健康生活、责任担当、实践创新六大素养,具体细化为国家认同等十八个基本要点。教育部基教司领导还提出,各级各类学校要从实际情况和学生特点出发,把核心素养和学业质量要求落实到各学科教学中。落实核心素养的培养要求,迫切需要我们借助对分课堂,把眼光投向学生的成长和发展,观察学生在整个学习过程中的注意力、意志,甚至情绪、心理等生命状态,关注学生价值观的形成。可见,基于"双自"教育的对分课堂实践研究完全符合当前"深化课程改革"聚焦于发展学生核心素养的精神与要求。

2. 符合主体性教育理论和现代学习理论

主体性教育理论认为,主体性是人的本质特征和发展水平的根本标志,教育的根本目的在于发展人的主体性。现代教学论把建构学习主体作为教学的根本目的,也就是要培养乐于学习和具有自主学习能力的人。

现代学习心理学认为学习是在已有经验的基础上自主获得新的经验,产生持续行为变化的过程。同时,现代学习理论又揭示,每个人都具有自主学习的需要和特点。

"以学生为本"的现代教育思想指出,以学生为本,就是在教育过程中,确认学生才是认知和发展的主体,是具有独立意志和认识潜能的实践者,是管理的主体,更是育人的主体。

3. 是实施强校工程建设的需要

上海市教育委员会《关于实施百所公办初中强校工程的意见》(2018年7月4日)指出,强校工程实验校"要以提升教育教学质量为核心","加强学生社会责任感、创新精神和实践能力的培养,为不同需求的学生提供可选择的综合学习经历,提高学生综合素养",促进学生积极主动发展和全面健康成长。

上海市蔡路中学(以下简称蔡路中学或蔡中)在"推行'双自'教育理念,促进师生共同成长,打造农村地区强校"办学目标的指导下,在2010年和2016年开展过"双自"教育两个区级课题的实践与研究,已初步形成了"实施'双自'、促进学生自主发展"的办学特色。因此,实施基于"双自"教育的对分课堂的实践研究,促进学生相关良好学习素养的养成,促进学校特色的创建与发展,已被实践证明是较为有效的途径。我们期望通过"双自"教育目标引领下的对分课堂多元实施模式的实践研究,让学生在自主学习、自我管理的过程中更好地成长起来,从而更好地落实强校工程建设的目标。

４.是提高农村初中学生"双自"素养的需要

蔡路中学地处浦东新区新农村建设实验区。随着城镇化的发展,外来务工人员随迁子女占学校学生总数的比例达到67%左右,给学校教育教学管理带来的影响日益增大,在行为规范的矫正与养成方面、积极向上的学风与班风的形成方面、家庭教育的环境建设方面,都给我们带来了新的难题与考验。其根本,是因为以外来务工人员随迁子女为主的农村初中学生,还缺乏相关自主学习、自主管理的意识、能力和良好的行为习惯。因此,通过对分课堂的实践,来加强对学生自主学习和自主管理素养的培养,显得十分迫切。

(三) 国内外研究现状

1.文献概况

2.国内研究

(1)"双自"教育方面

(2)对分课堂方面

① 起源

② 实践

3.国外研究

(1)"双自"教育方面

① 学生自主学习方面

② 学生自主管理方面

(2)对分课堂方面

区级课题的情报综述框架,另有2.06万字的子课题报告(具体参见相应报告)。

4.结论与建议

(1)基本结论(三个方面)

(2)研究建议

概括了"基于'双自'教育的对分课堂实践研究"区级课题的研究,以及需要把握的三大方面七项研究内容的重心和新意。

区级课题的情报综述框架的具体内容,另有2.06万字的子课题报告(具体参见相应报告,此处均略)。

二、研 究 概 况

(一) 研究目标

1.实践目标

通过研究,逐步增强初中学生自主学习和管理的意识、提高自主学习和管理的能力、养成良好的自主学习和管理的行为习惯,进而提升学生的整体素养;提高教师的课题研究素养和其他专业素养;促进学校初中强校工程建设,提高办学质量和促进学校特色建设。

2. 理论目标

通过研究,揭示本课题的内涵,了解国内外相关研究的现状和本校初中生"双自"素养的现状,厘定初中学生"双自"素养的发展目标和培养内容,开展基于"双自"教育的学科对分课堂实践之实施基本过程、实施策略、实施形式、实施方法与课题评价体系的探索,构建本课题的操作框架,总结实施的经验,丰富基于"双自"教育的对分课堂实践的理论。

(二) 研究组织

为提高课题研究的实效,学校建立了"四个保障"的课题研究组织机制。具体如下:

1. 组织机构保障

这是指学校内部建立总课题→一级子课题→教师小课题研究的纵向分层级的组织体系保障,分别承担相应的课题研究组织、协调等工作,以保证整个课题研究的有序、有效实施。

成立学校课题研究领导小组,领导小组由学校校长王志法任组长(2023 年 8 月后,黄斌裕接任,并报备),负责课题研究的领导工作,进行课题研究的整体构思,审核课题研究方案和实施计划,同时加强课题组成员的素质建设。学校教科室,是课题研究的组织者、指导者,承担课题研究方案的设计、研究计划的制订、课题研究的具体操作实施和协调工作;学校政教处、教导处和其他有关组室,按课题组要求,参与具体组织课题组成员和实践教师实施课题研究。此外,我们还聘请了上海市浦东教育发展研究院(简称浦东教育发展研究院、浦东教发院或教发院)的原资深科研员曹明老师,进行课题的蹲点研究,负责整个课题研究的全程指导工作。

校内四个层级的课题研究组织保证机制与浦东教发院科研专家纵横结合的有机指导,使大家清楚各自的职责,保证了整个课题研究的有序、有效实施。

2. 适时培训保障

这主要是指在浦东教发院全程指导科研专家曹明老师的支持下,根据课题研究的进程需要,对相关研究人员进行有针对性的培训保障机制,可以提高不同阶段课题研究的实效。

首先,对课题组核心成员进行选题和设计的培训指导,在开题准备阶段,对一级子课题和部分教师小课题成员,进行选题、设计和开题报告撰写的指导。其次,在开展实践前,对全体教师进行区级课题解读。最后,围绕课题的实践推进和成果总结,学校组织加强对实践教师的培训:曹明老师先后做了教育科研课题研究方案设计中常见问题与对策的总结、区级课题研究课课前版教学设计(教案)与课后"一体式"课例的撰写、教育类课题经验总结的撰写、一级子课题和教师小课题研究报告的撰写、个别教师的区级课题情报综述论文的撰写、调查问卷的设计与撰写等,以及对集体或小组、个别的培训与有针对性的辅导。

集体培训、小组培训和个别辅导的实施,较好地满足了课题不同阶段研究的需要和参与研究教师的针对性需要,引领了总课题研究的方向和参与研究教师的研究思路、研究内容、研究方法、过程安排、困难化解,提高了课题研究的实效和参与教师的科研素养。

3. 实践研究保障

所谓"实践研究保障",是指积极推进课题研究的实践启动和逐步深入开展的保障机制。

如前所述,一是学科渗透教育研究课、德育主题活动和社团活动实践课的设计与课例(案例)撰写的培训保障;二是学科研究课与主题班会课等活动课的设计、观课、评课、改进的指导保障;三是实践文本规范表达操作实践框架与实化、细化撰写总结性成果的指导保障(这又分为三类保障:一为校内、教研组和年级组内互动机制保障;二为与浦东教发院全程指导学校区级课题研究的科研专家曹明老师的定期互动保障;三为课题组成员结合自己在教育教学中碰到的问题,围绕课题的选择、设计、实施与总结,开展自主实践与完善的保障)。

多层面实践研究保障机制的建立与落实,使三大实施途径——学科渗透教育、德育主题活动和社团活动实践得以顺利启动和逐步深入推进;保证了阶段性实践成果的不断涌现和参与区、学区级相关成果的交流;为后续相关一级子课题和总课题成果的总结积累了较为扎实的过程性实践研究资料和成果,提高了不同层面成果总结的质量。

4. 整合实施保障

这是指通过借助已有的研究成果,来减轻学校组织课题研究和参与研究教师的负担,提高课题研究的实效。

近年来,学校先后开展了"改进家庭教育促进学生主动学习""运用信息技术促进初中学生自主学习的研究""农村学校实施'双自'教育促进学生自主发展的实践研究""基于发展农村初中学生'双自'素养的校本课程建设研究"的课题研究,都取得了一定的成果。这些成果,有的与实施途径有关,有的与实施策略、实施形式、实施方法有关,有的与"双自"课程学材开发、实施与评价有关,有的与"双自"教育区级课题研究的评价体系探索有关。借助这些课题研究的成果,可在研究的组织、研究的内容、初中生"双自"素养的培养目标与内容、实施的举措和评价体系等方面,为区级课题"基于'双自'教育的对分课堂实践研究"提供便利。

(三) 研究方法

1. 文献法

在课题准备阶段,收集国内外相关情报资料,汇编电子版《基于"双自"教育的对分课堂实践研究情报资料》;在课题研究的实施和总结阶段,继续查阅文献、资料,寻找相关理论支撑,指导理论研究、实践操作、评价探索和成果总结。

2. 调查法

受新冠肺炎疫情影响,原定前测未完成。在实施阶段,把局部调查基于发展初中学生"双自"素养的对分课堂实践研究的效果,作为调整和总结的依据。在总结阶段后期,对学校基于发展初中学生"双自"素养的现状和教师研究素养的现状进行了问卷调查和访谈,为总结课题研究的实效提供了实证依据。

3. 行动研究法

在课题实施阶段,根据对本校初中生"双自"素养现状诊断的结果,参考总课题方案、实践目标,尤其是学生"双自"素养的培养目标和培养内容,按照行动研究法的基本程序"计划—行动—观察—调整",对基于发展初中学生"双自"素养的对分课堂实践研究的实施基本步骤、策略、形式、方法与评价标准,进行了两轮实践研究,努力实现研究目标(两轮的安排,见下文实施过程)。

4. 案例法

一是学科课堂教学研究课课例。在课题研究的实施和总结阶段,本课题以学科课堂教学的课题研究课为主,在了解了任教学生相关现状的基础上,参照总课题初步设定的学生"双自"素养的发展目标和培养内容,明确相关课的研究主题,交代设计思路,厘定学科本体和研究主题这"两个本体"的相关教学目标,设计和实施教学过程,组织观课、说课、评课、改课,概括研究课的实效、反思和意义,形成了相关学科课题研究课主题的课例(2篇),为总课题的实践研究提供了基于教师学科课堂实践的课例研究实证依据。二是主题式案例。在课题研究的实施和总结阶段,本课题挖掘学科课堂内外课题研究和课题教学的亮点、师生素养的变化等,确定总结主题,进行随机发掘和总结,完成了主题式案例(11篇),为总课题的实践研究提供了基于师生教和学过程中相关亮点之主题案例总结成果的实证依据。

5. 经验总结法

在课题准备阶段,收集本校前几年培养学生"双自"素养的资料,提炼基于发展农村初中学生"双自"素养实践研究的相关经验,为课题方案的设计、后续对分课堂的实践提供参考;在课题实施阶段,及时注意总结各类实践成果与研究经验;在课题总结阶段,运用本方法,整理分析课题研究资料,撰写相关专题总结(8篇)和总课题的结题报告与子课题报告(4篇)。

(四) 研究过程

从2019年4月18日学校启动区级课题申报设计,到2024年3月2日申请区级课题结题,再到2024年7月下旬深化研究的完成,和其后到2024年11月成果出版期间的互动,记录了本区级课题研究中的集体培训、专家到校与子课题组成员的现场集体辅导、个人小课题的组合辅导和个别辅导,以及5年来大量的日常线上、在家的个别互动辅导,还有学校内部的集体、子课题组和小课题组间的集体活动、部分教师所提供的自主研究活动,共计课题研究不同阶段的事项1200余次。以下为部分重要活动的记录概况。(说明:表中序号为课题组成员围绕此课题开展研究工作的活动过程次第。一次具体活动为一个序号。）

表1 2019年区级课题"基于'双自'教育的对分课堂实践研究"之实施过程

序号	时间	主要研究工作
准备阶段（2019年4月—2019年9月上旬）		
1～3	2019.4.18	在浦东教发院原资深科研专家曹明老师和对分课堂创始人张学新教授的指导下，启动区级课题"基于'双自'教育的对分课堂实践研究"的申报设计；至月底逐步完善申请书方案；完成申报工作
4～8	2019.5	收集情报资料；在曹明老师的指导下启动总课题开题报告的设计
		成立课题组，明确分工，落实研究任务，在曹明老师的指导下启动子课题和部分小课题定题和初步设计
9～11	2019.5.29	上海市强校工程指导专家、上海市复旦大学心理学系教授、博士生导师张学新来上海市蔡路中学，指导蔡路中学数学教研组组长高宇丽老师开设"分类讨论思想在等腰三角形中的运用"的数学课，实施对分课堂实践；组织评课和改课
12～14	2019.7—2020.8	学校组织开展"学习对分课堂理念、促进教师专业发展"读书征文活动。课题组成员阅读张学新教授的专著《对分课堂——中国教育的新智慧》，阅读《对分课堂：本土原创、普适易用的新型教学模式》《对分课堂的基本操作》等文章；邀请专家进行征文评比；学校组织颁奖活动
15	2019.7.19	浦东新区教育局公布课题立项
16～19	2019.9.13	邀请曹明老师指导解读区级课题申请书；开展总课题研究方案细化与完善设计的集体指导
		细化研究任务，确定子课题和部分小课题；指导开题报告设计
实施阶段（2019年9月中旬—2022年11月上旬）		
20～21	2019.11.19	市、区两级"强校工程"学校的全体初三道德与法治教师在浦东新区道德与法治教研员张曦老师的组织下，来到上海市强校工程实验校蔡路中学，共同参加以"基于单元设计的实践研究"为主题的道德与法治"对分课堂"教学研讨活动；组织开课和研讨活动
22～28	2019.11—2019年12月中旬、2019.12.25	组织总课题开题报告细化设计和部分子课题、小课题开题设计；组织区级课题"基于'双自'教育的对分课堂实践研究"开题研讨会。开题报告会由课题负责人、上海市蔡路中学校长王志法主持，校教科室何月清老师做开题报告，课题组子课题负责人任杰做子课题报告。上海市强校工程指导专家、复旦大学教授、博导、"对分课堂"创始人张学新，以及浦东新区教发院教科室教科研专家郑新华、原浦东新区教发院教科室教科研专家曹明对课题开题进行点评
29～52	2020年上半年	新冠肺炎疫情期间，结合空中课堂学习，创造性地开展"云对分"教学实践课11节次的设计、上课、评课和课后的自主反思与改进活动

序号	时间	主要研究工作
53～100	2020.3—2020.5	在应对新冠肺炎疫情而实施空中课堂网络教学的过程中,始终以"对分课堂"理念指导特殊时期的教学,实施空中教学的"云对分",其中,有 12 位教师撰写对分课堂的"云对分"教学案例,这些教学案例发表在"对分课堂"公众号上
101～124	2020.3—2020.5	因新冠肺炎疫情,课题组研究人员以文献研究、资料查阅研读为主开展自学
125～126	2020.6	制订"上海市蔡路中学'对分课堂'教学改革发展计划";组织教研组学习与研讨
127～128	2020.6.23	学校撰写申请材料,获评"全国中小学对分课堂示范校"称号
129～130	2020.6.30	课题研究工作学期总结与专家点评,提出暑期和下学期研究的重点工作
131～132	2020.9	听取专家意见,制订新学期课题工作学期安排与布置
133～134	2020.9	继续收集情报资料,并进行初步梳理和分析
135～139	2020.9	组织"对分课堂"教学实践课例论文,报送 4 篇,参加区教育学会论文评选
140～160	2020.9.11—2020 年 9 月下旬	曹明老师一对一多轮辅导 7 位拟开公开研究课教师的教案设计
161～184	2020.9.21—2020.9.25	开展了"立足对分课堂,展现教师风采"教学展示活动。蔡路中学 8 名名师基地学员进行了课堂教学展示,学校聘请了语文、数学、体育、音乐、化学、地理等学科相关专家来校指导课堂教学展示活动,专家们通过微型讲座对相关学科教师进行了培训。9 月 22 日,数学教研组高宇丽老师和张杰老师开设了"相似三角形的判定"和"一元二次方程的解法"公开课;杨一帆老师开设了音乐课"美洲映象";张婷老师开设了化学展示课"人类赖以生存的空气";9 月 23 日下午,徐涛老师进行了"地形的分布"第一课时的公开教学;9 月 24 日下午,乔晶老师和杨哲明老师进行了教学展示,乔老师以"篮球:急停急起"一节内容开展教学,杨老师以说课的形式展示了初二年级的"排球:正面双手垫球"这一内容;9 月 25 日,张丽芳老师开设"回忆我的母亲"公开课
185～192	2020.9.29	曹明老师一对一辅导 8 位公开研究课教师的课例撰写
193～203	2020.10—2020.12	郑新华老师、曹明老师指导课题的研究实施。每隔周周五,曹明老师到校与课题组成员互动,完善课例撰写
204～205	2020.10.13	华文侠老师执教语文"湖心亭看雪"对分课堂实践课,并进行评课
206～207	2020.10	设计蔡路中学学生基于"双自"的对分课堂学习素养现状调查问卷答题卡,分三次对全校 142 名学生进行抽样调查

续　表

序号	时间	主要研究工作
208～209	2020.11.11	曹明老师辅导课题中期检查报告的撰写;收集研究资料
210～215	2020.11.12—2020.11.17	整理研究资料
		与曹明老师现场互动,构建课题中期报告框架-1
		完成中期报告-1
		曹明老师网上修改反馈中期报告-1
		完善中期报告-2和-3
216	2020.11.20	王志法校长制订课题近期主要研究工作计划
217～218	2021.1	课题工作学期总结;布置寒假和下学期主要研究工作
219	2021.3.2	完成课题学期推进计划(2021.2—2021.8)
220～223	2021.3.19	曹明老师提供学科研究课例、主题式案例、主题教育活动课课例实例＋模板,供课题组成员学习
224～235	2021.3—2021.4	开展基于"双自"教育的对分课堂教学实践研究活动。3月17日,语文学科三位教师开设了基于"对分课堂"理念的教学实践和观课、说课、评课活动,即预备年级朱毓虹老师授课内容是小说《那个星期天》;初二年级张丽芳老师执教"阿西莫夫短文两篇";初三年级华文侠老师开展"说明文阅读"阅读指导课;4月6日下午,录播教室举行"加强学情研究,促进均衡发展"——初三数学"对分课堂"主题教研活动,张燕玲老师执教了"专题六:代数方程(1)"
236～246	2021.5—2021.6	曹明老师每隔周周五定期到校与课题组成员互动,完善相关教师主题式案例和专题总结的撰写
247～253	2021.6	曹明老师修改课题组成员课例、主题式案例和专题总结,杨玲、张丽芳、顾君、杨一帆老师分享课后经验与课例撰写经验
254～255	2021.6	课题研究工作学期总结;布置暑期和下学期主要研究事项
256～257	2021.10.8	完成2019区级课题学期推进计划(2021.9—2022.1)
258～269	2021.11—2021.12	每隔周周五曹明老师到校与课题组成员互动,完善主题式案例、专题总结的撰写
269	2021.11.26	曹明老师来校与何月清老师讨论,初定总课题结题报告框架-1之1
270～277	2021.12	11月,上海市教委研究室进行"基于空中课堂视频课资源建设与应用的融合式教学研究"项目启动会议,我校作为实验校参与。12月,在浦东教育发展研究院资深科研员曹明老师的支持和帮助下,选定子课题,成立课题小组,确定课题名称为"基于空中数学课堂视频资源应用的'双自'教育之对分课堂融合式教学实践研究",初步确定7位参与教师的开题报告框架设计

序号	时间	主要研究工作
278～295	2022.1.5	上海市蔡路中学数学组参与的上海市教育委员会教学研究室的市级课题"基于空中课堂视频课资源建设与应用的融合式教学研究"的子课题"基于空中数学课堂视频资源应用的'双自'教育之对分课堂融合式教学实践研究"在5304会议室进行了开题报告会议,会议邀请了奉贤区数学教研员钟菊红老师和资深科研员曹明老师莅临指导,课题组7名成员全部参加。高宇丽老师进行了市级课题子课题"基于空中数学课堂视频资源应用的'双自'教育之对分课堂融合式教学实践研究"的开题报告,高老师主要从课题的立论依据、研究方案、研究分工和实施计划、推进措施、预期成果五个方面进行了汇报,重点阐述了课题的概念界定、研究的内容,明确了课题成员的研究分工、研究时间、预期研究成果。曹明老师从论文撰写角度为课题组成员做了指导
296～298	2022.1—2022.2	陈代芝老师完成子课题前测
		完善子课题的设计,进行开题论证会议
299～304	2022.3—2022.6	子课题开展第一轮行动研究
305～310	2022.5.19	子课题组成员云教研校级展示活动,6位教师进行在线视频课展示,并进行云教研
311～322	2022.6—2022.11	子课题进行第二轮行动研究,撰写"基于空中数学课堂视频资源应用的'双自'教育之对分课堂融合式教学实践研究"的专题总结、主题式案例6篇
323～331	2022.11.15	子课题成员参加浦东新区第十二届教学展示周,进行市级项目子课题的交流展示活动,形成文字、PPT、视频形式的主题式案例6篇、子课题阶段汇报1篇
总结阶段(2022年11月下旬—2024年3月上旬)		
332	2022.11.22	曹明老师来校与何月清老师讨论,初定总课题结题报告框架-1之2
333	2022.11.22	曹明老师一对一辅导朱毓虹老师撰写专题总结
334	2022.12	陈代芝老师组织子课题后测调查
335～336	2022.12	汇编区级课题综合成果选初稿;与曹明老师进行甄别筛选
337	2022.12.29	高宇丽老师完成子课题总研究报告带符完整稿、不带符完整稿
338～344	2023.3.7—2023.3.13	曹明老师现场和线上反馈相结合,与何莉惠和顾彩凤老师个别互动讨论、直接修改,完成专题总结4～7的稿件(顾老师)和7～9的稿件(何老师)的减缩版和完整版
345	2023.3.24	曹明老师线上反馈,完善总课题结题报告框架-2之1

续　表

序号	时间	主要研究工作
346～349	2023.4.14	曹明老师来校,一是与陆佳雯老师进行现场讨论,对2019年以来学校参与课题研究的28篇教学论文进行逐篇甄别,遴选符合或基本符合区级课题要求的研究课课例、专题总结和主题式案例类成果,形成区级课题综合成果选-2;二是完善总课题结题报告框架-2之2;三是与王志法校长、何月清老师、陆佳雯老师讨论,更新区级课题拟出版综合成果选的目录;四是按照三个阶段的框架,更新本实施过程表,补充部分曹明老师对总课题组和对相关教师进行的个别辅导、反馈的课题研究实施事宜
350～354	2023.4.21	曹明老师来校对张斌、吴杨叶、付兵、张燕玲、张丽芳老师的文章进行一对一辅导
355～358	2023.5.12	曹明老师来校对张成(主题式案例)、陶意、杨玲、徐飞英老师的文章进行一对一辅导
359～368	2023.5.26	一是曹明老师来校辅导,顾耘禾、张婷、蔡晓燕老师的文章拟作主题式案例,吴怿婷老师的文章拟作专题总结,顾君老师的文章拟作课例;二是部分教师的文章在曹明老师第一轮辅导下进行线上反馈跟进,线下互动改善
369～378	2023.6.9	曹明老师来校辅导,唐立雄、李微、朱毓虹老师的文章拟作主题式案例;高宇丽老师做子课题总报告,数学组6篇文章再修改
379～384	2023.6.16	曹明老师来校辅导,张斌、李微、顾君、朱毓虹老师的文章再修改;与王志法校长、何月清老师、陆佳雯老师讨论,更新区级课题拟出版成果选的目录
385～387	2023.6.29	何月清老师集合课题组成员召开阶段小结会议,曹明老师与会指导写作要领并布置暑期工作
388～391	2023.7.1—2023.7.30	曹明老师与教师进行线上互动
392～396	2023.7.1—2023.7.16	一是研究课成果收集,曹明老师线上辅导并及时给出修改意见;二是编制对分课堂举措频度统计表
397～401	2023.7.17—2023.7.31	曹明老师一一批复,教师同步修改研究成果;张成老师的主题式案例在微信课题群中分享给课题组成员
402～413	2023.8.1—2023.8.30	曹明老师与教师进行第二轮线上互动
414	2023.9	曹明老师来校,制订结题工作计划
415～416	2023.9.15	曹明老师来校辅导,对顾君、唐立雄老师的文章进行初步修改
417～419	2023.10.6	曹明老师与唐立雄老师线上互动,完成文章第二稿

序号	时间	主要研究工作
420~422	2023.10.20	曹明老师来校辅导,对唐立雄、顾君的文章再修改(第三稿);与黄斌裕校长、何月清老师、陆佳雯老师讨论,跟进结题报告
423~428	2023.10.27	曹明老师来校辅导,对唐立雄的文章再修改(第五、六稿);对顾君的专题总结文章再修改(第四稿);对蔡晓燕老师、朱毓虹老师的主题式案例文章再修改
429~431	2023.11.3	朱毓虹老师的专题总结"基于对分课堂的初中语文整本书阅读策略探究"定稿并发表于对分课堂公众号创新栏目
432~436	2023.11.10	曹明老师来校辅导,对唐立雄的文章再修改(第七稿);对顾君的专题总结文章再修改(第五稿);对吴怿婷老师的专题总结文章再修改;对朱毓虹老师的主题式案例文章再修改(第五、六稿)
437~440	2023.11.24	曹明老师来校辅导,对唐立雄的文章再修改(第八稿);对顾君的专题总结文章再修改(第六稿);与朱毓虹老师互动总报告之课题内涵下"对分课堂"撰写的七点;与陆佳雯老师互动目录更新
441~443	2023.11.27	曹明老师与唐立雄线上互动专题总结(第九、十稿),完成稿分完整版与减缩版,两版本在微信课题群中分享给课题组成员。看带符完整版:体会如何概括相关标题和"干货化"表述+过程实效分类提炼+让证据更贴切;看减缩版:体会如何看得到全貌+缩减了哪些文字+再重新体会完整版的各类标题提炼的价值
444~446	2023.12.1	曹明老师与顾君老师(第七稿)、蔡晓燕老师(第三稿)线下互动文章;与陆佳雯老师线上互动:对分课题老师们的七项举措梳理与举措频度统计
447~450	2023.12.8	曹明老师与顾君老师(第八稿)、吴怿婷老师(第二稿)、蔡晓燕老师(第四稿)线下互动文章;与何月清老师、陆佳雯老师互动更新结题报告
451	2023.12.16	曹明老师与陆佳雯老师线上互动:对分课题老师们的评价内容梳理与评价内容频度统计
452	2023.12.21	课题组部分成员到上海市育民中学参加结题活动,并学习经验
453~454	2023.12.22	曹明老师与陆佳雯老师线下交流:对分课题老师们的策略内容频度统计与分析;曹明老师搭建实施步骤、策略、形式和方法四类举措框架并提供学习模板
455	2023.12.29	本校教师访谈统计与分析(后测)样本,课题组成员统计与分析
456	2024.1.7	曹明老师修改教师访谈统计与分析(后测)报告
457~458	2024.1.8	曹明老师与顾君老师线上互动完成劳技专题总结,完成稿分完整版带符、完整版不带符、减缩版带符、减缩版稍带符、减缩版不带符,共计五个版本(总的为第4~8稿)。完整版在微信课题群中分享给课题组成员学习

续 表

序号	时间	主要研究工作
459	2024年1月下旬—2024年3月上旬	曹明老师与顾君老师线上互动,替换修改后的劳技专题总结完整版之表2,完成新定稿
460~477		曹明老师与陆佳雯老师、何月清老师现场或线上互动,陆续数次修改实践部分的四类举措(实施基本步骤、策略、形式与方法);曹明老师指导陆佳雯老师完成区级课题之情报综述初定稿;与陆老师、何老师、黄斌裕校长等互动,确定区级课题《综合成果选》封面、编委与入选的分类成果;曹明老师与陆佳雯老师线上和在校互动,指导完成《综合成果选》的内容简介、前言撰写与修订、目录编写、版面的编排和格式的修正等;曹明老师在家完成评价体系子课题报告执笔撰写;曹明老师与黄斌裕校长、何月清老师、陆佳雯老师等线上和在校互动,完成区级课题报告的修改初定稿和其他结题材料的准备;学校向浦东教发院教育科研指导部递交申请结题材料
深化研究阶段(2024年3月中旬—2024年7月下旬)		
478~718		《综合成果选》30篇入选文稿(商议删除5篇中的互动部分,每篇文章平均修改4~9稿不等);《综合成果选》内容简介、前言、目录的多次修改;选题出书申请表的修改;6月底到7月下旬初,确认文汇出版社编辑中的商讨事宜;出版社编辑、定稿、校样校改中的问题探讨交流,配合出版社每篇文稿的校改等

三、研 究 实 施

(一) 课题内涵

在概念界定中,已解释了以下四项概念的基本内涵(除了个别备注外,不再重复)。

1. "双自"素养和"'双自'教育"

关于初中学生"自主学习、自主管理"的相关意识、能力和良好行为的细化培养内容,参见后续表3—表6的三级要素分解;关于"双自"教育的初中生分目标发展目标的设定,参见后续表2。

2. "对分课堂"

3. "实践研究"

4. "基于'双自'教育的对分课堂实践研究"

以下,我们以张学新教授的对分课堂的最早论文和专著为主,从对分课堂的创立、主要内容、理论基础、教学原则、教学模式(含"亮考帮")、操作方法和四十要诀,以及蔡中学科教师结合教学实际的直接运用和迁移与创生运用这七个方面,对对分课堂的内涵做简要说明。

（1）对分课堂的创立

对分课堂的创立源于复旦大学张学新教授在香港做大学教师的一段经历。2006 年 9 月起，张学新教授在香港的大学教书，发现存在虽然教师尽心研读教材与备课、认真上课，但学生及教师本人都感觉效果一般，课堂显得较为无趣的现象。基于这样的现象，张教授萌生了"隔堂讨论"的设想。在 2013 年底转到复旦大学任教后，确定"对分课堂"这一名称，并于 2014 年 2 月 26 日在本科生的心理研究方法课上展开这一方法的首次实践。在完成首次"隔堂对分"实践后，全班 24 名学生均赞成继续采用该方法完成全部教学。自此，"对分课堂"教学法正式进入探索阶段。2016 年，张教授的专著《对分课堂：中国教育的新智慧》由科学出版社出版。下文中标注了页码的，都是撷取自张教授的该书（以下不一一列出）。

（2）对分课堂的主要内容

对分课堂的主要内容包括：一是介绍对分课堂的时代背景、基本操作和运用要领及其带给师生角色和教学生态的变化（页码：1—77）。二是系统地比较了对分课堂教学法与其他众多传统教学改革的异同，展现了对分的创新性（页码：78—117）。三是从教育心理学中四大经典学习理论与教育学中三大现代教学理论入手，表明对分课堂贯彻了基于这些理论提炼出的近 70 项基本教学原则（页码：118—147）。四是从心理学意识研究中"回声论证"出发，提出学习的"唯能力论"，并基于此，提出"四层次教育目标分类学"（页码：148—172）。五是肯定了对分课堂教学法基于"渐进自主"理论，学生在教师引导下，走向自主（页码：173—183）。六是指出要发挥对分课堂的潜力，需要在教学内容、教材编制、教学评估、教学与科研平衡等方面进行重大改革（页码：184—209）。七是肯定了对分课堂在培养批判性思维、创造性思维、沟通与合作能力、实际教学中贯彻核心素养、改革考试模式、实践群众路线等方面的作用（页码：210—241）。八是对对分课堂做一个总结（页码：242—258）。

（3）对分课堂的学习和教学理论基础

现代教学"以学生为主体"的理念，使学校由"课堂、教师、教材"中心转为"学生、学习、学习过程"中心。这一理念强调学生学习的自主性。然而，自主虽是教育期待的目标，但由于学生还缺乏必要的自控与自我管理能力，可能很难做到真正的自主学习。而对分课堂遵循的是渐进自主理论。渐进自主理论自然蕴含权责对分的观点，教师和学生共同拥有教学活动的控制权。在对分课堂模式下，教师更多地负责共性化的发展，而学生更多地负责个性化的发展。学习者同样成为教学过程的决策者，这里面渗透着主动精神，切合了自主发展的根本理念。同时，学生由于有了指导者，能避免做出一些不理智的判断和选择。

（4）对分课堂的教学原则

对分课堂的教学原则近 70 项，分为五类，分别是目标与动机方面的原则、教学内容方面的原则、学习过程方面的原则、方法策略方面的原则与学业评价方面的原则。这些原则基于行为主义、认知主义、建构主义、人本主义四大学习理论与发展性教学理论、结构主教学理论、范例教学理论三大教学理论。

（5）对分课堂的教学模式

对分课堂的教学模式是对现有教学模式的全面性、高层次的整合。呈示模式、独学模式、对话模式、讨论模式在对分课堂中都扮演着重要的角色。对分课堂是这几种模式的整合，是吸收了以往教学模式精华，把原有教学活动的关键元素进行组合，而形成的一种全新的教学模式。

对分课堂由五个环节组成，分别为讲授、独立学习、独立做作业、小组讨论和全班交流。讲授和讨论发生在两堂课，叫"隔堂对分"；一堂课或一次课上完整实施五个环节，叫"当堂对分"，其最简单的形式是"3分钟对分"。"当堂对分"可以单独使用，也可与"隔堂对分"联合使用。以上是对分课堂的基本模式。

"亮考帮"是对分课堂教学模式实施过程中，教师用一半课堂时间进行讲授之后，让学生内化吸收，自主学习，将所学知识分为"我会的""我会的可能你不会的""我不会的"三个层面。亮即是"亮闪闪"，是指学生在温习知识框架、吃透知识重难点的基础上，列出自己在思考过程中感受最深、已经学懂学会的知识；考即是"考考你"，是指学生在自己掌握好知识的基础上，用问题的形式将自己在学习、思考过程中发现的，其他同学可能存在掌握缺漏的地方，以问题的形式呈现在其他同学面前，其根本是在帮助其他同学查漏补缺的同时，进一步进行自己的学习巩固；帮即是"帮帮我"，是指学生将自己自主学习过程中难以解决的问题、想掌握但通过自己努力无法完全掌握的知识点等内容列举下来，请其他同学帮助解答。对于学生，"亮考帮"的运用，体现了他们思考问题、提出问题、解决问题的思维过程。通过运用"亮考帮"的学习方式，能提升学生自主进行内容学习的能力。对于教师，"亮考帮"的运用，也便于教师即时了解学生当前的学习情况，以便在对分课堂教师后续活动中进行相应调整。

"亮考帮"在实际运用中，既可以在当堂对分教师讲授后使用，也可以在课后学生先独立完成"亮考帮"三个层面的梳理，再在下节课上结合隔堂对分加以实施。

（6）对分课堂的操作方法和四十要诀

对分课堂基本操作是把教学划分为讲授、内化和讨论三个过程，包含教师精讲、学生独立学习、独立完成作业、小组讨论和全班交流五个环节。

四十要诀是本书总结提炼的对分的核心内容，具体如下：

权责对分、成就激励、学以致用、行为真知

先教后学、以学定教、内化外显、双重建构

精讲留白、亮考帮问、延时讨论、层层递进

意义统摄、目标引领、分项培养、繁复慎用

弱化竞争、美美与共、低槛高望、拾阶而上

面向多数、兼顾两端、组内异质、组内同质

简明分层、过程评估、清晰规则、自我评价

有限发散、适度生成、借曲分合、探极求中

宽松安全、不炫不演、理性平和、倾听关爱

同理反观、现实自信、合理归因、积极体验

（7）对分课堂的直接运用和迁移与创生运用

在编入区级课题成果选的 21 篇专题总结、课例和主题式案例中，有近六成的教师直接运用了当堂（大）对分的教学模式和微对分模式，另有近四成的教师迁移运用了当堂对分、微对分、"亮考帮"和隔堂对分的模式。

在对分课堂的直接运用方面，如，蔡路中学数学组在高宇丽老师带领下，参与了 2021 年上海市教育委员会市级项目"基于空中课堂视频课资源建设与应用的融合式教学研究"的子课题"基于空中数学课堂视频资源应用的'双自'教育之对分课堂融合式教学实践研究"的研究探索，并在任教班级开展实践，获得成功。又如，蔡路中学的朱毓虹老师在初一年级语文整本书阅读活动中，根据学生自主发展阅读兴趣的需求，针对学生整本书阅读中存在的四个问题，运用对分课堂理论，实践了"当堂对分"的教学模式；实施讲授、独立学习、独立做作业、小组讨论、全班交流五个环节教学；结合引导策略、任务驱动策略、圈点批注策略、运用思维导图策略，在完成《骆驼祥子》整本书阅读的同时，提升了学生自主阅读的兴趣。

受此启发，蔡路中学不少教师根据学生不同的学科学习需求与自身学习上的薄弱点，在教学中，直接运用"对分课堂"理论，促使学生在本学科素养及"双自"素养上获得了一定的提高。如，吴怿婷老师在教授初二年级历史学科"史料实证"专题复习一课时，针对学生历史学习上史学知识不断积累到一定程度后，由于实证能力的薄弱严重阻碍其形成对历史的正确、客观认识的现象，根据"对分课堂"理论，将课堂通过"呈示模式""独学模式""讨论模式""交流模式"之"四模式"，变化为教师精讲—学生自学—学生讨论—学生交流四个部分，学生获得了四个方面的提高与增强：主动学习求教的意识明显增强；独立解读史料的能力有了明显提高；研究问题的实证精神有了明显提高；讨论分享成果的能力有了明显提高。蔡路中学唐立雄老师在教授初三物理单元复习时，针对学生物理"双自"单元复习意识的"六不足"与物理"双自"单元复习能力的"四个方面不强"，运用"对分课堂"理论，并结合知识整合任务、单元知识应用任务、跨单元综合应用任务、跨学科实践任务"四任务"，开展教学，促使学生在物理"双自"单元复习意识的"六不足"与物理"双自"单元复习能力的"四个方面不强"都有了提升。预备年级学生对英语学习充满热情，但受限于思维散乱、语句表述零碎，在英语写作中存在主题不明，甚至无话可写的现象，张成老师在教授牛津英语"6B Travelling in Shanghai in 50 years' time"一课中，进行英语想象类作文指导时，直接运用"对分课堂"理论，展开实践活动，通过"三程·十二步"，使学生的自主想象作文素养获得了一定的提升。

在对分课堂的创生运用方面，蔡路中学的朱毓虹老师针对学生对品读赏析中国古诗素养方面存在的"四个不够"，在初二年级语文"唐诗三首"一课中，采用课堂"微对分"的形式，并在"3 分钟对分"基础上，有所迁移与创生运用，即根据教学实际需要，化为三类"微对分"：一类为 5 分钟（教师精讲 1 分钟→学生讨论 2 分钟→学生交流 1 分钟→教师归纳 1 分钟）；一类为 6 或 7 分钟（教师精讲 1 分钟→学生"有独有合"讨论活动 2 或 3 分钟→学生交流 2 分钟→教师或师生归纳 1 分钟）；一类为 13 分钟（教师精讲 2 分钟→学生"有独有合"活动 8 分钟→学生交流 2 分钟→教师归纳 1 分钟）。从时间分配上的变化可以看到：教师精讲的时间，基本是 1～2 分钟（2 分钟时，与该微对分主环节的其他微环节的时间增量正相关）；学生交流时间，都在 1～2 分钟；主要的时间增量，是在学生"有独有合"的讨论活动环节（2～8 分钟不等）和增加的第四微环节，教师或师生归纳（都是 1 分钟），时间分配上的变化和增加归纳微环节，都是落实区级课题提升学生"双自"素养的需要。

除了朱毓虹老师，蔡路中学不少教师也开展了当堂对分、"微对分""亮考帮"活动迁移运用方面的探索。如，杨玲老师在教授"宾语从句"一课时，将 40 分钟的课堂分为三个部分，开展了三次"微对分"活动：分别讲解示范"that"作连词和人称代词的变化、时态的变化、"特殊疑问词"作连词和语序的变化这三个知识点。教师运用前一半的时间讲授示范，学生在另一半时间里进行独立思考、小组讨论、互相评价、完成学习单等活动，以此能够阶段性地检测学生对每一个知识点的理解和掌握情况。通过本堂课的学习，学生自主学习宾语从句素养实效方面、学生自主管理素养方面都获得了一定程度的提升。

又如，陶意老师在英语教学中，开展了当堂对分实施模式中小组讨论与班级交流（或对话）在课后的延伸环节"亮考帮"活动。即通过"亮"（学生独立思考、梳理自己作文中的优点）、"帮"（组员独立思考自己作文中的不足之处，提出想解决的问题与困惑，请求组内成员互帮互助）、"改"（独立修改自己的作文）、"考"（组内成员出题互考）四个步骤（增加了独立"改"这一步骤），使学生及时巩固了新学会的单词、形容词和状语从句，并进行迁移运用，锻炼了对自己作文逻辑思维、判断反思、加以改进和提出疑问的写作改进和自我监控写作结果、加以调整的学习结果、加以监管与调整的自主管理能力，促进了及时完成课后相关"或独或合"作业良好行为习惯的养成，增加了学生的写作与交流兴趣。

再如，杨一帆老师在音乐教学中，对当堂对分实施模式进行了"四层面"的改进（具体见其主题式案例的实践过程和意义揭示的第一点），体现了更多的学生主体性、"独合结合"性、理论结合实践性、注重学习方式方法引导性、艺术学习的强调表现表达性和新课标的"教、学、评"一体性，简称"六性"迁移运用价值，丰富了基于"双自"教育的"对分课堂"之当堂大对分在音乐课堂教学中的迁移运用的实践与理论价值。

与此同时，通过"对分课堂"的直接运用与创生运用，蔡路中学各课题参与教师在对于"对分课堂"理论的理解与实践方面、学生"双自"素养探索实践方面、自身学科专业素养、课题研究素养和教育教学管理理念等方面都取得了相应的收获与提高。

（二）文献研究

1. 收集与汇编情报资料

为参加本课题研究的教师提供国内外相应研究的专著、论文、网上资料和其他相关资料，作为课题设计、实施和这阶段的参考，提高了课题设计、实施和总结的针对性、科学性和实效性。

2. 情报综述研究

（1）课题情报研究主要内容方面

课题组围绕课题内涵（尤其是对分课堂内涵）、初中生"双自"素养现状调查、初中生"双自"素养培养内容分解、实施途径、基本过程、策略、形式、方法与评价理论和评价标准、方法等，进行了较为深入的研究。

（2）情报综述研究结果方面

分为以下四个部分：

一是文献概况；

二是国内研究，包括"双自"教育和对分课堂方面的起源与实践；

三是国外研究，包括"双自"教育和对分课堂方面起源与实践；

四是结论（三个方面）与建议（七点研究内容和新意所在）。

具体参见 2.06 万字的课题之"情报综述"子课题报告。

（三）现状调查

受新冠肺炎疫情影响，原定蔡路中学初中学生"双自"素养的现状之前测问卷调查，没有实施。

（四）初中生"双自"素养发展目标

1. 总目标

逐步增强学生自主学习之课前、课堂、课后"三程"自主学习和自主管理的相应意识，提高自主学习和管理的能力，养成良好的自主学习和管理的行为习惯，进而提升学生的整体素养。

2. 分年级目标

总课题组研制、设定了初中生"双自"素养发展的四个年级相应的"双自"意识、能力和良好行为的分目标（见表2）。

表2　初中生"双自"素养发展分年级目标

分类	年级	自主学习目标	自主管理目标
意识	预备	尽快形成由小学生到初中生角色的转换意识； 初步形成自主学习的意识、劳动的意识、诚实守信的意识	初步树立自我约束、自主守纪的管理意识； 具备争做合格中学生的意识
	初一	初步养成自主学习、自主实践的意识、讲究文明礼仪的意识	初步树立自主实践的意识； 具备争做文明青少年的意识

分类	年级	自主学习目标	自主管理目标
意识	初二	初步形成自主学习的意识、生理心理健康的意识	初步形成自我发展的责任意识；具备争当优秀中学生的意识
	初三	不断增强自主学习意识，有树立远大理想并为之奋斗的意识，初步形成审美意识	形成学会做人、学会共同生活、学会生存的意识和荣誉意识；具备争做合格好公民的意识
能力	预备	掌握基本的学习方法、初步养成自主学习的能力	初步具备自我约束、自主守纪的能力和争做合格中学生的能力
	初一	积极参加自主实践，初步具备自主学习的能力	初步培育自主实践能力和自主发展的能力，争做文明青少年
	初二	具备一定的自主学习能力、正确评价自我和他人的能力	初步发展自主调控的能力，正确评价自我和他人的能力，争当优秀中学生
	初三	具有较强的自主学习、自我发展能力和一定的创新能力	具备良好的自主学习、自主管理的能力，争做合格好公民
行为习惯	预备	初步养成三种学习习惯：课前预习；课后及时复习；认真完成作业	服从班级管理，初步养成以下三种好习惯：上学不迟到；值日不敷衍；表里如一、诚实守信
	初一	进一步养成自主学习的好习惯、讲究文明礼仪的好习惯	初步培育自主实践的好习惯，争做文明青少年
	初二	初步养成两个方面的行为习惯：对自己、家庭和他人负责；尊重他人、真诚合作、客观处事	初步形成自主学习、自我发展的行为习惯，争当优秀中学生
	初三	进一步养成以下四个方面的行为习惯：爱国、守法、明礼、诚信；对自己、家庭、他人、社会和国家负责；平等待人、真诚合作、公正处事；富有创新精神	不断增强自主意识，将学校教育的要求和社会道德要求内化为自己的要求和自觉行为，争做合格好公民

（五）初中生"双自"素养培养内容

1. 确立依据

制定农村初中学生自主学习、自主管理的意识、知识和能力素养的培养目标，我们的主要依据有八点：

（1）国内外学者专著中的论述

包括国外学者，如齐莫曼、霍勒克，国内学者，如庞维国、余文森、郑金洲等专家，对自主学习相关素养的论述,以及管理学方面的国内外名著和王婷婷硕士的论文《中学生自主管理能力的现状及对策研究》等自主管理素养方面的论述。

（2）国内一线教师的局部实践成果

主要散见于基础教育学校中的学科教师和班主任等一线教师的实践型局部培养学生相关"双自"素养,尤其是管理素养方面的研究资料。

（3）本土研究成果

上海市浦东教育发展研究院原资深科研员曹明老师指导上海市实验学校东校王玮航校长的区、市级课题"义务教育阶段学生良好学习方式养成教育的实践与研究"中,对自主学习素养的三级要素分解思路和具体内容。

（4）政府和教育业务部门依据

主要是各学科课程标准、教材、《中学生守则》《初中学生综合素养评价手册》等对初中学生的自主学习、自主管理方面的要求。

（5）学校实践者的经验

即上海市蔡路中学的学科教师、班主任和学校管理成员的经验。

（6）区域科研员长期研究的积累

这主要是指担任本课题全程指导的浦东教发院原资深科研员曹明老师长期从教,尤其是指导数百项区、市级课题研究中,所积累的如何分解学生相关素养培养内容的基本经验,和对上海市实验学校东校等校指导他们的区、市级课题研究中,在学生自主学习、合作学习、探究学习、体验学习、社会实践素养等良好学习方式素养之分解研究中,逐步积累的、丰富的直接经验。

（7）学校生源特征

即考虑学校初中学生生源的三个特征:地处浦东农村;56%左右为外来务工人员随迁子女;"双自"素养存在近百项较为突出的问题。

（8）对分课堂与"双自"的匹配情况

一是对分课堂强调学生的主体地位,唤醒学生的自我意识。二是对分课堂课堂讨论、提问、答疑等环节,培养学生的自主学习意识。三是对分课堂实践过程中需要学生主动思考、主动解决问题,从而逐渐形成自主学习的能力和习惯。四是对分课堂实践过程中学生听讲、内化与吸收、讨论、评价等过程,培养学生自主学习、自主管理的意识,相关能力与习惯得以养成。

2. 培养内容

（1）初中学生自主学习素养培养内容

总课题组初步研制了初中学生课前、课堂和课后自主学习素养之各自意识、能力和良好行为的74项三级要素分解表(见表3—表5)。

（2）初中学生自主管理素养培养内容

总课题组研制了农村初中学生自主管理素养之意识、能力和良好行为的36项三级要素分解表(见表6)。

表3　学生课前自主学习素养培养内容

Ⅰ级要素	Ⅱ级要素	Ⅲ级要素
自主学习意识	预习意识	价值意识
		任务意识
		质疑意识
		解疑意识
	学习准备意识	价值意识
		学用意识
		特殊准备意识
自主学习能力	阅读能力	认识阅读文本价值能力
		认读文本能力
		筛选文本信息能力
		理解文本信息能力
		质疑文本信息能力
	检索与查询能力	记、思相关信息能力
		利用资源能力（工具书、图书馆资源、网络资源）
	批注能力	交流咨询能力
		批注"四点"（重点、难点、关键点、关注点）的能力
自主学习行为习惯	运用能力	运用批注方法（文字、图片、符号、色彩等批注）的能力
		进行个性化批注能力
	预习行为习惯	坚持进行自主预习行为习惯
		注重质疑行为习惯

表4　学生课堂自主学习素养培养内容

Ⅰ级要素	Ⅱ级要素	Ⅲ级要素
自主学习意识	参与意识	参与答疑
		参与讨论

续　表

Ⅰ级要素	Ⅱ级要素	Ⅲ级要素
自主学习意识	参与意识	参与练习
	质疑意识	钻研意识
		敏锐意识
		联系意识（由此及彼）
	笔记意识	主动记录意识
		及时记录意识
		反思批注意识
自主学习能力	集中注意能力	集中性
		持久性
		思索性
	主动质疑能力	主动提问能力
		快速提问能力
		高质量提问能力
	有效理解能力	快速理解能力
		全面理解能力
		深刻理解能力
	多元内化能力	直接应用能力
		迁移应用能力
		个性化应用能力
	小结提升能力	梳理资料能力
		筛选信息能力
		概括提炼能力
自主学习行为习惯	自主参与习惯	主动参与质疑、答疑行为习惯
		主动参与练习行为习惯
		主动参与小结行为习惯

续 表

Ⅰ级要素	Ⅱ级要素	Ⅲ级要素
自主学习行为习惯	积极思考习惯	主动提问行为习惯
		主动参与讨论习惯
		主动反思行为习惯
	主动笔记习惯	及时、准确、简洁记录行为习惯
		个性化记录行为习惯
	注重学习质量习惯	听、疑、议、析、记、练、概、悟的行为习惯

表5　学生课后自主学习素养培养内容

Ⅰ级要素	Ⅱ级要素	Ⅲ级要素
自主学习意识	主动复习意识	认识价值意识
		先复习后作业意识
	独立作业意识	认识价值意识
		主动完成意识
	积极自学意识	认识价值意识
		主动预习意识
		拓展学习意识
自主学习能力	完成作业能力	完成的准确率
		完成所用的时间
	拓展学习能力	学科类的拓展学习
		兴趣爱好类的拓展学习
	总结反思能力	课前学习总结反思能力
		课堂学习总结反思能力
		课后作业和自学总结反思能力
自主学习行为习惯	坚持自学习惯	定时自学(时间)
		定点自学(空间)

续　表

Ⅰ级要素	Ⅱ级要素	Ⅲ级要素
自主学习行为习惯	坚持自学习惯	定量自学(任务)
	注重质量习惯	注重及时、规范、高质完成习惯
		及时批注习惯
		注重内化提升习惯

表6　初中学生自主管理素养培养内容

Ⅰ级要素	Ⅱ级要素	Ⅲ级要素
自主管理意识	在家自主管理意识	生活自理管理意识
		学习管理意识
		交往管理意识
	在校自主管理意识	日常行为习惯管理意识
		学习管理意识
		同学交往管理意识
		校内集体活动管理意识
	在社会实践中的自主管理意识	完成任务管理意识
		行为习惯管理意识
		时间管理意识
		安全管理意识
		交往管理意识
自主管理能力	在家自主管理能力	生活自理管理能力
		学习管理能力
		交往管理能力
	在校自主管理能力	日常行为习惯管理能力
		学习管理能力
		同学交往管理能力

续　表

Ⅰ级要素	Ⅱ级要素	Ⅲ级要素
自主管理能力	在校自主管理能力	校内集体活动管理能力
	社会实践管理能力	完成任务管理能力
		遵守行规管理能力
		时间管理能力
		安全管理能力
		交往管理能力
自主管理行为习惯	在家自主管理行为习惯	生活自理管理行为习惯
		学习管理行为习惯
		交往管理行为习惯
	在校自主管理行为习惯	日常行规管理行为习惯
		学习管理行为习惯
		同学交往管理行为习惯
		校内集体活动管理行为习惯
	社会实践管理行为习惯	完成任务管理行为习惯
		遵守行规管理行为习惯
		时间管理行为习惯
		安全管理行为习惯
		交往管理行为习惯

上述目标和培养内容的明确,一是引导了学生"双自"素养的发展;二是引导了教师开展相关学科渗透教育研究课或活动时,"本课化"或"本活动化"地对学生的"双自"素养目标或培养内容进行定位;三是提高了学科渗透教育研究课或活动的针对性与实效;四是为后续总课题组成员研制五项总体评价标准的评价内容要素奠定了基础,也引导了参与实践研究的教师对相关评价标准之评价内容的定位。

(六) 实施基本步骤

所谓"步骤",是指实践教师基于"对分课堂"的相关原则、模式,在指导学生"三程"(课中、课后、下次课始)相关课的学习时,注意明确各"程"教与学的若干基本步骤和细化操作的要点,在提高学生完成相关各"程"的学习内容任务的速度和质量的同时,有机优化提升学生相关"双自"的意识、能力和良好行为习惯的教学流程。

1. 总体实施基本步骤——"三程·十五步"

具体见图1:

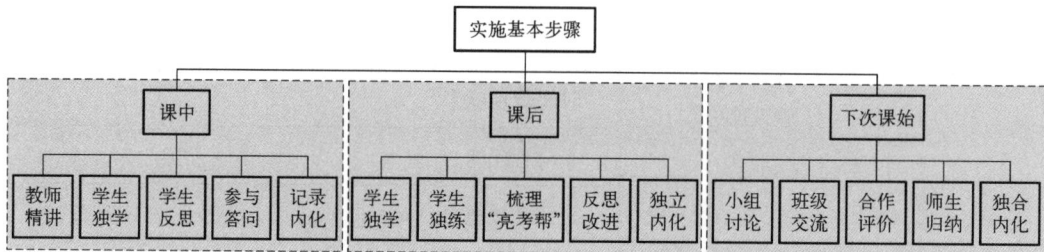

图1　基于"双自"教育的对分课堂实践研究之总体实施基本步骤——"三程·十五步"

本课题"三程"实施过程中,主要包括课中五步,即教师精讲、学生独学、学生反思、参与答问、记录内化;课后五步,即学生独学、学生独练、梳理"亮考帮"、反思改进、独立内化;下次课始五步,即小组讨论、班级交流、合作评价、师生归纳、独合内化。实践教师在具体实施过程中,因教学内容、教学对象、教学目的不同,围绕"三程·十五步"总体基本实施步骤,有机精简操作或细化展开为十至二十步。

2. 内涵说明

(1)课中五步

① 教师精讲。这是指教师遵循"精讲留白"原则先讲,充分而不过分引导。对分课堂的精讲是在相对宏观的层面上,告诉学生学什么、为何学和如何学。对分课堂的留白指的是教师讲授时要注意留给学生想象的余地,留出主动探索的空间。如果学生的基础、能力一般,留空需要小一点儿;如果学生的基础、能力强,留空需要大一点儿。

② 学生独学。这是当堂对分模式实施过程中教师前半节课讲授时,借助项目或任务、学习单、多媒体、板书、问题和口头说明提示等,引导学生进行独立学习、练习等内化与吸收的过程,最终对讲授的相关知识与技能进行自主构建。

③ 学生反思。即学生独立对听授与独学独练的内容进行自主反思,与新旧知识建立勾连,内化所学。

④ 参与答问。这是指学生对教师精讲过程中提出的问题主动进行思考,对教师课堂所讲的内容进行回顾和思考,结合新旧知识与技能,参与回答问题,寻找问题的答案,锻炼解疑能力。

⑤ 记录内化。这是指学生注意及时记录同学和教师答问答疑的回应,加强独立思考,内化问题的答案。

(2)课后五步

① 学生独学。即是学生独立开展与教材内容有关的拓展学习和开展兴趣爱好类的

自学。

②学生独练。这是指学生在课后借助上课环节吸收的知识,借助项目或任务、作业单、多媒体、听授笔记、教材等独立完成练习,及时巩固课堂所学知识。

③梳理"亮考帮"。就是学生独立梳理、准备好参与小组讨论和班级交流之"亮考帮"三个层面的内容。

④反思改进。即是学生对课后独练、独学的成果、梳理好的"亮考帮"内容开展自我监控,注意调整,改进独练、自学、梳理"亮考帮"的结果,锻炼独立监控学习过程与结果的自主管理能力。

⑤独立内化。这是指学生对课中所学、课后独练与独学、梳理"亮考帮"内容的结果和独立改进的内容进行独立反思、加强新旧知识间的勾连,促进独立吸收和内化。

(3)下次课始五步

①小组讨论。这是指学生在下次课开始时,小组成员在组内分享课后独练、独立开展拓展学习和兴趣爱好类自学的成果、梳理好的"亮考帮"内容,开展互享、互考和互帮学习,促进独练独学和"亮考帮"内容的吸收和内化。

②班级交流。这是指学生小组参与全班交流对话,小组之间分享学习成果、互相交流问题、互助答疑。

③合作评价。这是指教师对学生参与小组讨论和班级交流的内容、情况进行过程性评价或结果性评价,以提高交流的实效和学生的素养。

④师生归纳。这是指教师和学生对参与小组讨论、班级交流对话和师生合作评价的情况借助适切的方法进行梳理归纳和交流。

⑤独合内化。这是指学生对一次对分课堂"三程"学习的过程、结果等再次进行"或独或合"的自主梳理建构,内化所学知识与学习策略方式方法,提高学习效果,有机提升"双白""三素养"。

3. 操作举例

实例1:以张成老师在进行"6B Travelling in Shanghai in 50 years' time""对分课堂"之隔堂对分教学实践与分析时,所实施的对分课堂之先讲后学"三程·十二步"为例。

首先,课中实施六步:观、习、写、评、结、明;其次,课后实施三步:读、摘、润;最后,下次课始,实施三步:享、评、听。学生通过"对分课堂"的"四元"安排元素(教师施教、学生想象作文、生生讨论、展示评价)的课中、课后、下次课始之"三程·十二步"教与学的实践,想象类作文的兴趣、能力和良好行为习惯之"三素养"得以逐步提升。

实例2:吴杨叶老师在"学党的二十大精神、做自强不息好少年""大对分"队活动课实践中,探索了"三程·九步"的实践引导,提升了队员争做自强不息好少年的素养(具体参见相应主题式案例)。

实例3:徐飞英老师在九年级"压力与压强"单元复习实践中,基于对分课堂物理单元复习实施了"三程·十步",有效地提升了学生自主复习与应用的素养(具体参见相应主题式案例)。

实例4:何莉惠老师在基于"对分课堂"的《三国演义》与《三国志》自主阅读比较探究学习时,实施的基本步骤是带有变式性质的"三程·二十步"。

第一"程",课前的先学后讲(小组合作对比研读探究准备阶段),实施"五步":① 合作协定阅读、对比文本;② 小组合作进行初步阅读;③ 小组合作确定探究主题;④ 明确课中小组合作探究任务;⑤ 商定小组合作阅读、比较探究成果评价标准。第二"程",课中小组合作对比研读探究阶段,实施"十二步",即一是教师示范品读、比较与评价方法"五步":⑥ 明确阅读文本与文本主题;⑦ 呈现文本的方式;⑧ 从细节入手分析曹操形象;⑨ 探究文本差异的原因;⑩ 教师说明历史人物评价的原则和方法。二是尝试小组合作阅读、比较文本和评价历史人物探究"三步":⑪ 精读品味文本;⑫ 自主勾勒曹操形象并尝试比较与评价;⑬ 开展组内交流修正与比较结果。三是在参与展评小组合作探究成果阶段实施"四步":⑭ 分组交流探究成果;⑮ 注意合理撷取交流内容;⑯ 小组合作归纳文学作品的史料价值和历史人物评价要素;⑰ 根据评价标准进行自评互评。第三"程",课后小组合作对比研读探究成果梳理与展评阶段,实施"三步":⑱ 小组合作,多元勾勒曹操形象;⑲ 组内表现,表达曹操形象;⑳ 小组合作参与,校内展示曹操形象。通过实施上述"三程·二十步"的过程,有效地提升了学生自主提炼史料价值和评价历史人物的素养。

实例5:陶意老师在七年级写作"A model student in my class"的教学实践中,尝试了对分课堂实施模式的"四程·二十步",有机提升了学生英语"双自"写作的素养(具体参见相应主题式案例)。

本课题组成员基于"对分课堂"的相关原则、模式,在指导学生"三程(或"四程")·十二步(或二十步)"相关课的学习时,一是较快地提高了学生完成相关过程学习内容任务的速度;二是学生无论是独立完成"三程"或"四程"的学习任务,还是小组合作或是全班合作完成探究类学习任务的规范性和质量,都有了明显的提高;三是多数学生强化了"或独或合"参与自己或小组的相关"程"的学习目标、过程和结果的意识;四是锻炼了学生相应的学习能力;五是促进学生"有独有合"注意加强"三程"学习的良好行为习惯的逐步养成。

(七) 实施策略

所谓"策略",是指实践教师基于"对分课堂"的教学模式,在指导学生"三程"(课中、课后、下次课始或课前)相关课的内容学习时,注意采取若干项基本举措,在提高学生完成相关过程学习内容任务的速度和质量的同时,有机提升学生"双自"的意识、能力和良好行为习惯的教学艺术。

本课题学科实践教师共探索了针对性策略、任务驱动策略、多元引导策略、可视化策略、融入"双师"策略、加强监控策略、认知策略、合理计划策略、动机激发策略、情景模拟策略、反馈调节策略、合作学习策略、激励评价策略、合作展评策略和点评反思策略这 15 条教学策略。其中，探索较多的有针对性策略、任务驱动策略、多元引导策略、可视化策略、融入"双师"策略和加强监控策略（简称"六策"）。以下，对"六策"分别做一概述。

1. 针对性策略

所谓"针对性策略"，是指实践教师基于"对分课堂"的相关教学模式，在指导学生"三程"（课中、课后、下次课始或课前）相关课的内容学习时，注意采取若干有针对性的教学措施，在提高学生完成相应"程"的学习内容任务的速度和质量的同时，有机提升学生"双自""三素养"的教学艺术。

（1）课中针对性

以新授课的"当堂对分"为例，实践教师主要探索的是以下课中"六个环节"的针对性。一是提高导入阶段的针对性。课题组成员探索了借助课前复习检测、新课所需指定信息收集梳理成果分享、操作实验初步探究结果交流、预习中的问题提出和互答等。这些导入举措，往往以上一节课后学生"亮考帮"三个层面内容的课堂微对分的模式加以呈现，提高了学生参与导入学习的趣味性、能力，以及促进了课前"或独或合"预习和主动参与"亮考帮"分享良好习惯的养成。二是提高课中展开阶段新授内容教师精讲的针对性。一为教师提高自身精讲内容、过程和举措的针对性；二为借助课中学习单、多媒体、问题链和口头说明等，引导学生参与精讲内容的问题探索；三为鼓励学生提出问题，给予解答和指导，或引导学生参与解答，帮助学生更好地突破学习内容的难点、掌握重点，为提高后续"或独或合"吸收消化奠定基础。三是提高学生独学独练课堂吸收巩固性练习环节的针对性。教师一为加强面向全体学生直接运用新知巩固性练习的多样化题型的设计运用；二为加强面向全体学生的迁移运用新知题型的设计运用；三为关注学生的个体差异，在巩固性练习与评价等方面采取差异化教学，从而使每个学生都能在课堂上得到更合适的发展，使学生在巩固新学知识的同时，提高运用知识解决问题的能力和参与课中巩固性练习的兴趣。四是加强学生小组讨论与班级交流对话环节的针对性。教师一为鼓励学生独立梳理新学内容的"亮考帮"内容；二为组织组内讨论，分享各自的学习亮点与优势、考考同组成员、开展互帮互助解决疑问、梳理小组成果和尚存的问题；三为鼓励学生积极借助学习单记录的小组"亮考帮"内容梳理的结果，参与全班交流和互动对话，注意加强随机激励与引导，进一步巩固新学和化解集体疑问，提高学生的学习成就感、兴趣和自主学习与自主管理能力。五是提高课尾集中小结阶段的针对性。教师一为借助学习单，加强了对学生课尾集中小结的内容、结果梳理与呈现和如何有效交流的引导；二为鼓励学生参与小结；三为鼓励学生先在组内交流小结的结果，然后派代表参与班级交流；四为注意借助学习单、多媒体、思维导图、口头说明等，引导全班学生进行总结归纳，从而既锻炼学生"或独或合"参与课尾集中小结与交流方式方法的能力，又让学生通过回忆、梳理与提炼一课学习的"五点"(重点、难点、关键点、易错点和兴趣点),帮助他们形成系统化的知识结构,强化学生"或独或合"监控学习结果的意识。六是加强布置作业阶段的针对性。教师一为注意了解学生的知识水平、兴趣点和需求,结合本堂课内容的关键点和难点,在明确重点和方向的前提下为学生提供必要的练习、资源和辅助材料;二为加强作业布置的指导,从而便利学生课后"或独或合"完成作业。

（2）课后针对性

这是指实践教师注意提高课后学生巩固新学阶段"四个方面"任务设计运用的针对性。一是教师注重学生对课中学习加强"或独或合"的反思与记录,锻炼相应能力和习惯;二是加强学生独练作业的分层设计,提高全体学生完成作业的兴趣和质量;三是注重学生拓展学习和自学的引导,培养学生开展自学的兴趣、能力和良好习惯;四是借助课后学习单,引导学生独立完成对课中学习、课后作业和自学之"亮考帮"情况的梳理总结,锻炼学生课后独立梳理、总结自己课上与课后学习中的亮点与优势、出题考考同学和提出自己学习方面存在问题与困惑的能力,促进了课后独立、及时进行反思、完成"亮考帮"结果整理、做好下次课始参与小组讨论和班级交流准备良好习惯的养成。

（3）下次课始或课前针对性

这是指在下次课开始时,实践教师加强隔堂微对分模式"四个层面"实施的针对性。教师一是组织学生开展组内讨论,分享课后"四个方面"任务,尤其是"亮考帮"梳理情况,进行互考互问互助,整理小组尚存的问题,推选小组代表准备参与班级交流;二是组织班级交流与对话,鼓励学生畅所欲言,分享"亮考帮"的梳理情况,组际进行互考互问互助,提出求教老师的问题;三是进行随机激励与引导,对学生的共性问题和疑难进行解答,对学生的个性需求给予有针对性的指导和建议;四是与学生合作进行梳理归纳,从而有效地锻炼学生围绕"亮考帮"参与小组讨论、组际交流相应课后学习成果、进行互考互问互助、提出新疑的能力,以及参与师生听取教师随机与答疑指导和参与总结归纳课中、课后和隔堂对分所学内容、方式方法、学习体会与经验的能力,促进了主动参与隔堂"亮考帮"成果小组讨论、班级交流、互考互问互助和注意加强反思改进良好学习习惯的养成。

"针对性策略"的实施,一是更好地满足了学生"三程"的学习需求,提高了学生完成"三程"的学习内容任务的速度;二是学生无论是独立完成"三程"的学习任务,还是小组合作或是全班合作完成探究类学习任务,学习成果质量都有了明显的提高;三是多数学生强化了"或独或合"适时调节自己或小组的相关"程"的学习目标、过程和结果的意识;四是学生在"或独或合"学习的过程中,能够更加主动地参与学习,提高了学习动力和学习兴趣;五是促进了学生"或独或合"注意加强"三程",主动参与隔堂"亮考帮"成果小组讨论、班级交流、互考互问互助和注意加强反思改进之良好学习行为习惯的养成。

2. 任务驱动策略

所谓"任务驱动策略",是指实践教师基于"对分课堂"的相关实施模式,通过指导学生完成相关知识学用、实践操作活动和项目化学习"三类任务",在提高学生完成这些学习任务速度和质量的同时,有机提升学生"双自"的意识、能力和良好行为习惯的教学艺术。

（1）知识梳理与应用类任务

这是指学生根据教师的课中精讲、问题和学习单的引导,完成知识梳理、练熟、会应用的独学与独练、参加小组讨论、参与全班交流对话和参与课尾集中梳理归纳任务,在提高完成相应任务速度和质量的同时,有机提升"或独或合"完成知识梳理、练熟、会应用任务的能力,提高完成这类任务的兴趣和自信,有机提升学生的"双自"素养。如,唐立雄老师开展初三物理单元复习教学实践时,一是学生课前与课始"有独有合"完成知识梳理整合任务,即学生课前独立复习课本声学单元知识体系概念图并结合声学家庭实验独立画出声学单元知识概念图、参与课中讨论与展示、师生合作归纳和听取教师点拨总结,最终"有独有合"形成个性化的声学单元知识网络。二是学生课中"有独有合"完成单元知识应用任务,即学生课中借助表格独立梳理盲人球员可能遇到的困难、解决的设想、运用的相关声学知识,参与课中讨论与展示,借助比赛视频师生协作解惑,聆听感悟教师单元复习方法的点拨,最终"有独有合"地完成"盲人球员踢球困难→解决设想→运用声学知识"梳理表。三是学生课后"有独有合"完成跨单元综合应用任务,即学生课后独立应用声学知识及光学和电学相关单元知识填写跨单元任务单,参与下次课始讨论与班级展示交流,根据教师引导独立作平面镜成像图及电路图对比,理解轿车前挡风玻璃斜装及汽车安全带报警原理,聆听感悟教师精讲点拨解决跨单元综合问题的一般方法,最终"有独有合"完成"汽车生活与物理"跨单元综合应用任务单。学生通过完成上述不同知识梳理、练熟和应用任务,既巩固了相应的知识,又提高了"有独有合"完成"三程"相应学习任务的速度和质量,还有机提升了学生"双自"单元复习素养。

（2）实践操作活动类任务

这是指学生根据教师提供的课中学习实践操作活动任务单、问题与口头说明等引导,"或独或合"完成实验、绘制、阅读、写作、展评等以实践操作活动类任务,在提高完成相应任务速度和质量的同时,有机提升"或独或合"完成实践操作类任务的能力,增进完成实践操作任务的兴趣和自信,有机提升学生的"双自"素养。如,物理组顾彩凤老师开展"光"单元教学时,采用学生"或独或合"完成层层递进的若干探究性大、小实验任务构成的系列实验活动任务:一是设计大实验任务,一般以源于生活的情境性引入观察类探究性实验任务为主。如,教师设计了一项包括学生独立观察三类光现象的情境性引入观察实验探究任务。二是设计小实验任务,一般以学生"有独有合"完成的探究性实验任务为主。如,以教师为主,学生参与设计了八项在观察基础上的"有独有合"的实验探究小任务。随着这些实验探究任务的完成,学生的独立观察和"有独有合"完成系列实验探究任务的素养得到了有效的培养,也增进了对实验操作类学习的兴趣和自信。又如,语文组朱毓虹老师开展名著导读课时,根据核心问题和问题链,组织学生课后分轮次完成自主阅读、绘制、写作与讨论、交流等多类型的阅读与表现表达任务,锻炼了学生阅读中的动态思考和多维表现表达能力,提升了他们对整本书独立阅读、选择相应主题进行"或独或合"的梳理绘制、写作与多维表现表达的成就感、兴趣和自信。

（3）项目分类任务

这是指学生在教师的学习情境、学习单、问题链和口头说明、随机提示引导下,"或独或合"完成协定主题课前、课中、课后不同学习阶段项目化学习的任务,在提高完成任务速度和质量的同时,有机提升学生项目化学习的"双自"素养。如,顾君老师组织学生开展"束口小手袋的设计与制作"项目化学习任务时,师生协定课程主题的任务后,教师制定了课前1周明确任务、课中6个课时、第5课时后的课外特色作业和第6课时后的课外赠送作品的项目实施系列任务。顾老师在组织学生完成此劳动项目任务时,有意识地引导学生关注学习目标、过程实施与记录、评价标准和设计与制作的基本步骤和方式方法,加强不同阶段的过程评价,注重最终成果的发表与自评互评,促进学生独立反思的自主改进,参与学校布展,提高了束口小手袋设计与制作的效率,保证制作质量,彰显了一定的个性特色。学生普遍增强了上劳动课的兴趣,相关知识得到了巩固和拓展,良好的劳动行为习惯得以初步养成。

任务驱动策略的实施,一是激发了学生"有独有合"完成三类任务的兴趣,使得学生更加积极主动地参与完成"三程"相应任务的过程,注重学习策略与方式方法的探索,从而提高了完成相应任务的速度;二是强化了学生实际应用和解决问题的能力,从而提高了完成相应任务的质量;三是强化了学生注重对标项目目标、过程评价和结果评价标准开展设计和实际制作的意识,注重成果发表和互评意识;四是在任务的设计和实施过程中,学生能够根据项目学习目标和评价标准,不断进行反思,调整和改进学习策略方式方法,从而提高了自主管理学习目标,加强项目设计和制作过程与结果管理的意识;五是学生在设计和制作实践与探索中,培养了良好的作品设计和制作行为习惯。

3. 多元引导策略

所谓"多元引导策略",是指实践教师基于当堂对分课堂的实施模式,在相关课的导入、精讲、学生"或独或合"吸收内化、课尾集中小结、布置作业和课后学习这"六个环节"的内容教学时,通过整合运用多样化的引导举措,提高学生完成相应环节学习内容任务的速度和质量,有机提升学生相关"双自"的意识、能力和良好行为习惯的教学艺术。

（1）导入环节的多样引入引导

如,学科实践教师利用视频资源引导学生观察导入、借助教材内外图片资源引导学生阅读讨论导入、借助分享学生课前"或独或合"所收集与梳理的特定主题的信息成果引导他们主动投入待学主题内容导入、借助示范实验操作引导学生观察求证导入、借助预习中的问题要求学生回答导入、借助"亮考帮"的内容引导学生参与小组讨论、班级交流对话和尝试归纳导入等。实践表明,这样的多样化导入,一是有效激发学生"或独或合"参与导入学习的兴趣;二是夯实了学生的知识基础,为后续学习奠定了基础;三是促进了学生积极思考、分享课前学习成果、观察现象、回答问题,锻炼了相应的能力;四是促进了课前"或独或合"主动预习和参与"亮考帮"分享良好习惯的养成。

（2）精讲环节的多样化引导

一是教师借助思维导图梳理、呈现全课学习内容，引导学生更快更好地把握了全课知识框架体系。二是教师借助问题链引导学生积极思考，参与解疑。即教师（有时包括学生）在一节课中的重点内容教学中，设计一到两个核心问题，再细化设问，形成问题链，来引导学生"有独有合"地进行相应问题内容的探索性学习，以逐步锻炼和发展他们自主学习重点内容的能力。如，语文组朱毓虹老师运用"引导策略"，针对学生在《骆驼祥子》整本书阅读中预期和实际遇到的问题与需求，采取问题（设问、追问、启问→答疑）、阐释说明、借助板书和多媒体等，引导学生独立阅读、记录与梳理、参与小组讨论和班级交流、进行阅读辨析，激发了学生进行整本书阅读的兴趣，有效地锻炼了多元阐释整本书阅读中相关主题内涵的能力。三是借助课中学习任务单引导学生独立听、记精讲内容，加深了对精讲内容的印象，促进了自主学习。

（3）学生"或独或合"吸收内化环节的多样化引导

一是教师借助学习单、系列问题、多媒体、板书、口头说明等，引导学生积极参与独学独练、小组讨论、角色扮演、实践探究、案例分析、"亮考帮"内容的梳理、班级交流与对话、互评互助，促进了对所学内容的理解，锻炼了相应的能力，加强了合作精神。二是教师借助预设和随机激励进行评价引导。如，英语组杨玲老师任教"宾语从句"一课时，在对主要知识点进行讲解演示的过程中，对在合作学习、互动评价等活动中表现积极、完成质量高、较以往表现有进步的学生进行随机正面激励和给予肯定，提高他们的学习自信心，从而促进了学生自主开展合作互享互动良好习惯的养成。又如，艺术组杨一帆老师在七年级"我的祖国"一课教学实践中，运用《我的祖国》乐曲分析、节奏创编小组梳理记载分享和口风琴二声部合奏展演互评标准，既引导了学生参与小组的乐曲分析、节奏创编小组梳理记载分享和口风琴二声部合奏展演，又引导了互评的实施，还引导了后续小组口风琴二声部合奏实践的改进，内化了"双自"口风琴表现表达素养。

（4）课尾集中小结阶段的引导

一是教师直接总结引导。即教师在课程结束时，对课程内容进行系统总结，帮助学生巩固知识，形成清晰的知识结构。二是教师借助学习单表格、思维导图设定相关梳理要素引导学生自主总结，内化了学生课尾集中小结总结什么、怎么总结、怎么表达总结的结果和后续怎样利用好总结结果的素养。三是师生协定评价标准，引导学生对小组合作成果展评情况进行梳理总结。即教师鼓励学生在课后自主总结学习心得，反思学习过程中的优点和不足，从而提高自主学习能力和自我调节能力。四是正向评价引导。

（5）布置作业环节和课后学习的引导

一是课后作业引导：教师根据学生的学习情况，布置有针对性的课后作业，让学生在巩固课堂知识的同时，拓展知识面，提高综合素质。如，吴杨叶老师在"学党的二十大精神、做自强不息好少年"大对分少先队活动课中注重作业的多样性和创新性，鼓励学生通过查阅收集图片、撰写脚本、拍摄微电影等形式,在小队长的带领下通过三次修改和调整,原创微电影《配出幸福密码》终于迎来了杀青,在完成课后作业的同时提高了学生"有独有合"查阅收集符合主题的图片、撰写脚本、拍摄创作微电影的能力和逐步完善的能力,增强了创新意识与合作精神。二是课后实践活动引导:教师组织各类实践活动,让学生将所学知识应用于实际,提高了学生的实践能力和创新能力。三是课后学生对学习成果的自我评价与反思引导:教师一为提示关注评价与反思的内容,如所学内容、方式方法、学习策略和"双自"素养发展;二为注意回顾梳理概括学习过程、学习结果,帮助学生梳理好"亮考帮"三个层面的内容,及时进行有针对性的改进。

"多元引导策略"的实施,一是教师根据学生的学习需求和进度,以多样化的举措提供了丰富的学习资源和学习引导,适应了学生学习风格差异化的需求,从而提高了学习效率,加快了学习速度;二是教师鼓励学生进行深入的学习和探究,加深了他们对所学知识的理解;三是学生在"或独或合"完成"六个环节"多样化的学习任务中,提升了自己的思考能力、质疑能力、分析问题和解决问题的能力,从而提高了学习成果的质量,并且有了一定创意;四是学生在多样化的举措引导下参与"六个环节"的学习活动,培养了自我监控和自我调节的意识,从而提高了自我管理能力;五是增进了学生对多样化的学习活动过程和结果根据评价标准进行自评和互评的意识,培养了学生的学习自信心和自尊心,促进了积极情感和合作精神的发展。

4. 可视化策略

所谓"可视化策略",是指实践教师基于"对分课堂"的相关实施模式,在指导学生"三程"(课前、课中、课后)相关课的内容学习时,将文本、数据等进行思维加工,进而转换成图形或图像,即以图文结合形式加以呈现,让学生思维的过程和结果显性地可见,以提高学生完成相关过程的学习内容任务的速度和质量,提高借助思维可视化工具进行学习过程和结果梳理、概括与表现表达的能力,并有机提升学生相关"双自""三素养"的教学艺术。可视化策略的运用,实践教师主要探索了以下"六步"。

（1）明确适用内容

这有助于学生理解一课的概念体系、展示数据、解释过程、项目化学习和单元、学期、学年、学段复习类的学习内容,适当借助圈点批注、表格、关键词＋关系纲要式、图形、图文结合、思维导图、模型构建式、动画呈现式、微视频＋解释式等思维可视化的方式加以呈现。

（2）收集和整理信息

师生收集和整理相关需要可视化表达学习主题的文字、图片、数据、概念、印证材料等,为学习内容、方式方法和思维的可视化表达做好核心素材的准备。

（3）选择合适的可视化方式

可视化呈现的方式,主要有表格式、关键词＋关系纲要式、图形式、图文结合式、思维导图式、模型式等,鼓励学生探索适合自己学习风格的、个性化、可视化内容的表达方式。

（4）设计可视化表达

首先,在起始阶段,先由教师进行经典的相对单一的可视化方式的设计,如图表表格式、关键词＋关系纲要式、思维导图、绘制图形、创建动画、设计微视频＋解说式等。在设计过程中,需要考虑信息的清晰度、简洁性和易于理解性。其次,教师鼓励学生小组合作模仿实践。再次,教师要求学生逐步独立尝试完成一课、一单元、一项目、一学期、学年和学段的学习内容、学习方式方法和个性化学习体会与经验的可视化梳理及不断反思完善梳理的结果,从而促进学生由认知理解到小组合作运用,再到独立尝试运用和个性化运用知识与思维可视化梳理素养的逐步提升。

（5）展示和解释可视化内容

教师或学生将所梳理的相关可视化内容展示给学生,并解释其中的信息和意义。教师或生生通过讲解、引导提问或讨论等方式,帮助学生理解可视化内容和呈现技巧,内化梳理、展示和解释可视化内容的素养。

（6）评价可视化

教师引导学生使用可视化策略对梳理与展示、解释的可视化内容进行可视化的评价。如,有的教师尝试鼓励学生借助思维导图进行可视化评价,有的借助师生协定的评价标准进行互评,有的借助图文结合的图示对学生"或独或合"的探索过程进行评价,既锻炼了学生尝试用可视化工具对同学的可视化学习成果展示进行评价的能力,又内化了可视化学习内容的可视化表现表达素养,还促进了可视化设计—学习—表现表达—自评互评一体化良好习惯的养成。

实例6: 语文组朱毓虹老师在任教部编版语文初一年级下册《骆驼祥子》整本书阅读时,运用圈点批注策略及思维导图策略以提升学生整本书阅读的自主阅读兴趣。圈点批注法是指读者在阅读过程中,使用符号对阅读的内容进行圈画,并将阅读时的理解、感想、疑惑、不同见解等,随手批写在书中的相关处,以帮助理解、深入思考的阅读办法。思维导图,是一种用来引导发散性思维的图形思维工具。它用各级隶属、相关的层级图形式将各级主题的关系展现出来。语文组付兵老师在语文教学中,通过"对分课堂·以图促读"的研究,针对"对分课堂·以图促读"的不同形式,组织学生开展具体的语文实践活动,通过绘图,采取相应的教学过程、实施途径、方法及评价机制,提升学生的阅读能力、观察能力、想象能力、表达能力、审美能力。在提升学生语文整体素质的基础上,学生对语文学科做到自主学习、自主管理。数学组张杰老师提炼了空中课堂数学视频中的图像、视频、数学方法等资源,采用了几何思维可视化、图形运动可视化、单元教学可视化的可视化教学策略。

"可视化策略"的实施,一是激发了学生借助可视化工具进行新课学习、项目化学习和不同跨度复习的兴趣;二是有效锻炼了学生"或独或合"对散乱的、复杂的、跨度大的信息加以系统化、结构化、简洁化、形象化处理的能力,从而提高学习与复习的效率,加快学习速度;三是可视化工具的应用,使学习知识点之间的各种联系方式紧密关联,通过多样化的强化关联提高了教与学的质量;四是通过对图表、数据、动画、音频、视频等流动变化的过程信息的可视化加工,有效地锻炼了学生借助工具进行可视化信息捕捉和梳理、加以概括表达的能力;五是减轻学生的记忆负担,提高了学生梳理已学内容和进行不同阶段复习的主动性,培养了学生借助自主评估学习过程、学习结果,及时加以调控完善的自学管理、监控意识和行为习惯。

5. 融入"双师"策略

高宇丽老师的数学子课题和其他参与的实践教师定位了本策略的含义,概括了课前"双师"备课、课中对分课堂"双师"融入、融合促进学生自主学习、自主管理等多种策略的若干要素之做法和实效。具体参见区级课题中,高宇丽老师子课题报告的相应内容(此处略)。

6. 加强监控策略

所谓"加强监控策略",是指实践教师基于"对分课堂"的相关模式,在指导学生"三程"(课前、课中、课后)相关课的内容学习时,注意明确监控主体、探索监控目标过程与结果"四要素",在提高学生完成相关过程的学习内容任务的速度和质量的同时,有机提升学生相关"双自"的意识、能力和良好行为习惯的教学艺术。

(1)教师精讲介绍知识

一般是在运用监控策略的初期,教师注意借助多媒体、学生学习单、实例、口头说明和板书等,介绍加强学习监控策略的意义、主要内容和监控的方法。这就使学生对监控策略有了初步的认识。

(2)学生讨论与实践

一是监控主体。主要是加强学生对于监控意义和如何监控的讨论,加强相应主体的实践,主要包括学生的独立监控、学生小组合作监控、小组间的监控、全班监控的实践。有时,相关实践教师也要注意发动家长在家时对孩子学习过程、结果进行必要的监控。二是加强监控目标的实践。一为加强对所定学生"双自"素养培养内容目标的监控实践;二为对课的教学目标定位达成情况的监控实践;三为对相关"程"的学生"或独或合"具体学习任务的目标定位达成情况的监控实践。三是加强监控过程的实践。一为学生"有独有合"对课前学习情况自主监控的实践;二为学生课中各环节学习情况自主监控的实践;三为学生课后学习情况自主监控的实践。四是加强监控结果的实践。一为学生"有独有合"监控课前学习总体结果的监控实践;二为学生"有独有合"监控课中学习总体结果的监控实践;三为学生"有独有合"监控课后学习总体结果的监控实践。

(3)师生归纳

即在对学生相关学习任务的目标、过程与结果的监控过程中,师生合作对相关情况的归纳,促进了相应监控目标和学生监控素养的更好实现。

"加强监控策略"的实施,一是较快地提高了学生完成相关过程的学习内容任务的速度;二是学生无论是独立完成"三程"的学习任务,还是小组合作,或是全班合作完成探究类学习任务的规范性和质量,都有了明显的提高;三是多数学生强化了"或独或合"监控自己或小组相关"程"的学习目标、过程和结果的意识;四是锻炼了学生相应的监控实际操作能力;五是学生"有独有合"注意加强"三程"学习的良好行为习惯逐步养成。

(八) 实施形式

所谓"形式",是指实践教师在"对分课堂"实施模式下指导学生"三程"(课前、课中、课后)相关课的内容时,注意明确若干操作要素,在提高学生完成相关过程的学习内容任务的速度和质量的同时,有机提升学生相关"双自"的意识、能力和良好行为习惯的教学形式。

本课题学科实践教师共探索了自主预习式、对分课堂"四式"、独立听记思考式、借助学习单式、借助信息技术式、借助问题链引导式、概念辨析式、实施基本步骤式、应用解题式、几何证明式、动手操作式、史料实证解题式、引导归纳式、多元体验式、随机激励式、预设激励式、设计实践式、合作学习式、成果展演式、合作评价式这 20 种教学形式。其中探索较多的是对分课堂"四式"、借助学习单式和借助信息技术式(简称"六式")。

1. 对分课堂"四式"

所谓"对分课堂",又称 PAD 课堂,是复旦大学心理学系张学新教授独创的课堂教学实施模式。以课堂实施形式划分,可分为时间对分、教学对分与权责对分三类。其中,按教学对分课堂,又可以划分为当堂对分、隔堂对分、微对分与云对分(以下简称对分课堂"四式")。本课题实践教师在教学课例研究时,主要运用对分课堂"四式",以下做简要的说明。

(1) 当堂对分式

初中阶段一课时为 40 分钟,教师前 20 分钟讲授,学生 5 分钟内化与吸收:一为独立思考,二为独立做作业。当堂对分剩下的 15 分钟时间进行讨论:一为小组讨论 8 分钟,二为全班交流 7 分钟。在具体操作时,允许时间节点稍做变化。如,蔡晓燕老师在文言文"之""其"虚词意义和用法实践课上,通过三轮当堂对分活动提升了学生文言文虚词用法素养。对分活动 1:学生线上独立观、听"空中课堂"《学弈》录播课,借助 ClassIn,议、享、评结合,初步了解"之""其"在文中的意思,锻炼了学生从素材中提取相关信息和交流讨论的能力(24 分钟)。对分活动 2:学生聆听"微课"精讲"之""其"在文中的用法,了解虚词的探究步骤,并借助工具书,完成课堂"微作业",扩大理解"之""其"的意义和用法(8 分钟)。对分活动 3:学生通过聆听"微课",了解倒装句的变形,进一步把握虚词的用法,关注形式背后的内容,由表及里,进一步把握作者的情感态度与价值观(8 分钟)。采用当堂对分形式,教学流程清晰流畅,"讲授"与"讨论"隔开,突出学生"内化与吸收"环节,实现了课堂学习收获最大化。

(2) 隔堂对分式

对分课堂与传统课堂相比的创新点在于讲授与讨论错开,而隔堂对分是把讲授和讨论发生在两堂课上。隔堂讨论中的前半段是讨论与交流上次课的内容,后半段是教师随机点拨所交流的内容和进行归纳(或师生合作归纳)。如,李微老师在第一课时课后作业中发现,学生对《阿长与〈山海经〉》和《老王》两篇第三单元的课文理解不深入,教师针对这个问题,以两篇文章中的虚词为切入口布置学习任务,借助虚词分析鲁迅对阿长的情感,以及杨绛对老王的情感。学生独立思考后,完成课后作业,并在下一节课中分小组对思考任务进行讨论。采用隔堂对分形式,省去了传统课堂中的导入阶段,提升了课堂效率,针对上堂课出现的问题调整学习内容与策略,增强了学生自主性学习的兴趣、能力与意识。

（3）微对分式

基于当堂对分这一基本对分形式,张学新教授又提出了最简单对分形式"3分钟对分",即1分钟教师讲授,1分钟学生讨论,1分钟学生交流。这样,在当堂对分形式下开展的时间短暂的对分课堂活动称之为微对分。一是直接运用。如,李微老师在《秋天的怀念》一课中,教师精讲细节描写1分钟,学生勾画细节描写的句子1分钟,学生分享勾画细节描写的句子,并谈谈细节描写的表达效果1分钟。二是迁移与创生运用。如,朱毓虹老师在初二年级语文"唐诗三首"一课中,将"3分钟对分"进行变动,根据教学实际需要,化为三类"微对分":一类为5分钟(教师精讲1分钟→学生讨论2分钟→学生交流1分钟→教师归纳1分钟);一类为6或7分钟(教师精讲1分钟→学生"有独有合"讨论活动2或3分钟→学生交流2分钟→教师或师生归纳1分钟);一类为12分钟(教师精讲1分钟→学生"有独有合"活动8分钟→学生交流2分钟→教师归纳1分钟)。采用微对分形式,精练了知识点的讲解,增加了学生小组讨论和班级交流对话的时间,规范了课堂教学流程,提升了课堂的学习效率、效果与学生的学习兴趣。

（4）云对分式

所谓"云对分",是蔡路中学师生基于当堂对分这一基本对分形式,对从现实生活中的面对面授课模式转变成虚拟网络课堂的实施模式的新探索,也称网络对分。2020年3月至5月,蔡中教师在应对新冠肺炎疫情这一突发状况时,始终以"对分课堂"理念实施网络教学。12位课题组教师实践后,撰写了云对分课堂教学实践课例,并发表在"对分课堂"公众号上。变通运用云对分模式的实践探索,有效解决了新冠肺炎疫情这一特殊情况对教学的影响,提升了师生的信息科技能力,提高了教学效果与学生的学习兴趣。

"对分课堂'四式'"的应用,一是有效地提高了教学质量和学生的学习效果。一为教师授课更为精练,重点突出;二为学生参与度增强,积极思考,主动发言,课堂氛围更为活跃。二是促进了学生"三程"学习的自主性。一为学生增强了自主学习的意识;二为提高了自主学习的能力;三为养成了良好的自主学习行为习惯。三是养成了学生"三程"管理的自主性。学生一为增强了网课学习时自主管理的意识;二为提高了自主管理的能力;三为养成了良好的自主管理行为习惯。当堂对分、隔堂对分、微对分和云对分的应用与尝试,尽管与传统课堂相比存在挑战,但其在讲授与讨论之间寻得了平衡,优势明显,值得进一步推广和应用。

2. 借助学习单式

这是指在课程实施过程中,学生普遍使用教师制作(有时学生参与制作)的课前预习任务单、课中学习单、课后作业单等任务单,"独合结合"完成相应驱动式任务的具体实施形式,以有机提升学生"双自""三素养"。

(1) 借助课前预习单

这是指教师引导或学生"或独或合"借助课前学习单设定的内容完成相应任务,在提高学生完成课前相应学习任务的速度、质量的同时,初步了解与主题相关的背景,为提高课堂学习任务的速度和质量奠定基础,并有机提升学生课前"双自"素养的学习单实施程式。如,陶意老师在任教七年级写作"A model student in my class"第二课时,借助课前预习单布置学生课前预习,一是收集:上一节课中,学生已经通过阅读,学习了一些关于模范生事例的表达。因此,陶老师要求学生对身边的同学进行观察,通过查字典、参考书等途径,写下自己心中模范生的事例,或者是相关词句;二是整理:学生结合课本书下注解、相关工具书及网络媒体等,独立开展预习,熟悉书本上的例文,并完成第二课时课前预习单。第二节课的课中,学生被分为四个混合小组,每个小组五至六人。每位学生拿出课前的预习作业,小组成员互相检查完成情况,之后将自己的课前作业单统一放置在小组的中间位置,以便后续写作过程中分享写作素材,最后,借助修改后的课前预习单完成独立撰写文章的框架。这能较好地促进学生"独合结合"课前做好预习知识准备良好自主学习习惯的养成。

(2) 借助课中学习单

这是指教师引导或学生"或独或合"借助课中学习单中设定的相应任务,在提高学生完成课堂相应学习任务的速度和质量的同时,有机提升学生课中"双自"素养的学习单实施程式。如,吴怿婷老师在任教八年级"史料实证"专题复习教学课时,学生作为个体独立完成教师设计的课中学习单,通过解答 6 个由浅入深、环环相扣的子问题:一是全体学生根据课中学习单图片的内容独立完成史料分类的填空;二是全体学生根据课中学习单中的研究对象,从历史研究者的角度出发独立探究获取史料的途径和列举一份文献资料;三是全体学生根据课中学习单中收集到的史料独立判断史料价值的高低;四是全体学生根据课中学习单中提供的数据统计和结论独立反推所给资料的缺失内容;五是全体学生根据课中学习单中提供的三则材料独立辨析史料,收集多种史料构建证据链,形成对问题客观、全面的认识;六是全体学生根据课中学习单图片提供的材料独立辨析史料,提取有效信息,作为历史叙述的可靠证据,内化吸收课堂知识,从而有效地提升学生史料收集、分类、理解辨析和史料引用论证的能力,学生史料互证构建证据链的意识也有了明显增强。

(3) 借助课后作业单

这是指教师引导或学生"或独或合"借助课后学习单设定相应任务,在提高学生完成课后相应学习任务的速度和质量、巩固和深化课堂所学、拓展学习主题、深入探索兴趣的同时,有机提升学生课后"双自"素养的学习单实施程式。如,唐立雄老师借助多媒体、课后学习单和口头说明,布置学生课后小组合作应用多学科知识完成"长作业"单(2～3周内完成),学生课后小组合作应用物理知识和生物知识填写"暴雨来袭如何自救?"跨学科实践任务单,参与下次课始的课堂对分之小组讨论与班级展示交流,最终"有独有合"完成了"暴雨来袭如何自救?"跨学科实践任务和合作展示评价的任务。学生通过运用课后跨学科实践作业单,进一步巩固了整合运用压强单元知识和生物、劳技、美术相关学科技能解决跨学科应用实际问题的能力,提升了"有独有合"参与单元复习和应用多学科知识解决实际问题的兴趣、自信和促进了相应整合应用良好习惯的养成。

"三程·三单"的应用,一是较快地提高了学生完成相应过程学习单的速度;二是学生无论是独立完成"三程"的学习单,还是小组合作或是全班合作完成探究类学习单的规范性和质量,都有了明显的提高;三是多数学生强化了"或独或合"管理自己或小组的相关"程"的学习目标、过程和结果的意识;四是锻炼了学生相应的学习与管理能力;五是学生"有独有合"注意加强"三程"学习的良好行为习惯逐步养成。

3. 借助信息技术式

所谓借助信息技术式,是指在课程实施过程中,师生普遍使用计算机、互联网及其他电子设备和工具,较好地引导了教学过程中相关"三程"探究活动的实施,在提高学生完成相应任务的速度、质量的同时,有机提升学生"双自""三素养"的实施程式。

(1) 学生运用

这是指学生"独合结合"利用网络等多媒体技术,收集相关文献类资料,进行梳理概括形成成果,并利用 Word 文档、多媒体演示文稿、思维导图(XMind APP)等软件,制作文献收集梳理概括类任务的成果展示作品,参与小组讨论和班级交流与对话,提高运用实效与素养的信息技术实施程式。如,张成老师在英语"6B Travelling in Shanghai in 50 years' time"一课教学中,一是在第二课时的课前,让学生借助网络独立收集了未来交通方面的材料,并结合短文进行初步创作,学生在形成良好预习习惯的同时,有效地锻炼了借助信息技术独立收集特定信息、结合自己的感受进行写作的能力。二是在第二课时的课后,让学生先借助网络,独立寻找与本文相似的英语小故事,如"共享班车""连通走廊""无人驾驶舱"等,通过阅读和利用课文所学,加之结合语法的变化,完善了课前短文;然后,借助信息技术,参与小组交流与评价完善后的短文,提升了自主学习的兴趣,并初步培养了巧用思维导图思考阅读问题、梳理归纳课中学习重点的能力,养成了完成课后作业的良好学习行为习惯。

(2) 教师运用

这是指教师利用网络等多媒体技术,收集教学资料、制作教学内容、呈现教学内容、收集学生作业、评价学生成果等实施形式,以有机引导学生高效有趣地进行"独学合学",并有机提升学生"双自"素养的信息技术实施程式。如,张燕玲老师在"二元一次方程"一课的教学实践中:一是课前,教师利用"空中课堂"资源,选用切片导入内容,学生的学习兴趣被大大激活,通过类比得到二元一次方程的概念,培养了自主学习中的联系意识,提高了学生的课堂参与兴趣;二是课中,通过 ClassIn 平台播放任课教师改编后的空中课堂资源 PPT,展示有层级性的若干题目,使学生对二元一次方程的概念有了较深的理解;三是课后,教师按各个知识点将"空中课堂"视频资源进行切片后,及时提供给学生,由学生按自身掌握情况,挑选自己需要的内容进行反复观看、学习、补充笔记,从而既培养了学生自主学用"空中课堂"视频切片资源的意识,又提升了学生课后独立完成练习的及时性、主动性、规范性和质量。

学生与教师信息技术的应用,一是提高了学生完成相关学习过程的学习效率,丰富了学习方式,拓宽了学习渠道。二是学生无论是独立操作,还是小组合作或全班合作完成信息检索、分析整理等操作的规范性和质量,都有了明显的提高。三是初步养成了学生相关"程"学习中利用信息技术的目标、过程和结果的意识。四是学生增进了"或独或合"管理自己或小组沟通交流或师生沟通交流的能力。五是促进了学生"有独有合"注意加强"三程"利用信息技术自主学习良好习惯的逐步养成。

(九) 实施方法

所谓"方法",是指实践教师在对分课堂实施模式下指导学生完成"三程"(课前、课中、课后)相关课的内容学习时,注意明确若干基本做法的要素,在提高学生完成相应"程"的学习内容任务的速度和质量的同时,有机提升学生"双自"的意识、能力和良好行为习惯的教或学的办法。

本课题学科实践教师共探索了自主预习法、阅读比较法、检测法、讲授法(精讲法)、朗读法、讨论法、交流法、"三练法"、归纳法、分享法、自学法、合作法、多元引导法、示范法、实验法和实践法这 16 种教与学的方法。其中探索较多的是讲授法、讨论法、交流法、"三练法"、归纳法和分享法(简称"六法")。

1. 讲授法

这是指教师在课程实施过程中注意把握对分课堂讲授时"精讲留白"原则,通过教师直接讲解、进行示范,以及借助例子、数据、多媒体、板书和问题等进行引导和说明,向学生传递学科特定课之相关教学内容的信息,使学生有效地理解和掌握相应内容的知识和技能,并有机内化"双自"素养的一种教学办法。

(1) 教师直接讲解

比如,顾耘禾老师在教"班徽设计"一课时,展示并讲解班徽设计"三要点"。要点一:确定主题寓意,把握大体形状(圆形、三角形、梯形、菱形、不规则形等);要点二:确定构成元素,进行合理布局(根据主题、文化内涵);要点三:确定色彩搭配,符合主题内容(红色——激情、黄色——热情、绿色——青春、蓝色——梦想)。学生很快了解了班徽设计的基本步骤和操作要求,并按"三要点"的步骤和具体要求进行班徽设计的模仿和创作。这激发了他们的学练和创作激情,提升了他们的想象力和创造力,还提高了听—观—仿—创结合学习的成就感和创作自信。

（2）教师进行示范

比如,张斌老师在教初一年级"体育与健身·民族民间体育——短绳与长绳"一课时,在课中两次开展微对分实践时,就准备活动、跳绳基本动作和"三类跳"（单人、双人、集体跳绳的简称）的动作的知识、技能等核心教学内容进行了系统的示范讲解。学生后续结合"三类跳"讨论、练习、创编、展评与归纳,既快又好地掌握了短绳与长绳"三类跳"的练习方法,发展了身体的协调性和灵敏性,享受了运动的乐趣,有机提升了"双自"健体"三素养"。

（3）教师借助例子、数据、多媒体、板书和问题链等进行说明

这是实践教师在对分课堂实施模式下教师精讲环节普遍使用的讲解举措。比如,杨子龙老师在教"垂径定理"一课时,细心讲解一个例题,并在此例题基础上呈现两个变式例题,从而让学生理解了在几何题没有配图而题目叙述过程又没有明确指出图形中各元素之间的相互位置关系时,对于模棱两可的描述,一定要深挖不同方式构图的可能性。又如,朱毓虹老师在教《骆驼祥子》整本书阅读中,就实施了问题链（设问、追问、启问）引导学生积极思考、独立阅读、记录梳理、参与小组讨论和班级交流、进行阅读辨析,激发了学生进行整本书阅读的兴趣,有效地锻炼了他们多元阐释整本书阅读中相关主题内涵的能力,促进了自主学习。

讲授法的实施,一是更有效地实现向学生传授学科相应课特定内容的知识和技能,为学生在后续独立练习、参与讨论与吸收内化创造条件;二是使学生聚焦到须解决的相关课的特定学习内容上来,更快更好地集中了注意力,提升了学生独立听讲、观看教师演示和进行多元说明的专注度;三是围绕教师讲授的问题（或自己提出疑问、确定问题）进行主动思考,锻炼了学生围绕话题或问题,"有独有合"消化和吸收课堂知识的能力,提高了课堂参与度、分析与解决问题的速度和质量;四是增进了学生对和谐与有效进行听讲的价值认同,促进了独立听讲、认真观看教师演示和听取多元说明等良好自主学习行为习惯的养成。

2. 讨论法

这是指师生或生生在相关课的实施过程中,在教师精讲后,注意围绕相关学习内容,直接提出或引导学生提出特定话题或问题,学生借助学习单、教材或运用已知开展同桌讨论、小组讨论、全班讨论,快而好地解决问题,锻炼"有独有合"进行思考、梳理、交流、概括,从而解决问题的能力,并有机提升学生"双自""三素养"的一种教与学的办法。

（1）同桌讨论

一是明确特定话题或问题。讨论的话题或问题,一般由教师借助学习单预设提出,有时,也由教师课中引导学生现场提出。二是两名学生围绕话题或问题进行思考、交流意见或辩论。如,张成老师在执教"6B Travelling in Shanghai in 50 years' time"作文课时,在课开始时提出要求:"Here are two passages. Let's compare and contrast in terms of logic. Please use straight lines to show similarities and wavy lines to show differences."

学生先参与同桌讨论,然后准备参与全班交流。在课尾阶段,张老师要求学生同桌交换习作进行互批(互评)。互批中,同桌根据教师的评价要求引导,结合自己的判断,肯定了符合评价要求的规范之处、特色亮点之处,尤其是能够指出同桌自评中出现的误判,并提出修改建议。同桌讨论的过程,有效地锻炼了学生围绕问题或话题积极思考、交流意见、进行辩论、做出判断、扬长纠错、互帮互助的能力,解决了教师共性化讲授的不足之处,满足了学生个性化学习的需求,提升了学习成就感和兴趣。

(2)小组讨论

一是指教师借助学习单明确特定话题或问题。二是全班学生按四人进行混合(学习基础和性别差异)分组。三是小组成员进行思考、交流意见与辩论。比如,陈代芝老师在执教"全等三角形的判定"一课时,充分利用了 ClassIn 的分组讨论功能,首先切片"例题1"并在 ClassIn 黑板上给出预设的四个要求,然后在"切片例题1"视频播放完后,组织学生分组进行讨论,促进了学生深入思考问题,分享或辨析各自的见解,并从他人的观点中获得启发,获得正确的结果,有效地锻炼了小组讨论学习的能力,增进了合作精神。

(3)全班讨论

这是指在小组讨论结果的基础上,各组成员积极思考,小组代表参与全班分享小组讨论成果、提出有待解决的问题、其他小组尝试解答、组际可以进行辩论、个人也可提出求助问题、对其他小组或个人的交流、答疑意见进行辩论,以求对共同问题或话题获得更为全面的认识的教与学的办法。比如,杨玲老师任教八年级"宾语从句"一课中,各组员讨论完运用所学宾语从句规则和句型改写对话后,随机组织全班交流,最后师生合作归纳总结了本课教授的宾语从句常用的两类连词和三种变化要素。通过全班交流与对话,不仅活跃了课堂学习气氛,而且有效地锻炼了学生各抒己见并从他人的改写对话中获得新的启发,完善自己的宾语从句学用能力,宾语从句相关知识点也得到了更好的巩固。

讨论法的实施,一是使学生聚焦到须解决的相关课的特定学习内容上来,更快更好地集中了注意力,促进了学生围绕教师提出的问题(或自己提出疑问、确定问题)进行主动思考;二是增进了学生对学习单、教材和运用已知开展小组讨论,逐步解决问题的价值认同;三是更好地锻炼了学生围绕话题或问题,在同桌讨论、小组讨论的基础上参与全班交流,"有独有合"进行思考、梳理、交流、概括,从而解决问题的能力,从而更好地消化和吸收课堂知识,提高分析与解决问题的速度和质量;四是增进了学生对和谐与有效进行多元讨论价值的认同,促进了借助讨论分析与解决问题良好行为习惯的养成,并有机提升了学生有序参与讨论与交流、注意和谐合作和自主监控讨论交流时的时间节点方面的意识。

3. 交流法

这是指在课的"四程"(课前、课中、课后和下次课始)学习后,学生围绕自主预习成果与问题、课中听讲与独学独练、小组讨论、班级讨论、课后独立练习、自主反思、进行自学与内化后,自主做好交流准备,下次课中参与交流与点评,自主内化交流与点评内容,并有机提升学生"双自"素养的一种教与学的办法。以上,在讨论法中,小组和全班交流都有所涉及,此处不再赘述。以下着重说明下课后与下次课始交流法的运用概况。

交流法的实施,一是课后学生独立准备下次课上的交流内容。即学生独立阅读、练习、实验、制作、创作、表演、反思,准备好拟分享的学习资源。二是学生参与下次课始的小组讨论和班级交流。内容围绕课后独立作业、拓展学习和自学的多元化成果,提出尚未解决的问题,求助组内成员和组际进行互助,对于观点不一致的,倡导组内和小组间进行辩论;小组讨论和全班交流时,学生可以借助学习单、纸质资料、现场演示、幻灯片、物化作品等形式直观呈现给其他学生并做口头说明。三是学生参与点评。其他学生借助已有知识储备、观点想法、评价量表(教师制定或师生协定,有时由学生合作研制)对交流学生进行组内或全班客观点评。四是听取教师点评。教师借助已有知识储备、观点想法、评价量表、学生学习单、多媒体和设问等,对学生组内或全班交流的内容、问题求助和解答、现场辩论等情况进行客观点评,或启示学生进行更为全面、客观的点评,然后,教师或师生合作进行归纳。五是学生"有独有合"进行反思内化。即学生结合组内和组际同学、教师点评和后续的学习或练习的结果,对自己全课的学习情况进行反思和总结。比如,顾君老师在开发与实施"束口小手袋的设计与制作"项目时,在最终的物化成果交流评价环节,让学生根据师生协定的评价标准对自己的劳动成果进行自我评价、同学间交流展评、师生共同讨论与归纳。其后,学生独立完善了各自的束口小手袋,参加了学校艺术节展评活动等。这一过程,取得了很好的效果。一是学生展示自己的劳动成果,与同伴分享经验,锻炼了参与班级、年级展示和介绍作品的能力;二是强化了客观公正评价的意识;三是增进了制作布艺作品的信心,体会到了辛勤劳动后的愉悦感;四是通过与同伴、老师、家长之间的合作,了解了自己作品的优势和不足,培育了精益求精的工匠精神,为后续制作更多的布艺作品和其他物化作品积累了程序性知识、基本技能、实践体会和经验,提高了劳动乐趣和自信。

交流法的运用,一是有效地锻炼了学生课后独立、及时完成课中练习、开展自主反思、自学、内化与做好交流准备、下次课中参与交流和点评、自主内化交流与点评内容、主动加以完善的能力;二是激发了学生参与交流的兴趣,培养了沟通能力和协作精神;三是促进了学生课后独立、及时完成练习、进行反思、主动开展自学、做好下次课中交流和内化交流点评情况良好行为习惯的养成。

4."三练法"

这是指基于对分课堂实施模式,教师根据课程实施的需要和学生的实际情况,合理地设计课内例题练习、课内"有独有合"巩固性练习和"有独有合"课内外迁移运用练习的三大类练习题,以帮助学生及时巩固所学,锻炼"或独或合"完成"三类练习"任务的能力,有机提升"双自""三素养"的教与学的实施办法。

(1)参与例题练习

这是指教师在课堂精讲后,设计与所讲的核心内容、解题步骤与方式方法有关的、进行解题示范的练习题,在教师的多样化举措引导下,组织学生当"小老师"或全班学生参与完成例题练习,及时巩固所学核心内容、解题步骤与方式方法,为实际应用奠定基础。如,沈威老师在七年级"等腰三角形的性质"一课"双师"在线对分课堂"双师"精讲的三个环节的理解新概念和应用概念解例题巩固新概念中,让学生通过观看视频说明、听取科任教师问题与随机引导、参与答问、动手操作、理解例题、参与归纳中,对等腰三角形的图形特性有了直观且深刻的认知,牢固地掌握了腰、底边、顶角和底角等关键术语,强化了对等腰三角形定义的理解;初步得出了对等腰三角形性质的领悟,培养了逻辑推理能力和问题(例题)解决技巧;彰显了"双师"精讲和学生参与精讲过程,尤其是参与解例题的过程在提升学生数学"双自"素养方面的显著实效。

(2)"有独有合"自主练习

这是指在课中教师精讲后,学生根据学习单设定的题目、参考教材(或学材)和教师精讲的情况,独立或合作完成设定的练习任务,及时巩固所学,锻炼"或独或合"完成当堂巩固性练习任务的能力,有机提升"双自""三素养"。如,顾君老师在开展预备年级"束口小手袋的设计与制作"项目时,首先,借助学习单、多媒体和口头说明,在创设问题情境后,师生协定了驱动性问题:一是独立"设计并制作一个有创意的束口小手袋,并将它赠送给自己想感谢的人";二是明确了六项子任务。其次,围绕"设计并制作一个有创意的束口小手袋"的总体任务,根据六个子任务,一环扣一环,引导学生建立规划意识、统筹思想,逐步开展独立学习和练习,最终完成束口小口袋的制作。再次,学生还借助束口小口袋实物,参与了班级展示交流、根据评价标准进行自评互评、参与学校艺术节布展。最后,将束口小口袋赠送给最想感谢的人的活动使学生及时巩固了六项子任务所涉及的知识;有效地锻炼了独立运用布艺工具、基本手法、手缝针法、按照设计和制作的基本流程缝制束口小手袋、配上装饰物、自主判断与反思后完善束口小手袋、参与班级和学校艺术节展评的能力;提升了独立完成布艺作品劳动项目化设计、制作、展评、改进和赠送学习过程和结果的成就感,体验到了劳动的价值和赠送作品的快乐,保持参与劳动项目学习的兴趣。

(3)"有独有合"迁移运用练习

这是指学生在学习新知后会用的基础上,完成教师设定的"或独或合"将新知运用到相仿的新情境或高阶练习中,以锻炼学生"有独有合"迁移运用所学新知的能力,有机提升"双自""三素养"。如,蔡晓燕老师在执教六年级《学弈》一文时,学生在了解了探究文言文虚词的意义和用法后,自主探索课内与课外若干篇文言文中"之""其"虚词的意义和用法;课后,根据课后作业单,借助工具书独立思考,解决了课外学材《李广射虎》与《两小儿辩日》例句中"之""其"两字意义和用法的问题,培养了迁移运用的能力,提升了文言文虚词用法素养;通过讨论与互评,积极探讨,互相交流各自的练习情况,自主得出了正确答案,提高了对文言文虚词学习的兴趣和成就感。

"三练法"的运用,学生一是及时巩固了对课中所学知识的理解和掌握;二是培养了"或独或合"读题、思考、进行自主分析和解决问题的自主学习能力;三是提高了知识灵活运用和迁移运用的能力;四是促进了借助"三练法"知识,自主巩固新知,练熟相关技能和结合新情境灵活、迁移加以运用良好自主练习习惯的逐步养成;五是激发了参与"三练"的兴趣,培养了团队合作精神。

5. 归纳法

这是指在相关课的"三程"教与学的过程中,教师通过直接对相关课的学习内容进行梳理归纳,或者引导学生进行独立或小组合作进行梳理归纳,得出相应的结果,以锻炼学生从典型案例、具体实例或材料中梳理相关信息,总结规律或概念,更好地理解和掌握所归纳内容的能力,并有机提升学生"双自"素养的一种教与学的实施办法。

归纳法的实施,一是教师直接归纳。即相关课的"三程"教学或指导的过程中,教师先是借助教材、学习单、多媒体与口头说明等,呈现须梳理归纳的原始学习材料;然后,借助关键词、关系式、表格、思维导图、板书、口头说明等形式,梳理原始学习材料的相关信息,尝试借助某种或多种形式,构建框架,加以提炼概括。二是学生"或独或合"尝试归纳。学生先是独立阅读、练习、实验、制作、创作、表演教师呈现的须梳理归纳的原始学习材料,并借助一定的形式,构建梳理结果的框架,加以提炼概括;然后,学生参与组内或班级交流归纳的结果,听取师生点评,明确归纳的结果。三是学生结合后续的学习或练习,运用归纳的结果。比如,沈威老师在 2022 年 5 月 17 日下午第五节开设的区级研究课"等腰三角形的性质"时,通过提供三道典型例题,引导学生参与列式练习,并归纳在等腰三角形中,知道任意一个内角,便可求得另外两个角的度数的性质。在课的后续环节,学生根据等腰三角形的这一性质,独立完成了相应的根据已知等腰三角形的一个底角求其余两角度数的练习。在课后学生独立做作业时,又运用了这一性质,完成了"变式练习 1:在等腰三角形中,如果顶角是 70°,那么其他两个内角的度数分别为
_____""变式练习 2:在等腰三角形中,如果有一个内角是 70°,那么其他两个内角的度数分别为_____""变式练习 3:在等腰三角形中,如果有一个内角是 100°,那么其他两个内角的度数分别为_____"。

归纳法的运用,一是锻炼了学生从教师的直接归纳中,体会如何梳理原始学习材料,借助多元形式,尝试进行梳理,构建框架,提炼要点的能力;在自主归纳中,又有效地锻炼了学生从典型案例、具体实例或材料中梳理相关信息,总结规律或概念,从而更好地理解和掌握所归纳内容的能力;有效地锻炼了学生课后运用所归纳的结果,自主完成相关练习的能力。二是有机提升了学生在听取教师直接归纳、"或独或合"参与归纳中的自主监控能力。三是强化了及时对课的"三程"学习相关情况进行及时回顾、梳理与概括的意识。

6. 分享法

这是指在相关课的"三程"教与学的过程中,师生将自己的经验、教训或观点,以讲故事、分享案例、展示实例或提供个人见解等方式向学生或同学分享,或者引导学生或同学进行独立或小组合作分享,以锻炼学生传递知识和启发思考,并有机提升学生"双自"素养的一种教与学的实施办法。

分享法的实施,一是教师直接分享。即在相关课的"三程"教学的过程中,教师将包含自己学习的经验、教训或观点等原始材料,借助一定的载体加以呈现;然后,借助讲故事、分享案例、展示实例等,以一定的框架串联起来,与学生交流相应的观点与启示。二是学生"或独或合"尝试分享。学生先是呈现独立阅读与梳理、练习、实验、制作、创作、表演等须分享的原始学习材料;然后,借助一定的形式,串联起分享的框架参与组内或班级交流,听取师生点评,判断分享的效果。三是学生结合后续的学习或练习,运用分享的结果。比如,何莉惠老师在执教《三国演义》与《三国志》自主阅读比较探究学习一课的示范环节中,先是借助多媒体技术和口头说明,品读示范文本,分析不同文本中所勾勒的曹操历史人物形象不同的原因,说明历史人物评价的原则与方法,为学生后续的品读、比较探究提供了可模仿的范本;然后,又将《三国演义》《三国志》中的相关文本内容,整理成表格的形式,以PPT演示的方式呈现在课堂教学过程中;同时,向每位学生以导学案的形式发放了纸质打印的"曹操献刀"的文本内容。通过分享自己的阅读、梳理与概括的经验,提升了学生自主提炼史料价值和评价历史人物素养。

分享法的运用,一是学生从教师的直接分享中,体会到了学会自主梳理所学、归纳知识的魅力,提高了学生的学习积极性。二是学生在听取教师分享的经验和观点后,结合自身主动地进行思考,内化了教师所分享的内容和梳理概括、进行分享的方式方法。三是学生"或独或合"分享自己的经验、教训或观点时,有效地锻炼了参与分享、注意倾听和交流之人际沟通的能力;四是有机提升了学生在听取教师直接分享、"或独或合"参与分享时的自主监控能力;五是强化了对课的"三程"学习相关情况进行及时思考、启发和传递的意识。

(十) 评价体系

所谓"评价体系",一般指由"上位"的评价依据、理论、政策、原则、思想或其他想法、"中位"的制评价"尺子"(以"评价标准"为代表)和"下位"的用"尺子"去评(评价的具体操作,如评价的方式、方法、技术、手段、平台类)构成的较为丰富的评价系统。

本课题的评价体系,是指由"上位"的评价研究依据("四个层面")和指导思想、"中位"的评价标准(2类12项)和"下位"的评价方法(7种)之评价系统构成。

1. 研究依据

开展和引领课题之评价体系研究的依据,主要包括以下"四个层面":

(1) 中共中央、国务院教育评价"总体方案"的依据;

(2) 教育部有关评价改革文件的依据;

(3) 对分课堂的理论与实践依据;

(4) 学校的办学理念和之前区级课题的相关评价成果依据。

具体阐释,参见课题之"评价体系研究"子课题报告相应内容。

2. 指导思想

参见"评价体系研究"子课题报告相应内容。

3．评价标准

区级课题的评价标准系列，由 5 项总体评价标准和 7 项相关学科的具体评价标准构成。

（1）5 项总体评价标准

① 初中学生课前自主学习素养发展评价标准（表略）。

② 初中学生课堂自主学习素养发展评价标准（表略）。

③ 初中学生课后自主学习素养发展评价标准（表略）。

④ 初中学生自主管理素养发展评价标准（表 7）。

实例 7：表 7　初中学生自主管理素养发展评价标准

表 7　初中学生自主管理素养发展评价标准

Ⅰ级要素	Ⅱ级要素	Ⅲ级要素（每项 10 分）	评价要求	分值小计	
自主管理意识（120）	在家自主管理意识（30）	生活自理意识	浓厚（9～10）；较浓厚（8）；一般（6～7）；较淡薄或无（0～5）		
		学习管理意识			
		交往管理意识			
	在校自主管理意识（40）	日常行为规范管理意识			
		学习管理意识			
		同学交往管理意识			
		校内集体活动管理意识			
	在社会实践中的自主管理意识（50）	完成任务管理意识			
		遵守行规管理意识			
		时间管理意识			
		安全管理意识			
		交往管理意识			
自主管理能力（120）	在家自主管理能力（30）	生活自理能力	强（9～10）；较强（8）；一般（6～7）；较少或无（0～5）		
		学习管理能力			
		交往管理能力			
	在校自主管理能力（40）	日常行为规范管理能力			
		学习管理能力			

续　表

Ⅰ级要素	Ⅱ级要素	Ⅲ级要素(每项10分)	评价要求	分值小计
自主管理能力(120)	在校自主管理能力(40)	同学交往管理能力	强(9～10);较强(8);一般(6～7);较少或无(0～5)	
		校内集体活动管理能力		
	社会实践管理能力(50)	完成任务管理能力		
		遵守行规管理能力		
		时间管理能力		
		安全管理能力		
		交往管理能力		
自主管理行为习惯(120)	在家自主管理行为习惯(30)	生活自理行为习惯	坚持(9～10);基本能坚持(8);一般(6～7);较少能坚持或不能(0～5)	
		学习管理行为习惯		
		交往管理行为习惯		
	在校自主管理行为习惯(40)	日常行为规范管理行为习惯		
		学习管理行为习惯		
		同学交往管理行为习惯		
		校内集体活动管理行为习惯		
	社会实践管理行为习惯(50)	完成任务管理行为习惯		
		遵守行规管理行为习惯		
		时间管理行为习惯		
		安全管理行为习惯		
		交往管理行为习惯		
特色加分(20)	加分理由:		特色明显(18～20);特色较明显(15～17);特色一般(12～14);特色少或无(0～11)	
综合评定	总分:_____	等第:_____	评议人身份(填代号):	

评价说明:(1)评价主体:① 被评学生自身;② 同学;③ 学生的班主任;④ 相关学科教师代表;⑤ 其他(自填):_____。(2)比值:各评价主体的比值相同,满分绝对值为360分,各评价主体评价完成后算平均分。(3)总分计算:由"三素养"课后自主管理意识、能力和行为习惯的相关三大部分组成,特色部分20分计入总分,最后总分由各评价主体总分数除以总人数得出,但分值累计不得超过360分。(4)分数和等间的转换:累积得分324～360分为优,270～323分为良,216～269分为中,215分以下为须努力。

　　学生"双自"素养发展系列评价标准的研制与实施,一是引导了学生"双自"素养的发展;二是为教师研究课设计时进行学情分析、定位"本课化"的学生"双自"(可选)素养培养内容、设计落实举措的指向和定位教学目标提供了总体依据,提高了设计的针对性和科学性;三是为执教教师、观课教师、受教学生和其他参与观课的教师进行课的"双自"素养发展评价提供了依据;四是学生自主学习课前、课堂、课后素养发展评价标准和自主管理"三素养"发展评价标准的研制与运用奠定了评价内容的依据,提升了评价标准研制和运用的规范性、公正性与科学性,促进了师生评价素养的提升。

　　⑤ 基于"双自"教育的对分课堂实践研究之学科渗透教育研究课评价标准。

　　实例8: 表8　基于"双自"教育的对分课堂实践研究之学科渗透教育研究课评价标准

表8　基于"双自"教育的对分课堂实践研究之学科渗透教育研究课评价标准

执教者姓名				授课班级			
时间			地点			节次	
研究主题							
评价指标(分)		A	B	C	D
		9～10	7～8	5～6	4以下
教育设计(30)	学情分析结合学生实际、与研究主题紧密相关; 课标分析依据确切; 教材分析来源、内容说明清楚,对编写意图理解准确,有联系研究主题与教育对象相关实际,发扬教材优势与弥补不足的"基于'双自'教育的对分课堂实践研究"的适宜措施(拟做与指向)				
	教学内容选择针对性强,符合学生的相关"双自"(自主学习之课前、课堂与课后"三程"和自主管理之相关意识、能力、行为"三素养")发展的需求				
	教育目标覆盖"两个本体"(学科和研究主题)的相关预期;定位准确;表述清楚、具体、适切				
教育过程(30)	教育环节清晰,层次有坡度;"双自"教育、"对分课堂"的教育措施预设有显性的落实,对学生相关"双自"素养的发展有启发性				
	教育策略方式方法、手段技术多样、灵活,注意运用生成资源、发挥教育机智,能较好地与学生互动,课堂氛围融洽				
	激发受教者兴趣,学生学得主动、投入,勇于发表自己的看法				

续 表

评价指标（分）		A	B	C	D
		9～10	7～8	5～6	4以下
教育效果（40）	学科和研究主题之教育内容、预设任务和教育措施要求落实全面到位				
	学生相关自主学习"三程"和自主管理"三素养"的认知有所拓展				
	学生相关自主学习"三程"和自主管理方面的可持续发展本领（技能）得到锻炼与发展				
	学生参与活动的过程积极，有主动参与"对分课堂"实践、提升"双自"素养的相关行为				
特色加分（20）	加分理由：	特色明显（18～20）；特色较明显（15～17）；特色一般（12～14）；特色少或无（0～11）			
总分		等第		评议人/身份	
评价说明	（1）基本概念：一是"双自"，指自主学习和自主管理；二是"三素养"，即"双自"的各自相关意识、能力、行为；三是"对分课堂"，是张学新教授的相应理论的操作化的要求，尤其是相关对分课堂的实施形式。（2）评价主体：即表中的"评议人/身份"，为所有与课者。其中，"评议人"，写姓名；"身份"，除了G需要填写具体身份外，其余选填身份的字母（如：A. 执教者；B. 参与观摩课的教师；C. 家长；D. 学生自己；E. 同学；F. 相关专家；G. 其他成员：_____）。（3）比值：各评价主体的比值相同，满分均为120分。（4）总分计算和特色加分的处理：由计分的各板块组成，特色部分计入总分，最后总分由各评价主体总分数除以总人数得出，但分值累计不得超过满分（120分）。（5）分数与等第间的转换：累积得分90～120分为优，75～89分为良，60～74分为中，59分以下为须努力。				

　　学科渗透教育研究评价标准的研制与实施，一是引导了教师研究课设计时的"三情"分析和"对分课堂"模式的采用，提高了设计的针对性和科学性；二是为执教教师、观课教师、受教学生和其他参与观课的教师进行课的评价，提供了规范、客观的依据，提高了评价的公正性与科学性；三是引导了师生参与相关学科相关课、活动评价标准的研制与运用，提升了师生参与评价标准研制、实践与完善的素养。

　　（2）七项学科实践之具体评价标准（除第6项以文段式呈现，其余以表格形式呈现）

　　① 基于"双自"教育的对分课堂之初中生数学自主学习素养发展评价标准（表略）。

　　② 基于"双自"教育的对分课堂之初中生数学自主管理素养发展评价标准（表略）。

　　③ 基于"双自"教育的空中课堂之对分课堂数学学科渗透研究课评价标准（表略）。

　　以上三项具体评价标准，都是高宇丽老师在参加市教委教研室数学教研员刘达老师的市级项目"基于空中课堂视频资源建设与应用的融合式教学研究"时，结合本校区级课题的研究，有机融入"对分课堂"和"双自"教育的相应要求，所开展的子课题"基于空中数学课堂视频资源应用的'双自'教育之对分课堂融合式教学实践研究"(简称高宇丽老师市、区级子课题)研究中,对学生数学自主学习、自主管理素养发展一定阶段的评价标准和对相关节次学科渗透教育研究课的结果评价标准。

④ 劳技学科项目化学习作品分阶段评价标准——"我的束口小手袋的设计、制作、展评与反思"评价标准(表略)。这是顾君老师在其劳技学科专题总结"义务教育劳动项目开发与实施的实践探索"中,"以预备年级'束口小手袋的设计与制作'项目为例"的成果中,对学生各自独立完成的"我的束口小手袋的设计、制作、展评与反思"自评、互评的评价标准。

⑤ 历史学科小组合作整本书阅读评价标准(表9)。这是何莉惠老师在其历史专题总结"实施'三程·二十步',提升学生自主提炼史料价值和评价历史人物素养——以基于'对分课堂'的《三国演义》与《三国志》自主阅读比较探究学习为例"的实施过程中,在两本书的小组合作比较阅读后,对小组合作整本书阅读结果的评价标准。

实例9 表9 基于"双自"教育的《三国演义》与《三国志》学生小组合作比较阅读探究素养发展评价标准

表9 基于"双自"教育的《三国演义》与《三国志》
学生小组合作比较阅读探究素养发展评价标准

评价内容一级要素(分)	评价项目二级要素(分)	评价内容三级要素(分)	评价要求(分)	学生自评	组内互评	组际互评	师评	小计得分
小组合作素养(40)	小组合作意识(20)	主动参与,及时完成认领的任务(10)	总是(9~10);较多是(8);一般(6~7);较少是或不是(0~5)					
		有序合作,完成团队目标意识明确(10)						
	小组合作能力(20)	协定分工,承担合作任务(10)	做到(9~10);较好做到(8);一般(6~7);较少做到或做不到(0~5)					
		倾听他人意见,修正完善自身意见(10)						
课前对比研读准备能力(40)	文本收集能力(20)	有两种以上文本收集的途径(10)	做到(9~10);较好做到(8);一般(6~7);较少做到或做不到(0~5)					
		收集的文本存在一定的差异(10)						
	确定探究主题能力(20)	明确各自的意愿、探究兴趣和特长(10)						
		能根据分类和初步阅读提出与本组适配的阅读比较主题(10)						

续　表

评价内容一级要素（分）	评价项目二级要素（分）	评价内容三级要素（分）	评价要求（分）	学生自评	组内互评	组际互评	师评	小计得分
课中合作研读对比与史料价值挖掘和历史人物客观评价能力（80）	把握文学作品的史料价值能力（20）	能圈画作品细节,从中提炼历史信息(10)	做到(9～10);较好做到(8);一般(6～7);较少做到或做不到(0～5)					
		能够用自己的语言勾勒曹操的艺术形象(10)						
	不同文本之间的阅读与比较探究能力（30）	有意识地从文本中寻找时间、人物、事件等关联信息(10)						
		比较不同文本表达传递的作者倾向(10)						
		探究文本异同的原因(10)						
	全面客观评价历史人物能力（30）	史论结合,有理有据(10)						
		客观全面评价历史人物(10)						
		结合历史人物所生活的时空进行评价(10)						
课后小组合作研读对比探究成果梳理展评能力（70）	曹操形象勾勒能力（20）	合理定位曹操形象(10)	做到(9～10);较好做到(8);一般(6～7);较少做到或做不到(0～5)					
		交流探讨表现曹操形象的载体(10)						
	组内表现表达曹操形象能力（20）	多元表达表现曹操形象(10)						
		撰写曹操形象说明(10)						
	参与校内合作展示曹操形象能力（30）	合作布展能力(10)						
		现场说明、交流能力(10)						
		回应参展人员质疑的能力(10)						

续　表

评价内容一级要素（分）	评价项目二级要素（分）	评价内容三级要素（分）	评价要求（分）	学生自评	组内互评	组际互评	师评	小计得分
特色加分（20）	加分理由：		明显（19～20）；较明显（15～17）；一般（12～14）；较少或无（0～11）					
总分与等第			总分：＿＿＿＿＿分		等第：＿＿＿＿			

评价说明：① 满分：230分。② 特色加分的处理：计入总分；但计入后的总分，不得超过满分。③ 评价主体的权重和得分：各评价主体的权重一致；计算评价内容三级要素的小计总分的原始分，最后将所有评价项目的小计总分原始分相加（最高得分不得超过满分）除以4所得出的分数（四舍五入，保留整数），作为计算等第前的得分。④ 分数与等第间的转换：184～230分，为优秀；161～183分，为良好；115～160分，为合格；114分以下，为须努力。

⑥"我心中的模范生"作文小组互评标准。这是陶意老师执教的七年级写作"A model student in my class"一课中，对"我心中的模范生"作文的小组互评标准。

实例10：文段式评价标准——"我心中的模范生"作文小组互评标准（概要）

教师以学习单文段、多媒体和口头说明的形式呈现了评价"四要素"（评价内容、评级要求的"四个层级"、评价分数的记录和评价操作的说明）；学生合作小组的作文交流后，据此进行小组互评。具体参见陶老师的主题式案例相应内容。

⑦"我的祖国"乐曲分析、节奏创编小组梳理记载分享和口风琴二声部合奏展演互评标准。这是杨一帆老师执教的七年级"我的祖国"一课中，在学生相关小组交流对《我的祖国》乐曲分析、小组节奏创编所梳理记载的内容和小组口风琴二声部合奏展演后，其他6组学生根据表格（具体参见杨一帆老师的主题式案例中的表2，此处略）的小组互评标准，完成对交流与展演情况的互评。

这些相关学科实践中的具体评价标准，引导了教师对学生相关"双自"素养如何定位、怎样将对分课堂教学模式与方法、空中课堂资源、学生"或独或合"探究与体验式学习、实施的基本步骤、教学策略与方式方法等的有机融入；引导了学生"双自"素养的发展方向和学习过程的有效实施；引导了参与评价标准的研制与实施，提高了评价的规范性、针对性、客观性、公正性、科学性、实效性并具有一定创意性（简称"七性"）；促进了教师对学科教学中基于标准的评价研究的主动探索，提高了学科具体节次或项目化学习相关学习内容或活动的过程性和一定阶段的结果性具体评价标准研制及运用的"七性"。

4. 评价方法

所谓"评价方法"，是评价体系中属于"下位"的研究内容，即评价操作的具体办法。本课题中的评价方法，是依据"上位"的"四个层面"的评价研究依据、指导思想和中位的评价标准等,对学生的学习过程、学习成果、"双自"素养的发展和教师的基于"双自"教育的对分课堂学科渗透教育实践研究课和专题总结、主题式案例等成果中的相应教育实效,去具体实施评价,以更好地发挥评价方法的引导、鉴定、诊断、调控、改进作用和得出课题研究更加科学客观的结论。

本课题,主要探索了以下七种评价方法各自的含义、若干基本用法;概括了相应的实效。

(1) 调查法

(2) 量表法

(3) 观察法

(4) 案例法

(5) 协商评价法

(6) 成果展评法

(7) 综评法

下面以成果展评法为例:

实例 11:成果展评法

这是指以展出、演示和评价学科渗透教育研究课、小课题、主题式案例和项目化学习中相关学生、小组、班级在基于"双自"教育对分课堂实践中的相关有形的、可现场展示的成果和教师课题研究的纸质文本类成果(包括相应的实施经验),并对展示的多元化成果进行显性或隐性的评价,来激励和引导学生自觉养成相关"双自"素养,激励和引导相关班级的师生、家长更好地组织或参与组织基于"双自"教育的对分课堂实践教育成果和经验的分享与评价,并为衡量总课题研究的实效提供有依据的评价办法。

学生探索成果展评法的运用,主要探索了以下三个方面:

① 展评的实施基本步骤:一是学生学习评价标准;二是参与小组和班内展示;三是参与班内自评、互评和听取师长的评价;四是选出班内参与年级展示的作品;五是参与校内艺术节展评、学校公众号展评;六是部分成果参加区、市级专项比赛式展评。

② 展评的时机。一是过程性评价;二是一定学习主题(或项目化学习)结束时的阶段性、结果性评价;三是总结性评价。

③ 展评的形式。一是班级网课平台(ClassIn)学生学习探究类成果展评式。二是学生小组内现场展示交流评价式。如学科相关学习内容的探究成果、劳技实作类成果、美术创作类成果、整本书阅读主题探究类成果等的展示交流与自评互评。三是参与年级和学校展示式(如劳技实作、整本书阅读成果)。四是教师实践成果的展示式。主要有:结合高宇丽老师数学市级,也是本校区级子课题之学校抗疫中的网上教学研究成果八项(一总七分的研究成果,参与了浦东教发院组织的第十二届教学展示周的现场展示与交流活动);19项研究课课例、专题总结、主题式案例和项目化学习类成果,在复旦大学张学新教

授创立的"全国对分课堂教育创新联盟"网站展出。

实例 12：学生探索成果展评法的实践

实例 12-1：顾耘禾老师在"CIS设计——班徽设计"一课实践时,组织了班级展评。首先,教师借助多媒体出示以下评价要求:造型简练美观;符合班情,体现班风;线条流畅,绘画完成度高。接着,教师组织学生根据要求进行自评和组内互评,选择不同风格的作品进行班级展评。最后,根据学生自评与互评情况,教师做随机激励与点评引导。

实例 12-2：顾君老师在其"束口小手袋的设计与制作"项目化学习教学"束口小手袋"一课的展示与评价阶段,让学生根据此前协定的"评价标准",对自己的劳动成果进行自我展示、评价、小组互评、师生共同讨论等。交流的形式不是单一的,比如,学生制作PPT或小视频记录劳动的全过程,后期进行汇报交流、参加学校艺术节展评活动等。评价的内容,除了可见的劳动成果、知识技能掌握情况外,还有劳动过程中的习惯、行为表现的改善、劳动价值的理解等。评价的方法上,结合过程性评价和终结性评价、质性评价和量化评价、个性评价和共性评价、个体评价(自评)与小组评价、教师与家长(简称师长)评价(他评)相结合,形成学生劳动实践过程的全息画像。

"展评法"的实施,既激励参与成果展示的学生、教师与家长提高成果质量的意识,又实际打磨与提高了展示成果的质量,还锻炼了学生多样化成果的展示准备、交流与自评、互评和反思、改进的能力,并为总课题总结课题研究的师生相关实效,提供了基于展评成果的依据。

课题的"评价体系研究",构建了区级课题之"三位一体"的评价系统;有效地发挥了其在诊断、引导和促进学生"双自"素养的发展、教师基于"双自"教育对分课堂的实践、评价和自身素养的发展、区级课题之评价实践和探索方面的作用;丰富了学校区级课题的研究成果;构建了区级课题的"评价体系"及其操作框架,总结了实施的经验,丰富了基于"双自"教育的对分课堂实践的理论与方式方法在一所农村公办初中学校进行规范、系统和具有一定新意之评价方面的相关理论,把握了区级课题评价体系研究的一定规律。这对农村初中学校区级同类课题的"评价体系"研究,具有一定的普适意义。

四、成 效 与 成 果

(一) 主要成效

1. 学生素养方面

为了更加科学、详尽地了解学生"双自"素养的现状,提高课题研究实效总结的科学性,子课题调查组成员一是设计了覆盖学生"双自"素养发展和教师个人素养发展的教师抽样访谈调查问卷,于2024年1月5日发给课题组教师并做简要说明;7日,共收回22

份,回收率100%。二是从1篇实践研究的子报告、13篇专题总结(含未编入成果选的)、2篇课例和11篇主题式案例共计27篇教师实践成果中了解学生方面的主要成效。课题组通过对问卷的统计与分析和教师实践成果方面的学生"双自"素养的变化,得出以下统计数据和分析结果:学生"双自"素养的总体变化较为明显,尤其是在课中自主学习素养方面有了较大的进步,课前自主学习素养、课后自主学习素养和自主管理素养也有一定的进步。

(1) 基于后测调查的学生"双自"素养:提升明显

2024年1月5—7日,调查组成员从蔡路中学73名教师中,按是否担任学校相关层次的领导职务、性别、教龄、职称、必须参加过学校区级课题的研究和总人数占比不少于30%的要求,抽样调查了本校22名教师。图2呈现了学生"双自"素养的总体变化情况、学生自主学习素养变化明显度和学生自主管理素养变化明显度的数据。

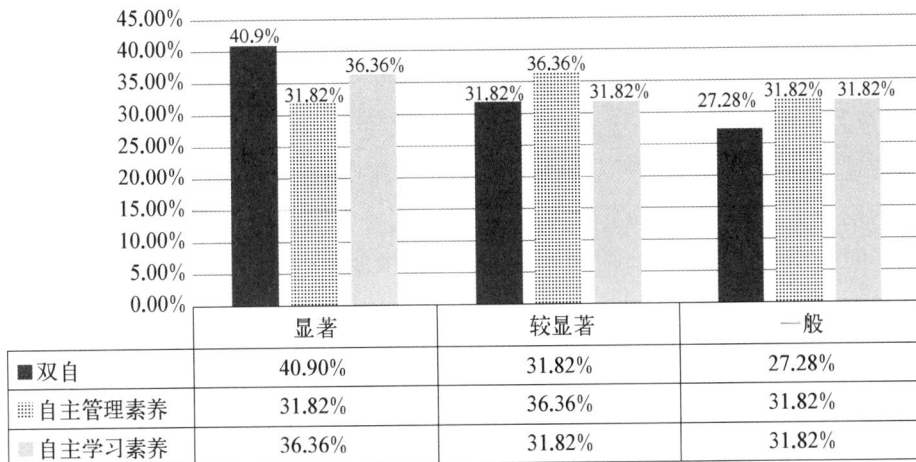

	显著	较显著	一般
■双自	40.90%	31.82%	27.28%
自主管理素养	31.82%	36.36%	31.82%
自主学习素养	36.36%	31.82%	31.82%

图2　学生"双自"素养的总体变化

由图2"学生'双自'素养的总体变化"可知,蔡路中学初中学生"双自"素养的提升总体为显著:即选择显著(40.90%)和较显著(31.82%)的比例占72.72%,一般的为27.28%,其余为0。由"学生'三程'自主学习素养变化的明显度"(图略)可知,学生"三程"自主学习素养正向变化的显著度排在前四位的分别为:课中自主学习素养占54.55%、课后自学素养占18.18%、课前自主预习和课后自主作业素养各占13.63%。由"学生自主管理'三素养'的变化明显度"(图略)可知,蔡路中学初中学生"三程"自主管理素养正向变化显著的前三项依次为:在校自主管理意识占50%、在校自主管理能力和自主管理行为习惯各占18.18%。

其余六项自主管理素养,正向变化度在4.55%~9.09%间。认为学生的自主管理"三素养"没有发生积极变化的为0。可见,学生在家、在校、在社会的意识、能力和良好习惯自主管理"三素养",都取得了正向的积极变化,总体变化较为显著。

（2）基于学科教师实践成果中的学生"双自"素养：提升全面

参与区级课题实践研究的教师在实施对分课堂教学后，撰写了子课题报告、专题总结、课例和主题式案例四类学科教师实践成果。综合四类成果之学生方面的研究效果来看，蔡路中学初中学生课前、课中和课后自主学习的意识、能力和良好习惯九个方面的素养都有了不同程度的进步，总体进步明显。

① 课前自主学习素养提升全面。

一是课前自主学习意识有明显提升。比如，张成老师在"6B Travelling in Shanghai in 50 years' time"作文课后提到，学生预习和学习准备意识充分。第一课时开始前，学生根据未来交通工具的思维导图和包括柱形汽车、智能逃亡舱、水陆空三栖车、子弹列车等在内的拓展新图进行口头句型操练活动。第二课时开始前，学生对共享班车、联通走廊、无人驾驶舱不同阅读语篇进行合作摘抄、润色、汇总。学生在两次课前自主学习与探索未来交通工具和设施的过程中，自主想象作文预习和学习准备意识有明显提升。

二是课前自主学习能力普遍得到提高。比如，唐立雄老师在开展初三物理单元复习教学时，初三学生课前普遍能够及时梳理好学过的知识，将它们组织成一个系统化的知识网络，注意总结单元知识点之间的联系和规律，从而更好地记忆和理解了复习内容。在梳理知识的过程中，学生也能够听取他人合理的意见和建议，不断地进行自我反思、内悟、修正自己的单元复习知识结构和复习策略、方式方法与个性化的经验与体会，注重分享，促进了同伴间的共同进步。在上述"有独有合"梳理物理知识的过程中，学生普遍体现较强的课前自主学习能力。

三是课前自主学习良好行为习惯得到较好的全面养成。比如，顾君老师任教预备年级"束口小手袋的设计与制作"项目成果总结中提到，学生以下六个方面的课前自主劳动良好行为习惯和劳动观念普遍养成。一是在布艺制作方面逐步养成了良好的遵守设计与制作步骤的行为习惯；二是在整个布艺作品制作过程中，能够注意安全操作、及时整理材料、保持工作台和地面的整洁、收纳好工具和可用材料；三是同学间能够友好合作、互帮互助；四是在劳动中不同阶段的自我监控、同学之间的合作监控、要求家长协助监控的习惯初步养成；五是能够将束口小手袋布艺设计、制作与展评的良好习惯迁移运用到其他劳技作品的设计、制作与展评方面；六是学生普遍增强了劳动光荣观，班级卫生工作认真主动，注重个人卫生，积极参与班级保洁等，还有家长反映，有些孩子在家里日常能够坚持做一些力所能及的家务活儿。

② 课中自主学习素养提升全面。

一是课中自主学习时的"三类"意识明显增强。比如，张成老师在预备年级作文课实践探索后提到：在小组讨论活动的过程中，一些平时不敢、不爱表达的学生，也勇于参与到小组活动中，遇到了不明白的问题，能积极向自己的组员提问，参与小组讨论的意识明显有了增强。二是优秀的组长会督促组员积极完成活动，在同学们互相激励、互相帮助的前提下，学生的钻研意识有了明显的提高。三是学生通过积极思考问题、分析问题、主动寻找问题的答案,积极探索知识的深度和广度的过程,既解决了问题,又反映出具有较强的答疑意识。

二是课中自主学习能力得到全面提升。比如,蔡晓燕老师在执教当堂对分模式下学生自主探索课内与课外若干篇文言虚词时,发现学生课中自主学习的能力大为增强。蔡老师根据对学生的课堂表现观察可知:一是学生借助工具书去查阅相关词汇并进行思考得出答案的主动学习能力得到了有效的锻炼;二是学生能独立思考并使用文言虚词探究"三步",提升了判断文言虚词意义和用法的准确性,由此可知,学生探究文言虚词意义和用法的信息梳理、筛选和概括能力增强了;学生使用倒装句的还原方法、准确还原倒装句、体会不同的表达效果、进一步了解虚词的用法和意义、考试中此类题目的得分率得到了进一步提高;学生通过对教材内虚词"之""其"的用法和意义的学习,迁移到课外学材中虚词"之""其"意义和用法的探索中,迁移运用能力得到了提升。

三是课中自主学习良好行为习惯有了较好和全面的养成。比如,唐立雄老师在开展初三物理教学时发现,学生课中自主学习良好行为习惯已较好地全面养成。一是学生基本养成了注意参与小组和全班讨论、分享交流单元复习与系列应用成果的自主参与习惯。二是学生注意加强了不同阶段"有独有合"地及时梳理、反思、概括与记录任务完成情况的注重质量习惯。三是学生普遍能够主动参与小组讨论,分享自己的想法和观点,倾听他人的意见和建议,向同学提出自己的问题和建议,基本养成了小组内的交流和合作的积极思考习惯。四是学生普遍养成了能够"有独有合"地及时梳理学过的知识,将它们组织成一个系统化的知识网络,注意总结单元知识点之间的联系和规律,从而更好地记忆和理解复习内容的主动笔记习惯。

③ 课后自主学习素养提升全面。

一是课后自主学习意识增进明显。比如,朱毓虹老师在以《石壕吏》《卖炭翁》学生自主品读赏析之课堂"微对分"系列活动的实践后总结道:自己任教的多数学生在课前尚未养成自主品读古诗的习惯,有1/3的学生,连古诗品析题作业也是不做的。而在本课的课堂六个环节"微对分"活动课后,所有学生都独立完成了课后的两道基础题和两道拓展探索题(能注意运用"四法"进行课外中国古诗的阅读赏析);下次课始,全体学生参与组内讨论;小组被选代表,参与了全班交流两道探索题的结果;1/3左右的学生还尝试概括出了一些赏析课外中国古诗的方法。可见,学生对课后古诗阅读品析中注重方法梳理、概括、交流、迁移使用和尝试探索其他品读赏析中国古诗的新方法的习惯与意识已悄然形成。

二是课后自主学习能力提升全面和明显。参与学科实践研究的教师在学生学科"双自"素养的变化中普遍提到,学生课后"或独或合"进行反思的能力、及时完成作业的能力、注意检查和自主纠正作业中错误的能力、迁移运用所学开展拓展学习的能力、从兴趣出发开展自学的能力、做好下次课始隔堂对分时的参与小组讨论能力、互助解疑能力、参与班级交流对话和互助解疑能力、参与小组互评能力和师生归纳能力,都得到了有效的锻炼和提升。如,陆佳雯老师在执教八年级的《壶口瀑布》一课后的总结中提道:学生课后反思总结与迁移能力有了显著提高。学生在学习完《壶口瀑布》后,能自主练习定点观察法,描写一处心动的景物,也能小组合作完成课外篇目《仰不愧于天》(节选)的赏析,再次体会游记散文在构思、语言、立意等方面的特点,真正将一篇游记散文中学到的东西迁移到另一篇,从而有效地提升了自主反思、总结与迁移的能力。可见,学生课后自主总结反思能力、完成作业能力、迁移运用所学开展拓展学习解决问题能力、开展自学能力,都得到了有效的提升。

三是课后自主学习良好行为习惯得到较好的养成。比如,张斌老师在初一"体育与健身·民族民间体育——短绳与长绳"一课教学实践后,通过布置学生完成"每日练绳"的任务,初步培养了七年级学生课后自主健体的良好行为习惯。学生一是课后,每日能坚持自学自练短绳与长绳的"三类跳法",注重自学自练任务的完成率;二是每日练习和下次课始自我展示后,能够及时小结练习技巧,注重练习心得与反思的内化提升;三是能借助21日短绳项目的健体行动记录和评价表,坚持每天进行"三定"(定时、定点和定量)自学、自练和自记,每周进行自评和请家长评价。学生普遍反映,在21日打卡练习短绳后,会继续坚持练习短绳。可见,该年级学生课后自主学习、练习和评价的良好行为习惯方面已较好养成。

④ 自主管理素养提升全面。

一是课前自主管理意识普遍增强。比如,高宇丽老师的数学子课题报告的学生实效中显示:子课题实践过程中,蔡路中学学生课前数学自主管理意识方面已较好地养成。在家期间,子课题组成员利用空中课堂视频资源,融合线上线下、课内课外对分课堂的应用,用精心设计的教学内容和教学方法及方式激励、鼓励和指导学生,激发了学生的学习动机,拓展了学生的知识和技能,增加了学生的自信,增强了学生在家学习空中课堂数学视频资源、完成数学任务之课前主动预习、注重学习质量的课前数学学习管理意识;在校期间,学生日常在多媒体管理员允许时观看空中课堂视频,同伴之间讨论交流数学问题,有较强的课前在校日常行为规范自主管理、同学交往自主管理和自主学习时间管理的意识。

二是课中自主管理能力得到有效锻炼。比如,李微老师在语文阅读教学"三类对分"实施后感慨道:一是"对分课堂"通过释放教师的权力,给予学生更多自主学习的权力和机会,学生在参与课堂自主学习过程中的自我反思和讨论过程后,更清晰地了解了自己对学习内容的掌握程度和学习过程中存在的不足,在实践中,增强了自我反思、自我监控、自我改进等元认知能力,形成了科学的学习策略,提升了课堂阅读时自主管理时间、目标和结果的能力。二是在对分课堂教师精讲后的学生小组讨论过程中,小组成员分工明确,通过阅读思考认真完成属于自己的任务,为随后的讨论交流做好充分的准备;在小组讨论的过程中,每个学生都建言献策、互相帮助、互相借鉴、共享讨论成果,课中同学交往管理能力得到了很大的提高;在参与组际交流对话实践中,学生参与对组际交流成果的互评能力、提出改进意见的能力,都得到了有效的锻炼。

三是课后自主管理良好行为习惯得到较好的养成。比如,顾君老师任教预备年级劳动技术课后,预备年级(成果总结时的初一)学生普遍养成了课后自主管理的良好行为习惯。一是课后在家自主管理行为习惯。比如,学生在了解了几种常见的布艺材料及其特性和用途、布艺作品不同的造型和封口方式后,遇到衣服破损的情况,不再是求助长辈,而是自己动手,有了较好的生活自理行为习惯。二是课后在校自主管理行为习惯。"束口小手袋的设计与制作"项目完成后,学生的实践操作能力得到了提升,之后的中国结的编制、纸艺康乃馨的制作、衍纸贴画等都在原先比较薄弱的基本程序性能力方面有了很好的改善,从而较好地促进了完成任务后的自主管理良好行为习惯的养成。比如,在"驱蚊香包的设计制作"的项目活动中,学生已经能够自觉按照实践操作的基本程序"五个阶段"(明确任务、劳动准备、设计方案、制作实践和交流与评价)进行实施,有效地完成项目的学习,提高了实操的效率、质量,还能够在作品中融入个性化的元素。一些学生还能够参与协定相关评价标准,据此进行设计、制作、交流与评价。

(3) 基于综合判断的学生整体学习素养:提升全面

随着学生"双自"意识能力和良好习惯"三素养"的全面提升,学生学科学习的兴趣、知识、能力和良好行为习惯也得到了全面的提升;不同年级的学业考试、初三的升学考试成绩也稳步提升。另外,从学生个人和集体层面的获奖情况,也可见他们的整体素养在逐步提升。如,课题研究的四年多来,校键球队和武术队共获得了 24 项全国奖、47 项市级奖的好成绩;学生在读书系列活动中,共获得了 16 项区级和 3 项市级奖的好成绩;2022 学年浦东新区"花木学区杯"水仙花雕刻造型展评活动中,本校学生作品获奖 15 项;2023 学年第一届劳动技能与智能设计大赛中,本校学生获 5 项区、市级大奖。

2. 教师素养方面

(1) 教师课题研究素养

① 受访教师参与三项区级课题研究的比例逐步提升。2024 年 1 月 5—7 日,课题组对蔡中教师进行了教师素养发展访谈。

由"蔡路中学教师参与课题情况"(图略)与"蔡路中学教师参与 2019 年课题成果类型"(图略)可知,受访教师在 2010 年、2016 和 2019 年分别立项的三项获批"双自"教育区级"龙头"课题的研究中,参与人数呈现增长趋势,分别为 7%、14% 和 62%(并非代表蔡中全体教师对这三项区级课题参与研究的实际比例),但这些教师个人区级课题立项人数为 0(并非代表蔡中全体教师 2010 年到 2023 年期间获批的区级课题数为 0),参与其他课题(前述高宇丽老师的市级一般课题的子课题)研究的比例为 22.73%。参与区级课题五类成果总结的数据是:结题总报告为 9.01%、子课题报告为 13.63%、专题总结为36.36%、课例为 9.01%、主题式案例为 50%。

② 受访教师课题研究素养的总体评价明显提升。从"蔡路中学教师课题研究素养总体评价"(图略)的数据可知:认为自己的课题研究素养发生正向变化"显著"和"较显著"

的比例达到了 73%,认为变化"较少"的为 0。

　　③ 受访教师课题研究分类素养全面提升。从"蔡路中学教师课题研究'五素养'变化情况"可知,一是参加课题研究兴趣提升总体明显。受访教师认为自己参加课题的兴趣浓厚和较浓厚的比例达到了 45.5%;一般的为 50%;有 1 人(占 4.5%)表示保持;表示没有兴趣的为 0。二是课题研究知识拓展总体明显。教师认为自己的课题研究知识拓展明显和较明显的比例为 40.91%;一般的为 9.09%;表示有所提升的为 40.91%;表示基本保持的为 9.09%;表示没有拓展的为 0。三是课题研究能力提升总体较为明显。教师认为自己的课题能力提高明显和较明显的比例为 31.82%;一般的为 27.27%;表示有所提升的为 18.18%;表示基本保持的为 22.73%。四是课题研究良好习惯提升尤为明显。教师认为自己的课题研究良好习惯提高明显和较明显的比例为 59.09%;一般的为 9.09%;表示有所提升的为 18.18%;表示基本保持和无变化的为 9.09% 和 4.55%。五是课题研究实绩性成果丰富。受访教师 7% 和 14% 分别有 2010 年和 2016 年的区级课题成果;100%有 2019 年区级课题的成果;参加 2019 年区级课题成果总结的类型丰富,其中参加结题总报告撰写的有 2 人,占 9.01%;撰写了子课题报告的有 2 人,占 9.01%;撰写了小课题专题总结的有 13 人,占 59.09%;撰写了研究课课例的有 2 人,占 9.01%;撰写了小课题主题式案例的有 11 人,占 50%。可见,有的教师有 2～3 项成果。

　　④ 受访教师今后参与课题研究的愿望很明显。从"蔡路中学教师今后参与课题研究的愿望"可知,受访教师对今后参与课题研究的愿望表示强烈和较强烈的比例分别达到了 45.45% 和 27.27%(两者相加占比达 72.72%);有愿望的比例为 27.28%;没有人表示愿望弱或没有。

　　由上述教师访谈信息可知,参与区级课题研究的蔡路中学教师在研究兴趣、知识、能力、良好行为习惯和实绩性成果五大类课题研究素养方面变化显著。其中,良好行为习惯变化最为明显;100%具有实绩性的研究成果,类型丰富。此次教师访谈结果也表明,在原浦东教发院资深科研专家曹明老师的悉心指导下,学校教师在教科研方面,逐步经历了比较完整的、规范的、具有针对性的课题研究过程,科研素养提升较快,科研成果丰富,对今后参与课题研究的愿望很强烈。

　　⑤ 受访教师和学校其他教师的区级以上成果交流与发表和所获荣誉称号丰富多样。本课题研究实施期间,课题组成员和其他老师的研究成果及荣誉称号也可谓硕果累累。如杜耀君、毛赛英、何月清、高宇丽、乔晶老师被评为"2021—2023 学年浦东新区教育系统骨干教师",沈威老师获"2022 年浦东新区中青年教师教学评选"初中数学二等奖。

　　2020—2024 年,学校有 7 节数学区、市级课题研究课参加了浦东教发院第十二届教学展示周的公开展示,其中有 7 位老师做了 8 篇微报告交流;张青老师的论文获 2019 年浦东新区教育学会论文评比三等奖;杨一帆老师获 2021 年浦东新区"教育的活力"教育征文比赛三等奖;高宇丽老师于 2022 年 12 月在市级专著《强韧公办初中的内力:上海浦东"强校工程"的实践案例》中发表了论文《疫情背景下初中数学在线教学的设计与实施策略》;李微等7名老师于2023年5月获得浦东教育发展研究院颁发的浦东新区优秀作业设计奖、讲评奖;朱毓虹、顾彩凤、唐立雄、何莉惠、张成、顾君老师的6篇专题总结或主题式案例在区级刊物《浦东教育研究》上发表;有19篇专题总结、课例和主题式案例在张学新教授的全国中小学对分课堂教育创新联盟公众号发表;徐涛和徐飞英两位老师的论文在国家级刊物发表。

（2）教师其他专业素养方面

从对参与区级课题研究教师的总结性成果之研究成效,即所谓教师专业素养发展的梳理可知:教师的其他专业的"四五三"素养（"四类意识""五种能力"和"三种良好习惯"）普遍得到全面的提升。

① 普遍增强了"四类意识"。一是教师主动学习"双自"教育和对分课堂理论、曹明老师分享的多样化集体辅导模板与配套实例、个别辅导时分享的有针对性的实例类资源和钻研"三情"（学情、课标和教材）分析,自主开展学科相关资源的学习,加强日常学科教育教学和管理活动设计的意识普遍增强;二是自觉开展设计实践的意识普遍增强;三是主动开展设计—教学—评价—总结—反思—改进一体化的日常教育教学与管理行为意识普遍增强;四是成果分享与发表的意识普遍增强。

② 普遍提高了"五种能力"。一是实践教师迁移运用课题研究课设计模板的要素,结合日常教育教学管理活动开展有针对性设计的能力普遍得到提高;二是设计有意识地结合具体的对象和日常教育教学管理活动任务开展有针对性实践的能力普遍得到提高;三是结合迁移设计和有针对性的实践并根据一定的主题进行成果多样化、成果总结的能力普遍得到提高;四是在成果总结中,对不同类型成果总结的框架、探索主题的学生素养指向、落实的相关举措（如教学原则、实施的途径、步骤、策略、模式形式方式、方法和评价量表与评价方法等）的拟做与指向和与实践、实效总结之间的匹配性、成果表述的规范性、科学性和具有一定创意性的能力普遍得到提高;五是"或独或合"及时进行反思、互助、改进的能力普遍得到提高。

③ 普遍基本养成了"三种良好习惯"。一是教师课前设计时的"三情"＋其他情况的自觉分析习惯基本养成;二是课中加强主动观察、注意倾听、做预设和随机激励与引导的良好习惯基本养成;三是注意加强对学生"三程"学习,尤其是课尾集中小结引导设计、实践与运用的良好习惯初步养成;四是课后及时进行自主反思、注意总结和改进的良好习惯初步养成。

3. 学校方面

（1）学校初中强校工程建设方面

根据市教委"强校工程"的"四个明显"和建成"家门口的好初中"的目标要求,学校在"特色"和"亮点"上下足了功夫,以"双自""对分"赋能,师生共享成功,增值效果明显。一是开展了市级的以"基于单元设计的实践研究"为主题的道德与法治"对分课堂"教学研讨活动。二是开展了立足对分课堂,展现教师风采——强校工程"种子计划""双名"工程基地学员教学展示活动。三是每学期组织各学科优秀教师,开设一次基于"对分课堂"理念的、"加强学情研究,促进均衡发展"为主题的学区化主题教学实践活动。以"双自"、对分为基点,不断拓展项目实施的研究半径,提升了学校整体办学质量。在强校增值评估中获得好评,强校绩效考核名次整体提升。

(2)学校办学质量方面

"双自""对分"赋能,为每一个学生创造了全面发展、个性成才的环境,课题研究与实施的这四年多来,学生共获国家级奖项 24 个、市级奖 64 个、区级奖 87 个;根据 2018、2021 年学生学业发展绿色指标报告显示,学校学生学业标准达成度指数进步明显;2022 年中考全科合格率 100%,高中上线率 80%,在新区 2022 学年初中教学工作会议上,学校做了题为"于关键处施策,在特色上用功"交流发言。学校获 2022 年度绩效考核"优秀"。教师的教育教学状态的明显改善,学生学业会考和中考成绩的大幅度提高,使得学生、家长和社区对学校的满意度不断提升。

(3)学校特色建设方面

一是学校"双自"教育整体特色形成。2010 年以来,学校围绕发展学生的"双自"素养,连续开展了三个区级课题研究,促进了学校内涵发展,已经成为学校的整体特色。

二是武术和毽球体育传统项目成为学校新的体育特色。学校实施三个区级课题的研究,尤其是"双自"教育理念下的对分课堂课题研究,进一步形成了良好的科研氛围,学校开发的"双自"武术、"双自"毽球等校本学材,把武术和毽球列入课表;坚持日常活动;注重体育传统项目"武术""毽球"的辐射和推广,如,在合庆学区全面推进"武术"和"毽球"活动,承办区级"武术""毽球"学生阳光大联赛;注重活动的宣传报道,如,学校体育传统项目的上述学区化活动被"五星体育"频道和《东方体育日报》等媒体于 2019 年 10 月 14 日报道。

(4)学校对外影响方面

如上所述,学校体育传统项目的上述学区化活动被"五星体育"频道和《东方体育日报》等媒体于 2019 年 10 月 14 日报道。2020 年 10 月 30 日,《新民晚报》对本校的区级课题研究活动进行了主题为"立足对分课堂,展现教师风采"的专题报道。张学新教授主持的全国"对分课堂公众号",分别在 2020 年 5 月下旬、2023 年 10 月和 2024 年 3 月上旬,分 6 批次发表了本校参与实践教师的 19 篇专题总结、研究课课例和主题式案例;学校被全国中小学对分课堂教育创新联盟和全国对分课堂教育创新联盟授予"全国中小学对分课堂示范校"。2020—2023 年间,学校教师在区级以上发表或获奖论文 26 篇(不含对分课堂公号和区级课题综合成果选中发表的)。在 2020—2022 年的初中市级强校工程建设实验校增值评估中获得好评,强校绩效考核名次逐步整体提升。2024 年 11 月,2019 年区级课题综合成果选由文汇出版社正式出版,选编了结题总报告 1 篇、子课题报告 3 篇、专题总结 8 篇、课例 2 篇和主题式案例 11 篇,合计 25 篇,在区内外产生了一定的成果辐射,产生了积极影响。

（二）主要成果

1. "学习对分课堂理念、促进教师专业发展"读书征文活动文稿
64 篇。

2. 研究课设计
学科研究课设计 36 篇。

3. 区级课题综合成果选结题版和出版版中
2024 年 3 月初申请的结题版 30 篇：
结题总报告 1 篇；
子课题报告 3 篇；
专题总结 13 篇；
研究课课例 2 篇；
主题式案例 11 篇。
合计 30 篇。
2024 年 11 月的出版版 25 篇（删减专题总结 5 篇，其余同）。

4. 2020—2023 年间发表或获奖论文
川沙中学教育集团汇编或征文评比获奖 12 篇；
全国中小学对分课堂教育创新联盟公众号发表 19 篇；
区级以上发表或获奖论文 26 篇。

五、基本结论

　　针对本校学生"双自"素养现状、落实发展学生核心素养的深化课改要求，基于学校已有的两个"双自"教育区级课题成果，运用文献、调查、行动、案例和经验总结这五种科学研究方法，完成了 10 项内容，即课题内涵、文献综述、蔡路中学初中学生"双自"素养发展目标和培养内容、实施基本步骤、策略、形式、方法、评价体系与后测的研究，构建了本课题的操作框架，总结了发展农村初中学生"双自"素养学科渗透型教育的一定经验，丰富了基于"双自"教育对分课堂实践研究的一定理论；通过探究，促进了学生"双自"意识、能力和良好行为习惯的明显提升、教师科研素养和其他专业素养的全面发展、学校初中强校与后强工程建设和"双自"特色建设的发展、课题成果丰富多样并在区内外产生了一定辐射影响，说明本课题的研究富有时代性，具有明显的针对性，研究方法是科学的，研究内容的结果是较为系统与科学的，实效是丰富全面且明显的。本课题的整体研究成果具有一定的普适性，相关研究成果已在学区、区内和全国对分课堂联盟平台，以及出版成果在市内外产生了一定辐射作用和社会效应。

参考文献

［1］中共中央、国务院印发深化新时代教育评价改革总体方案［N］.人民日报,2020－10－14.

［2］教育部等六部门.教育部等六部门关于印发《义务教育质量评价指南》的通知［EB/OL］. http://www.moe.gov.cn/srcsite/A06/s3321/202103/t20210317＿520238.html,2021－03－04.

［3］中华人民共和国教育部.义务教育课程方案（2022版）［M］.北京:北京师范大学出版社,2022.

［4］张学新.对分课堂:中国教育的新智慧［M］.北京:科学出版社,2016.

［5］刘旭东,张宁娟,马丽,等.校本课程与课程资源开发［M］.北京:中国人事出版社,2003.

［6］吴刚平.校本课程开发的思想基础——施瓦布与斯腾豪斯"实践课程模式"思想探析［J］. 外国教育研究,2000,27(6):7－11.

［7］庞维国.90年代以来国外自主学习研究的若干进展［J］.心理学动态,2000(4):12－16.

［8］庞维国.从自主学习的心理机制看自主学习能力培养的着眼点［J］.全球教育展望, 2002(5):26－31.

［9］庞维国.论学生的自主学习［J］.华东师范大学学报(教育科学版),2001(2):78－83.

［10］庞维国.中学生自主学习的教学指导模式研究［J］.心理科学,2003(2):285－288.

［11］庞维国.自主学习——学与教的原理和策略［M］.上海:华东师范大学出版社,2004.

［12］丁桂凤.员工自主学习研究［M］.北京:中国社会科学出版社,2004.

［13］欧阳芬,孟微微,周山豹.做自主学习的主宰［M］.长春:吉林大学出版社,2008.

［14］董齐,周勇.论学生学习的自我监控［J］.北京师范大学学报(社会科学版),1994(1): 8－14.

［15］赵春芳,曹明,陈春生.教学策略与学习效能［M］.北京:中国出版集团,现代出版社,2014.

［16］钟思嘉.培养有责任感的孩子［M］.杭州:浙江人民出版社,2004.

［17］许月良,张思明.自主学习在课堂中的20个细节［M］.天津:天津人民出版社,2008.

［18］徐美兰.中学生自主管理的策略［J］.中学课程辅导·教学研究,2009(13):113－114.

［19］高长梅.小学生学会自我管理的100个故事［M］.北京:九州出版社,2010.

［20］郑学志.做一个会"偷懒"的班主任［M］.北京:中国轻工业出版社,2011.

［21］孙云晓.习惯决定孩子一生［M］.北京:北京师范大学出版社,2013.

［22］袁毅.自我管理有秘诀［M］.武汉:武汉大学出版社,2015.

［23］斯宾塞.教育论［M］.胡毅,译.人民教育出版社,1962.

［24］施良方.学习论［M］.北京:人民教育出版社,1994.

［25］皮连生.学与教的心理学［M］.上海:华东师范大学出版社,1997.

［26］R.J.斯腾伯格.成功智力［M］.吴国宏,钱文,译.上海:华东师范大学出版社,1999.

［27］黄甫全,王本陆.现代教学论学程(修订版)［M］.北京:教育科学出版社,2003.

［28］巨瑛梅,刘旭东.当代国外教学理论［M］.北京:教育科学出版社,2004.

［29］周军.教学策略［M］.北京:教育科学出版社,2003.

[30] 查有梁.教育建模[M].北京：教育科学出版社,1993.

[31] 李秉德.教学方法[M].北京：人民教育出版社,2001.

[32] 邱学华,苏春景.邱学华与尝试教学法[M].北京：中国青年出版社,2001.

[33] 教育部.教育部关于积极推进中小学评价与考试制度改革的通知.教基〔2002〕26 号.

[34] 范晓玲,杨志明.教育测量与评价[M].长沙：中南工业大学出版社,1999.

[35] 范晓玲.教学评价伦[M].长沙：湖南教育出版社,1999.

[36] 郑金洲,吴亚萍.中小学教育科研指导丛书·统计分析指导[M].北京：教育科学出版社,2003.

[37] 潘国青.教育科研新视角·第四编·教育科研成果的评价与管理[M].上海：上海教育出版社,2002.

[38] 王琰春.西方教育评价观的演进及对我国的启示[J].教育与现代化,2003(1)：74-78.

[39] "新课程实施过程中培训问题研究课题组"编(本册编者)卢慕稚,张莉莉,赵大悌.新课程与评价改革[M].北京：教育科学出版社,2001.

[40] 贝兰卡,查普曼,斯沃茨.多元智能与多元评价：运用评价促进学生发展[M].夏惠贤等,译.北京：中国轻工业出版社,2004.

[41] 袁振国.当代教育学[M].教育科学出版社,2010.

[42] 张学新.对分课堂：大学课堂教学改革的新探索[J].复旦教育论坛,2014,12(5)：5-10.

[43] 伍新春,管琳.合作学习与课堂教学[M].北京：人民教育出版社,2001.

[44] 崔允漷.有效教学[M].上海：华东师范大学出版社,2009.

[45] 理查德·保罗.批判性思维工具[M].侯玉波,译.北京：机械工业出版社,2013.

[46] 谢小庆.审辩式思维[M].上海：学林出版社,2016.

[47] 杨帆,徐连清,王健.批判性思维能力的培养与考查[M].北京：高等教育出版社,2014.

[48] 范晓玲.教学评价论[M].长沙：湖南教育出版社,1999.

[49] 姚勇,曹明."独二代"家庭教育的学校评价体系支持的实践与研究[M]//金卫东,曹明."独二代"家庭教育指导方略：论文选.上海：上海教育出版社,2017.

[50] 周维,曹明,祝青,等."基于积极心理学'五原理',促进中学生主动发展的实践研究"之评价体系研究[M]//柴建荣,曹明,黄毅菁,等.中学主动发展的实践研究——论文选.上海：上海教育出版社,2024.

第二篇

子课题研究报告

"基于'双自'教育的对分课堂 实践研究"课题情报综述*

陆佳雯(上海市蔡路中学)

一、课 题 界 定

本课题是 2019 年被学校立项的浦东新区区级课题"基于'双自'教育的对分课堂实践研究"课题之子课题。

所谓"'双自'教育"是指学生进行"自主学习、自主管理"方面素养的培养,以提升学生"自主学习、自主管理"的相关意识、知识、能力和行为。"对分课堂",是复旦大学心理学教授张学新博士于 2014 年原创的一种新型教学模式,由呈示、独学、讨论、对话四个教学元素组成,通过课堂讲授(Presentation)、内化和吸收(Assimilation)、讨论(Discussion)这三个环节来平衡教师与学生的权力,贯彻"权责对分"新理念,也称为 PAD 课堂。其核心理念是把一半课堂时间分配给教师进行讲授,另一半分配给学生以独学和讨论的形式进行交互式学习,其关键创新在于把讲授和讨论错开,让学生在中间有一定的时间自主安排学习,进行个性化的内化吸收。如此给予学生一定的自由空间去探索,能让学生去反思、发现问题,从而引发新颖的想法,学生创新的欲望提升了,创造性行为增多了,学习能力也就提升了。"实践研究",是指课题研究内容中以操作性举措为主部分的探索过程,也包括对实践研究所依据的初中学生"双自"素养发展目标和培养内容的实践检验。

"基于'双自'教育的对分课堂实践研究",是指通过研究,揭示本课题的内涵,了解国内外相关研究的现状,把握本校初中学生"双自"素养现状,厘定初中学生"双自"素养发展目标和培养内容,开展基于"双自"教育的学科对分课堂实践之实施基本过程、实施策略、实施形式、实施方法和评价体系的探索,逐步增强学生自主学习和管理的意识、提高自主学习和管理的能力、养成良好的自主学习和管理的行为习惯,进而提升学生的整体素养;提高教师的课题研究素养和其他专业素养;促进学校初中强校工程建设、提高办学质量和促进学校特色建设。

"基于'双自'教育的对分课堂实践研究"课题情报综述,是指通过一定的限制性条件(如途径、方法、起止时间等)收集、梳理、分析、归纳国内外相关情报资料,为总课题把握

---

* 本综述中的"双自"教育情报,主要采用了上海市浦东教育发展研究院曹明和上海市蔡路中学杨哲明、何月清撰写的《"农村学校实施'双自'教育促进学生自主发展的实践研究"情报综述》一文的内容。

研究内容的系统性、确立重心和新意提供方向;为参与学校总课题实践研究的教师提供有价值和针对性的情报研究依据;为参与教师提高开展课题设计、落实具体操作措施和进行成果总结提炼的实效,提供文献研究的依据。

二、文　献　概　况

(一) 搜集途径与方法

1. 文献搜集

通过中国知识资源总库——CNKI 系列数据库、中国期刊网、中国基础教育期刊全文数据库搜集本文所需情报资料。

(1) 计算机文献检索:在互联网上查找文献,利用大型门户网站的搜索引擎查找,主要是主题概念(文献名称或主题词)的检索方法。如,登录中国基础教育期刊全文数据库,以"自主学习""自主管理""对分课堂""对分课堂实践"为主题进行检索。

(2) 参考文献查找:根据有关自主学习、自主管理与对分课堂实践研究的文章、刊物、专著中所开列的参考文献目录,或在文章、专著中所引用的文献名目,追踪查找有关原始文献资料的方法。

2. 文献摘录

从检索出的与发展自主学习、自主管理素养和对分课堂实践相关的文献中,摘取并记录与课题有关信息的过程。

(1) 浏览:对文本做整体快速浏览,只注意文献的筋骨脉络、主要观点和有关数据,跳过那些无关紧要的过渡段落、引文和推理过程等。

(2) 筛选:注重文献的质量,即文献的可靠性和有用性;注重所选文献的代表性;从应用的角度出发区分文献的层次。

(3) 精读:认真理解文献所阐述的观点,详细了解文献所引用的事实,把它们与其他文献联系起来进行反复对比和研究,并对文献所引用的事实和阐述的思想同课题之间的关系做出客观判断和全面评价。

(4) 记录:精读与记录同步进行,边看边记,把在精读中确认的有价值的信息记录下来,供进一步分析研究。

(5) 比较:与申报的区级课题之初步预设内容做比较,以确定课题研究重心与新意,提出研究建议。

3. 文献分析

对比申报的区级课题之初步预设内容,对搜集的国内外文献中已经研究的内容之优势与不足、未研究的内容等进行简要的分析,为学校申报之区级课题提出适切的研究内容、把握课题设计的质量与后续研究的质量提供依据。

4.文献搜集途径、方法与总量

在中国知网五种数据库(中国期刊全文数据库、中国重要报纸全文数据库、中国博士学位论文全文数据库、中国硕士学位论文全文数据库和中国重要会议论文全文数据库)中,起止时间为 2014 年 9 月 20 日至 2023 年 8 月 10 日,以"自主学习"为关键词进行搜索,共得相关文献 2.61 万篇,其中"初中自主学习"类相关文章有 19884 篇,同期,以"自主管理"为关键词搜索,共得相关文献 11621 篇,其中"初中自主管理"类相关文章有 627 篇。

同期,以"对分课堂"为关键词搜索,共得相关文献 3933 篇,其中"自主学习+对分课堂"类的文章有 270 篇,分别为 2016 年 7 篇、2017 年 14 篇、2018 年 34 篇、2019 年 42 篇、2020 年 58 篇、2021 年 47 篇、2022 年 28 篇及 2023 年截至 2024 年 3 月 40 篇;其中"初中自主学习+对分课堂"类的文章 7 篇,2020 年 2 篇、2021 年 1 篇、2022 年 2 篇及 2023 年截至 2024 年 3 月 2 篇;"自主管理+对分课堂"类的文章 0 篇。

同期,以"对分课堂实践"为关键词搜索,共得相关文献 815 篇,其中"自主学习+对分课堂实践"类的文章有 18 篇,分别为 2016 年 1 篇、2017 年 0 篇、2018 年 4 篇、2019 年 3 篇、2020 年 3 篇、2021 年 1 篇、2022 年 1 篇及 2023 年截至 2024 年 3 月 5 篇;"自主管理+对分课堂实践"类的文章 0 篇。

除了各类论文外,也找到了相关的专著。卢梭在其教育小说《爱弥儿》(1762)中萌生了自主学习思想:"问题不在于教他各种学问,而在于培养他有爱好学问的兴趣,而且在这种兴趣充分增长起来的时候,教他以研究学问的方法。毫无疑问,这是所有一切良好的教育的一个基本原则。"达尼洛夫、叶希波夫在《教学论》中记录,19 世纪德国教育家第斯多惠说过:"不好的教师是转述真理,好的教师则教学生发现真理。"亨利·霍勒克(Henry Holec)在自己的专著《自主性与外语学习》(*Autonomy and Foreign Language Learning*,1985)中,阐述了自主学习的概念、内涵与实践。庞维国的《自主学习:学与教的原理和策略》系国内首部系统研究自主学习的专著。

对分课堂指导性的专著系张学新教授于 2017 年出版的《对分课堂:中国教育的新智慧》。全书共 11 章,介绍了对分课堂的时代背景、基础操作和运用要领、创新性及理论依据,并结合心理学"回声论证",提出了新的"四层次教育目标分类学",指出对分课堂整合了讲授法和讨论法,还通过中西比较、大量的实践重新定义课堂和师生关系,让我们看到课程改革的新希望。基于对分教学实践中迅速涌现的大量成功案例,2017 年,张学新教授组织来自 13 个省份 29 所学校的共 66 位教师,主编了第一批对分课堂教学手册丛书,包括上述总论《对分课堂:中国教育的新智慧》和 16 个分册,覆盖 11 类高校课程和 5 类中学课程。总论侧重理论分析,分册针对具体学科,详细介绍对分课堂在具体学科中的操作流程和要点,帮助一线教师在自己的教学实践中迅速、成功地运用对分课堂。2022 年,赵婉莉的《对分课堂:为深度学习而教》重点论证了对分课堂教学模式的教学流程是如何促进学生进行深度学习的,并分享了高校、中小学对分课堂促进深度学习的教学设计及案例。

（二）文献概况趋势

"双自"相关文献较多，而对分课堂最早由复旦大学张学新教授于 2014 年提出，初期在高校实践，因此，对分课堂相关文献较少，而对分课堂实践的相关文献更少。以"基于'双自'教育的对分课堂实践研究"为主题，中国知网五个数据库的搜查结果为 0。

所以，在初中学校，基于"双自"教育的对分课堂实践研究很有意义。

三、国内外关于"双自"教育的研究现状

（一）自主学习国外研究现状

1. 国外自主学习研究的历史

自主学习思想可追溯至苏格拉底、柏拉图时期。苏格拉底认为，教师的任务并不是要臆造和传播真理，而是要做一个思想的"产婆"，激发学生的思维，使之主动寻求问题的答案，既获得新知识，又学到如何获得知识的本领。这是自主学习思想的萌芽期。

法国自然主义教育思想家卢梭在其教育小说《爱弥儿》（1762）中指出："问题不在于教他各种学问，而在于培养他有爱好学问的兴趣，而且在这种兴趣充分增长起来的时候，教他以研究学问的方法。毫无疑问，这是所有一切良好的教育的一个基本原则。"可见，他也十分强调学生的自主学习。

随着教育的发展，自主学习思想逐渐被教育家们所重视。尤其表现在儿童的求知上。怎样引导学生自主学习呢？传统的"填鸭式"教学只能传授给学生知识，却不能培养出会学习的人。19 世纪德国教育家第斯多惠说过："不好的教师是转述真理，好的教师则教学生发现真理。"（达尼洛夫、叶希波夫《教学论》）

到了 20 世纪初，美国实用主义教育家杜威主张让学生在问题情境中自己探索、自己改造和改组经验，自己得出结论，从而得到发展（杜威，1990）。但是，自主学习却还没有在真正意义上作为理论明确提出。到了 20 世纪 50 年代，以斯金纳为代表的操作行为主义学派把自主学习看成是学习与自我强化之间建立起一种相依关系。苏联维列鲁学派把自主学习看成是言语的自我指导过程，他们强调自我中心言语在学习中的定向和指导作用，并依据言语的内化规律开发了一系列自主学习模式。

西方教育学家从 20 世纪 60 年代开始倡导自主学习，并将其作为教育改革的主要目标之一。70 年代，自主学习进入语言学习领域。"欧洲议会的现代语言工程"在 1971 年成立了自主学习中心，其宗旨就是培养学习者的自主学习能力，也就是学生的独立学习能力。自主学习，又称学习自主性，这一概念本属教育哲学范畴，是亨利·霍勒克（Henry Holec）将其引入了外语教学。他在自己的专著《自主性与外语学习》一书中，阐述了自主学习的概念、内涵与实践。

美国研究自主学习的权威心理学家齐莫曼（Zimmerman）自 20 世纪 80 年代中期就与

一些心理学家致力于自主学习研究。他在总结了以前学者研究的基础上,提出只要是学生在元认知、动机和行为三方面都是一个积极的参与者,那么其学习就是自主的。元认知指的是学生能够在学习的不同阶段进行自我反思,包括计划、组织、自我指导、自我监控和自我评价;动机是指学生从被动的学习者变成主动的求知者,由"要我学"变成"我要学",视自己为有效的自律者;行为是指学生能够自主地创设有利于学习的最佳环境。为了更为准确、直观地把握自主学习的含义,齐莫曼提出了一个系统的自主学习研究框架,元认知和自主学习是相辅相成和相互促进的。如果学生的学习动机是内在的或自我激发的,学习方法是有计划的或经过练习已达到自动化,学习时间是定时而有效的,学习能够意识到学习结果,且对学习过程做出自我监控,能主动营造有利于学习的物质和社会环境,那么他的学习就是自主学习。

自此,自主学习能力的培养成为学者研究的对象。以班杜拉(Bandura,1986)为代表的社会认知学派主张通过学习策略教学促进学生的自主学习。但仅凭上述理论解释和指导学生的自主学习是远远不够的。

以美国华盛顿城市大学齐莫曼教授为首的一批心理学家在广泛吸收前人研究成果的基础上,对自主学习进行了全面深入的研究,逐步建构起了一套颇具特色的自主学习理论。此后,对自主学习理论的研究热潮便一浪高过一浪。

2. 国外自主学习的含义及现状

自主学习,除 autonomous learning 和 learner autonomy 外,还有其他的表述,如自我调节学习(self-regulated learning)、自我组织学习(self-organized learning)、自学(self-study)、自我计划学习(self-planned learning)、独立学习(independent learning)、主动学习(active learning)、自我教育(self-education)、自我定向学习(self-directed learning)、自我管理学习(self-managed learning)、自我监控学习(self-monitored learning)、开放式学习(open learning)、参与式学习(participatory learning)和自我获取学习(self-access learning)等。这些表达虽然不同,但都体现了一个共同的特征,即自主性。

自主学习是学习的一种新境界,对其定义,文献中有不同的描述。霍勒克(Holec,1981)之自主学习观(《自主性与外语学习》)成为自主学习的发起点,对自主学习的界定如下:

... autonomy as "the ability to take charge of one's learning" and as "an ability or a capacity that needs to be acquired", rather than a process.(Holec 1981:3)

... in autonomous learning "the learning should want to take charge of his learning."(Holec 1981:7)

按照霍勒克(Holec,1981)的观点,自主学习是对自己的学习意愿负责的一种能力。从学习者的角度看,具备自主性学习能力意味着获得确定的学习目标、内容、材料和方法,确定学习的时间、地点和进度,以及对学习进行评估的能力。

学习者具备自主学习能力意味着能做好如下事项:

——确定学习目标,即根据自己或他人(如教师、学校、大纲和社会等)的要求,确定不

同阶段的学习目标,并在检测和评估学习成果的基础上调整或确立新的学习目标;

——确定学习内容,即识别和收集能帮助自己实现学习目标的相关学习材料;

——拥有一套用于指导自我学习的技能,掌握完成不同学习任务所需要的基本策略;

——控制学习的时间、地点和进度,能选择适合自己的学习环境,并根据不同的学习内容调整学习进度;

——评估自己的学习成果,即根据一定的评价标准衡量自己的学习进展情况。

霍勒克(Holec,1985)认为,自主学习是学习者管理自己学习的能力,其中包括确立学习目标、自我监控和自我评价等;这种能力不是天生就具备的,它必须通过自然方式或者大多数情况通过一种系统的、有意识的正规学习才能获取(参见 Holec. H. *Autonomy and Foreign Language Learning* [M]. Oxford Pergamon Press. 1981)。

胡滕(Huttenen,1986)认为,自主学习是学习者对自己学习负责的意愿和能力。

大卫·李特尔(David Little,1990)将自主学习看作是学习者对学习内容和过程的心理反应。在自主学习中,态度和能力是核心,是决定自主学习的关键因素(参见 Huttenen. Towards learner autonomy in foreign language learning in senior secondly school[M]. Oulou,Finland. University of Oulou. 1986)。

大卫·李特尔(David Little,1991)认为,自主学习,"从本质上说是学习者对学习过程和学习内容的心理关系问题,即一种超越、批判性的思考、决策及独立行动的能力"(《自主学习方法与途径》)。

莱斯利·狄金森(Leslie Dickinson,1993)列举了自主学习者的基本特点:能够理解教学目的和教学方法,能够确立自己的学习目标,能够选择合适的学习策略,能够监控自己的学习策略,能够评价自己的学习结果。概括地说,就是"想学""能学""会学""善学""坚持学"(参见 Leslie Dickinson. Talking Shop:Aspects of Autonomous Learning. Elt Journal,1993,47(4):330-336)。

此外,语言心理学家还将有关学生学习自主性的研究成果应用于语言教学。他们认为,自主学习能力在语言学习中发挥着不可估量的作用。具有自主学习能力的学生主要具有以下品质:

——深刻了解自己的学习风格和学习策略;

——能采取积极的方法完成学习任务;

——勇于尝试(比如,随时把握与他人交流的机会);

——善于猜测;

——重形式更重内容,即重视语言的准确性,更重视适当性。

美国密执安大学的宾特里奇(Pintrich,2000)教授也给自主学习下了一个较为相似的定义。他认为:自主学习是一种主动的、建构性的学习过程,在这个过程中,学生首先为自己确定学习目标,然后监视、调节、控制由目标和情境特征引导和约束的认知、动机和行为。自主学习活动在学生的个体、环境和总体的成就中起中介作用。

"自主学习"这个概念在 20 世纪已经被教育学家提出,但是没能给出一个明确的概念。许多研究者从不同的角度对自主学习进行了研究,并从不同的方面给自主学习进行了界定,因而对自主学习到底是什么还存在广泛的争议。但自主性学习作为语言教学和语言学习的一种方式,指的是学习者应该对自己的学习负责,能够管理自己的学习行为,包括明确学习目标、制订学习计划、选择适当的学习方式、评估和管理自己的学习,对自己的学习负责。

(二)自主学习国内研究现状

1. 国内自主学习的含义

国内的一些自主学习研究者从狭义和广义的角度对其给予了界定:韩清(2000)认为狭义的"自主学习"是指学生在教师的科学指导下,通过能动的创造性的学习活动,实现自主性发展。教师科学指导是前提条件和主导,学生是教育的主体和学习的主体,学生能动的创造性学习是教育教学活动的中心,是教育的基本方式和途径,实现自主性发展是教育教学活动的目的,是一切教育教学活动的本质要求。而广义的"自主学习"是指人们通过多种手段和途径,进行有目的、有选择的学习活动,从而实现自主性发展。学者肖飞(2002)认为自主学习是一种潜在自学行为,有待于他人的协助去开发。

判断学生的学习是否自主,应该根据自主学习研究框架中的"任务条件(选择参与、选择方法、控制时限、控制学习结果、控制物质环境和控制社会环境)"这一列。如果学生在该列中的六个方面均能由自己做出选择或控制,则其学习就是充分自主的;反之,如果学生在这六个方面均不能由自己选择或控制,则其学习就无所谓自主(庞维国,2003)。

庞维国(2000)认为,充分自主学习应具备如下特征(见表 1):

表 1 自主学习应具备的特征

序号	科学的问题	心理维度	任务条件	自主实质	自主过程
1	为什么学	动机	选择参与	内在的或自我激发的	自我目标、自我效能、价值观、归因等
2	如何学	方法	选择方法	有计划的或自动化的	策略的使用等
3	何时学	时间	控制时限	定时而有效	时间计划和管理
4	学什么	学习结果	控制学习结果	对学习结果的自我意识	自我监控、自我判断、行为控制、意志等
5	在哪里学	环境	控制物质条件	对物质环境的敏感	选择、组织学习环境和随机应变
6	与谁一起学	社会性	控制社会环境	对社会环境的敏感	选择榜样、寻求帮助和随机应变

即：

——学习动机是内在的或自我激发的；

——学习内容是自主选择的；

——学习方法由自己选择并能有效地加以利用；

——学习时间由自己进行计划和管理；

——对学习过程能够进行自我监控；

——对学习结果能够主动组织进行自我总结、评价，并据此进行自我强化；

——能够主动组织有利于学习的学习环境；

——遇到学习困难能够主动寻求他人帮助。

如果学生完全不具备上述这些特征，他们的学习就不能称为自主学习。但是，在实际的学习情境中，完全自主的学习和完全不自主的学习都比较少见，大多数的学习者往往介于这两极之间(Zimmerman,1994)。

因此，与其把学习截然地划分为自主的或不自主的，不如用学习的自主程度的高低来区分学生在学习的哪些方面是自主的，在哪些方面是不自主的。这样，更有利于对学生的学习有针对性地施加教育影响(庞维国,2003)。

综上所述，可以看出，尽管国内外学者对自主学习的看法还存在一些分歧，但是已经为我们揭示自主学习的实质提供了重要的参照框架。归纳起来，大致有广义和狭义两种基本观点。广义的自主学习是指个人通过多种手段和途径，进行有目的、有选择的学习活动，从而实现自主性发展。狭义的自主学习是指学生在已有知识水平和技能的基础上，在教师的科学指导下，通过独立的、能动的、有选择的、创造性的学习活动达到掌握知识和发展学习能力的目的。在这种情况下，学生已具备的基础知识、基本技能是自主学习的前提条件；教师的科学指导和帮助，能推动、促进自主学习的进程；学生主体能动的、独立的、有选择性的、创造性的学习活动是教学活动的基本方式和根本途径；学生自主学习能力的形成和发展是教学活动的最终目的。从静态结构来看，如果学生本人对学习的各个方面都能自觉地做出选择和控制，其学习就是自主的。反之，如果学生在学习的各个方面完全依赖他人指导或控制，其学习就不是自主的。从动态的学习过程来看，如果学生在学习活动之前自己能够确定学习目标、制订学习计划、精心做好具体的学习准备，在学习活动中能够对学习进展、学习方法做出自我监控、自我反馈和自我调节，在学习活动后能够对学习结果进行自我检查、自我总结、自我评价和自我补救，那么他的学习就是自主的。

2. 我国自主学习研究的历史及现状

在我国，自主学习思想由来已久，早在春秋战国时期就有孔子的启发式教学、学思结合，孟子的"自得之"思想认为只有积极主动地学习，才能真正获得知识。在教学中，他们认为自主学习不等于自我封闭式学习，教师的作用不容否认。朱熹认为教师在学习开始时要指引学生的学习目标和途径，在学习过程中要与学生共同探讨，解其疑难，在学习结束时要给学生及时的反馈(庞维国,2001)。

现代自主学习的研究,在我国始于 20 世纪 80 年代后期。1984 年,西安交通大学的林毓铸教授率先在大学开始讲授学习法,倡导自主学习。进入 90 年代,西方在自主学习研究方面的最新研究成果被大量引入我国,掀起了研究的高潮。华东师范大学庞维国教授对自主学习的实质、影响自主学习的因素、促进自主学习的方法等方面都做了精辟的阐述,北京师范大学的程晓堂在自主学习的含义、自主学习的能力及其培养、如何创造自主学习的条件、自主学习与课堂教学的关系等方面进行了研究。

与此同时,我国中小学也同样出现了不少以指导学生自主学习为目标的教学实验,列举如下:

上海育才中学段力佩等教师进行的八字教学法——"读读、议议、练练、讲讲";

青浦中学顾泠沅老师等人进行的"诱导、尝试、归纳、变式、回授、调节"教学法;

湖北黎世元设计的"六课型单元教学法";

南通启秀中学李庚南进行的"自学、议论、引导"教学法;

中科院心理所卢仲衡主持的"自学辅导教学"实验研究;

辽宁盘锦二中魏书生实施的"六步教学法"实验;

黑龙江胥长辰在"自学式"教学基础上提出的"学导式"教学;

内蒙古李敬尧在赤峰市倡导并实验的"导学式"教学法;

上海嘉定中学钱梦龙进行的"导学教学法"研究等。

其中影响较大的有卢仲衡教授主持的"中学数学自学能力教育实验"、张定璋教授主持的"小学生最优发展综合实验"(以培养学生自我教育、自主学习、自理生活能力为目标,也叫"三自"能力教育实验)。虽然没有明确提出"自主学习"的概念,但这些实验都是以发展学生学习的独立性和自主性为目标的,为开展自主学习系统研究提供了实践基础。

(三) 自主管理国外研究现状

国外学者们对培养学生自主管理能力及其相关问题的研究可以追溯到古希腊时期,苏格拉底、柏拉图、亚里士多德等古希腊教育家们就曾提出"学生主体""自我反思"及"自我监控和调节"等思想,这些思想均是学生自主管理的核心思想。到西欧中世纪时期,社会上首次出现了以波隆那(Bologna)大学为代表的学生自治模式,但此时的自治只局限在大学,且是为了满足不同群体捍卫自身利益的需要,与现今维护学生在学习过程中的主体性思想的"学生自主管理"可谓是大相径庭。到 1531 年,特拉岑多夫(Trazendorf)又在德国的戈尔布勒格(Golblerg)中学施行"学生自治制"。虽然此时对培养学生自主管理能力的应用只是凤毛麟角,却在一定程度上展示了学生自主管理的优势,具有一定的创新意义。

随后,来自不同国家的教育家们也纷纷在不同时期提出了与培养学生自主管理能力相关的教育思想和见解。到 19 世纪末至 20 世纪 50 年代,在杜威教育思想的影响下,美国教育家们又相继开展了一系列的教育实验,纷纷不同程度地体现了对学生自主管理能力的培养。如帕克赫斯特(Helen Parkhurst)创立的"道尔顿制"中规定的"学生与教师订立工作合同后,可以按照自己的意愿自由支配时间,在各科的作业室内进行自学";又如,华虚朋(Carleton Wolsey Washburne)在"文纳特卡计划"教育实验中提出了"共同知识技能的学习以学生自学、教师个别辅导为主,社会性作业以小组为单位展开活动"的做法。虽然教育实验进行的时间不一样长,但其在培养学生自主管理能力方面进行的大胆尝试为日后的进一步研究提供了宝贵的实践经验。

20世纪60年代到现在,随着教育心理学的发展,学生自主管理能力的培养与实施得到了越来越多强有力的支持。如建构主义认知理论、人本主义教学理论,又如,阿尔伯特·班杜拉(Albert Bandura)等心理学家认为人存在自我效能感,它能够帮助我们对自己是否能够成功进行某个行为进行判断。还有一些心理学家提出学习者为了提高学习效果和效率,会制定学习策略,其中威尔伯特·麦基奇(Wilbert McKeachie)等人更认为,学习策略包括认知策略、元认知策略和资源管理策略。同时,还有研究表明,自主管理能力强的学生可以系统地运用学习和管理策略,使其学业成绩通常好于自主管理能力较差的学生,而在智力、社会环境和接受教育的质量等方面明显占优势的学生,其学习失败的重要原因就是缺乏自主管理能力。

总之,当前国外对于学生自主管理能力培养的理论研究已十分完善,而学生自主管理在教育实践中也得到了一定程度的贯彻和实施,可以说在教师的指导下,让学生进行自主管理是各国教育改革的重要特色之一。

(四) 自主管理国内研究现状

在我国,学生自主管理的提出最早源于先秦时期的儒家教育思想。孔子曾认为学生要善于自我反省和改正,学习须建立在学生自觉的基础上。随后,孟子也提出学生要自我反省、监督和评价。但我国古代教育由于长期受到科举制度的影响,有关学生的学习条件、内容和教师的教学方法的规定都较为严格,导致培养学生自主管理能力局限于"自我省察",学生并没有太多的"自主权"。

在历经变法失败、鸦片战争、签订丧权辱国条约等一系列屈辱后,越来越多的进步人士意识到中国的教育亟须改进,教育家们也纷纷提出教育新思想和教育改革方案。著名教育家蔡元培就十分主张"学生自治",他认为学生"自治"除了比"被治"要好外,还可以作为"提起国民自治精神"的先导。著名教育家陶行知也在《学生自治问题之研究》一文中从国体、时势、方法三方面指出需要"学生自治"。他认为学生自治"可为修身伦理的实验""能适应学生之需要""能辅助风纪之进步""能促进学生经验之发展",肯定了学生自主管理的重要性。与此同时,蒋梦麟、陈鹤琴、郑晓沧、廖世承、林砺儒等学者和教授也相继发表了一系列关于学生自治经验、问题的文章或演说。

从20世纪末到目前,萧宗六、叶澜、吴志宏等教育家们在各自的著作中也分别对学生的自我管理进行了一定的阐述,尤其是强调学生的自律,但大多只是高度概括,仅在方向上给予了一定的引领。除了教授和学者,国内许多一线教师也根据自身的经验发表了一些文章,如《学生自主管理模式的实践思考》《高年级自主管理中量化的运用》《浅谈中学"班级自主管理模式"的构建》等,可以说是数不胜数。还有许多学校纷纷开展了学生自主管理的教育实践,如上海市进才中学、江苏省泰兴市洋思中学、河北省邱县实验中学、广西壮族自治区桂林市兴安县的兴安中学等。通过"学生自主管理"相关内容研究成果的与日俱增可知,学生自主管理的作用已被越来越多的人所认可并予以重视。

总之,当前对于培养学生自主管理能力的研究与应用主要分为学校管理、班级管理、德育工作、教学四大方面。其中在学校管理方面,无论是高校,还是中小学校,培养学生自主管理主要表现在安排学生协助学校管理者管理学校日常的公共事务(例如,推选学生干部、值周生或校长助理,维持学校秩序和校园卫生)及课余活动(例如,成立学生会,负责组织学校课外的文娱活动,管理学生生活园区的秩序);在班级管理方面,主要表现在鼓励学生共同参与班级各项事务的管理和学生自我管理两方面;在德育工作方面,主要表现在主张学生管理日常学习生活秩序,以唤醒学生的道德意识,发现并改正他人与自身的道德问题;在教学方面,主要表现在提倡学生的自主学习和以合作为前提的研究性学习。

虽然现在无论是专家学者、学校管理者、班主任教师,还是各学科教师,都已经注意到了培养学生自主管理的重要性,并且进行了各项不同程度的研究,但是由于他们身份角色的不同,导致他们的研究目的、研究角度和实施现状还是存在一定的差异。众多学者主要针对学生自主管理能力的培养对促进学生发展的理论方面展开研究,如实施模式、实施策略、实施可行性分析及其心理学依据等,但主要停留在教育学这一层面,并没有将其细化到某一具体时期的某一具体的学科教学。教育管理者则是以维持学校秩序为前提,在学校教学制度的管理中,借助学生的力量,以"生"管"生",既实现学生管理资源的有效利用,又充分地激发了学生的管理潜能。但在这个过程中,管理者只是注意到学生潜能的挖掘和德育工作的开展等方面,对学生具体学科学习的关注并不多。而众多的一线教师,无论是班主任还是科任教师,虽然在实际管理和教学中进行了较多的教学方法改革,实现了学生自主管理能力的有效培养,但他们也仅仅局限于自己所教的学科和班级,并不能够将其改革的结果上升到理论的高度,难以使其得以广泛地传播和应用。

(五)"双自"教育的校本研究

"双自",即自主学习、自主管理;"校本",特指上海市蔡路中学。"双自"教育的"校本研究",是指蔡路中学在上海市浦东教育发展研究院(简称浦东教发院)资深科研员曹明老师的指导下,先后开展了"农村学校实施'双自'教育促进学生自主发展的实践研究"(2010年立项,吴骏德校长为组长)、"基于发展农村初中学生'双自'素养的校本课程建设研究"(2016年立项,吴骏德、王志法校长先后为组长)和"基于'双自'教育的对分课堂实践研究"（2019 年立项，王志法、黄斌裕校长先后为组长）三个"双自"系列区级课题的研究。

2010 年立项的区级课题，通过研究，揭示了"双自"教育和学生自主发展的内涵，了解了国内外相关研究现状和本校学生"双自"素养与自主发展素养的现状、明确了实施"双自"教育促进学生自主发展的目标、教育内容，探索和对学生实施"双自"教育的基本过程、实施途径、实施策略、实施方法和评价体系，构建了农村学校"双自"教育实施的操作框架，丰富了初中阶段学校实施"双自"教育的理论，为促进学生自主发展、提升农村学校办学内涵的研究提供可以借鉴的经验。我校还出版了《实施"双自"教育　促进主动发展》一书（2017，同济大学出版社）。

2016 年立项的区级课题，揭示了本课题的内涵，了解了这类课程开发与实施的相关文献现状和初中学生"双自"素养现状，厘定了农村初中学生"双自"素养发展目标和培养内容，探索了课程开发的背景、结构与内容、体例、实施建议、保障措施和课程实施的基本过程、途径、策略、方法与评价体系，构建了本课题的操作框架，总结了发展农村初中学生"双自"素养校本课程建设（开发、实施与评价）的经验，丰富了初中"双自"教育校本课程建设的理论，把握了初中"双自"教育校本课程建设的一定规律。

2019 年立项的区级课题，通过研究，揭示了课题内涵，了解了国内外相关研究的现状，厘定了初中学生"双自"素养发展目标和培养内容，开展了基于"双自"教育的学科对分课堂实践之实施基本过程、实施策略、实施形式、实施方法与评价体系的探索，构建了本课题的操作框架，总结了实施的经验，丰富了基于"双自"教育之对分课堂实践的理论，把握了初中"双自"教育之对分课堂模式直接运用和迁移运用实践的一定规律。

四、国内外关于"对分课堂"的研究现状

（一）国外"对分课堂"研究

近 20 多年来，基于讲授法的传统教学模式存在各种看法，中国基础教育界尝试了多种课堂教学改革，如翻转课堂、微课、慕课、合作学习、基于自主学习的高效课堂等。对分课堂是一种本土化原创教学模式，通过查阅文献，目前国外还没有相关的文献和研究，但存在许多与对分课堂有着相同教学理念与相似教学特点和方法的教学模式的研究，如慕课（MOOC）、翻转课堂、合作学习等。国外的对外汉语课堂，如非洲贝宁孔子学院对外汉语课堂，已经在应用对分课堂进行实践教学，取得了实质性的高效课堂效果。

慕课（MOOC，Massive Open Online Course）是一种利用网络开放教育资源让学生在线进行学习的课堂。慕课运用互联网，打破教学时空限制，让教师能够同时对不同地方数以万计的学生传授知识，比传统教学更具灵活性、规模性和开放性。但这样的教学模式会导致教师与学生的互动不足。可以看出，慕课更注重知识传授传播的宽度与广度，而弱化

了知识传授的深度与精度,对学生知识的吸收掌握不够重视。对分课堂更注重师生、生生之间的互动,重视学生在学习中的内化吸收,这与慕课有本质区别。

翻转课堂通过将课堂反转,运用互联网和计算机技术,让学生在家观看视频讲座,然后两人一组讨论他们所学到的知识(AlJaser,2017)。翻转课堂完全运用互动学习的课堂组织形式,对分课堂则是一分为二,一半讲授、一半互动。与传统讲授式的课堂相比,翻转课堂用视频来进行讲授,而对分课堂仍重视教师的课堂讲授,仅做适当压缩。二者均注重学生的主动学习,增加学习过程中的互动,是二者共同的优点。

合作学习一直以来受到国内外许多研究者的关注。随着研究发展,合作学习已传播到世界各地。合作学习强调问题和小组讨论,这与对分课堂的理念一致,但合作学习的讨论基础来源于教师设置的问题,弱化了教师的讲授。对分课堂仍旧重视教师的精讲,不主张学生预习,而是强调先教后学。此外,合作学习的讨论主要是即时讨论,对分课堂的讨论是基于学生内化吸收,有一定思考成果后再来进行的延时讨论。总体来看,对分课堂中的小组讨论环节是小组合作学习,但小组讨论只是对分课堂的其中一个环节,与合作学习本质还是有区别的。

自夸美纽斯1632年发表《大教学论》开创现代教育学之后,讲授法主导了世界教学近400年,而合作学习更多强调学生的学习方法,是过去近一个世纪最重要、最成功的教学改革。慕课、翻转课堂虽有革新,但更多强调教学活动的组织方式。对分课堂吸收了讲授法与合作学习的精髓,将两者有机融合,创造了一种新的教学模式,在讲授的支撑下,合作具备了坚实的基础,在合作的背景下,讲授发生了本质的变化。对分课堂给传统教学带来了整体性、全局性的改变,也引发了学生学习模式的真正改变,其影响和意义将是极其深远的。

(二) 国内"对分课堂"研究

1. 国内对分课堂的定义

对分课堂最早由复旦大学张学新教授(2014)提出,将课堂时间对分,一半是教师进行讲授,另一半学生用来讨论。将传统课堂打破重构,通过讲授(Presentation)、内化吸收(Assimilation)和讨论(Discussion)三个环节重新组合在一起,因此,对分课堂也可简称为PAD课堂。

2. 国内对分课堂研究的进程

(1) 对分课堂的理论基础

张教授在《对分课堂:中国教育的新智慧》一书(2017)第五章序言中提到:教学的核心目的是让学习发生。什么是学习?学习的过程是怎样的?这些都是心理学研究的课题。教学理论的基础在于心理学的学习理论。从20世纪20年代到70年代,主要发展出了四种学习理论,分别是行为主义、认知主义、建构主义和人本主义。人本主义针对为何学习的问题,注重满足学生需求,激发学生自我实现的成就动机,使学生获得认知、情感和价值观方面的全面成长和发展。认知主义确定教学内容与教学法,强调学习基于学科体系形成学习者自己的认知结构,教与学体现在掌握知识和培养思维能力。建构主义刻画学习过程,强调认知结构的形成需要一个过程,包含基于内化和吸收的个人建构和基于群体交互的社会建构。而行为主义则关注效果评价,如用行为体现学习的结果。有学者对于对分课堂教学模式的理论基础也进行了研究。杜艳飞(2016)、陈瑞丰(2016)、田青(2017)等学者认为对分课堂是基于心理学基础上的建构主义教育理念与传统教学模式相结合的新产物,既体现了建构主义知识观、学习观及教学观,又能够调动学生主动性,提高学生在知识建构中的主动性和探究性。

(2)对分课堂的运用要领

随着研究的深入,学者们展开了对分课堂各环节的系统研究,研究表明,"讲授"环节是为了促进学生产生学习兴趣,激发学习动机,同时通过知识框架、逻辑线等形式,促进学生对学习内容的规划(马陆艳,2020)。"内化吸收"环节作为对分课堂的关键环节,可以通过读书笔记、反思作业等系列作业进行开展,教师需要根据具体情况通过选择回答核心问题、概括段落大意等方式,对该环节进行有意识的组织,并提供充足且必要的学习资源供学生选择及使用(马陆艳,2021)。而对"讨论"环节的研究表明,学生准备不充分、讨论策略和方法掌握不足、讨论经验不足等都会影响学生的学习效果,需要教师依据实际情况,通过提供讨论策略、优化分组、设立小组长等方法,帮助学生明确讨论的重要性,积极参与讨论,提升讨论的有效性,从而进一步提升学习成效(马陆艳,2021)。

(3)对分课堂的国内实践

① 对分课堂实践的理论基础。教学理论以学习理论为基础。因此,在上述学习理论的基础上,第二次世界大战以后,世界范围的教育改革形成了三个最有影响的现代教学理论,分别为发展性教学、结构主义教学(或发现式教学)和范例教学。

发展性教学理论是苏联著名心理学家和教学专家赞科夫于 1975 年总结而成的,其核心思想是促进学生的一般发展,即不仅包括智力,而且包括情感、意志品质、性格等。特点在于挑战性。学生内化与吸收的过程和教师先讲、学生后或独或合讨论的过程可以归结为挑战性原则。从现代心理学观点来看,需要发展学生的元认知能力。

结构主义教学理论在美国心理学家布鲁纳于 1959 年完成的《教育过程》一书中集中呈现。结构主义教学理论也被称为发现式教学理论。特点在于探究性或假设性。苏格拉底"产婆术"是发现教学法最早的思想溯源。"差的老师奉送真理,好的老师引导学生发现真理。"教师先讲、学生再内化与吸收的过程,以及师生或生生讨论、交流的过程符合探究性原则。从整个对分课堂实践过程来看,学生通过探究,发现起因、联系和规律,积极思考,自觉主动地探索知识和解决问题的方法及步骤,与之相似。

范式教学理论是 20 世纪 50 年代在德国兴起的。瓦根舍因于 1950 年在物理和数学教学中提出"范式教学原理"。1957—1958 年,克拉夫基出版了关于范式教学的本质及其教学意义的理论著作。教师精简教材,从日常生活和教材中选择典型案例展开教学,提高了教学效率,培养了学生的自学能力。

因此,对分课堂的实施过程,并不单独依赖某一个理论,其教学过程中各个环节的设计都有坚实的理论支持。对分课堂并没有创造新的学习理论,而是吸收这些理论的精髓,把它们重新组合,扬长避短,通过结构性变革创造了一种新模式。

② 对分课堂的发展历程。2014 年春,张学新教授在心理学系本科二年级"心理实验设计与研究方法"课上首次尝试对分课堂。同一学期,上海理工大学何玲将该模式应用于研究生一年级公共英语口语课上,均获得良好效果。2014 年 9 月 1 日起,对分课堂开始被推广,迅速受到众多教师的广泛认可,两个学期推广就被全国数百位不同科目教师采用(包括中小学教师),覆盖学生数万人,张教授应邀举行 70 多场专题讲座。2014 年 10 月,对分课堂论文发表在《复旦教育论坛》,2015 年 1 月《人大复印资料》将其全文转载。截至 2016 年元旦,各地教师以对分课堂为题共获 160 余项课改立项,包括 65 个省级课题;2015 年 8 月,复旦大学、教育部易班学院与田家炳基金会召开对分课堂全国教学创新研讨会;10 月,对分课堂被纳入上海市新教师培训项目;11 月,对分课堂进入甘肃小学"国培"计划,教育部高校教师网络中心举行对分讲座,向全国 1500 位教师在线直播;12 月,岭南师范、易班学院与田家炳基金会举办对分课堂华南地区研讨会,近千名教师参与。目前,河西学院、山东理工大学、广西科技大学、平顶山学院、青岛滨海学院、淮海工学院、山东中医药大学、韶关学院、滨州职业技术学院等全国多个高校课堂正在积极推广对分课堂教学模式,引发了强烈的反响,取得了显著的教学效果,受到了教师的普遍欢迎。

③ 对分课堂与其他教学模式相结合。在实践过程中,部分学者将对分课堂结合其他教学模式进行教学,以期提升教学成效。一方面,研究提出运用网络信息技术,扩展对分课堂课程资源的发展方向。如,运用对分课堂与慕课进行结合,通过慕课对学生自主吸收环节进行补充,扩张教学时空,使教学更具吸引力,让学生积极自主参与学习(范春杰,2020)。利用网络信息技术整合对分课堂与翻转课堂,通过线上线下的结合,提升教学效率(宁建花,2016)。将微课与对分课堂相结合,运用微课资源辅助教学,结合隔堂讨论等方式,促进师生全面系统的互动,提升学生的学习效果(魏春梅,2016)。另一方面,将对分课堂与其他教学模式融合,互相取长补短,形成新的混合教学模式,以提升教学成效。主要包括"BOPPPS＋对分课堂混合教学模式",基于 BOPPPS 有效教学结构,引入对分课堂的内化吸收与隔堂讨论(冯瑞玲等,2020),形成更规范的课堂教学流程(朱世敏等,2021),有利于加深学生对知识的理解,提升学生学习主动性,增强师生互动,以提升教学成效(马雯芳等,2021);通过互联网平台及信息技术手段,探索"互联网＋对分课堂"混合教学模式,同时运用互联网平台,扩充信息化教学资源,增强对学生课前和课后学习的支持及监督(郭树荣,2017)。对分课堂与其他教学模式混合的教学模式开发,也为解决教学实践中遇到的问题提供了新的解决办法,为研究者提供了新思路。

④ 对分课堂实践的国内历程。对分课堂走进了中小学课堂,覆盖的课程和年级广

泛。不同学科及各个学段,目前采用对分课堂的课程科目有语文、数学、英语、思想品德、地理、物理等 30 多门课程,课程类型涉及常规课程、阅读课、作文课、习题讲解课、专题复习课、试卷分析课等多种形式,覆盖的课程年级基本包括小学、初中和高中的所有年级段。2014 年秋季学期,对分课堂应用于上海虹口区复兴中学孙欢欢老师的高三语文课和华东师范大学附属杨行中学胡真老师的初中英语课堂,取得了一定实效。随后,对分课堂迅速得到众多教师的广泛认可,快速在全国许多地方的普教中得到实践和推广。2015年,在岭南师范大学召开了对分课堂教学经验研讨会。从 2016 年起,对分课堂 QQ 群在张学新教授的亲自指导下,每周星期四晚 8 点至 9 点进行中学英语对分课堂的讨论和研修。各地实施对分课堂的初中英语教师积极分享教学反思,介绍教学经验,研究活动搞得有声有色,在全国各地引起了较大反响。2017、2018 年,对分课堂在中小学开展了一系列的推广研讨和培训活动。

随着对分课堂相关理论研究的不断深入,不少学者利用对分课堂教学模式进行教学,在实践过程中总结对分课堂教学模式的应用方法及其成效。对分课堂实施过程中,所需要遵循的方法有:需要教师关注学生、认真做好教学设计、组织教学内容,同时要对教学过程严密监控,实施中也要及时调整教学心态(李建铁,2015);按照决策、计划、组织、沟通及控制的"五步曲",更好地实施对分课堂(朱品文,2016);对分课堂按照对分形式不同,主要分为"隔堂对分""当堂对分""隔堂＋当堂对分"三种模式,要根据具体学习内容及课时安排,选择不同的对分方式,以达到最优教学效果(刘绍乾,2019)。

研究者们在教学实践中总结对分课堂的教学成效,发现对分课堂将讲授法与讨论法相结合,充分利用自主学习及合作学习思维(孙丽平等,2016),凸显以生为本的教育理念(郭淑馨,2020)。在教学中运用对分课堂,能够转变传统教学教师"一言堂"的状况,打破"学堂"和"教堂"的困境,将知识教育转向能力教育(陈瑞丰,2019),同时,还能提升学生的学习兴趣,让学生自主自发地积极进行学习,提高教学质量(王霞,2015)。对教师而言,对分课堂也能够促进教师角色转型、减轻教师授课负担,形成和谐良好的新型师生关系(程夏艳,2019)。

(三) 基于"双自"教育的对分课堂实践研究

如前所述,完全符合"基于'双自'教育的对分课堂实践研究"主题的国内外研究成果,无论是论文还是专著,都是 0 篇。

蔡路中学地处浦东新区新农村建设实验区,随着城镇化的发展,外来务工人员随迁子女占学校学生总数比例迅猛增加,占总体生源的 56％左右,本地生源逐步萎缩,优质生源大量减少,这一增一减,给学校教育教学带来的影响日益增大。学校在"让每一位师生都能享受成功的喜悦"办学宗旨指导下,通过推行"双自"教育的实践与研究,已初步形成了"实施'双自'、促进学生自主发展"的办学特色。学生相关良好学习素养的养成,促进了学校特色的创建与发展,已被实践证明是较为有效的实施途径。但对这一实施途径的相关研究范围还需要拓展,研究内容需要深入。我们期望"对分课堂"这一载体,让这样一所浦东农村学校的初中学生在自主学习、自我管理的过程中,更好地成长起来,从而更好地落实学校的办学理念,促进学校特色的建设。

因此,我们试图探索农村学校在生源发生根本变化的背景下,通过实施"基于'双自'教育的对分课堂实践研究",来促进学生的自主发展和学校特色的建设,这是具有一定新意的。

五、结论、建议与价值

(一) 基本结论

一是关于"双自"教育和初中"双自"教育的研究。在前述中国知网的五种数据库中,从 2014 年 9 月 20 日至 2023 年 8 月 10 日,国内外开展"自主学习"研究的相关文献较为丰富(达 2.61 万篇,其中"初中自主学习"类相关文章有 19884 篇);同期,开展"自主管理"研究的相关文献明显少于"自主学习"的(总量为 1.16 万篇,仅为其 44.52%;其中"初中自主管理"类相关研究文章,仅有 627 篇,是"初中自主学习"类研究文献的 3.15%)。对于自主学习的研究,国内外还有一定量的专著;对于自主管理的研究,则总体较少。如前所述,蔡路中学 2010 年立项的区级课题,于 2017 年 2 月,由同济大学出版社出版了《实施"双自"教育　促进主动发展》一书;2019 年,完成了"基于发展农村初中学生'双自'素养的校本课程建设研究"的课题。两项成果先后被评为浦东新区第九、十届教育科研成果奖二等奖。

二是关于"对分课堂"和其与"双自"教育结合的研究。同期,国内对"对分课堂"有了一定的研究(共有相关研究文献 3933 篇);但"自主学习与对分课堂"结合起来进行研究的论文,只有 270 篇;其中,"初中自主学习与对分课堂"结合起来进行研究的论文,仅有 7 篇;"自主管理与对分课堂"结合起来研究的文章,为 0 篇。"对分课堂"研究的专著,有张学新教授的《对分课堂:中国教育的新智慧》和在张教授指导下所编的第一批对分课堂教学手册丛书,包括总论和 16 个分册,覆盖 11 类高校课程和 5 类中学课程;2022 年,赵婉莉的专著《对分课堂:为深度学习而教》,则重点论证了对分课堂教学模式的教学流程是如何促进学生进行深度学习的,并分享了部分高校、中小学对分课堂促进深度学习的教学设计及案例。但这两本专著和对分课堂教学手册,对将"对分课堂"在一所初中学校与 10 多门学科结合起来进行的整体研究,还是缺失的。

三是关于"对分课堂实践"和其与"双自"教育实践结合的研究。同期,国内对"对分课堂实践"有了一定的研究(共有相关文献 815 篇);但其中,将"自主学习与对分课堂实践"结合起来进行实践研究的论文,仅有 18 篇;将"自主管理与对分课堂实践"结合起来进行研究的文章,为 0 篇。

因此,在初中学校开展"基于'双自'教育的对分课堂实践研究",很有必要。

(二)研究建议

开展"基于'双自'教育的对分课堂实践研究"课题研究,需要把握以下研究内容的重心和新意:

基于上述文献研究的基本结论,学校这一区级课题研究,一是针对的整体区域环境是现代化大都市下的农村公办初中学校。二是生源背景是以外来务工人员随迁子女为主。三是研究内容包括三大方面七点内容:课题内涵与文献研究,农村初中学生"双自"素养现状调查研究,农村初中学生"双自"素养发展目标、培养内容研究;实践探索的四类基本举措(实施基本步骤、策略、方式、方法)和评价体系的研究。这样,既体现了本课题研究的系统性,又突出了实践性的需要,还兼顾了现状调查和评价研究。四是研究的覆盖面涉及初中学校的几乎所有学科和主要的实施举措,可以提升学生课前、课中与课后"三程"自主学习和自主管理的"双自"素养,促进学生的自主发展。故这一研究,如果能够把握好以上四点,那么就能为"双自"教育之对分课堂在初中公办学校的整体研究,提供实践经验的支撑。因此,这些研究背景与研究内容,是学校总课题的研究内容重心,研究任务的完成,可体现其一定的新意。

(三)研究价值

开展"基于'双自'教育的对分课堂实践研究"课题情报综述研究,提高了课题研究的实效。原因如下:一是本子课题在总课题组聘请的浦东教发院原资深科研专家曹明老师指导下完成的国内外相关情报资料、文献的研究,具有规范性和可模性;二是文献研究的基本结论,为总课题组成员判断和把握研究内容的系统性、确立研究重心和新意,提供了依据;三是为参与学校总课题之各级子、小课题的研究教师,提供了很有价值和针对性的情报研究依据;四是提高了研究教师开展课题设计、落实操作措施和进行成果总结提炼的实效。

参考文献

[1]中共中央、国务院印发深化新时代教育评价改革总体方案[N].人民日报,2020-10-14.

[2]教育部等六部门.教育部等六部门关于印发《义务教育质量评价指南》的通知[EB/OL].http://www.moe.gov.cn/srcsite/A06/s3321/202103/t20210317_520238.html,2021-03-04.

[3]中华人民共和国教育部.义务教育课程方案[M].2022版.北京:北京师范大学出版社,2022.

[4]张学新.对分课堂:中国教育的新智慧[M].北京:科学出版社,2016.

[5]曹明,潘君燕,李鑫.基于积极心理学原理的有效教育教学的实证研究[J].上海教育情

报.2015,147(04、05)：43-49.

［6］杜威.民主主义与教育[M].北京：人民教育出版社,1990.

［7］丁桂凤.员工自主学习研究[M].北京：中国社会科学出版社,2004.

［8］董齐,周勇.论学生学习的自我监控[J].北京师范大学学报(社会科学版),1994(1)：
　　　8-14.

［9］周朝华.培养学生自主学习能力是挖掘学生学习潜能的有效途径[J].辽宁教育学院,
　　　1998(6)：67-69.

［10］朱慕菊.走进新课程[M].北京：北京师范大学出版社,2002.

［11］高慎英,刘华良.有效教学论[M].广州：广东教育出版社,2004.

［12］吕良环.外语课程与教学论[M].杭州：浙江教育出版社,2003.

［13］余文森,王永,张文质.让学生发挥自学潜能让课堂焕发生命活力[J].教育研究,1999(3)：
　　　58-63.

［14］彭金定.大学英语教学中的"学习者自主"问题研究[J].外语界,2002(3)：15-19,46.

［15］庞维国.从自主学习的心理机制看自主学习能力培养的着眼点[J].全球教育展望,
　　　2002(5)：26-31.

［16］庞维国.论学生的自主学习[J].华东师范大学学报(教育科学版),2001(2)：78-83.

［17］庞维国.90年代以来国外自主学习研究的若干进展[J].心理学动态,2000(4)：12-16.

［18］庞维国.自主学习——学与教的原理和策略[M].上海：华东师范大学出版社,2004.

［19］王琰春.西方教育评价观的演进及对我国的启示[J].教育与现代化,2003(1)：74-78.

［20］赵春芳,曹明,陈春生.教学策略与学习效能[M].北京：中国出版集团,现代出版社,2014.

［21］皮连生.学与教的心理学[M].上海：华东师范大学出版社,1997.

［22］邱学华,苏春景.邱学华与尝试教学法[M].北京：中国青年出版社,2001.

［23］斯宾塞.教育论[M].胡毅,译.人民教育出版社,1962.

［24］R. J. 斯腾伯格. 成功智力[M].吴国宏,钱文,译.上海：华东师范大学出版社,1999.

［25］施良方.学习论[M].北京：人民教育出版社,1994.

［26］邵瑞珍.教育心理学[M].上海：上海教育出版社,1988.

［27］里德利(Ridley, D. S.),沃尔瑟(B. Walther).自主课堂——积极的课堂环境的作用[M].
　　　沈湘秦,译.北京：中国轻工业出版社,2001.

［28］束定芳,庄智象.现代外语教学：理论、实践与方法[M].上海：上海外语教育出版
　　　社,1996.

［29］王笃勤.英语教学策略论[M].北京：外语教学与研究出版社,2002.

［30］文秋芳.论英语学习方法系统结构特点与调控[J].外语与外语教学研究,1996(1)：
　　　56-60.

［31］文秋芳.英语学习策略论[M].上海：上海外语教育出版社,1996.

［32］文秋芳.英语学习成功者与不成功者在方法上的差异[J].外语教学与研究,1995(3).

［33］王立非.现代外语教学论[M].上海：上海教育出版社,2000.

[34] 吴增强.学习困难学生的学习动机问题[J].上海教育研究,1995(5):11-15.

[35] 肖飞.学习自主性及如何培养语言学习自主性[J].外语界,2002(6):24-27.

[36] 谢维和.教育活动的社会学分析——一种教育社会学的研究[M].北京:教育科学出版社,2000.

[37] 杨连瑞,肖建芳.英语教学艺术论[M].南宁:广西教育出版社,2003.

[38] 余文森.让学生发挥自学潜能让课堂焕发生命活力[J].教育研究,1999(3):58-63.

[39] 张大均.教育心理学[M].北京:人民教育出版社,1999.

[40] 赵颖.培养元认知能力,教学生学会学习[J].中国教育学刊,1994(6):40.

[41] 中华人民共和国教育部.普通中学英语课程标准(实验稿)[M].北京:人民教育出版社,2002.

[42] 郑玉琼.论自主学习及其能力的培养[J].中小学外语教学,2002(7):20-23.

[43] 郑金洲.自主学习[M].福州:福建教育出版社,2005.

[44] Bandura, A. Social Foundations of Thought and Action: A Social Cognitive Theory[M]. Englewood ClifFs, NJ: Prentice-Hall, 1986.

[45] Dickinson, L. Self instruction in Language Learning [M]. Cambridge University Press. 1987.

[46] Gardner, D. &L. Miller. Establishing Self-Access—From Theory to Practice [M]. Shanghai: Shanghai Foreign Language Education Press, 2002.

[47] Holec, H. Autonomy and Foreign Language Learning[M]. Oxford: Pergamon Press, 1981.

[48] Little, D. Autonomy in Language Learning: Some Theoretical and Practical Considerations. London: CILT. 1990.

[49] O'Malley, J. M. &Chamot, A. U. Learning Strategies in Second Language Acquisition [M].Shanghai: Shanghai Foreign Languages Education Press, 2001.

[50] Schunk, D. H. Self-efficacy and Achievement behaviors [J]. Education Psychology Review, 1989, 12(1).

[51] 姚勇,曹明."独二代"家庭教育学校的评价体系支持的实践与研究[M]//金卫东,曹明."独二代"家庭教育指导方略:论文选.上海:上海教育出版社,2017.

[52] 周维,曹明,祝青,等.《基于积极心理学"五原理",促进中学生主动发展的实践研究》之评价体系研究[M]//柴建荣,曹明,黄毅菁,等.中学主动发展的实践研究——论文选.上海:上海教育出版社,148-177.

基于空中数学课堂视频资源应用的"双自"教育之对分课堂融合式教学实践研究

高宇丽(上海市蔡路中学)

一、问 题 提 出

(一) 概念界定

所谓"空中课堂视频资源",一是指 2020 年春,为应对突发新冠肺炎疫情,满足"停课不停学"的需求,上海市教委启动"空中课堂"视频课资源建设,到 2020 年底,全市 134 位教师或教研员录制了覆盖初中段几乎所有教材内容的 527 节数学视频课;二是指 2021 年下半年,在"双减"背景下,市教委打造"永不落幕的空中课堂",32 位初中数学名师、骨干教师或教研员录制了"空中课堂 2.0——名师面对面"视频课。"应用"是指学校数学教师基于空中课堂教师(简称"双师")所开发的视频资源,结合所任教学生的实际,进行资源的再开发和实施的实践运用。"'双自'教育"是指学校有计划地组织教师对学生进行"自主学习、自主管理"方面素养的培养,以提升学生"自主学习、自主管理"的相关意识、能力和行为。"对分课堂"是复旦大学心理学教授张学新博士于 2014 年原创的一种新型教学模式,由呈示、独学、讨论、对话四个教学元素组成,以课堂讲授(Presentation)、内化和吸收(Assimilation)、讨论(Discussion)这三个环节来平衡教师与学生的权力,贯彻"权责对分"新理念,也称为 PAD 课堂。其核心理念是把一半课堂时间分配给教师进行讲授,另一半分配给学生以独学和讨论的形式进行交互式学习,其关键创新在于把讲授和讨论错开,让学生在中间有一定的时间自主安排学习,进行个性化的内化吸收。如此给予学生一定的自由空间去探索,让学生去反思、发现问题,从而会引发新颖的想法,学生创新的欲望提升了,创造性行为增多了,学习能力也就提升了。"融合式教学"是指基于市教委优质视频资源的有效运用、创新运用,融合线上线下、课内课外等不同场景,融合资源中承载的不同教师的优秀素材与教学方法,融合促进学生自主学习、学会学习的多种策略与教学形态等。

"基于空中课堂视频资源应用的'双自'教育之对分课堂融合式教学实践研究"是指通过研究,揭示本课题的内涵,厘定初中学生"双自"素养培养内容,围绕实施途径、实施策略、实施方法开展数学对分课堂融合式教学实践的课例研究,探索评价标准和评价方法,逐步增强学生自主学习和管理的意识、提高自主学习和管理的能力、养成良好的自主学习和管理的行为习惯,进而提升学生的整体素养;促进教师教学方式的改进,提高教师的课题研究素养和其他专业素养;推动学校提升教育质量,促进优质均衡发展。

(二)研究依据

开展本子课题的研究,是基于以下"四个层面需要":一是参与市、区级课题研究的需要。我校是参与上海市教委教学研究室数学教研员刘达老师承担的"基于空中课堂视频课资源建设与应用的融合式教学研究"市级项目的浦东新区两所实验校之一,结合我校区级课题"基于'双自'教育的对分课堂实践研究",开展基于空中课堂视频资源应用的"双自"教育之对分课堂融合式教学实践研究。二是促进学生自主学习、学会学习,提高"双自"素养的需要。三是促进教师改进教学方式的需要。四是促进学校教育提升和在微观层面推进均衡发展的需要。

(三)国内现状分析(略)

二、研 究 概 况

(一)研究目标

1. 实践目标

通过研究,逐步增强学生自主学习意识形成、提高自主学习方式方法选择能力和养成自主学习行为习惯,提升学生自主学习、学会学习素养,进而提升学生的整体素养;促进改进教师教学方式,提高课题研究素养和其他专业素养;提升学校教育质量,促进微观领域的教育优质均衡发展。

2. 理论目标

通过研究,揭示本课题的内涵,厘定初中学生"双自"素养发展培养内容,围绕实施途径、实施策略、实施方法开展基于空中课堂视频资源应用的"双自"教育的数学对分课堂融合式教学实践的课例研究,探索评价标准和评价方法,构建本课题的操作框架,总结实施的经验,丰富基于空中课堂视频资源应用的"双自"教育的数学对分课堂融合式教学实践的理论。

(二)研究内容

1. 课题内涵
2. 初中生"双自"素养发展培养内容
3. 课例研究
(1) 实施途径

（2）实施策略

（3）实施形式

（4）实施方法

4. 评价探索

（1）评价标准

（2）评价方法

（三）研究方法

1. 文献法

在课题准备阶段,收集了国内外相关情报资料,收集了整理市教委 527 节空中课堂 1.0 版初中数学视频课和空中课堂 2.0 版名师面对面初中数学视频课,汇编了电子版《基于空中课堂视频资源应用的"双自"教育的数学对分课堂融合式教学实践情报资料》,提高了课题设计的针对性;在课题研究的实施和总结阶段,继续查阅文献、资料,指导理论研究、实践操作和成果总结。

2. 行动研究法

在课题实施阶段,参考市、区级总课题研究方案要求、实践目标,尤其是学校区级课题之学生"双自"素养培养目标和培养内容,按照行动研究法的基本程序"计划—行动—观察—调整",对基于空中课堂视频资源应用的"双自"教育的数学对分课堂融合式教学实践之课例研究的实施途径、实施策略、实施方法和评价标准与评价方法,组织两次行动研究(一学期为一轮),努力实现研究目标。

3. 经验总结法

在课题准备阶段,收集本校前几年培养学生"双自"素养和基于"双自"教育的对分课堂实践研究的资料,提炼基于空中课堂视频资源应用的"双自"教育的数学对分课堂融合式教学实践的相关经验,为本子课题研究方案的设计、后续空中课堂视频资源应用的融合式教学的实践提供参考;通过区级、校级展示活动,及时总结各类实践成果与研究经验;在课题总结阶段,运用本方法,整理分析课题研究资料,完成本子课题研究报告。

（四）研究过程

本课题的研究,从 2021 年 12 月领受任务开始,至课题 2022 年 12 月成果总结定稿结束,分为三个阶段的研究过程(不包括作为市级课题之子课题结题后的拓展研究时间),研究思路的基本架构如图 1,主要研究工作,见表 1(含拓展研究)。

1. 研究过程基本架构

子课题
"基于空中数学课堂视频资源应用的'双自'教育之对分课堂融合式教学实践研究"

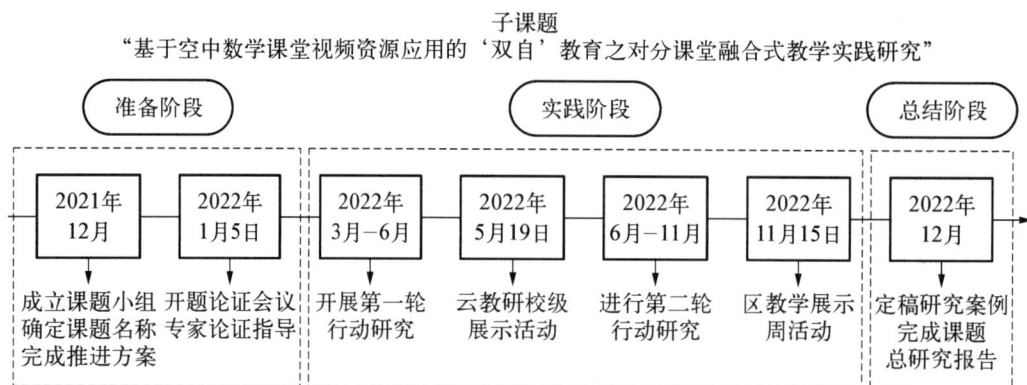

图 1   研究思路基本架构

2. 研究过程主要工作

在课题研究的准备、实施、总结和拓展研究四个阶段,共记录了 130 多项主要的研究工作。具体见表 1。

表 1   "基于空中课堂视频资源应用的'双自'教育之对分
课堂融合式教学实践研究"主要研究工作安排
(2021 年 11 月—2024 年 7 月)

时间	主要研究工作	责任人
准备阶段(2021 年 11 月—2022 年 2 月)		
2021 年 11 月	上海市教委教学研究室数学教研员刘达进行"基于空中课堂视频课资源建设与应用的融合式教学研究"项目启动会议,我校作为实验校参与	高宇丽
2021 年 12 月	在上海市浦东教育发展研究院(简称浦东教发院)原资深科研员曹明老师的指导下,选定本课题	高宇丽、曹明
	初步完成课题推进方案	高宇丽
2022 年 1 月	成立课题小组,明确分工,落实研究任务	高宇丽
2022 年 2 月	完善课题的设计,进行开题论证会议	曹明、钟菊红、高宇丽、本校全体课题组人员
实践阶段(2022 年 3 月—2022 年 11 月)		
2022 年 3 月—6 月	开展第一轮行动研究; 围绕课题方案开展基于空中课堂视频资源应用的"双自"教育之对分课堂融合式教学实践研究,5 月 19 日开展一次校内展示,开发一组视频资料,6 位老师进行在线视频课展示,并进行云教研	全体课题组人员

时间	主要研究工作	责任人
2022 年 6—11 月	根据第一轮行动研究的结果,调整后续措施,进行第二轮行动研究	全体课题组人员
2022 年 11 月	撰写基于空中课堂视频资源应用的"双自"教育之对分课堂融合式教学实践研究的专题总结、主题式案例 6 篇	全体参加课题实践研究的人员
2022 年 11 月 15 日	参加浦东新区第十二届教学展示周,进行市级项目子课题的交流展示活动,形成文字、PPT、视频形式的主题式案例 6 篇和子课题阶段汇报 1 篇	全体参加课题实践研究和成果总结的人员
总结阶段(2022 年 11 月下旬—2022 年 12 月)		
2022 年 11 月 18—19 日	在专家指导下,构建子课题报告框架,启动子课题报告的撰写;后续完成初稿	曹明、高宇丽
2022 年 11 月下旬	组织集体辅导,听取专家意见,修改子课题报告和相关研究课课例、主题式案例和专题总结	曹明、全体课题组人员
2022 年 12 月上、中旬	听取专家个别辅导意见,继续修改子课题报告和相关研究课课例、主题式案例和专题总结	曹明和全体课题组人员
2022 年 12 月下旬	完成子课题报告和相关研究课课例、主题式案例和专题总结	全体课题组人员
2022 年 12 月 29 日	组织结题交流,听取专家论证意见	高宇丽等
拓展研究阶段(2023 年 1 月—2024 年 7 月)		
2023 年 1 月— 2024 年 4 月	结合相关研究课课例、主题式案例和专题总结,在教学中进行自主的行动研究;持续更新、修正研究成果;参加本项目的市级活动学习	全体课题组人员
2024 年 5 月	参与浦东新区初中"名师面对面"初三数学空中课堂录制,课题为"直角三角形背景下的图形旋转问题"	沈威、高宇丽
2024 年 6 月—7 月	撰写子课题报告的 6 位实践教师,每人多次与专家在学校现场和线上互动,逐步修改完善各自成果,完成定稿	曹明、高宇丽和其他课题组人员

三、研　究　实　施

(一) 课题内涵

在概念界定中,已阐释了以下五个基础概念和课题的内涵:

"空中课堂视频资源""应用""'双自'教育""对分课堂""融合式教学"和"基于空中课堂视频资源应用的'双自'教育之对分课堂融合式教学实践研究"。

其中,对学生"双自"素养的培养内容,已经做了细分,参见下文培养内容中的表2、表3。

(二) 初中生"双自"素养培养内容

1. 确立依据

（1）市级总课题的研究目标；

（2）校、区级课题的研究目标和学生"双自"素养培养内容的分级表格；

（3）学校学生"双自"素养前测调查结果；

（4）教育部中国学生发展核心素养之学会学习方面的基本要求；

（5）数学课标对于学生自主学习、探究学习、合作学习等方面的相关要求。

2. 培养内容

本课题组研制了初中学生数学自主学习"三素养"37项（意识12项、能力13项和良好行为习惯12项），自主管理素养"三素养"24项（意识、能力和良好行为习惯各8项），"双自"三素养的三级要素，合计为61项。具体见表2和表3。

表2　初中生数学自主学习素养培养内容

Ⅰ级要素	Ⅱ级要素	Ⅲ级要素
自主学习意识	预习意识	利用空中课堂数学视频资源意识
		质疑数学问题意识
		解疑数学问题意识
	课堂参学意识	数学课堂参与答疑意识
		数学课堂参与讨论意识
		数学课堂参与练习意识
	质疑意识	发现数学问题意识
		解决数学问题意识
	主动复习意识	融合线上、线下"双师"复习意识
		先复习后作业意识
	独立完成作业意识	主动独立完成数学作业意识
		注意检查数学作业意识

续　表

Ⅰ级要素	Ⅱ级要素	Ⅲ级要素
自主学习 能力	学习数学视频 资源能力	检索、查询相关资源信息能力
		利用空中课堂数学视频资源能力
	借助信息技术 学习数学能力	使用电子设备观看空中课堂数学视频资源能力
		处理空中课堂数学视频资源能力
	主动质疑数学 问题能力	课前、课中、课后主动提问能力
		课前、课中、课后高质量提问能力
	主动做数学 笔记能力	及时记录基础知识能力
		概括提炼数学方法能力
		反思批注数学方法、思想能力
	完成数学作业 能力	准确完成作业能力
		高效完成作业能力
	拓展学习数学 能力	融合线上、线下数学资源开展自主学习能力
		借助信息技术开展、拓展学习能力
自主学习 行为习惯	预习良好 行为习惯	坚持利用空中课堂数学视频资源预习行为习惯
		注重质疑数学问题行为习惯
	积极参与 课堂学习 良好行为习惯	课中主动参与练习行为习惯
		课中主动参与小结行为习惯
		课前、课中、课后"三程"主动提问行为习惯
		课中主动参与讨论习惯
		课后主动反思行为习惯
	主动做好笔记 良好行为习惯	及时、准确、简洁做好数学笔记行为习惯
		融合线上、线下"双师"教学资源做好数学笔记行为习惯
	注重学习质量 良好行为习惯	注重及时、独立、高质完成作业行为习惯
		注重及时批注数学问题、数学思想、方法行为习惯
		注重空中课堂数学视频资源学习效果行为习惯

表3　初中生数学自主管理素养培养内容

Ⅰ级要素	Ⅱ级要素	Ⅲ级要素
自主管理意识	在家自主管理意识	自觉学习空中课堂数学视频资源意识
		加强完成数学学习任务管理意识
		与人合作学习数学、互相交往管理意识
	在校自主管理意识	日常观看空中课堂视频行为习惯管理意识
		对分课堂参与行为管理意识
		合理利用时间学习数学空中课堂视频管理意识
		独立完成课堂数学练习管理意识
		讨论、交流数学问题管理意识
自主管理能力	在家自主管理能力	学习空中课堂数学视频资源目标管理能力
		完成数学学习任务进程与结果管理能力
		与人合作学习数学、互相交往管理能力
	在校自主管理能力	日常观看空中课堂视频行为习惯管理能力
		对分课堂参与行为管理能力
		合理利用时间学习数学空中课堂视频管理能力
		独立完成课堂数学练习管理能力
		日常与人讨论、交流数学问题管理能力
自主管理行为习惯	在家自主管理行为习惯	学习空中课堂数学视频资源管理行为习惯
		完成数学任务管理行为习惯
		与人合作学习数学、互相交往管理行为习惯
	在校自主管理行为习惯	日常坚持自主观看空中课堂视频管理行为习惯
		对分课堂实施中加强自主参与行为管理行为习惯
		合理利用时间学习数学空中课堂视频管理行为习惯
		坚持独立完成课堂数学练习管理行为习惯
		有序、高效参与讨论、交流数学问题管理行为习惯

基于空中数学课堂视频资源应用的学生数学"双自"素养的厘定,既使学生较为系统地明确了自主学习、自主管理"三素养"的内容和要求,又引导了学生发展的方向,引导了参与实践研究教师在相关研究课中对"本课化"的学生"双自"的定位,为后续制定学生"双自"素养发展研究标准奠定了评价内容三级要素的基础,提高了研制的效率。

(三)课例研究

1. 区级、校级和课题组内级研究课概况

具体见本子课题开设的区级、校级和课题组内级研究课 8 节概况表,包括编号、研究课名称(简称)、学科、基础课和姓名(表略)。

2. 课例研究的主要内容

本子课题之课例研究内容,主要探索了实施途径、实施策略、实施形式和实施方法四大方面举措,并融合了相关评价研究。

(1)实施途径

指从教师和学生两个层面出发,通过课前准备、课堂教学、课后学习这三个途径,利用空中课堂数学视频资源采取"双师"备课、对分课堂实践、提供资源等进行融合式教学,促进教师教学方式改进、教学能力提升,提高学生自主学习、自主管理意识、能力和行为习惯。下面以教师层面为例,说明本途径的操作举措和相应实效。

① 课前准备中实施。一是采取"双师"备课,即结合空中课堂视频资源,备课教师+线上教师(1+1 模式)、集体(备课组、教研组)+线上教师(N+1 模式或 N+N 模式)备课。二是教师备课把握的要点:观看空中课堂数学视频资源学习;记录要点;立足实际,提炼问题;根据需要筛选内容;立足学情,对视频资源进行筛选、切片、修改、补充,设计并应用到课堂教学;空中课堂视频资源中的内容、思想、方法渗透教学设计;教师在做教学设计时,注意融入视频资源中教师的讲解方法、数学思想和数学方法;结合实际,分析对比。三是逐步优化设计。

如,高宇丽老师在设计基于空中课堂数学资源融合式教学的一节实践课"相似三角形的单元复习和小结 1"时,课前准备中融合了"双师"备课,三点措施的具体做法如下:

一是观看学习空中课堂数学视频资源。在备课前,高老师先学习了空中课堂 1.0 和名师面对面中 8 节关于相似三角形复习的视频课。二是记录要点,立足学情,确立主题。通过学习其他数学老师的教学实践,发现他们都特别强调基本图形在几何解题中的应用;反思自己在这方面的不足后,确立了这节课的主题为让学生经历基本图形之间转化的过程,会用判定和性质解决基本图形中的相似三角形问题。三是结合学情,筛选内容,融合教学。可以用筛选、模仿、改进、融合四个词语来概括。筛选是指本节课的教学设计中,高老师主要筛选了名师面对面视频中奉贤教育学院钟菊红老师的"相似三角形单元重难点聚焦"和杨浦区教育学院曾英老师的"相似三角形单元复习与小结 1"两节课的部分内容和设计思路,结合自己所任教学生的学情实际,与之有相同之处,也有改进之处。模仿是指在复习引入环节,完全模仿了钟老师课中的知识框架图的复习内容和讲法。改进是指这节课以基本图形通过图形运动之间的转化为主线,设计了例题1及其6个变式,在例题的选择上,主要融合了曾老师课中的部分内容,根据学情,在内容量上有增有减,在难度上有降低。比如,变式2中将"直线"改为"射线";变式6中的图是把钟老师题中的图转了个方向,降低难度;增加例1是为变式1做铺垫、减缓梯度。融合是指在教学设计中融入空中课堂视频资源中的数学内容、数学语言、数学思维、数学方法等。

通过课前准备中的融合,促进了教师主动钻研空中课堂相关视频资源,在观看、记录、归纳、筛选、模仿、改进中,融合到了自己的教学设计中,改进了教师的教学方式方法,提高了教师专业素养。由于设计时结合了所任教学生的学情实际,融入了学生"双自"素养培养的相关要求,在实践中提高了教育的实效,有效提升了学生相应的"双自"素养。

② 课堂教学中实施。这是指教师在课堂教学中,利用直接讲授、视频展示、切片应用等方式在反馈引入、讲授、例题学习、交流讨论、小结归纳、布置作业环节渗透空中课堂视频所体现的数学内容、思维、方法,融合对分课堂的教学模式,提高学生自主学习、自主管理的能力。

如,高宇丽老师在实践课"相似三角形的单元复习和小结1"一课中,一是在复习引入、讲授、例题学习环节,教师主要采用直接应用或融合到课件中的方式将空中课堂视频资源切片运用。如,将空中课堂中的相似三角形这章的复习框架直接切片放在课件中进行复习引入;在课中例题教学时,由浅到深按照相似三角形基本图形的演变进行变式精讲,取其精华;将在备课环节已经融入的空中课堂视频中包含的数学思想、数学方法通过精讲、引导等方式传授给学生,在教学中利用空中课堂视频资源中的信息技术手段激发学生的学习兴趣,引导学生参与学习,提高课堂效率。二是在交流讨论、小结归纳环节,教师采用激励、表扬、分层、分组、引导等手段,注意激发学生的学习兴趣,培养学生数学课堂中主动参与讨论、主动反思等自主学习、自主管理的能力和习惯。如,教师借助多媒体出示题目:"变式2　已知锐角 $\triangle ABC$ 中,点 D 在射线 BA 上,$AB=12$,$AD=4$,$AC=8$。当点 E 在射线 CA 上的什么位置时,$\triangle ADE$ 与 $\triangle ABC$ 相似?"组织学生分组讨论点 E 的位置,最终得出正确结果。三是在作业布置环节,教师注意结合备课时融入分析学情、钻研教材、研究考点、内化空中课堂视频中所突出的教学重难点,通过精选、整理、设计、筛选作业,提高作业的针对性、分层性要求,既减轻了学生的课后作业负担,又增加了学生的参与性和能够自主完成作业的成就感,增强了学生学好数学的信心,并有机培养了学生自主学习、自主管理的能力。四是课堂教学中融合了对分课堂模式,涉及整体对分、部分对分和微对分的形式,使学生在主动参与数学课堂听讲、积极独立消化吸收、参与小组讨论与交流、参与全班分享和师生归纳中,主动学习、主动质疑,提高解决相应数学问题的速度和质量,有机发展学生的自主学习、自主管理"三素养"。

③ 课后学习中实施。一是学生课后复习中,教师利用晓黑板、钉钉、ClassIn 等软件提供课堂中切片、课堂实录、学生优秀笔记等资源供学生自主复习;二是学生课后作业中,

教师通过钉钉、ClassIn 等软件了解学生作业的完成情况,利用现成的空中课堂中的练习讲解视频、自制微课视频、线下辅导等形式及时、全面地反馈作业中的问题;三是学生课后自学中,教师提供自学资源,如空中课堂视频资源、学习内容思维导图、空中课堂中小结归纳部分截图等,引导学生自学。

如,在高宇丽老师的实践课"相似三角形的单元复习和小结 1"的作业中,有"(1) 整理笔记,完成相似三角形单元的知识框架图"。为了帮助学生更好地完成作业,教师将几节空中课堂视频资源中的复习环节做了切片,在课后提供给学生,鼓励学生自学,既方便学生完成作业,及时独立巩固了相似三角形单元的知识框架图,又提高了学生自主学习、自主管理的"三素养"。

(2) 实施策略

这是指利用空中课堂数学视频资源,实施针对性、反馈调节、可视化策略、融入"双师"教学策略,进行"双师"备课,开展对分课堂实践研究,培养学生主动预习、主动课堂参与、主动复习等自主学习、自主管理的意识、能力和行为习惯的教学艺术。下面以反馈调节策略和融入"双师"教学策略为例,说明各自的含义、若干基本做法和实效。

① 反馈调节策略。这是指教师通过对学生在课前、课中、课后"三程"学习中加强反馈和针对其中出现的问题,根据教学内容的容量、难易度,对融入"双师"教学的举措进行调节,经过循环往复反馈调节的过程,最终使学生化解问题,并有机提升学生"双自"之"三素养"的教学艺术。

反馈调节策略的实施,一是课前反馈调节。即教师在课前备课过程中调整空中课堂视频资源中不符合学情的题目,进行改编、降低难度,设计更简单、直接的方式考查知识点,方便了课中学生的接受、理解与把握。二是课中反馈调节。即教师在课中通过观察学生的课堂听讲反应、生成性的问题、质疑与答问、参与练习、讨论交流和梳理归纳等情况的反馈,调整教学目标、教学内容、教学任务、教学措施和评价措施,促进了学生更快、更好地完成相应独立与合作完成的任务。三是课后作业和自学中的反馈。即教师线上和线下结合,通过看学生笔记、看练习完成情况、看自学情况等途径收集学生作业与自学任务完成情况,利用钉钉、ClassIn 和班级微信群等,及时分享课中课堂相关视频资源、教师的切片资源和自备课资源等予以反馈,并结合下节课的备课,给予一定的针对性调整,由此循环提高了课中教学实效。四是学生在"三程"学习中,教师还鼓励他们独立观看原空中课堂视频资源进行预习、记录观看情况、尝试自主练习、思考记录疑问之处进行自主学习,通过练习、笔记、小组成员间和组际的互动等,开展独立自反馈和互相合作,然后调整自己和小组的学习目标、任务、进程等,促进更好地实现学习目标。其间,教师也注意加强观察与引导,促进学生的独立与合作反馈,并根据反馈结果局部调整教学进程。

反馈调节策略的实施,提高了课前、课中、课后"三程"学习中反馈的针对性;使教学目标、内容容量、难易度和学习进程等,更贴近学生的学情,更便于学生参与学习和练习,尤其是"双师"教学的举措经过循环往复式的反馈,最终使学生化解了问题;锻炼了学生借助空中课堂数学视频资源主动学习,加强了对自己学习的目标、过程、任务完成情况等的监控,并根据教师引导的建议,改进观察、阅读、分析、解题、交流与归纳的过程,较好地培养了学生做好空中课堂资源观看、学习、钻研的过程,改进了数学笔记、主动质疑、预习、复习的过程,提高了自主学习、自主管理的意识、能力和行为习惯。

② 融入"双师"教学策略。这是指在数学教学中,既突出优质视频资源的有效运用、创新运用,又融合线上线下、课内课外等不同场景,融合资源中承载的不同教师的优秀素材与教学方法,进行课前"双师"备课、课中对分课堂"双师"融入等形式,融合促进学生自主学习、自主管理素养发展的多种策略,提高教师"双师"备课、实施、评价与调节的能力;增强学生利用空中课堂视频资源进行预习、复习、质疑,融合线上、线下数学资源,拓展学习数学的兴趣;有机提升学生的自主学习、管理的意识、能力和行为习惯的教学艺术。

一是课前任课教师开展"双师"备课。即教师先主动观看、钻研空中数学课堂视频,熟悉教学内容和教学环节,对整节课的难易度及框架做到心中有数;然后,对照学情、课标、教材和教学目标,研究空中课堂对于教学重点难点的展开,体会空中课堂中对教材内容的细化及调整,通过无生录课的形式进行演练,与空中课堂对比,进行优化。二是课中有机融入"双师"教学实践。课中实践,一为学生听名师主讲、"双师"共讲及任课教师主讲,引导学生认真听讲、做好笔记、写下疑惑之处;二为学生借助"双师"资源,独立钻研消化三类听讲内容;三为学生借助"双师"资源,结合自我消化学习所得,对疑惑之处开展小组讨论、交流;四为小组之间、全班学生之间在任课教师的引导下,结合空中课堂教师资源,开展合作分享,解决疑难,并对全课所学进行梳理归纳。三是课后有机融入"双师"教学实践。一为教师在作业中有机融入课中课堂视频资源和自身的设计思想;二为解题引导中为学生预设一定量的课中课堂教师视频资源;三为作业过程反馈中融入任课教师的教育教学经验;四为下次课始作业整体反馈中,有机融入任课教师自身和空中课堂的相关资源。

"融入双师教学策略"的实施,通过对优质视频资源的有效运用、创新运用,融合线上线下、课内课外等不同场景,进行课前双师备课、双师教学、课后学生自主运用等形式,丰富了学生的学习资源,使学生容易入手开展相应"三程"任务的学习,保持了学习兴趣;提高了学生完成"三程"相应学习任务的速度、质量和具有一定的创意;增强了学生利用空中课堂视频资源预习、复习、质疑,融合线上、线下数学资源,改善学习数学的自主学习、管理的意识、能力和行为习惯;提高了教师借助教师"双师"备课、教学、反馈和利用信息技术的能力,保证了"三程"教学更有效、有趣。

(3) 实施形式

这是指利用空中课堂数学视频资源,用课前双师融入式、课中对分课堂双师融入式、课后网络对分式三种形式,融入双师备课、双师教学、课内课外对分课堂实践研究,通过探索针对情况、实施基本步骤、实施具体形式和激励与引导的举措,在提高学生完成听讲、独学、讨论、交流与归纳等任务完成速度和质量的同时,有机培养学生"双自""三素养"的实施程式(具体内容略)。

(4)实施方法

这是指利用空中课堂数学视频资源,用引入法、例题讲解法、任务驱动法三种方法,融入双师备课、双师教学、对分课堂实践研究,探索"三法"的针对情况、实施具体方法和激励与引导的举措,在提高学生"或独或合"完成相关学习任务的同时,有机培养学生"双自""三素养"的实施办法。下面以引入法为例,说明实施的含义、三个方面的基本做法和实效。

所谓"引入法",是指教师在数学课堂教学的引入环节,探索"三法"的针对情况、实施具体方法和激励与引导的举措,在提高学生"或独或合"完成相关课堂引入学习任务的速度与质量的同时,有机培养学生"双自""三素养"的引入学习实施办法。

以下着重说明引入的三种具体方法:

一是情境引入法。这是利用已有的空中课堂的课件资源,教师结合学情实际情况辅以朗读、演讲或者音乐、动画、录像等创设有趣的学习环境,感染学生,引发学生丰富的想象和联想,使其情不自禁地进入学习情境的一种引入方法。情境引入法的实施基本步骤为:教师呈现情境—师生分析理解情境—建立数学模型—引出数学新知。以"绝对值(2)"一课为例,在空中课堂原有的图片基础上增加了一段教师录制的关于天气预报的音频:"欢迎收看 CCTV 新闻频道。接下来,播报城市天气预报。上海:晴,5 摄氏度;北京:晴,零下 6 摄氏度……"通过收听天气预报,使学生对所学内容产生了兴趣,更快地进入学习情境,从而引出了绝对值的数学知识。

二是铺路引入法。这是任课教师根据空中课堂教学内容和学习任务单设计有坡度的练习题,将此化作一个个铺路石,先回顾和解决简单的问题,然后过渡到所授知识的讲解上,最后让学生通过练习找出关键,引入新课的方法。铺路引入法的实施基本步骤为:学生学习空中课堂资源—教师呈现有坡度的练习题—学生独立练习—师生反馈练习情况—引入数学新知。

三是复习引入法。这是任课教师借助空中课堂教师已经讲授过的内容加以剪辑,帮助学生快速回顾、复习与即将学习的新知识有关的旧知识,进而引出问题,引导学生进入新知学习的一种引入方法。复习引入法的实施基本步骤为:教师呈现已学内容的空中课堂视频和复习记录单—学生独立观看和注意记录要点—学生独立完成学习单练习题—教师组织全班交流—梳理已学内容知识框架图—教师提出引导性问题—学生合作猜想—引入数学新知。

合理、科学地运用富有"双师"融合资源的引入法,能使学生较为直观地、自然地进入引入的新知情境、渐进性问题练习、旧知复习过程,继而自然地引入新课的学习,并激发学生学习新知的兴趣;培养了引入阶段的积极参学意识,注意合理猜想、主动回顾旧知、投入练习,为后续引入学习新知奠定了知识基础,提高了新知学习的效率,从而有机培养了学生自主参与解决引入性问题的"三素养"。

（四）评价探索

1. 评价标准

本子课题在刘达教研员和学校总课题专家的指导下,开发了以下四项评价标准:

（1）初中生数学"双自"素养发展评价标准

具体参见区级课题之"评价体系研究"子课题报告之表6,此处略。

（2）初中生数学自主管理素养发展评价标准

（3）子课题研究课评价标准

即"上海市蔡路中学基于'空课''双自'之对分课堂教学评价标准"。

（4）研究课中相关学习内容(任务)的过程性评价标准

上述(2)—(4)的评价标准,部分可参见学校区级课题之"评价体系"子课题报告的相应内容,其余略。

这些评价标准,引导了教师对学生相关"双自"素养的如何定位、对分课堂教学模式与方法、空中课堂资源、学生"或独或合"探究与体验式学习、实施的基本步骤、教学策略与方式等的有机融合;引导了学生"双自"素养的发展方向和有效的学习过程;引导了评价的研制与实施,提高了评价的客观性、公正性、科学性和实效性;促进了教师对学科教学中基于标准的评价研究的主动探索,提高了规范性和具有一定的创意性。

2. 评价方法

本子课题主要阐明了"评价五法"(量表法、观察法、测试法、作业跟踪法和综评法)的各自含义,概述了各自的若干用法和实效。下面以量表法为例,做简要说明。

量表法是指学生、家长、教师、学校行政部门成员等评价主体,运用本子课题组所研制的三项总体评价标准(具体见上下文)对学生的数学自主学习、自主管理的"三素养"和教师的研究课进行客观、公正评价的办法。

（1）"初中生数学自主学习素养发展评价标准"的运用。一是初期诊断性评价。即由实践教师对任教班级学生的数学自主学习素养进行抽样问卷调查。二是月评。即在每月初,由实践教师组织相关评价主体根据"初中生数学自主学习素养发展评价标准",对学生在上一个月"三素养"的相关表现进行将分数转化为等级的评价。三是学期评。即在每学期期末,教师组织各评价主体综合学生一学期的三方面相关表现,即以月评的评价结果为主、以平时的过程性观察为辅,依据本评价标准对学生的数学自主学习"三素养"进行将分数转化为等级的评价。四是学年评。即实践教师和子课题组组织所任教学生用本表做抽样调查,其结果作为学生数学自主学习素养发展的结果性评价的重要依据之一。

（2）"初中生数学自主管理素养发展培养内容评价标准"的运用。基本操作要求同上。

学生"双自""三素养"分阶段进行评价的实施,一方面使实践教师较好地把握了学生相应素养的初期状况,提高了开题报告设计的针对性,引导了学生的素养发展方向;一方面,使师生把握了实践过程中学生(自己)"双自""三素养"的过程性发展情况,促进了总结利弊、注意调整实施举措,促进学生素养的更好发展;另一方面,为学生"双自""三素养"发展的结果性评价提供了重要的依据,引导学生的后续反思与改进,也提高了课题研究的质量。

四、主要成效

(一) 主要成效

1. 学生方面

(1) 学生数学自主学习素养方面

一是自主学习意识方面。学生普遍增强了自主学习的意识,如,学生能利用空中课堂视频资源,融合线上线下、课内课外对分课堂应用的"双师"资源进行预习、复习和作业的意识增强;提高了课堂主动参与听讲、答疑、练习、讨论、交流、梳理归纳的自主学习意识。

二是自主学习能力方面。在实施一年后,子课题负责人通过对比学生自主学习"三素养"的37项指标的初期诊断、月评、学期评、学年评的结果,可以看到,学生自主学习数学能力的13项指标普遍有了进步,尤其是独立学习数学视频资源、借助信息技术学习数学、主动质疑数学问题、主动做好数学笔记、拓展学习数学的自主学习能力进步明显。这也保证了学生提高课堂学习和课外、在家自主学习的效率;实践班学生的数学成绩也普遍有了一定的提高。

三是自主学习良好行为习惯方面。子课题负责人对比实践一年前后学生的数学自主学习良好行为习惯的12项指标,发现都有了一定的好转,尤其是课前主动预习,课中积极参与数学课堂练习、小结、讨论、反思,主动做好数学笔记,注重及时批注问题、数学思想、方式方法的行为习惯,注重空中课堂数学视频资源学习效果的自主学习行为习惯进步明显。

(2) 学生数学自主管理素养方面

在实施一年后,子课题负责人通过对比学生自主管理"三素养"的24项指标的初期诊断、月评、学期评、学年评的结果,可以看到,学生的自主管理素养普遍有了进步。

下面以自主管理意识为例分析。

多数学生增强了数学学科学习时的自主管理的意识。首先,学生普遍增强了数学不同周期的学习规划意识、执行意识和监控调整意识。其次,学生课前普遍能够在家利用空中课堂视频资源,融合线上线下、课内课外对分课堂的相关要求,督促自己及时、独立认真开展自主预习,注意批注问题。再次,学生在学校的课中各环节,能够注意加强自控和组内同学互控,保持学习参与性、注意力,注意自觉用好"双师"多维资源,提高课中学习效率和质量。最后,学生课后在校和在家,都能注意自觉利用好空余时间学习"双师"资源,梳理知识框架,完成练习与作业,积极开展拓展学习和自学,加强质量监控。

(3) 学生数学整体素养方面

通过基于空中课堂视频资源应用的"双自"教育之对分课堂融合式教学实践研究,增强了学生学习数学的兴趣,提高了学生的自主学习和管理的能力,学生养成了自主学习和管理的行为习惯,拓展了学生的数学知识和技能,学生的成绩得到了提高,从而提升了学生数学学科学习的整体素质。

(4) 学生学会学习素养方面

学生通过参与本子课题的实践,激发了对学科学习的整体兴趣;学生通过合理利用空中课堂视频资源,增强了信息技术应用能力;学生通过参与对分课堂中讨论、交流环节,比以前更加乐于在其他学生面前表达,提升了合作学习的能力,学会了主动质疑、记录、解决、反思问题,在学会学习素养方面有较大的提高。

2. 教师方面

本子课题负责人和参与实践研究的教师在成果总结中一致提到,教师"五个层面"的素养得到了有效提高(具体内容略)。

3. 学校方面(具体内容略)

(二) 主要成果

表格呈现了本子课题研究中的 31 项过程性和结果性的多样化成果,内容包括序号、成果名称、成果类型、责任人和完成年月(表略)。

五、基本结论

本课题从"四个需要"出发,在相关科研专家的指导下,以行动研究为主,辅以调查法、文献法和经验总结法进行实践为主的研究,阐明了本课题的四个基础概念和课题内涵,厘定了初中生数学"双自"素养的 61 项培养内容要素,探索了课例研究的三条实施途径(课前、课中与课后"三程")、四条实施策略(针对性、反馈调节、可视化和融入"双师"策略)、三种实施形式(课前双师融入式、课中对分课堂双师融入式、课后网络对分式)和三种实施方法(引入法、例题讲解法、任务驱动法)四大方面的实践举措和四项评价标准与五种评价方法(量表法、观察法、测试法、作业跟踪法和综评法),构建了本课题的操作框架。通过实践研究,普遍提升了学生自主学习、自主管理的意识、能力和良好行为习惯,提高了数学学习的整体素养和学会学习的核心素养;有效提升了教师"五个层面"的素养;促进了市、区两级课题的研究和学校的内涵发展、特色建设。这说明本子课题的研究是有很强针对性的,研究思路和方法是准确的,实践操作措施是有效的,评价标准、评价方法的设计与运用是规范的、可操作的和具有一定创意的。本课题的操作框架对基于空中课堂视频资源应用结合"双自"教育、对分课堂融合式教学的实践研究,具有一定的普适意义。

参考文献

［1］吴骏德,曹明.实施"双自"教育　促进自主发展[M].上海：同济大学出版社,2017.

［2］上海市空中课堂 1.0 版 134 节初中数学视频资源[DB/OL].上海市教委,2020.02—2020.12.

［3］上海市空中课堂 2.0 版——名师面对面初中数学视频资源[DB/OL].上海市教委,2021.09—2022.

［4］刘达."基于空中课堂视频资源建设与应用的融合式教学研究(以初中数学先导)"项目简介[EB/OL]. https://mp.weixin.qq.com/s/kKsPX52BXkXePz8BsUvvaA,2021(00)：11-27.

［5］付淑群,叶彦文,孙怡俊,等.践行"双师备课",凝聚教研智慧——"初中数学视频课资源建设与应用背景下的教学新规准探索"的长宁实践[EB/OL]. https://mp.weixin.qq.com/s/FgOwh_hCqJZM2hctFkJT9w,2021：11-27.

［6］张学新.对分课堂：大学课堂教学改革的新探索[J].复旦教育论坛,2014(5)：5-21.

［7］庞维国.论学生的自主学习[J].华东师范大学学报(教育科学版),2001(2)：16-36.

［8］庞维国.中学生自主学习的教学指导模式研究[J].心理科学,2003(2)：51-73.

［9］任长松.新课程学习方式的变革[M].北京：人民教育出版社,2003.

［10］庞维国.自主学习——学与教的原理和策略[M].上海：华东师范大学出版社,2004.

［11］丁桂凤.员工自主学习研究[M].北京：中国社会科学出版社,2004.

［12］周军.教学策略[M].北京：教育科学出版社,2007.

［13］欧阳芬,孟微微,周山豹.做自主学习的主宰[M].长春：吉林大学出版社,2008.

［14］庞维国.从自主学习的心理机制看自主学习能力培养的着眼点[J].全球教育展望,2002(5)：15-25.

［15］孙微.实施"五策"提高数学单元复习和自我监控能力培养实效[J].浦东教育研究,2018(2)：48-51.

［16］柴建荣,曹明.自主学习　主动发展：微课支持下的校本探索[M].上海：上海科学普及出版社,2021.

［17］杨龙,曹明,杨蕾.基于独立学习与合作学习相结合的教学方式研究案例选[M].上海：同济大学出版社,2021.

"基于'双自'教育的对分课堂实践研究"之评价体系研究

曹　明（上海市浦东教育发展研究院）

陆佳雯（上海市蔡路中学）

一、问 题 提 出

（一）概念界定

"基于'双自'教育的对分课堂实践研究"，目的是通过研究，揭示本课题的内涵，了解国内外相关研究的现状，厘定初中学生"双自"素养发展目标和培养内容，开展基于"双自"教育的学科对分课堂实践之实施基本过程、实施策略、实施形式、实施方法与评价体系的探索，逐步增强学生自主学习和管理的意识，提高自主学习和管理的能力，养成良好的自主学习和管理的行为习惯（简称"双自""三素养"），进而提升学生的整体素养；提高教师的课题研究素养和其他专业素养；促进学校初中强校工程建设、提高办学质量和促进学校特色建设。

本子课题通过明确区级课题之评价系统的相关评价研究依据、指导思想，设计与运用若干总体评价标准和具体评价标准、若干评价方法，客观地评估"基于'双自'教育的对分课堂实践研究"促进初中生"双自"素养发展的过程及研究结果，激励与引导学生增强课前、课中与课后"三程"自主学习"三素养"和自主管理"三素养"的发展；为区级课题的实践过程性绩效，为不同阶段的结果性成效及课题总体效果的判断与概括，提供科学、有效的实证依据；为学校相关子课题的研究、总课题的评价体系的构建提供支持，构建区级课题之评价体系的操作框架，总结实施经验，丰富"基于'双自'教育的对分课堂实践研究"在初中学校实践中评价体系建设方面的相关理论，把握区级课题评价体系研究的一定规律。

（二）研究依据

开展和引领本子课题研究的依据，主要包括以下四个层面：

1. 中共中央、国务院教育评价"总体方案"的依据

即 2020 年 10 月 13 日，中共中央、国务院《深化新时代教育评价改革总体方案》（简称教育评价"总体方案"）中指出的精神："坚持科学有效，改进结果评价，强化过程评价，探索

增值评价,健全综合评价,充分利用信息技术,提高教育评价的科学性、专业性、客观性。"

2. 教育部有关文件的依据

教育部等六部门印发的《义务教育质量评价指南》(教基〔2021〕3 号文,简称"评价指南"),要求"坚持育人为本。面向全体学生,注重综合素质评价,促进全面培养,引导办好每所学校、教好每名学生。坚持问题导向,完善评价内容,突出评价重点,改进评价方法,统筹整合评价,着力克服'唯分数、唯升学'倾向,促进形成良好教育生态。坚持以评促建,坚持实事求是、客观公正,强化过程性评价和发展性评价,有效发挥引导、诊断、改进、激励功能,促进义务教育优质均衡发展。"在本课题的研究中,需要注意落实丰富评价的内容与方法,从而对学生的"双自"素养发展起到积极的推动作用。

教育部发布的《义务教育课程方案(2022 年版)》中规定:"全面落实新时代教育评价改革要求,改进结果评价,强化过程评价,探索增值评价,健全综合评价,着力推进评价观念、方式方法改革,提升考试评价质量。""更新教育评价观念。强化素养导向,注重对正确价值观、必备品格和关键能力的考查,开展综合素质评价。倡导评价促进学习的理念,注重提高学生自我评价、自我反思的能力,引导学生合理运用评价结果改进学习。""创新评价方式方法。注重对学习过程的观察、记录与分析,倡导基于证据的评价。关注学生真实取得的进步,积极探索增值评价。加强对话交流,增强评价双方自我总结、反思、改进的意识和能力,倡导协商式评价。注重动手操作、作品展示、口头报告等多种方式的综合运用,关注典型行为表现,推进表现性评价。推动考试评价与新技术的深度融合。"可见,课程方案中的评价,不仅体现了形式要多元化,更要求评价的内容也要体现综合性,评价的目的要突出发展性。在本子课题中,需要落实这些要求。

3. 对分课堂的理论与实践依据

具体参见区级课题结题报告之课题内涵下的相应内容。

4. 学校的办学理念和之前区级课题的相关评价成果

学校推行"以人为本、做人为先、培育特长、健康发展"的办学理念。推行"'双自'教育理念,促进师生共同成长,打造农村地区强校"的办学目标。秉持"让每一位师生都能享受成功的喜悦"的办学宗旨,实现"培养做向上向善、勤奋好学、自主自律、有恒心有毅力的新时代好学生"的培养目标。

学校于 2010 年 2 月—2015 年 12 月和 2016 年 3 月—2019 年 12 月,先后完成了区级课题"农村学校实施'双自'教育　促进学生自主发展的实践研究"(出版了区级课题成果选《实施"双自"教育　促进自主发展》)和"基于发展农村初中学生'双自'素养的校本课程建设研究"。这两项区级课题,都以培养初中学生的"双自"素养为目标,并在课题研究内容方面,有课题评价体系的研究。这既为本子课题的研究积累了经验,也为评价依据、指导思想、评价标准与评价方法的研究,提供了部分可继续局部改造后加以运用的资源,还为本子课题之评价"体系"构建的研究,提供了思路。

二、研究目标、方法与过程

（一）研究目标

1. 实践目标

通过研究与实践，形成一套由总体与具体系列评价标准和系列评价方法构成的课题评价操作体系；引导学生按照系列评价标准，自觉养成"双自"各自的"三素养"；为不同阶段的结果性成效及课题总体效果的概括提供科学、有效的实证依据；教师能参照过程性评价的研究结果，注意调整教育教学的内容、实施基本步骤、实施策略、实施形式、实施方法和过程性评价举措，更好地帮助学生养成"双自"各自的"三素养"；为学校相关子课题的研究、总课题的评价体系的构建提供支持，推动总课题的研究，促进学校学科教学评价实践的改进。

2. 理论目标

通过对本子课题之相关评价依据、指导思想、总体和具体系列评价标准、系列评价方法的研究，构建区级课题之评价体系的操作框架，总结实施经验，丰富基于"双自"教育的初中对分课堂实践研究之评价体系建设方面的相关理论，把握课题评价体系建设的一定规律。

（二）研究方法

本子课题在准备阶段，以文献法，收集国内多层面的教育评价政策文件、区内和本校相关区级课题之评价体系研究的资料，加以梳理、研读，结合学校区级课题的要求，完成了开题报告的设计和逐步完善。

在评价标准的研发阶段，根据上海市浦东教育发展研究院（简称浦东教发院）曹明老师10多年来在指导相关学校区、市级课题之评价体系研究方面的经验，进行了三级评价内容要素的调整；注意在相关总体和具体评价标准中融入新课题的新元素；在评价方法设计中，既有继承学校2010年和2016年被立项的两个区级课题的相关方法，也有根据新的实践探索增补的评价方法。

在子课题的总结阶段，主要采用文献法和教师访谈法，课题组成员收集和初步梳理、研判、分类了本子课题的评价研究资料；采用经验总结法和专家介入法（曹明老师直接撰写），构建了本子课题报告的总结框架，并完成了子课题报告的撰写与定稿。

（三）研究过程

1. 准备阶段（2019年4月—2022年4月）

（1）学校成立子课题组，明确分工。

（2）子课题组成员收集学校前两个区级课题之评价体系方面的研究资料，收集张学新教授对分课堂专著中的评价研究资料，收集党中央国务院教育评价总体方案的精神、教育部义务教育质量评价指南和义务教育课改方案中评价方面的要求。

（3）浦东教发院原资深科研员曹明老师与本子课题组成员一起，研判了学校区级课题的精神，合作初步设计评价体系的构成，即由"评价研究依据""指导思想"、系列总体和具体"评价标准"及多元"评价方法"组成。

（4）2019年12月，完成了区级课题开题报告之"评价体系"内容的设计。

（5）课题组成员研读所收集的党中央、国务院、教育部2020年以来相关教育评价总体方案与评价指南、义务教育课改方案（2022年版）和义务教育课程标准（2022年版）中的相关评价精神与要求，以及区内其他相关学校的区级课题之评价体系的研究成果，完善了开题报告的设计。

2. 实施阶段（2022年5月—2024年1月上旬）

（1）课题组成员合作研读学校前两个区级课题之学生"双自"素养和学科渗透教育研究课的评价标准，局部调整评价内容的相关二、三级要求。

（2）调整三级要素评价内容满分的分值。即每项三级要素评价内容的满分，由参差的2分到5分的分值，调整为5分制（少数）和10分制（多数）；普遍增补了特色加分的一级要素评价内容，分值在总分的10%～20%（计入总分，但计入后的总分不得超过满分）。

（3）在学科渗透教育研究课评价标准的评价内容二级要素中，增补了"对分课堂"的相关元素。

（4）根据前三项的评价内容与分值方面的微调，在浦东教发院曹明老师的指导和直接修改、撰写下，研制了与之相适应的五项总体评价标准。即与学生课前、课堂和课后"三程"自主学习相关联的三项评价标准、学生自主管理素养发展评价标准、学科渗透教育研究课评价标准。

（5）结合区级课题的学科实践，在相关学科渗透教育研究课、专题总结、主题式案例类小课题和学科项目化学习的实践研究中，尝试运用五项总体评价标准、相关评价方法（7种）。

（6）部分教师在学科渗透教育研究中，在与曹明老师的互动讨论下，尝试开发、运用和规范了若干过程性具体评价标准与评价方法。

3. 总结阶段（2024年1月中旬—2024年3月上旬）

（1）收集与整理研究实践资料，听取浦东教发院曹明老师分析指导的本校前两个区级课题和曹老师指导的相关区、市级课题之"评价体系"框架，子课题组成员了解了本子课题的撰写框架与要求。

（2）在曹明老师的指导下，子课题组成员逐步收集了学校参与课题实践研究教师个人成果中的评价想法、评价标准、评价方法类的原始材料。

（3）课题组成员是在区级课题结题总报告中，构建了"评价体系"的四类内容构成，即开展评价研究依据（"四个层面"）、指导思想、评价标准和评价方法的总结。

（4）浦东教发院曹明老师从总报告中单独辑出这 2.2 万字（总结题报告中保留体系的框架和部分实例与实效），按照本子课题目前的形态，构建了子课题报告五个部分的框架，即问题提出；研究目标、方法与过程；研究实施；主要成效；基本结论。

三、研 究 实 施

（一）评价研究依据

见上文"四个层面"。

（二）指导思想

所谓评价的"指导思想"，是指区级课题之评价体系方面"上位"的评价研究的想法与愿景。

本子课题的指导思想，以学校原有的两项区级课题之评价体系为基础，以"四个层面"的评价依据为指导，以重点落实"改进结果评价，强化过程评价，探索增值评价，健全综合评价"的教育评价之"总体方案"的精神为核心，把握研究的重点、难点和关键点，发挥过程评价的观察、诊断、引导、激励、改进的功能和结果评价的鉴定、总结的功能，对教育者和受教育者的教与学的行为进行双向过程解析，找到教与学的长处与不足，做到及时调整，从而优化教与学的过程，引导学生逐步增强自主学习和自主管理的意识，提高自主学习和管理的能力，养成良好的自主学习和管理的行为习惯，进而促进学生提升整体素养；提高教师的学科教学评价改进能力；规范学校区级课题之评价体系的研究。

（三）评价标准

评价标准，是教育类课题评价内容研究中，属于"中位"的"制尺子"的研究内容，是运用相关具体评价策略、方式方法、技术手段等进行实际评价操作的准则，也是引导参与研究教师进行相关课题研究的依据。在本课题中的评价标准要素，在明确名称后，具体内容一般由"评价内容"（或"评价指标"）的若干级要素（含特色加分）、"评价要求"（由高到低分若干层级）、相应内容的"分值小计"和"评价说明""四要素"构成。本区级课题的评价标准系列，由两类五项总体评价标准和七项相关学科和项目化学习之具体评价标准构成。

1. 两类总体评价标准（五项）

（1）学生课前自主学习素养发展评价标准

具体见表 1：

表1　初中学生课前自主学习素养发展评价标准

Ⅰ级要素（分）	Ⅱ级要素（分）	Ⅲ级要素（每项10分）	评价要求	分值小计	
课前自主学习意识（70）	预习意识（40）	价值意识	浓厚（9～10）；较浓厚（8）；一般（6～7）；较淡薄或无（0～5）		
		任务意识			
		质疑意识			
		解疑意识			
	学习准备意识（30）	价值意识			
		常规准备意识			
		特殊准备意识			
课前自主学习能力（120）	阅读能力（50）	认识文本能力	强（9～10）；较强（8）；一般（6～7）；较弱或无（0～5）		
		筛选文本信息能力			
		理解文本信息能力			
		质疑文本信息能力			
		记、思文本相关信息能力			
	检索与查询能力（20）	利用资源（工具书、图书馆资源、网络资源）能力			
		交流咨询能力			
	批注能力（20）	批注"五点"（重点、难点、关键点、兴趣点、易错点）的能力			
		运用批注方法（文字、图片、符号等）的能力			
课前自主学习良好行为习惯（50）	预习良好习惯（30）	坚持进行自主预习良好习惯	能坚持（9～10）；大多能坚持（8）；一般（6～7）；较少能坚持或不能（0～5）		
		注重质疑良好习惯			
		关注自主预习质量良好习惯			
	学习准备良好习惯（20）	注重做好常规准备良好习惯			
		注意做好特殊准备良好习惯			

续　表

Ⅰ级要素（分）	Ⅱ级要素（分）	Ⅲ级要素（每项10分）	评价要求	分值小计
特色加分（20）	加分理由：		特色明显（18~20）； 特色较明显（15~17）； 特色一般（12~14）； 特色少或无（0~11）	
综合评定	总分：_____分	等第：_____	评议人身份（填代号）	

评价说明：① 评价主体：A. 被评学生自身；B. 同学；C. 学生的班主任；D. 相关学科教师代表；E. 其他：_____（填写）。② 比值：各评价主体的比值相同,满分均为240分。③ 总分计算：由课前自主学习意识、能力和良好习惯之"三素养"的得分组成,特色部分20分计入总分,最后总分由各评价主体得分数（单个主体不得超过满分）的总得分数除以总人数得出。④ 分数和等第间的转换：累积得分216~240分为优,180~215分为良,144~179分为合格,143分以下为须努力。

（2）学生课堂自主学习素养发展评价标准

具体见表2：

表2　初中学生课堂自主学习素养发展评价标准

Ⅰ级要素（分）	Ⅱ级要素（分）	Ⅲ级要素（每项10分）	评价要求（分）	分值小计（分）
自主学习意识（90）	参与意识（30）	参与答疑意识	浓厚（9~10）； 较浓厚（8）； 一般（6~7）； 较淡薄或无（0~5）	
		参与讨论意识		
		参与练习意识		
	质疑意识（30）	钻研意识		
		敏觉意识		
		联系意识		
	笔记意识（30）	主动记录意识		
		及时记录意识		
		反思批注意识		
自主学习能力（150）	集中注意能力（30）	专注性	强（9~10）； 较强（8）； 一般（6~7）； 较弱或无（0~5）	
		持久性		
		思索性		
	主动质疑能力（30）	主动提问能力		

续　表

Ⅰ级要素（分）	Ⅱ级要素（分）	Ⅲ级要素（每项10分）	评价要求（分）	分值小计（分）	
自主学习能力（150）	主动质疑能力（30）	快速提问能力	强（9～10）；较强（8）；一般（6～7）；较弱或无（0～5）		
		高质量提问能力			
	有效理解能力（30）	快速理解能力			
		全面理解能力			
		深刻理解能力			
	多元应用能力（30）	直接应用能力			
		迁移应用能力			
		个性化应用能力			
	小结提升能力（30）	梳理资料能力			
		筛选信息能力			
		概括提炼能力			
自主学习良好行为习惯（160）	自主参与良好习惯（30）	主动参与问答良好习惯	能坚持（9～10）；大多能坚持（8）；一般（6～7）；较少能坚持或不能（0～5）		
		主动参与练习良好习惯			
		主动参与小结良好习惯			
	积极思考良好习惯（30）	主动提问良好习惯			
		主动参与讨论良好习惯			
		主动反思良好习惯			
	主动笔记良好习惯（20）	及时、准确、简洁记录良好习惯			
		个性化记录良好习惯			
	注重学习质量良好习惯（80）	注重听课质量良好习惯			
		注重质疑质量良好习惯			
		注重参与答疑质量良好习惯			
		注重分析质量良好习惯			
		注重笔记质量良好习惯			

续　表

Ⅰ级要素（分）	Ⅱ级要素（分）	Ⅲ级要素（每项10分）	评价要求（分）	分值小计（分）	
自主学习良好行为习惯（160）	注重学习质量良好习惯（80）	注重练习质量良好习惯	能坚持（9～10）；大多能坚持（8）；一般（6～7）；较少能坚持或不能（0～5）		
		注重概括质量良好习惯			
		注重体悟质量良好习惯			
特色加分（20）	加分理由：		特色明显（18～20）；特色较明显（15～17）；特色一般（12～14）；特色少或无（0～11）		
综合评定	总分：_____	等第：_____	评议人（身份）：（填字母）		

评价说明：① 评价主体：A. 被评学生自身；B. 同学；C. 学生的班主任；D. 相关学科教师；E. 其他：_____（填写）。② 比值：各评价主体的比值相同，满分绝对值为400分，各评价主体评价完成后算平均分（单个评价主体评价得分最高不得超过满分）。③ 总分计算：由自主学习"三素养"组成，特色部分计入总分，最后总分由各评价主体总分数除以总人数得出，但分值累计不得超过400分。④ 分数和等第间的转换：累积得分360～400分为优，300～359分为良，240～299分为合格，239分以下为须努力。

（3）学生课后自主学习素养发展评价标准

具体见表3：

表3　初中学生课后自主学习素养发展评价标准

Ⅰ级要素（分）	Ⅱ级要素（分）	Ⅲ级要素（每项10分）	评价要求	分值小计	
自主学习意识（80）	主动复习意识（20）	认识价值意识	浓厚（9～10）；较浓厚（8）；一般（6～7）；较淡薄或无（0～5）		
		先复习后作业意识			
	独立作业意识（30）	认识价值意识			
		主动完成意识			
		检查自纠意识			
	积极自学意识（30）	认识价值意识			
		主动预习意识			
		拓展学习意识			
自主学习能力（80）	完成作业能力（20）	准确完成能力	强（9～10）；较强（8）；一般（6～7）；较弱或无（0～5）		
		高效完成能力			

续　表

Ⅰ级要素 (分)	Ⅱ级要素 (分)	Ⅲ级要素(每项10分)	评价要求	分值小计	
自主学习 能力(80)	拓展学习 能力(30)	学科类拓展学习能力	强(9～10); 较强(8); 一般(6～7); 较弱或无(0～5)		
		兴趣爱好类拓展学习能力			
		探究类拓展学习能力			
	总结反思 能力(30)	课前学习总结反思能力			
		课堂学习总结反思能力			
		拓展学习总结反思能力			
自主学习 行为习惯 (70)	坚持自学 行为习惯 (30)	定时自学良好习惯	能坚持(9～10); 大多能坚持(8); 一般(6～7); 较少能坚持或 不能(0～5)		
		定点自学良好习惯			
		定量自学良好习惯			
	注重质量 习惯(40)	注重完成率良好习惯			
		注重及时批注与质量良好 习惯			
		注重撰写心得与质量良好 习惯			
		注重内化提升良好习惯			
特色 加分 (20)	加分理由:		特色明显(18～20); 特色较明显(15～17); 特色一般(12～14); 特色少或无(0～11)		
综合 评定	总分:_____	等第:_____	评议人身份(填字母代号):_____		

评价说明：① 评价主体：A. 被评学生自身；B. 同学；C. 班主任；D. 学科观课教师；E. 其他：_____(填写)。② 各评价主体的比值：各评价主体的比值相同，满分绝对值为230分。③ 总分计算：由课后自主学习"三素养"组成，特色部分20分计入总分，最后总分由各评价主体总分数(单个评价主体得分数不超过满分)除以总人数得出。④ 分数和等第间的转换：累积得分207～230分为优，173～206分为良，138～172分为合格，137分以下为须努力。

（4）学生自主管理素养发展评价标准

具体见表4：

表4　初中学生自主管理素养发展评价标准

Ⅰ级要素	Ⅱ级要素	Ⅲ级要素(每项10分)	评价要求	分值小计	
自主管理意识(120)	在家自主管理意识(30)	生活自理意识	浓厚(9~10);较浓厚(8);一般(6~7);较淡薄或无(0~5)		
		学习管理意识			
		交往管理意识			
	在校自主管理意识(40)	日常行为规范管理意识			
		学习管理意识			
		同学交往管理意识			
		校内集体活动管理意识			
	在社会实践中的自主管理意识(50)	完成任务管理意识			
		良好习惯管理意识			
		时间管理意识			
		安全管理意识			
		交往管理意识			
自主管理能力(120)	在家自主管理能力(30)	生活自理能力	强(9~10);较强(8);一般(6~7);较弱或无(0~5)		
		学习管理能力			
		交往管理能力			
	在校自主管理能力(40)	日常行为规范管理能力			
		学习管理能力			
		同学交往管理能力			
		校内集体活动管理能力			
	社会实践管理能力(50)	完成任务管理能力			
		遵守行规管理能力			
		时间管理能力			
		安全管理能力			
		交往管理能力			

续　表

Ⅰ级要素	Ⅱ级要素	Ⅲ级要素(每项10分)	评价要求	分值小计	
自主管理良好行为习惯(120)	在家自主管理良好习惯(30)	生活自理良好习惯	能坚持(9~10); 大多能坚持(8); 一般(6~7); 较少能坚持或不能(0~5)		
		学习管理良好习惯			
		交往管理良好习惯			
	在校自主管理良好习惯(40)	日常行规管理良好习惯			
		日常学习管理良好习惯			
		同学交往管理良好习惯			
		校内集体活动管理良好习惯			
	社会实践管理行为习惯(50)	完成任务管理良好习惯			
		遵守行规管理良好习惯			
		时间管理良好习惯			
		安全管理良好习惯			
		交往管理良好习惯			
特色加分(20)	加分理由:		特色明显(18~20); 特色较明显(15~17); 特色一般(12~14); 特色少或无(0~11)		
综合评定	总分:_____	等第:_____	评议人身份(填字母代号):_____		

评价说明:① 评价主体:A. 被评学生自身;B. 同学;C. 班主任;D. 学科观课教师;E. 其他:_____(填写)。② 比值:各评价主体的比值相同,满分为360分。③ 总分计算:由课后自主管理"三素养"组成,特色部分20分计入总分,最后总分由各评价主体(单个评价主体所评得分不得超过满分)总分数除以总人数得出。④ 分数和等第间的转换:累积得分324~360分为优,270~323分为良,216~269分为合格,215分以下为须努力。

四项学生"双自"素养评价标准的明确,一是引导了学生"双自"素养的发展方向并提供了评价学生"双自"素养的客观、公正的依据,也引导了教师学科渗透教育研究课和相关小课题中学生"双自"素养发展的定位;二是提高了评价的规范性、科学性和有效性;三是为学科教师相关具体评价标准的设计与实施,提供了方向和依据;四是为学生相应素养发展评价量表的研制,提供了评价内容的分解要素依据;五是锻炼与提升了参与学生"双自"素养培养内容要素分解、评价标准研制与运用的教师的评价素养。

(5)初中生"双自"教育对分课堂实践研究之学科渗透教育课评价标准

具体见表5:

表 5　基于"双自"教育的对分课堂实践研究之学科渗透教育研究课评价标准

执教者姓名		授课班级			
时间		地点		节次	
研究主题					

评价指标(分)		A 9~10	B 8	C 6~7	D 0~5
教育设计(30)	结合学生实际,进行有针对性的、与研究主题相关的学情分析;课标分析依据确切;教材来源、内容说明清楚,对编写意图理解准确;有联系研究主题与教育对象相关实际,发扬教材优势与弥补不足的"基于'双自'教育的对分课堂实践研究"的适宜措施(举措的各自拟做与指向全面、表述清晰)				
	教学内容选择针对性强,符合学生的相关"双自"(自主学习之课前、课堂与课后"三程"和自主管理之意识、能力和良好习惯"三素养"发展的需求)				
	教育目标覆盖"两个本体"(学科和研究主题)的相关预期;定位准确;表述清楚、具体、适切				
教育过程(30)	教育环节清晰,层次有坡度;"双自"教育、"对分课堂"的教育措施预设有显性的落实,对学生相关"双自"素养的发展有启发性				
	教育策略方式方法、手段技术多样、灵活,注意生成资源的利用和发挥好教育机制,能较好地组织生生和师生互动,课堂氛围融洽				
	激发受教者兴趣,学生学得主动、投入,勇于发表自己的看法				
教育效果(40)	学科和研究主题之教育内容、措施要求落实和学习任务完成全面到位				
	学生相关"双自"素养方面的认知有所拓展				
	学生相关"双自"方面的可持续发展本领(技能)得到锻炼与发展				
	学生参与活动的过程积极,有主动参与"对分课堂"实践、提升"双自"素养的相关良好行为习惯				
特色加分(20)	加分理由:	特色明显(18~20); 特色较明显(15~17); 特色一般(12~14); 特色少或无(0~11)			

续　表

总分		等第		评议人/身份		/
评价说明	① 本表中的"双自""三素养"和"对分课堂"说明:"双自",即指自主学习和自主管理;"三素养",即"双自"各自的相关意识、能力、良好习惯;"对分课堂",是张学新教授的相应理论和对分课堂实施模式的操作化要求。② 评价主体即表中的"评议人/身份",为所有参与观课者(含执教者)。其中,"评议人",写姓名(也可不填);"身份",选填字母,A. 执教者、B. 参与观摩课的教师、C. 家长、D. 学生自己、E. 同学、F. 相关专家、G. 其他成员:_____(自填)。③ 比值:各评价主体的比值相同,满分均为120分。④ 总分计算和特色加分的处理:由计分的各板块组成,特色部分计入总分,最后总分由各评价主体总分数除以总人数得出,但单个评价主体所评的得分数不得超过满分(120分)。⑤ 分数与等第间的转换:累积得分90~120分为优,75~89分为良,60~74分为合格,59分以下为须努力。⑥ 评价指标行右侧的字母所代表的"四个层级"评价要求:A 为符合(9~10分);B 为较符合(8分);C 为符合度一般(6~7分);D 为较少符合或不符合(0~5分)。					

学科渗透教育研究课评价标准的研制与实施,一是引导了教师研究课设计时的"三情"(可加其他)分析和"对分课堂"模式的采用,提高了设计的针对性和科学性;二是为执教教师、观课教师、受教学生和其他参与观课的教师进行课的评价,提供了规范、客观的依据,提高了评价的公正性与科学性;三是引导了师生参与学科相关课、活动之评价标准的研制与运用,提升了师生参与评价标准研制、运用与完善的素养。

2. 学科实践具体评价标准(七项)

(1) 基于"双自"教育的对分课堂之初中生数学自主学习素养发展评价标准

这是高宇丽老师在其参加上海市教委教研室数学教研员刘达老师的市级项目"基于空中课堂视频资源建设与应用的融合式教学研究"时,结合本校区级课题的研究,基于"双自"教育有机融入"对分课堂"的相应操作要求,所开展的子课题"基于空中数学课堂视频资源应用的'双自'教育之对分课堂融合式教学实践研究"(简称高宇丽老师的市、区级子课题)的研究中,对学生数学自主学习素养发展一定阶段的评价标准。

具体见表6:

表6　初中生数学自主学习素养发展评价标准

Ⅰ级要素 (分)	Ⅱ级要素 (分)	Ⅲ级要素(每项均为(5分))	评价要求(分)	计分(分)	
				分项计分	分类小记
自主学习意识(60)	预习意识(15)	利用空中课堂数学视频资源意识	课前观看空中课堂视频时间约为18~20分钟(5);15~17分钟(4);12~14分钟(3);0~11分钟(0~2)		

Ⅰ级要素（分）	Ⅱ级要素（分）	Ⅲ级要素（每项均为（5分）	评价要求（分）	计分（分）	
				分项计分	分类小记
自主学习意识（60）	预习意识（15）	质疑数学问题意识	在教材上、练习单或笔记上作圈画、记录：完整（5）；较完整（4）；一般（3）；较少或无（0～2）		
		解疑数学问题意识	对有疑问的数学问题做记录：完整（5）；较完整（4）；一般（3）；较少或无（0～2）		
	课堂参学意识（15）	数学课堂参与答疑意识	积极举手和回答教师所提问题：总是（5）；基本是（4）；一般是（3）；较少是或无（0～2）		
		数学课堂参与讨论意识	积极参与生生互动：总是（5）；基本是（4）；一般是（3）；较少是或无（0～2）		
		数学课堂参与练习意识	积极认真书写、思考、完成课题练习：符合（5）；较符合（4）；一般（3）；较少符合或不符合（0～2）		
	质疑意识（10）	发现数学问题意识	在教材上、练习单或笔记上做圈画与记录：完整（5）；较完整（4）；一般（3）；较少或无（0～2）		
		解决数学问题意识	有疑问时有记录，能与同学讨论和向教师求教：总是（5）；基本是（4）；一般是（3）；较少是或无（0～2）		
	主动复习意识（10）	融合线上、线下"双师"意识	课后观看空中课堂视频和复习课堂笔记：总是（5）；基本是（4）；一般是（3）；较少是或无（0～2）		
		先复习后作业意识	回家后，先利用空中课堂视频或复习：总是（5）；基本是（4）；一般是（3）；较少是或无（0～2）		
	独立完成作业意识（10）	主动完成数学作业意识	课中积极完成练习和课后独立完成作业：符合（5）；较符合（4）；一般（3）；较少符合或不符合（0～2）		
		注意检查数学作业意识	检查作业：做到（5）；较好做到（4）；做得一般（3）；较少做到或做不到（0～2）		

续　表

Ⅰ级要素(分)	Ⅱ级要素(分)	Ⅲ级要素(每项均为5分)	评价要求(分)	计分(分)	
				分项计分	分类小记
自主学习能力(65)	学习数学视频资源能力(10)	检索、查询相关资源信息能力	熟练运用空中课堂视频资源：符合(5)；较符合(4)；一般(3)；较少符合或不符合(0~2)		
		利用空中课堂数学视频资源能力	合理筛选符合自己学情的视频资源进行学习：符合(5)；较符合(4)；一般（3）；较少符合或不符合(0~2)		
	借助信息技术学习数学能力(10)	使用电子设备观看空中课堂数学视频资源能力	能熟练运用手机、电脑、iPad 等电子设备打开、观看空中课堂视频：符合(5)；较符合(4)；一般(3)；较少符合或不符合(0~2)		
		处理空中课堂数学视频资源能力	合理筛选符合自己学情的视频资源进行学习：做到(5)；较好做到(4)；做得一般(3)；较少做到或做不到(0~2)		
	主动质疑数学问题能力(10)	数学课前、课中、课后主动提问能力	利用作业、测验、笔记或口头等形式主动提问：做到(5)；较好做到(4)；做得一般(3)；较少做到或做不到(0~2)		
		数学课前、课中、课后高质量提问能力	所提问题针对性强和数学语言表述清晰：强和清晰(5)；较强和清晰(4)；一般(3)；较弱和模糊或弱和混乱(0~2)		
	主动做好笔记能力(15)	及时记录数学基础知识能力	笔记要点完整、字迹可辨、条理清楚、彩色和符号使用得当：符合(5)；较符合(4)；一般(3)；较少符合或不符合(0~2)		
		概括提炼数学方法能力	善于归纳和标注解题的注意点和数学方法：做到(5)；较好做到(4)；做得一般(3)；较少做到或做不到(0~2)		
		反思批注数学方法、思想能力	有显示强调的数学方法和思想的批注：符合（5）；较符合（4）；一般(3)；较少符合或不符合(0~2)		
	完成数学作业能力(10)	准确作业的能力	作业的准确率：90%~100%(5)；75%~89%(4)；60%~74%(3)；59%以下(0~2)		

续　表

I级要素（分）	II级要素（分）	III级要素（每项均为（5分）	评价要求（分）	计分（分）	
				分项计分	分类小记
自主学习能力（65）	完成数学作业能力（10）	高效完成作业的能力	数学作业的完成时间每天低于20分钟（初二、初三）或30分钟（初一、预备）：符合（5）；较符合（4）；一般（3）；较少符合或不符合（0～2）		
	拓展学习数学能力（10）	融合线上、线下数学资源开展自主学习能力	合理筛选符合自己学情的视频资源进行学习：做到（5）；较好做到（4）；做得一般（3）；较少做到或做不到（0～2）		
		借助信息技术开展拓展学习能力	能借助信息技术制作课时、单元、学期、学年等的学科知识框架图：能做到（5）；能较好做到（4）；做得一般（3）；较少做到或做不到（0～2）		
自主学习良好行为习惯（60）	预习良好习惯（10）	坚持利用空中课堂数学视频资源自主预习良好习惯	合理筛选符合自己学情的视频资源进行预习：坚持做到（5）；较好做到（4）；做得一般（3）；较少做到或做不到（0～2）		
		注重质疑问题良好习惯	在教材上、练习单或笔记上经常有圈画、记录疑问的行为：符合（5）；较符合（4）；一般（3）；较少符合或不符合（0～2）		
	积极参与课堂学习良好行为习惯（25）	课中主动参与练习良好习惯	积极认真书写、思考、完成课堂练习的行为：坚持做到（5）；较好做到（4）；做得一般（3）；较少做到或做不到（0～2）		
		课中主动参与小结良好习惯	积极回答、思考、参与课堂小结的行为：坚持做到（5）；较好做到（4）；做得一般（3）；较少做到或做不到（0～2）		
		"三程"主动提问良好习惯	利用作业、测验、笔记或口头等形式对数学问题向老师或同学主动提问的行为：坚持做到（5）；较好做到（4）；做得一般（3）；较少做到或做不到（0～2）		
		课堂中主动参与讨论良好习惯	积极主动参与小组讨论、交流、梳理归纳和评价：符合（5）；较符合（4）；一般（3）；较少符合或不符合（0～2）		

续　表

Ⅰ级要素(分)	Ⅱ级要素(分)	Ⅲ级要素(每项均为(5分)	评价要求(分)	计分(分)	
				分项计分	分类小记
自主学习良好行为习惯(60)		课后主动反思良好习惯	课后经常与同学讨论、请教老师的行为习惯:符合(5);较符合(4);一般(3);较少符合或不符合(0~2)		
	主动做好笔记良好习惯(10)	及时、准确、简洁做好笔记良好习惯	课前主动准备好笔记本,字迹干净和条理清晰:坚持做到(5);较好做到(4);做得一般(3);较少做到或做不到(0~2)		
		融合线上、线下双师教学做好笔记良好习惯	空中课堂的作业单批注里有主动记载体现融合内容的笔记:符合(5);较符合(4);一般(3);较少符合或不符合(0~2)		
	注重学习质量良好习惯(15)	注重及时、独立、高效完成作业良好习惯	规定性作业每题都做和书写完整:符合(5);较符合(4);一般(3);较少符合或不符合(0~2)		
		注重及时批注问题、数学思想、方式方法行为习惯	坚持积极订正作业,整理错题本,整理笔记,记录数学思想和方法:符合(5);较符合(4);一般(3);较少符合或不符合(0~2)		
		注重空中课堂数学视频资源学习效果行为习惯	课前、课后能坚持主动学习空中课堂视频:符合(5);较符合(4);一般(3);较少符合或不符合(0~2)		
特色加分(20)	加分理由:		特色明显(18~20);特色较明显(15~17);特色一般(12~14);特色少或无(0~11)		

评价说明:① 满分:185 分。② 特色加分的处理:计入总分;但计入后的总分,不超过满分。③ 权重和得分:各评价主体的权重一致;最终得分为各评价主体的得分值(不超过满分)相加后,除以评价人数后所得的分值数。④ 分数和等第间的转换:166~185 分为优秀;138~165 分为良好;111~137 分为合格;110 分及以下为须努力。

(2)基于"双自"教育的对分课堂之初中生数学自主管理素养发展评价标准

这是高宇丽老师的市、区级子课题研究中,对学生数学自主管理素养一定阶段的发展评价标准。

具体见表 7:

表7   基于"双自"教育的对分课堂之初中生数学自主管理素养发展评价标准

Ⅰ级要素（分）	Ⅱ级要素（分）	Ⅲ级要素（每项10分）	评价要求：符合为9～10分；较符合为8分；一般符合为6～7分；较少符合或不符合为0～5分	计分(分)	
				分项计分	分类小记
自主管理意识（80）	在家自主管理意识（30）	学习空中课堂数学视频资源管理意识	课前、课后有主动打开,观看、学习教师提供的或自己选择的空中课堂视频的意识		
		完成数学任务管理意识	认真独立完成数学回家作业,整理笔记或错题本的意识		
		与人合作学习数学、互相交往管理意识	在学习过程中学会质疑,有问题时主动找同学讨论或问老师,尽量解决疑惑的意识		
	在校自主管理意识（50）	日常观看空中课堂视频良好习惯管理意识	在课中认真收看教师课堂上提供的空中课堂数学视频的意识		
		对分课堂参与学习良好管理意识	在教师精讲环节认真听讲,独立完成数学练习,参与讨论、交流的意识		
		合理利用时间学习数学空中课堂管理意识	有利用课间、中午、空课时间学习数学空中课堂视频资源的意识		
		独立完成课堂数学练习管理意识	独立完成课堂数学练习,不和同学讨论、不抄作业的意识		
		讨论、交流数学问题管理意识	积极参与小组讨论,主动举手发言,解决数学问题的意识		
自主管理能力（80分）	在家自主管理能力（30）	学习空中课堂数学视频资源管理能力	在家有主动观看、学习教师提供的或自己选择的空中课堂视频的能力		
		完成数学任务管理能力	认真独立完成数学回家作业,整理笔记或错题本的能力		
		与人合作学习数学、互相交往管理能力	在学习过程中学会质疑,有问题时主动找同学讨论或求教老师,尽快解决疑惑的能力		
	在校自主管理能力（50）	日常观看空中课堂视频良好习惯管理能力	在课中认真收看教师课堂上提供的空中课堂数学视频的能力		
		对分课堂参与良好习惯管理能力	在教师精讲环节认真听讲,独立完成数学练习,参与讨论、交流的能力		

续 表

Ⅰ级要素（分）	Ⅱ级要素（分）	Ⅲ级要素（每项10分）	评价要求：符合为9~10分；较符合为8分；一般符合为6~7分；较少符合或不符合为0~5分	计分（分） 分项计分	计分（分） 分类小记
自主管理能力（80分）	在校自主管理能力（50）	合理利用在校空余时间学习数学空中课堂视频的管理能力	有利用课间、中午、空课时间学习数学空中课堂视频的能力		
		独立完成课堂数学练习管理能力	独立完成课堂数学练习，不和同学讨论、不抄作业的能力		
		讨论、交流数学问题管理能力	积极参与小组讨论，主动举手发言，解决数学问题的能力		
自主管理良好行为习惯（80分）	在家自主管理行为习惯（30）	在家学习空中课堂数学视频时的良好管理习惯	在家课前、课后有主动观看、学习教师提供的或自己选择的空中课堂视频的良好习惯		
		在家主动完成数学学习任务时的良好管理习惯	认真独立完成数学回家作业和整理笔记或错题本的良好习惯		
		与人合作学习数学、互相交往时的良好管理习惯	在学习过程中坚持尝试质疑，有解决不了的问题会主动找同学讨论或求教老师，尽快解决问题的良好习惯		
	在校自主管理行为习惯（50）	日常观看空中课堂视频的良好管理习惯	在课中认真观看教师提供的空中课堂数学视频的良好习惯		
		对分课堂主动专注参与良好管理习惯	在教师精讲环节认真听讲，独立完成数学练习，参与讨论、交流的良好习惯		
		合理利用在校空余时间学习数学空中课堂视频的良好管理习惯	有利用在校空余时间学习数学空中课堂视频的良好习惯		
		独立完成课堂数学练习管理良好习惯	独立完成课堂数学练习，不和同学讨论、不抄作业的良好习惯		
		讨论、交流数学问题的良好管理习惯	积极参与小组讨论，主动举手发言，解决数学问题的良好习惯		

Ⅰ级要素 (分)	Ⅱ级要素 (分)	Ⅲ级要素(每项 10分)	评价要求: 符合为 9~10 分;较符合为 8 分; 一般符合为 6~7 分; 较少符合或不符合为 0~5 分	计分(分)	
				分项 计分	分类 小记
特色 加分 (20)	加分理由:		特色明显(18~20); 特色较明显(15~17); 特色一般(12~14); 特色少或无(0~11)		

评价说明:① 满分:240 分。② 特色加分的处理:计入总分;但计入后的总分,不超过满分。③ 权重和得分:各评价主体的权重一致;最终得分为各评价主体的得分值(不超过满分)相加后,除以评价人数后所得的分值数。④ 分数和等第间的转换:216~240 分为优秀;180~215 分为良好;144~179 分为合格;143 分以下为须努力。

（3）基于"双自"教育的空中课堂之对分课堂数学学科渗透研究课评价标准

具体见表 8:

表 8　基于"双自"教育的空中课堂之对分课堂数学学科渗透研究课评价标准

姓名		学校		授课班级	
学科		时间	2022 年__月__日	节次	
课题					

项目(分)	评价指标与要求(分)	每项 得分 (分)	分类 得分 (分)
教学目标 (10)	目标明确、具体、适切,符合"三情"(学情、课标和教材)分析实际,覆盖"两个本体"(学科和研究主题)		
教学内容 (20)	内容正确充实,符合学生认知规律,突出重点,联系学生学习基础和日常生活实际		
	结合学习内容,落实学生学科核心素养培养和"双自"教育、对分课堂实践举措的拟做和指向设计显性、针对性强		
教学过程 (30)	教学环节清晰,层次有坡度;"双自"教育、"对分课堂"的教育措施预设有显性的落实,对学生相关"双自"素养的发展有启发性		
	注意利用空中课堂资源和生成资源,发挥教学机智,较好地与学生互动,关注全体,重视学法指导,注重启发性和针对性		
	课堂氛围融洽,注意激发学生兴趣,学生学得主动、积极、投入,敢于质疑、发表自己的看法		
教学方式 方法(20)	"空中课堂"数学视频资源的教学经验和执教老师("双师")在课堂教学过程中各有显性的体现		

续　表

项目(分)	评价指标与要求(分)		每项得分(分)	分类得分(分)
教学方式方法(20)	"对分课堂"的相关教学模式与方法能够体现,注重融合"双师"教学,把"知识为本"教学转变为促进学生"双自"素养与学科"核心素养为本"的教学			
教学效果(20)	学生学科核心素养得到培育,学得身心愉悦			
	学生相关"双自"素养(意识、能力、行为习惯)得到培育			
学生行为(30)	坐姿端正,精神饱满,注意力集中,全程投入			
	认真记载重点知识,做笔记,标记重难点			
	独立完成数学课堂练习,积极参与课堂讨论与交流分享			
特色加分(10)	加分理由:	特色明显(9~10);特色较明显(8);特色一般(6~7);特色较少或无(0~5)		
教学点评与反思	教学点评:			
	教学反思:			
总分		等　第	评议人	

评价说明:① 每一小项计分要求:做到(9~10分);较好做到(8分);做得一般(6~7分);较少做到或做不到(0~5分)。② 满分:130分。③ 特色加分的处理:计入总分;但计入后的总分,不得超过满分。④ 各评价主体的权重和得分:各评价主体的权重一致;最终得分为各评价主体的得分值(不超过满分)相加后,除以评价人数后所得的分值数。⑤ 分数和等第间的转换:117~130分为优秀;97~116分为良好;78~96分为合格;77分以下为须努力。

(4) 劳技学科项目化学习作品分阶段评价标准——"我的束口小手袋的设计、制作、展评与反思"评价标准

这是顾君老师在其劳技学科专题总结"义务教育劳动项目开发与实施的实践探索"中,"以预备年级'束口小手袋的设计与制作'项目为例"的成果中,对学生各自独立完成的"我的束口小手袋的设计、制作、展评与反思"自评、互评的评价标准(表略,具体参见顾君老师的专题总结之表2相应评价标准)。

(5) 历史学科小组合作整本书阅读评价标准

这是何莉惠老师在其历史专题总结"实施'三程·二十步',提升学生自主提炼史料价

值和评价历史人物素养——以基于'对分课堂'的《三国演义》与《三国志》自主阅读比较探究学习为例"的实施过程中,对两本书的小组合作比较阅读后,对学生相应的阅读比较探究素养发展结果的评价标准。

具体见表9:

表9　基于"双自"教育的初中历史对分课堂之《三国演义》与《三国志》学生小组合作比较阅读探究素养发展评价标准

评价内容一级要素（分）	评价项目二级要素（分）	评价内容三级要素（分）	评价要求（分）	学生自评	组内互评	组际互评	师评	小计得分
小组合作素养（40）	小组合作意识（20）	主动参与,及时完成认领的任务的意识(10)	浓厚(9~10);较浓厚(8);一般(6~7);较淡薄或无(0~5)					
		有序合作,必须完成团队目标的意识(10)						
	小组合作能力（20）	协定分工、承担合作任务(10)	强(9~10);较强(8);一般(6~7);较弱或无(0~5)					
		倾听他人意见、修正完善自身意见(10)						
课前对比研读准备能力（40）	文本收集能力（20）	有两种以上文本收集的途径(10)	强(9~10);较强(8);一般(6~7);较弱或无(0~5)					
		收集的文本存在一定的差异(10)						
	确定探究主题能力（20）	明确各自的意愿、探究兴趣和特长(10)						
		能根据分类和初步阅读提出与本组适配的阅读比较主题(10)						
课中合作研读对比与史料价值挖掘和历史人物客观评价能力（80）	把握文学作品的史料价值能力（20）	能圈画作品细节,从中提炼历史信息(10)	强(9~10);较强(8);一般(6~7);较弱或无(0~5)					
		能够用自己的语言勾勒曹操的艺术形象(10)						
	不同文本之间的阅读与比较探究能力（30）	有意识地从文本中寻找时间、人物、事件等关联信息(10)						
		比较不同文本表述所传递的作者倾向(10)						

续 表

评价内容一级要素（分）	评价项目二级要素（分）	评价内容三级要素（分）	评价要求（分）	学生自评	组内互评	组际互评	师评	小计得分
课中合作研读对比与史料价值挖掘和历史人物客观评价能力（80）	不同文本之间的阅读与比较探究能力（30）	探究文本异同的原因（10）	强（9～10）；较强（8）；一般（6～7）；较弱或无（0～5）					
	全面客观评价历史人物能力（30）	史论结合，有理有据（10）						
		客观全面评价历史人物（10）						
		结合历史人物所生活的时空进行评价（10）						
课后小组合作研读对比探究成果梳理展评能力（70）	曹操形象勾勒能力（20）	合理定位曹操形象（10）	强（9～10）；较强（8）；一般（6～7）；较弱或无（0～5）					
		交流探讨表现曹操形象的载体（10）						
	组内表现表达曹操形象能力（20）	多元表达表现曹操形象（10）						
		撰写曹操形象说明（10）						
	参与校内合作展示曹操形象能力（30）	合作布展能力（10）						
		现场说明、交流能力（10）						
		回应参展人员质疑的能力（10）						
特色加分（20）	加分理由：		明显（19～20）；较明显（15～17）；一般（12～14）；较少或无（0～11）					
总分与等第			总分：_____分		等第：_____			

评价说明：① 满分：230 分。② 特色加分的处理：计入总分；但计入后的总分，不得超过满分。③ 权重和得分：各评价主体的权重一致；计算评价内容三级要素的小计总分的原始分，最后将所有评价项目的小计总分原始分相加（单个评价主体的最高得分不得超过满分）除以 4 所得出的分数（四舍五入，不出现小数点后的分值），作为计算等第前的得分。④ 分数与等第间的转换：184～230 分为优秀；161～183 分为良好；115～160 分为合格；114 分以下为须努力。

（6）"我心中的模范生"作文小组互评标准

这是陶意老师执教的七年级写作"A model student in my class"一课中，对"我心中的模范生"作文小组互评文段式（非表格式）评价标准。教师以学习单文段、多媒体和口头说明的形式呈现了评价"四要素"（评价内容、评价要求的"四个层级"、评价分数记录和评价操作的说明），学生合作小组的作文交流后，据此进行小组互评。具体参见陶老师的主题式案例相应内容。

（7）《我的祖国》乐曲分析及节奏创编小组梳理、记载、分享和口风琴二声部合奏展演互评标准。这是杨一帆老师执教的七年级《我的祖国》一课中，在学生相关小组交流对《我的祖国》乐曲分析、小组节奏创编所梳理记载的内容和小组口风琴二声部合奏展演后，其他组学生根据表格（此处略，具体参见杨一帆老师的主题式案例中的表 2）的小组互评标准，完成对交流与展演情况的互评。

这些相关学科实践中的具体评价标准，引导了教师对学生相关"双自"素养的如何定位、对分课堂教学模式与方法、空中课堂资源、学生"或独或合"探究与体验式学习、实施的基本步骤、教学策略与方式、方法等的有机融合；引导了学生"双自"素养的发展方向和学习过程的有效性；引导了学生参与评价的研制与实施；促进了教师对学科教学中基于标准的评价研究探索的主动性，提高了评价研究的引导性、诊断性、激励性、促进改进性、实施的规范性、客观性、公正性、科学性、实效性和具有一定的创意性。

（四）评价方法

所谓"评价方法"，是评价体系中属于"下位"的研究内容，即评价操作的具体办法。本课题中的评价方法，是依据"上位"的"四个层面"的评价依据、指导思想和中位的五项总体评价标准和七项具体评价标准等，对学生学科学习相关"程"或项目化学习的过程、探究成果、"双自"素养的发展和教师基于"双自"教育的对分课堂学科渗透教育的实践研究课及专题总结、主题式案例等成果中的相应教育实效，开展具体实施的评价，以更好地发挥评价的引导、诊断、调控、激励、改进和鉴定作用，引导学生更好地主动发展相关"双自"素养，并为得出课题研究实效之更加科学客观的结论提供依据。

本课题主要探索了以下七种总体评价方法：调查法、量表法、观察法、案例法、协商评价法、展评法和综评法（简称评价"七法"）。以下分别概述各自的含义、若干用法和实效。

1. 调查法

所谓"调查法"，在本课题中，是指设计针对不同目的的调查问卷与访谈提纲，对相关学生的"双自"相关"三素养"的整体情况、相关学科具体课时或项目化学习具体活动时学生的"双自"相关"三素养"的具体情况、现实情况等进行问卷调查，对教师采用访谈结合问卷的形式，了解他们对实施区级课题研究的自身素养发展情况和对学生"双自"素养促进作用情况的评价；汇总与分析数据和其他调查证据，得出相应结论，采取更有针对性的教育教学举措，以引导师生实现更好的发展，促进学校区级课题组更全面地把握课题研究实施之整体实效的评价办法。

调查法的实施,包括以下三个层面。一是高宇丽市级课题和学校区级子课题中的学生"双自"相关素养现状调查。在课题实施前期,子课题组成员设计了前测"蔡路中学学生'空中课堂'视频资源学习与利用现状调查问卷答题卡",利用问卷星软件对教师、学生进行问卷调查,通过问卷、访谈等方法调查教师、学生先前的利用数学空中课堂视频资源的学习经历,自主学习、自主管理素养的现状;在教学结束之后,通过对学生课中的表现、练习完成的情况、学生的访谈了解"双自"素养的培养效果和学生对教学的满意程度,根据调查及时调整教学内容、对分课堂实施模式和视频资源、教学评价等方面的举措。这就提高了该课题实践研究设计的针对性,也为教师在实践研究中通过对数据不断诊断、改进与结束时的结果性评价,提供了有力的支撑。二是部分教师的学科小课题之学生局部情况问卷调查(具体参见相关教师的学科小课题)。三是学校总课题组对教师的后测访谈调查内容,包括教师的科研经历、对学生"双自"素养发展的评价和对自身科研素养和其他素养的促进等方面。访谈的结果,参见区级课题结题总报告的学生实效的第一部分和教师素养的变化,这为学校区级课题总课题组成员判断课题研究的整体实效,提供了基于教师访谈的实证依据。

2. 量表法

所谓"量表法",是指运用总课题组制定的五项总体评价标准和参与研究的实践教师所研制(包括学生参与协商研制)的七项具体评价标准,对学生"三程"与项目化自主学习、自主管理各自的"三素养"的整体发展情况、对实践教师参与学科渗透教育研究课的实施情况、对相应学科渗透研究课或项目的实施情况的过程与一定阶段的结果,进行评价,以获得量化的、具体的评价结果,分别引导与促进学生"双自"素养之不同要求的发展、教师参与课题研究素养和其他专业素养的发展,为总课题和相关学科的实践研究之实效的总结,提供基于量表评价依据的评价办法。

12项评价标准的具体构成与适用性,参见前述评价标准。

总体和具体评价量表的实施,较好地引导了教师研究课的实施和学生"双自"素养的发展方向;提高了实践研究设计、实施的针对性和总结、判断实施结果的科学性;提高了教师课题研究之评价素养和其他专业素养的发展,为总课题和相关学科的实践研究提供了基于12项量表评价的客观依据,提高了区级课题实效研究的规范性、科学性、客观公正性和实效性。

3. 观察法

这是指根据本课题研究的需要,借助学校总课题组和相关学科研究课、项目化学习的实施中的课题组和实践教师所开发的"两类五总七具体"合计12项评价量规,观察与记录相关学科教师所选特定教学内容的研究主题之渗透教育研究课的教学设计、活动的实施、项目化学习活动的组织和实际效果,就学生"双自"素养培养和"对分课堂"的实践举措对受教育对象的反应、学习任务完成情况、"双自"素养发展等,进行现场观察,以此引导学生和教师注意改进相关不足,或做出相应过程性结果鉴定的评价办法。

观察记录表,一是借助总课题组研制的两类五项总体评价标准之量表;二是借助学科子课题和小课题组实践教师所研制的七项具体评价标准之量表与文段式评价要求加以实施。

这些评价标准之量表和文段式评价要求的实施,为参与成员提供了较为客观、公正的评价依据;方便了观察过程的实施,提高了观察的规范性、科学性与实效性;为总课题组和相关子课题组与小课题组成员衡量不同类型的观察结果、总结分类课题的研究实效,提供了基于现场观察结果的客观依据。

4. 案例法

这是指在借助学科渗透教育课题研究课的课例(2篇)、实践教师的学科小课题之专题总结(13篇,编入出版的成果选的为8篇)和主题式案例(11篇)等叙事性为主,精确数据为辅的课题实例型证据的评价办法,来了解相应课或项目化学习活动基于"双自"教育的"对分课堂"之相关举措整体或局部的实施结果的评价实施办法。

在区级课题的结题总报告之整体实效的事实证据中,总课题组引用了基于这些案例中的叙事、叙述为主,描述与精确数据为辅的证据;部分教师的实践成果中,也有类似的引用。这样,既保证了实践教师案例类成果中的整体或局部环节相关课题研究主题、学科实践研究及项目化学习活动实效总结的科学性,丰富了实效研究中基于具体案例为主的质性证据,并引导了教与学双方注意改进相关不足,也为总课题组总结课题研究中学生"双自"素养、教师开展基于"双自"教育的对分课堂实践研究素养和其他专业素养的发展,提供了基于质性研究为主的证据,提高了课题研究实效证据的丰富性和科学性。

5. 协商评价法

所谓"协商评价法",是指教师在相关课例、小课题专题、主题式案例和项目化学习的实践研究中,在实施过程性评价与一定阶段的结果性评价中,对评价内容的选择、评价要求的设置、评价分值的分配与评价的次数等,采取教师引导下的学生小组协商、全班协商和师生协定,以及教师与指导专家协定的评价办法。

"协商评价法"的实施,较好地落实了学生在相关课例、小课题专题、主题式案例和项目化学习的实践评价研究中的主体性;培养了学生在评价标准研制和思考如何加以运用时的自主协商精神;提高了学生遵守评价标准的自觉性和自主管理意识;落实了新课改教、学、评一体化的课程理念,强化了学生的成果介绍和互评意识,内化了评价素养;提高了学科渗透教育实践中,相关研究之过程性和一定阶段结果性评价的规范性、客观公正性、科学性和实效性。

6. 展评法

这是指以展出、演示和评价学科渗透教育研究课、小课题、主题式案例和项目化学习中相关学生、班级、家长、教师等,在基于"双自"教育对分课堂实践中的相关有形的可现场展示的成果和教师课题研究的纸质文本类的成果(包括相应的实施经验),并对展示的多元化成果进行显性或隐性的评价,来激励和引导学生自觉养成相关"双自"素养,激励和引导相关班级的师生、家长更好地组织基于"双自"教育的对分课堂实践,分享教育成果和经验,并为衡量总课题研究的实效提供证据的评价办法。

学生探索成果展评法的运用,主要探索了以下"三要素"的操作:

(1)展评的实施基本步骤(五步):一是学生学习(有时参与协定)评价标准;二是参与班内展示;三是参与班内自评、互评和听取师长的评价;四是选出班内参与年级展示的作品;五是参与校内艺术节展评、学校公众号展评。

(2)展评的时机。一是过程性评价;二是一定学习主题(或项目化学习结束)时的阶段性、结果性评价;三是总结性评价。

(3)展评的形式。一是班级网课平台 ClassIn 探究类成果展示式。二是学生小组内现场展示交流评价式,有学科相关学习内容的学生探究成果、劳技实作类成果、美术创作类成果、整本书阅读主题探究类成果等的展示交流与自评互评。三是参与年级和学校展示式(如劳技实作作品、语文整本书阅读比较成果)。四是教师实践成果的展示式。主要有:结合高宇丽老师数学市、区级子课题之学校抗疫中的网上教学研究成果八项(一篇子课题报告和七位教师的公开研究课与课后的微研究成果介绍);实践教师 19 篇课例、专题总结、主题式案例和项目化学习类总结性成果,在复旦大学张学新教授创立的"全国对分课堂教育创新联盟"网站展出。

学生探索成果展评法的实践实例如下:

实例1:顾耘禾老师在"班徽设计"一课实践时,组织了班级展评。首先,教师借助多媒体出示以下评价要求:造型简练美观;符合班情,体现班风;线条流畅,绘画完成度高。接着,组织学生根据要求进行自评和组内互评;选择不同风格的作品进行班级展评。最后,教师根据学生自评与互评情况,做随机激励与点评引导。

实例2:顾君老师在其"束口小手袋的设计与制作"项目化学习学生"束口小手袋"一课的展示与评价阶段让学生根据此前协定的"评价标准",对自己的劳动成果进行自我展示、评价、小组互评、师生共同讨论等。交流的形式不是单一的,比如,学生制作 PPT 或小视频记录劳动的全过程,后期进行汇报交流、参加学校艺术节展评活动等。评价的内容,除了学生可见的束手小口袋实物型劳动成果、知识技能掌握情况外,还有劳动过程中的习惯、行为表现的改善、劳动价值的理解等。也就是说,要更注重学生劳动实践中的体验,而非仅仅关注劳动结果。评价方法上,结合过程性评价和终结性评价、质性评价和量化评价、个性评价和共性评价、个体评价(自评)与小组评价、教师与家长(简称师长)评价(他评)相结合,形成学生劳动实践过程的全息画像。

"展评法"的实施,既强化了参与成果展示的学生、教师与家长的提高成果质量的意识,又实际打磨与提高了学生展评的成果质量,还锻炼了学生多样化成果的展示准备、交流与自评、互评和反思、改进能力,并为总课题总结课题研究的师生相关实效,提供了基于展评成果的依据。

7. 综评法

所谓"综评法",在本课题中,是指结合研究者从调查、量表、观察、访谈、作业、不同阶段的测试、成果展评等多种评价方法、多时段评价所得的评价结果,按照一定的比例,对学生的"双自"素养、学科渗透教育类课、项目化学习活动的实施、教师的课题研究素养和其他专业素养等,综合加以考量,得出相应结果,判断个体素养变化和课题研究整体实效的评价办法。

"综评法"的实施,引导了师生养成注意保留和采集来自不同时段、不同评价方法所获得的各自相应的数据和其他实证材料的良好习惯;提高了师生的阶段性反思与调整能力;使学生、教师和学校课题组对判断学生"双自"素养发展和教师课题研究素养及其他专业素养发展有了基于综评的实证依据,提高了学校区级课题研究的整体质量。

四、成效与结论

(一)主要成效

1. 构建了区级课题评价体系

通过研究,本子课题阐明了"四个层面"的评价研究依据和指导思想;制定了 12 项评价标准;探索了七种评价方法,从而构建了本课题之"评价体系"及其操作框架,总结了实施经验,丰富了基于"双自"教育对分课堂在农村初中公办学校实践为主的整体研究之"评价体系"方面的相关理论,把握了课题评价体系研究的一定规律。

2. 发挥了诊断、引导、激励、促进发展方面的作用

(1)引导和激励了学生"双自"素养的发展

在评价标准的引导和激励下,学生强化了"双自"素养发展的意识,明确了"双自"发展的目标,判断了自己的优势与不足之处;逐步规范了自己的"三程"自主学习和自主管理的行为,提升了自己的整体素养;促进了可持续发展。

(2)引导了教师基于"双自"教育对分课堂的实践、评价和自身素养的发展

参与实践研究的大部分教师,能够参照五项总体评价标准,注意在学科的课前、课堂、课后和下次课上,有机融入"对分课堂"的相关实施原则、实施模式和实施方法,调整自己的学科教学内容,合理选择和加强教与学的策略、方式、方法与评价举措的设计,更好地加以实施,帮助学生提升"双自""三素养";提升自身的课题研究素养和其他专业素养;推动了学校区级总课题的实践和评价研究,促进了学校教育教学评价工作的改进。

(3)引导了区级课题的评价实践和探索

本子课题研制的评价标准,为总课题组和其他子课题组的实践探索、评价标准和评价方法的设计与运用,提供了依据和参考,促进了总课题组的实践探索和评价研究的实施和

成果总结。

3. 促进了学校区级课题的研究

一是促进了实践教师个体的评价研究,提高了参与者评价研究的水平和成果质量;二是促进了学校相关子课题的评价研究;三是促进了学校总课题的评价研究,形成了评价体系,并把握了区级课题评价体系研究的一定规律。

(二) 基本结论

本子课题通过研究,阐明了"四个层面"的评价研究依据和指导思想,制定了12项评价标准,探索了七种评价方法,从而构建了区级课题之"评价体系"及其操作框架,总结了实施的经验,丰富了基于"双自"教育的对分课堂在一所农村公办初中学校进行规范、较为整体的实践和具有一定新意的评价方面的相关理论,把握了区级课题评价体系研究的一定规律。

(三) 创新之处

本子课题一是以党中央国务院教育评价改革的"总体方案"为核心指导,引入了对分课堂的理论,融入了其他"三个层面"具有针对性的依据;把握了评价的指导思想,贴近了时代的要求,结合学校原有区级课题的"评价体系"成果、新的校情、学生和教师的特点,赋予了新的聚焦点:引导与促进了初中学生在"三程"自主学习、自主管理各自"三素养"方面的自主发展。可见,"评价体系"研究的定位清晰,有所发展。

二是开发和运用了"五项总体"和"七项具体"的系列评价标准:各项评价标准的内容,各有二到三级的评价要素,普遍关注到了特色加分;有匹配的"四个层级"的评价要求、计分设置和评价操作的分类具体说明。可见,"评价体系"方面"中位"的衡量"尺子"的类型是丰富的,要素是全面的,内容是带有一定开放性的(特色加分),表述是规范的,实施是易操作的,在运用过程中,对学习者与指导者用于初期诊断、实施过程中的引导与促进、实施告一段落后的结果判断,是具有较为可靠的实证价值的。

三是设计和运用了七种总体的"下位"的评价方法,这对于落实评价的愿景、开展评价的具体实施,更好地发挥了其在帮助诊断、引导、促进被评价人员素养发展和在促进实践教师之学科渗透教育、小课题研究、主题式案例的探索和项目化学习推进方面的价值,并为总课题组总结研究的实效提供了基于评价"七法"运用的客观依据。

四是这一研究,是在上海浦东的公办农村初中中学进行的,学生覆盖初中四个年级。可见,从中获得的"评价体系"成果,具有更广的适应性。

五是通过研究,构建了区级课题之"评价体系"研究的内涵更为丰富的操作框架,总结了实施经验,拓展了基于"双自"教育的对分课堂实践研究之评价体系方面建设的相关理论,把握了区级课题"评价体系"研究与成果总结的一定规律。可见,本成果对农村初中学校区、市级同类课题的"评价体系"研究,具有一定的普适意义。

参考文献

［1］中共中央、国务院印发深化新时代教育评价改革总体方案[N].人民日报,2020-10-14.

［2］教育部等六部门.教育部等六部门关于印发《义务教育质量评价指南》的通知[EB/OL]. http://www.moe.gov.cn/srcsite/A06/s3321/202103/t20210317_520238.html,2021-03-04.

［3］中华人民共和国教育部.义务教育课程方案[M].2022版.北京:北京师范大学出版社,2020.

［4］张学新.对分课堂:中国教育的新智慧[M].北京:科学出版社,2016.

［5］王琰春.西方教育评价观的演进及对我国的启示[J].教育与现代化,2003(1):74-78.

［6］赵春芳,曹明,陈春生.教学策略与学习效能[M].北京:中国出版集团,现代出版社,2014.

［7］王晓玲.教育统计学[M].修订版.上海:华东师范大学出版社,1994.

［8］范晓玲.教学评价论[M].长沙:湖南教育出版社,1999.

［9］于明霞.建立"三重"质评体系　促进学生主动发展[J].教育家,2016(23):84.

［10］唐燕枫,曹明.新城区初中学生良好行为习惯养成教育的评价体系研究[M]//金丽萍,曹明.初中生良好行为习惯养成教育.上海:同济大学出版社,2017:140-167.

［11］姚勇,曹明."独二代"家庭教育学校的评价体系支持的实践与研究[M]//金卫东,曹明."独二代"家庭教育指导方略:论文选.上海:上海教育出版社,2017:187-214.

［12］周维,曹明,祝青,等."基于积极心理学'五原理',促进中学生主动发展的实践研究"之评价体系研究[M]//柴建荣,曹明,黄毅菁,等.中学主动发展的实践研究——论文选.上海:上海教育出版社,2024:148-177.

第三篇

小课题专题总结

学生"双自"游记散文赏析素养：在对分课堂整合实施"三程·九法"中得以逐步提升

——以《壶口瀑布》教学实践与分析为例

陆佳雯（上海市蔡路中学）

一、问题提出

（一）落实语文课程标准对学生游记散文赏析要求的需要

中华人民共和国教育部组织编写（简称部编）的《义务教育语文课程标准（2011 年版）》（简称课标）明确指出：七到九年级学生能够"欣赏文学作品，能有自己的情感体验，初步领悟作品的内涵，从中获得对自然、社会、人生的有益启示。对作品的思想感情倾向，能联系文化背景做出自己的评价；对作品中感人的情境和形象，能说出自己的体验；品味作品中富有表现力的语言"。在具体的阅读与鉴赏方面能做到"在通读课文的基础上，理清思路，理解、分析主要内容，体味和推敲重要词句在语言环境中的意义和作用。对课文的内容和表达有自己的心得，能提出自己的看法，并能与他人合作，共同探讨、分析、解决疑难问题"。

在教材中安排游记单元，是一个颇具新意的设计。因此，让学生了解游记特点，把握其基本要素是十分必要的。课标还提示，游记散文的教学重点在理清"所至"找"点"；关注"所见"赏"景"；探究"所感"悟"想"。

《壶口瀑布》一文选自部编语文教材八年级（下）第五单元游记单元。很多教师在教学这个单元时，往往不知道该如何选择教学内容，常常将游记课教学视同普通的散文或者小说等文体来教，忽略了游记作品在教材中的精心安排，存在教学中常见的几种偏差：一是内容选择散文化；二是语言赏析单调化；三是主题理解片面化。而在八年级上册教材开始，编者就以"文体学习"为主线，因此，散文中语言的品读才是教学的重点内容。《壶口瀑布》视角独特，既有整体观照，也有细节刻画、描写景物、表达情感，写法比较典型。基于此，《壶口瀑布》这篇课文的教学可以着重抓四个方面：第一是分析语言；第二是合理安排教学方法；第三是正确理清文章思路；第四是结合学校区级课题的要求考虑学生的自主发展。

（二）提升所任教学生"双自"游记散文赏析素养的需要

1. 意识方面

学生"双自"（自主学习、自主管理）游记散文赏析意识，主要存在以下"三个方面淡薄"。一是对价值认识淡薄；二是"元认知"意识薄弱；三是"双自"意识淡薄。

2. 能力方面

学生"双自"游记散文赏析能力，主要存在以下"四个欠缺"。一是课前知识梳理能力欠缺；二是课中思维能力欠缺；三是课中讨论分享技巧欠缺；四是课后反思总结能力欠缺。

3. 良好行为习惯方面

学生"双自"游记散文赏析良好行为习惯，主要存在以下"三个尚未养成"。一是尚未养成课前独立诊断、系统整理相关知识，并以个性化方式表达的习惯。二是尚未养成将散文类文章关联整合，同时兼顾知识的多元化强化与应用实践的习惯。三是尚未养成注意积极参与小组及班级讨论，注重不同阶段的及时梳理、反思、概括与总结，以促进知识内化与深化理解的习惯。

鉴于以上情况，笔者在参与学校区级课题"基于'双自'教育的对分课堂实践研究"的探索时，基于张学新教授"对分课堂"理论中的"教师精讲""学生自主学习""生生、师生讨论"原则，尝试在游记散文教学中融入对分课堂"四模式"（呈现、独学、讨论和对话）于学生"三程"（课前、课中和课后）学习，结合自己多年的实践教学经验和本校学生的实际情况，在符合单元目标的前提下，融入整合实施"九法"（见下文），在初二游记单元精读课文《壶口瀑布》的教学中，在提高学生独立与小组合作完成相应学习任务的速度、质量与一定独特性的同时，有机提升初二学生游记散文学习中的自主学习和自主管理（简称"双自"）的相关意识、能力和良好行为习惯"三素养"。

下面以笔者于2021年5月27日下午第5节在初二(1)班所开设的区级课题研究课《壶口瀑布》为例，在关注学生整体、紧扣单元要求和彰显文本特点的前提下，说明在对分课堂中实施"三程·九法"（自主预习法、阅读比较法、检测法、精讲法、讨论法、朗读法、交流法、归纳法、练习法）的基本做法、实效与反思。

二、实施方法——"三程·九法"

所谓"方法"，是指在"对分课堂"这一模式下指导学生"三程"学习《壶口瀑布》一课内容时，注意明确若干基本做法的要素，在提高学生完成相关过程的学习内容任务的速度和质量的同时，有机提升学生相关"双自""三素养"的教学办法。

（一）课前：自主预习法和阅读比较法

这是在《壶口瀑布》课堂教学前，教师提供壶口瀑布的相关知识与作者简介和导学单(两次对观察时间、位置、所见之景和感受"四个维度"的比较练习提示),告知学生壶口瀑布的地位和若干方面的特点、作者简况和阅读散文时要注意比较记录情况,使学生自主理解和吸收壶口瀑布和作者的相关知识,感受作者笔下壶口瀑布枯水期的特点,品味本文独特的语言,初步领会作者对眼前之景所引发的感想、理性思考和个人体验;锻炼独立思考的能力与良好行为习惯,有机内化"双自"素养的教学办法。

1.学生自学教师提供的壶口瀑布地位、特点和作者简介文段

壶口瀑布:中国的第二大瀑布,也是世界上最大的黄色瀑布。黄河奔流至此,河口忽然收束,在不到五百米的距离内,河水宽度从数百米急剧收窄为二三十米,河水流速陡增,势若万马奔腾;同时,河水从二十多米的高处,飞速跌落至直径五十余米的大石潭中,声如洪钟巨雷,形成罕见奇观。

作者简介:梁衡,1946年生,著名学者、新闻理论家、作家,山西霍州人。1968年毕业于中国人民大学。曾任国家新闻出版总署副署长、《人民日报》副总编辑,现任中国人民大学新闻学院博士生导师。出版有散文集《只求新去处》《人杰鬼雄》《名山大川感思录》《觅渡》等。

学生通过这个环节,一是了解了壶口瀑布在世界瀑布界的地位、水色、河道现状、高度落差与河势等特点;二是初步了解了作者的出生时间、学历、所任职务和四部散文作品等简况;三是与七年级(下)所学的长诗《黄河颂》一文间建立联系;四是提升了精学课文内容的兴趣。

2.学生独立完成教师预习单所提供的阅读比较表、简答题

(1)学生独立完成壶口瀑布两次观察阅读比较。

即学生借助表1,独立阅读教材,从观察时间、位置、所见之景和感受"四维度"对文中人物首次和第二次观察的结果进行比较,并记录在表格相应处。

(2)观察表格,这是什么文体?

(3)河水从五百米宽的河道上排排涌来,其势如千军万马,互相挤着、撞着,推推搡搡,前呼后拥,撞向石壁,排排黄浪霎时碎成堆堆白雪。山是青冷的灰,天是寂寂的蓝,宇宙间仿佛只有这水的存在。当河水正这般畅畅快快地驰骋着时,突然脚下出现一条四十多米宽的深沟,它们还来不及想一下,便一齐跌了进去,更闹、更挤、更急。

浊浪奔涌,怎一个豪字了得! 请你再填入一个字并说说你是从哪里感受到的?

(4)文章原句:只见那平坦如席的大水像是被一个无形的大洞吸着,顿然拢成一束,向龙槽里隆隆冲去,先跌在石上,翻个身再跌下去,三跌、四跌,一川大水硬是这样被跌得粉碎,碎成点,碎成雾。从沟底升起一道彩虹,横跨龙槽,穿过雾霭,消失在远山青色的背景中。

教师改句:只见一个无形的大洞吸着那平坦如席的大水,水顿然拢成一束,向龙槽里冲去,先跌在石上,再跌下去,三跌、四跌,直至碎成点,碎成雾,幻化为彩虹,最后

消失。

比较原句和改句,哪个好,为什么?

（5）尽管这样,壶口还是不能尽收这一川黄浪,于是又有一些各自夺路而走的,乘隙而进的,折返迂回的,它们在龙槽两边的滩壁上散开来,或钻石觅缝,汩汩如泉;或淌过石板,潺潺成溪;或被夹在石间,哀哀打旋。还有那顺壁挂下的,亮晶晶的如丝如缕……

这里的水和前面相比有何不同?你是从哪里感受到的?

（6）作者说,壶口瀑布像一曲交响乐,有动态的壮美,有听觉的回响;像一幅写意画,有静态的优美,有视觉的冲击,请你再添一比喻把它变成排比句,并结合文本说明理由。

表1 《壶口瀑布》课前导学案:作者两次观察壶口瀑布"三要素"简要比较

观察项目	第一次	第二次
观察时间	雨季	枯水季
观察位置	滩里	沟底、河心
所见之景	气势磅礴、水声之大、水势之急	气势磅礴、变化之美、刚柔相济
观察感受	可怕	人的各种感情、黄河伟大的性格

通过这个环节,一是学生感受到了作者笔下枯水期壶口瀑布的特点,在比较表的提示中体悟了游记的一般知识:可从观察时间、位置、所见之景和感受"四个维度"做记述。二是学生通过预习单自主比较练习,品味了本文独特的语言,初步领会了作者是如何由眼前之景引发感想,并进行理性思考、阐释个人体验的,同时,锻炼了独立思考的能力与借助表格进行比较的良好精读行为习惯。三是教师通过课前检查学生预习单的完成情况,了解了学生对游记散文学习的起点和薄弱点,为课中教学设计提供了依据,如,原先设计一次学法指导后,围绕两个问题,即这段文字写了壶口瀑布水怎样的特点?为何这么写?要求学生阅读课文,进行自读自学。而在检阅学生导学单实际情况后,笔者将上述宽泛的问题细化为"游踪三视线",在三次分层学法指导后,再由学生小组合作进行阅读圈画、讨论、梳理、概括壶口瀑布水的特点和作者这样写的原因,确保了在三次微对分情况下,个人自学与小组合作学习的高效性。

（二）课中:检测法

这是在《壶口瀑布》课堂教学课中初始阶段,借助3分钟"微对分形式",即教师1分钟提问(借助表1提出),学生1分钟回答(观察位置、所见之景、观察感受),师生1分钟小结(归纳游记散文所至、所见、所感"三要素"),锻炼学生听清引导问题、根据比较表答问和听取教师归纳的能力,初步了解游记散文所至、所见、所感"三要素",并有机内化"双自"素养的教学办法。

片段1:师生借助表格开展3分钟"微对分"活动,即教师借助表1呈现两个问题,引导学生借助课前导学案表1回答问题和师生合作归纳小结,锻炼学生听清引导问题、答问和听取教师归纳的能力,初步了解游记散文所至、所见、所感"三要素"。

1.教师借助表1提问:你根据课前导学案的记录,对作者两次观察壶口瀑布做的简要比较的结果是怎样的(1分钟)?

师:请同学们拿出课前导学案的表1,其中有对作者两次观察壶口瀑布的简要比较,看看你比较的结果是怎么样的?

教师借助PPT出示表1。

2.学生答问(1分钟)。

师:一起来说,观察时间。请这排同学说一说。

该排学生一起回答。

师:观察的位置在哪儿?所见之景有哪些?景色太多了,由此产生的感悟又是什么?

相关学生依次回答。

师:大家的预习工作做得很到位!这堂课,我们要进一步赏析枯水季壶口瀑布的美景和作者由景生发的感悟。

师:请同学们观察表格(幻灯片出示提示选项。A. 记承天寺夜游;B. 与朱元思书;C. 小石潭记)。请问这是什么文体?你们觉得这篇文章和哪个选项最像?这样的文体,我们一般把它叫作什么文体?

学生独立观、忆、思,参与回答出:游记散文。教师板书。

师:什么是游记散文?望文生义,游记,就是人们游玩时所记下来的文章。

3.师生归纳(1分钟)。

师:请观察表格的第一竖列,游记要写哪些方面?

生:所至、所见、所感。

教师板书"游记散文'三要素'":"所至、所见、所感"。

学生在表1第一列旁加备注,记录"三要素"。

师生齐答游记散文的"三要素"。

教师在授课时发现,一是全体学生课前能够做好表1的梳理并受到教师激励,促进了学生主动完成课前预习良好习惯的养成。二是表格所要填的"四维度"的内容都比较完整,说明学生的阅读都比较认真、扎实。三是请学生观察表格的第一竖列,提问游记要写哪些要素时,学生通过归纳观看位置、所见之景和体会感受,能够小声答出游记散文的"三要素":所至、所见、所感。当教师提到可以根据这"三要素"明确文章文体即游记散文时,大部分学生脸上出现了恍然大悟的表情,说明学生由此掌握了游记散文文体识别的方法。

四是课中检测法结合师生"3分钟微对分"的互动实施,促进了学生积极参与课堂活动,提升了学习效率,有机培养了学生的"双自"素养。

(三) 课中: 精讲法

这是在课中实施过程中,教师借助多媒体视频、图片、课中学习单、问题引导、口头说明本游记散文中的观察"三视线"(由河心向上游看去、由上至下看龙槽壶口、看龙槽两边)的内容,引导学生独学、小组讨论和师生合作归纳"三视线"的所见和所感,有机内化游记散文"双自""三素养"的教学办法。

片段2: 教师借助图片、图文组合的课件、课中学习单、口头说明"三视线"和问题引导学生独学、小组讨论、班级交流和师生归纳"三视线"所见与所感(16分钟)。

1. 教师精讲:借助图片、图文组合的课件、课中学习单、口头说明"三视线"和问题引导学生后学(3分钟)。

师:让我们一起跟随作者的视线,着重领略别样的枯水季壶口瀑布的美。回忆一下,作者写枯水季的壶口瀑布立足点在河心。那么,让我们随着河心向视线一的上游看去(借助幻灯片出示《壶口瀑布》选文内容并朗读)。接着,我们来到视线二:由上至下,龙槽壶口(借助幻灯片出示《壶口瀑布》选文内容并朗读)。最后,我们来到视线三:龙槽两边(借助幻灯片出示《壶口瀑布》选文内容并朗读)。"三视线"给你带来怎样的感受? 请同学们各自借助图片、课件的提示,细细体悟文中文字,做圈画与批注,等下我们做交流。

2. 学生独学(2分钟)。

学生独立观、听、忆、思、阅,做圈画和批注。

3. 学生小组讨论(2分钟)。

师:四人一小组,把刚刚思考的所见之所感分享给组员听。

4. 师生归纳(9分钟)。

(1) 归纳视线一

师:上游看去浊浪奔涌,怎一个豪字了得! 请你再填入一个字并说说你是从哪里感受到的?

生1:千军万马的比喻;排排、堆堆等叠词让我感受到壶口瀑布的雄,雄浑壮阔。

教师板书"雄"字。

师:闹是从视觉转到听觉,使得我们对瀑布的感受更为丰富。请你朗读一下第一句。这里面动词多吗? 一字不够还要用四字,是否太多了?

学生独立听、阅、思。

师:挤是从面积上来说的。挤可以看出瀑布水怎么样?

生2:数量多,密度大。

师:哪里还可以看出挤?

生3：撞、推推搡搡、前呼后拥。

师：前呼后拥和推推搡搡这两个四字动词是不是重复了？

生4：一个是横向动态，一个是纵向动态，也就是说，这里写出的是从五百米的高空径直跌落到四十米宽的龙槽的壶口瀑布全方位的拥挤，真是"浊浪奔涌，怎一个挤字了得！"

师：急是从流速上来说的。哪里可以看出急？

生5：撞、霎时、跌。

师：这段文字要用怎样的情感进行朗读？有气势，有赞美，红字加重音，叠词拖一点儿音，语速呈现急缓的变化。

一名学生朗读幻灯片文字。

全班齐读幻灯片文字。

（2）归纳视线二

师：当你看到河中有河，你会怎么说？

生6：奇特。

教师板书"奇"字并追问：幻灯片中出示的原句和改句，哪个好？为什么？

生7：原句好。更突出了水前进过程中遇到的阻碍，以及其在这一过程中凸显的伟大性格。

教师进一步落实关键处"拢、冲、跌、翻、碎"等后点拨：水是被迫收拢的。它是如何表现或回应的？

生8：冲、跌（因教师要求，做一做这两个动作）。冲是主动的，跌是猝不及防且受到阻碍了，被动的。

生9：隆隆写出冲力大，这是它不屈的吼声。

师：找找看这里还有哪些拟人化的动作？

生10：翻个身是它力争主动的动作，这是它在与地形抗争，与山石抗争。

师：最后的结果是什么？

生11：碎成水雾，化为彩虹。

师：从这一系列的动作中，你看到了怎样的画面？感受到了什么呢？

生12：河水冲跌而下，碎成水雾，很危险。

教师板书"险"字并说：说明水历经磨难后破茧重生，前方艰险重重，但不妥协，努力尝试不放弃。作者写此不只是为了突出水的气势，更是赋予了其人的品格、气质。请男生齐读原句，大家一起思考原句好在哪里？

生13：原句和改句都写出了水前进过程中的危险，但原句把水历经磨难后破茧重生、前方艰险重重，但不妥协、努力尝试不放弃的伟大精神凸显了出来。

师：请男生来齐读这一段，读出河水冲跌而下碎成水雾时的艰险和果敢。注意，它幻化成彩虹时，要读得壮美一些。

全体男生按要求和自我的体会，齐读。

（3）归纳视线三

师：水都幻灭了吗？

生14：不，它依旧前行。

师：这里的水和前面相比有何不同？给你带来什么感觉？

生15：水幻化为各种姿态，有声音上的汩汩、潺潺、哀哀。这都是水的多姿多彩，纤细柔美。

教师板书"美"字后追问：柔美是否意味着软弱呢？

生16：不。各式各样姿态的呈现，以及动词"夺路而走""乘隙而进""折返迂回""钻""觅"，表达了即便是纤细的水流也想尽办法与山石抗争，哪怕寸步难行，它也要前行。

师：所以，黄河水在这里呈现出怎样的性格特点呢？

生17：柔中有刚。

师：读上两个片段时充满阳刚之气，这里请女生来读，读出柔和柔美感。

全体女生按要求和自我的体会，齐读。

师生合作总结：大家有没有发现，作者下到河心之后没有移动，但是视线一直在变化，这与小石潭记移步换景不同，我们把它叫作定点观察。教师板书"定点观察"。

精讲法的实施，一是学生跟随教师的讲解，逐步领悟到了"三视线"所在、所见之景不同观察角度下的美。二是学生学会了分层次的观察和描述，对游记中细腻的观察技巧有了深入的认识。三是通过三次互动式的归纳，学生逐步挖掘了文本背后的意义，理解了作者的情感和思考，为后续的讨论、交流与归纳游记三要素之"所至"是骨骼、"所见"是血肉、"所感"是灵魂蓄力。四是通过多次互动精解，有效地促进了学生"双自"素养的提升。

（四）课中：讨论法

这是指师生或生生在《壶口瀑布》一课的教学过程中，在"对分课堂"教师精讲环节后，注意围绕游记散文"三要素"之灵魂元素的"所感"，通过实施"微对分"模式，教师精讲（借助问题引导学生思考作者由黄河水联想到了人的什么方面），引导学生自主内化文章的"意境美"和"哲理美"，即作者是如何由景及情进而升华至感叹人生、讴歌民族精神的；锻炼学生借助精讲环节已学、运用已知开展小组讨论、全班交流互助答疑，促进"有独有合"进行听引、思考、梳理、讨论、交流、答疑、概括分享精读成果、解决问题、把握"意境美"和"哲理美"的能力，并有机提升学生"双自"素养的教学办法。

片段3：依据对分课堂微对分之"小组讨论"模式，教师通过问题引导学生思考作者由黄河水联想到了人的什么方面，学生分组讨论"看水不是水，是叹人生"的话题，师生归纳朗读的适合语气，以及思考最后一句可否改成陈述句。

1. 教师精引（1分钟）。

纵观全文，你觉得文章只是在向我们赞美黄河壶口瀑布这一胜景吗？这黄河之水使作者想到了什么？流露出怎样的情感？

学生思考后，教师幻灯片出示："我突然陷入沉思，眼前这个小小的壶口，怎么一下子集纳了海、河、瀑、泉、雾所有水的形态，兼容了喜、怒、哀、怨、愁——人的各种情感。"可见，作者由黄河水联想到了人。

请学生按混合小组四人一组进行编组，围绕上述话题，进行3分钟分组讨论。

2. 学生小组讨论所感："看水不是水，是叹人生"（6分钟）。

学生独立听、忆、思，参与小组选择、建组（全班共分为八个小组）；分小组讨论，按1—8组的顺序，小组代表交流本组讨论的结果。以下，为1—4组代表交流的小组讨论所感。

组1：海、河、瀑的激越奔涌让人联想到人的喜、怒、哀。

组2：泉雾的细腻曲折让人联想到人的怨愁。

组3：作者想到了人生百态，以及生命的多样和精彩。

组4：我们感叹人的渺小，天地的伟大，世界包容万物。特别是眼前的壶口瀑布，它包容万物，胸怀博大。

3. 师生归纳（1分钟）。

师：这番感慨要用怎样的语气朗读？最后一句改成陈述句好吗？

生：赞叹的语气。

学生朗读，教师板书"叹人生"。

在小组讨论微对分活动中，一是学生有机会针对作者由黄河水的海、河、瀑、泉、雾五种形态联想人的喜、怒、哀、怨、愁五种心情进行深入探讨。通过与同伴的互动，他们从联想角度思考问题，加深对游记散文"所感"内容的理解。二是有效地锻炼了学生小组内的讨论和交流，促使学生质疑、分析观点和论证，从而锻炼批判性思维能力。三是提升了小组成员间沟通与协作的技能，提升口头和书面沟通能力，以及团队协作精神。四是在一个较小的群体中发言往往比在全班面前更容易，较为内向的学生参与讨论、发表自己观点的信心有所提高。五是学生合作质疑自主管理素养得到了有机锻炼。

片段4：依据微对分课堂"全班讨论"模式，教师邀请各组学生参与全班自由发言，交流所见后的所感，就小组或个人的问题与困惑进行求助对话，师生给予解答与归纳，深入体悟所感。

1. 教师精引（1分钟）。

师：看水是水，它历经磨难，柔中带刚，或前进，或重生。看水不是水，它像一个人，有多样精彩的生命，也有博大包容的胸怀。看水还是水，只是这水不是普通的水，它是5 000多年来孕育我们中华儿女的母亲河啊！所以，作者专门去看壶口瀑布，他还赞美了中华民族伟大的性格！黄河的性格其实就是中华民族的性格。同学们，中华民族曾经遭受过外敌的入侵，曾经经历过深重的灾难，但是无论怎样的压迫和打击，都不能使我们屈服。回忆历史，你能举一个例子来证明我们所拥有的这一伟大性格吗? 大家交流一下。

2.学生参与全班讨论:"看水还是水,是颂河魂"(6分钟)。

学生独立听、忆、思,举手被叫的学生回答。

生1:我想到了飞夺泸定桥时战士们的英勇无畏。

生2:我想到了狼牙山五壮士抗争到底,英勇牺牲。

生3:我想到了2008年汶川大地震人民团结一心。

生4:我想到了2003年非典、2020年新冠全国人民众志成城。

组5生:我们组有个问题还没有解决,就是韩信胯下受辱,是他的妥协还是他的智慧? 想请教其他组的同学。

组4一生:一群恶少当众羞辱韩信。韩信自知形单影只,硬拼肯定吃亏。我们认为,这不是屈服,反而是他能屈能伸的表现,体现了其不屈不挠的性格。

组8一生:我的问题是作者由黄河之水想到了人之外,还想到了人的性格。想请教老师,段落结尾作者说:"这性格只在冲过壶口的一刹那才闪现出来被我们看见。"为何会这样呢?

师:作者的意思是,第一,黄河的个性是柔中带刚的,蕴蓄着无尽的力量,所以才能穿凿巨石,改变地貌;第二,未经磨难不成才,黄河的个性也是在巨石的逼迫中最终铸就的,甚至可以说"未过壶口不成河"。作者借对黄河的赞美,表达了对中华民族百折不挠、勇往直前精神的歌颂。

3.师生归纳读法和男、女生轮读(3分钟)。

师:对于黄河而言,壶口是它所经历的最为艰难和痛苦的时刻,它面临了前所未有的磨难和考验。也正是在这样的至暗时刻,它的力量、意志和精神得到了最充分的展现。让我们再来朗读黄河伟大的性格,读出气势,读出赞美!

师:如何朗读?

生:铿锵有力,层层递进,语气、语调渐强。

师:很好! 请男、女生先、后轮读"博大宽厚""柔中有刚"……

男、女生配合轮读:黄河博大宽厚(博大宽厚),柔中有刚(柔中有刚);挟而不服(挟而不服),压而不弯(压而不弯);不平则呼(不平则呼),遇强则抗(遇强则抗);死地必生(死地必生),勇往直前(勇往直前)。

师:很好! 大家读出了黄河博大宽厚和柔中有刚的伟大性格与不凡气势。

在全班学生参与讨论微对分交流、对话和师生归纳活动中,一是汇聚了班级所有成员对黄河的性格就是中华民族的性格这一观点和想法,这为学生提供了一个更广阔的视角,对游记散文"所感"内容有了更为全面的认知。二是锻炼了学生参与归纳读法,读出黄河博大宽厚和柔中有刚的伟大性格与不凡气势的能力。三是营造了组际交流思考所见之所感的成果、相互求教、对话解决问题的良好氛围,每个人的声音都被重视,增强了学生对班级交流和对话价值的认识、对集体的认同感和班级凝聚力。四是激发了学生的元认知和迁移思维,即联系旧知的同时,举例证明中国人的伟大性格,全班讨论环境下的碰撞产生了不少创意火花,有机内化了"双自"素养。

(五) 课中:朗读法

这是指学生围绕对分课堂教师精讲、两次微对分"或独或合"独立练习内化和小组与全班讨论环节时,有机融入个别读、齐读、男生读、女生读和轮读等不同形式的朗读,有效地锻炼了学生读出"三视线"所见、读出水势的"五种形式"和五种心情、读出黄河博大宽厚和柔中有刚的伟大性格与不凡气势的能力,实现了以读促理解、促质疑、促思考、促梳理、促表达、促讨论与对话交流,并增加了课堂的互动性和趣味性,有机提升了学生"双自"素养(具体参见上述检测法、精讲法、讨论法的相应内容,此处不再展开)。

(六)一(八) 课中交流法、"三程"归纳法和练习法

这是指课中学生独学后,参与学校组内讨论和组际交流对话,穿插在"三程"中对作者前后两次不同时间"三要素"进行阅读观察比较后的归纳、对教师精讲"三视线"中的归纳、两次微对分中对所见之所感和如何朗读的归纳、对课后独立练习中的归纳,以及学生在"三程"学习中,根据"三程三单"参与"或独或合"的阅读、梳理比较、话题讨论、班级对话交流、课后巩固等练习的教与学的办法,有效地提高了学生完成相应方法下"或独或合"任务的速度、质量和具有一定创意,锻炼了学生参与课中交流、"三程"归纳与练习的能力,提高了完成课中交流、"三程"归纳与练习的成就感与兴趣,还有机提升了学生"或独或合"监控参与课中交流、"三程"归纳与练习情况的能力与意识。课中交流法、"三程"归纳法和练习法的各自具体做法和实效,具体略。

三、主 要 成 效

(一) 学生"双自"游记散文赏析素养方面

教师通过在校日常对学生课堂表现的细致观察,结合对课前预习任务单和课后自主练习与"有独有合"迁移运用练习的反馈分析,加上与学生的交流及家校沟通所得反馈,再辅以单元评估与学期考试成绩的综合考量,可以明显看出:学生在"双自"游记散文鉴赏方面的"三素养",展现出了不同程度但总体提升的趋势。

1. "三类意识"明显增强

一是学生文体识别并认识其价值的意识明显增强。学生逐渐意识到游记散文不仅是文学的一种形式,更有其独特的美学价值和社会意义。本堂当堂对分课,教师先按游记散文"三要素"展开讲解,学生内化吸收阅读游记散文的一般路径后开展热烈讨论,已不再将

其简单归类为普通散文或小说,而是作为独立且重要的文学体裁予以深入探索。

二是学生应用元认知学习策略的意识显著增强。如,在"三程"学习中,学生借助学习单提出个人或小组的疑问困惑之处;在课中三次对分课堂实施中,学生在独学内化吸收、小组讨论和全班交流对话中,都能够结合自身和小组的学习实际,对学习过程和阶段学习结果进行监控,注意合理吸收组员、班级同学和老师的意见,改进自己和小组的学习;在课尾的归纳环节,学生通过板书主动总结本堂对分课生成内容,并在练习环节将课内与课外游记散文进行对比分析,深入探讨游记散文在构思、语言、立意等方面的特点,主动构建、整理并反思自己学习这一文体的过程。以上都体现出学生应用元认知学习策略的意识有了明显增强。

三是学生"双自"意识愈加明显。无论是独立学习还是小组合作,学生展现出了更高的自我驱动与管理能力。课前,他们能够自觉设定学习目标,规划学习路径;课中,他们积极与教师互动;在小组合作中,学生间的交流与协作流畅,能够共同探索游记散文的深层意涵。

2."四种能力"明显提高

一是课前知识梳理技巧显著优化。针对课前知识梳理能力不足,教师在课前提供导学单,为学生提供学习游记散文的支架。课中,学生围绕学习单讨论重点语句、体会作者情感,在这一课堂学习过程中逐步掌握了游记散文知识"三要素"的梳理方法,并运用问题链、思维导图等工具,将散落的知识点串联成线,在课中互动与课后练习的过程中完善预习资料。

二是课中思维与问题解决能力显著进步。如,在片段3微对分精讲环节,教师理清"所至"找"点",在片段4与片段5微对分系列讨论活动中,学生关注"所见"赏"景",师生共同探究"所感"悟"想",生生深入感受"意境美"和"哲理美",即作者是如何由景及情进而升华至感叹人生、讴歌民族精神的。上述微对分环节,学生都能准确捕捉问题核心,展现出很强的分析与解决问题的能力。

三是课中讨论分享与表达能力大幅提升。课前,个别学生在表达个人观点时信心不足,沟通协作能力有限,表述语言无法精练准确地传递个人见解或让他人理解观点。而在本课中,学生跟随"所见"之"景"大胆发表"所感"之"想",特别是讨论过程中新奇的比喻和阐释促进了课堂上思想的碰撞和有效的多元化表达。

四是课后反思总结与迁移能力显著增强。学生在学习完《壶口瀑布》后,能自主练习定点观察法,描写一处心动的景物,也能小组合作完成课外篇目《仰不愧于天》(节选)的赏析,再次体会游记散文在构思、语言、立意等方面的特点,真正将一篇游记散文中学到的东西迁移到另一篇,从而有效地提升了自主反思、总结与迁移能力。

3."三类良好行为习惯"基本养成

一是课前准备习惯基本养成。以往在课前,学生对新的文章只进行简单的朗读与生字词疏通,而这次通过教师提供的导学单,在课前,大部分学生基本养成了独立诊断、借助预习单系统梳理游记散文"四个维度"的知识和两次观察比较的良好习惯,提前构建起对作品的基本认知框架。

二是游记散文关联整合习惯基本养成。课前,学生对游记散文一知半解,而课后,学生能通过比较《记承天寺夜游》《与朱元思书》和《小石潭记》等文章知晓定点观察类游记散文的写作特色,不再孤立地看待每篇游记散文,而是学会了在更广阔的文学与文化视角下,将不同作品的知识点进行关联整合。

三是积极参与讨论与反思总结习惯基本养成。一为课中,学生在小组及全班讨论中的参与度显著提高,二为无论是课中还是课后,都能看到学生围绕游记散文展开热烈的讨论。更重要的是,大部分学生开始注重知识的梳理与迁移,试着运用定点观察法,以读促写,完成片段写作。

4. "游记散文阅读兴趣"普遍增强

学生通过"有独有合"参与课堂"微对分"系列活动,从五个片段的实践过程和实效可知:学生能根据教师的精讲,自主开展游记散文阅读路径的探索,主动参与讨论、朗读和交流等课中互动;自主迁移运用游记散文类文章进行个性化片段写作。这些都反映出学生对游记散文产生了浓厚的阅读兴趣。

(二) 教师素养方面

一是教学模式更多元化。通过实施"对分课堂",教学从传统的讲授为主转向了以学生为中心的讨论与交流模式,构建了以学生"学"为主体的新型课堂学习模式,从课堂成效看,学生的"双自"主动学习、实践、讨论、交流、评价、互助能力得到了发展。二是课堂驾驭与组织能力提升。无论是课前、课中还是课后,笔者在教学设计、课堂管理、师生互动等方面都有不同程度的改进。三是科研意识、能力、良好行为习惯和兴趣有了显著变化。笔者在与原浦东教育发展研究院资深科研专家曹明老师的频繁现场讨论和线上线下互动、直接修改、修改提示、问题诊断、自我比较示范和不断改写中,已经能够以研究者的视角审视自身教学实践,不断优化教学方法,不断完善本专题总结的提炼,完善与完成定稿和出版发表。

(三) 学校方面

一是促进了学校语文教师对游记散文类阅读改进教学方式(对分课堂三类对分形式)和方法(九法)的探索;二是丰富了学校区级课题"基于'双自'教育的对分课堂实践研究"之对分课堂多样化实施模式下实施方法类的专题总结类成果;三是在学校"双自"教育理念下,构建了高效的基于"双自"教育多元实施方法与对分课堂多模式整合运用的实践模式,成为学科教学提升学生"双自""三素养"的有效探索样式。

四、四点反思

教师一是需要关注文本个性,深入文本解读,优化语文课标中对学生核心素养培养的需求;二是需要优化问题设计,注重学生实践,贴着学生的学习去摸索设计教学方法,从而有效提升学生"双自""三素养";三是"三程·九法"实施过程中,要侧重对当堂微对分的研究,后续要进一步研究大对分、隔堂对分等其他实施形式;四是需要进一步提高课题研究意识,及时将课堂经验转化为课题成果。

参考文献

［1］中华人民共和国教育部.义务教育语文课程标准［M］.2011 年版.北京:北京师范大学出版社,2012.

［2］张学新.对分课堂:中国教育的新智慧［M］.北京:科学出版社,2016.

［3］黄国雨.美术在线教学把握"十步"　提升初中生表现表达素养——以"抗疫公益广告设计"教学为例［J］.浦东教育研究,2020(4):42－45.

［4］崔允漷.课堂转型就是让学生的学习增值［J］.上海教育,2011(9):4.

［5］周瑜.初三学生体育中考项目理想成绩和健体兴趣:在"独合结合"多元实践体验式学习中提升［M］//杨龙,曹明,杨蕾.基于独立学习与合作学习相结合的教与学方式研究案例选.上海:同济大学出版社,2022:154－161.

［6］王丹旦.语文教学实施"七式"提升学生整本书阅读竞赛类素养的学习活动设计与实施——以《西游记》整本书阅读探究成果展示竞赛式学习活动设计、实践与分析为例［M］//黄晓峰,曹明.基于核心素养理念下初中生课堂学习活动设计与实施的实践研究.上海:同济大学出版社,2024:144－160.

基于对分课堂融合"双师"几何教学实施"四步"，提升学生自主理解和应用数学概念素养

——以"等腰三角形的性质"一课"双师"在线对分课堂教学实践与分析为例

沈　威(上海市蔡路中学)

一、研究背景

2022年3月，来势汹汹的新冠肺炎疫情打乱了原本的教学秩序，出于安全考虑，广大师生不得不回到线上进行在线教学。由于客观条件的限制，在线教学过程中存在种种困难，学生坐在家中通过观看教学视频，或是在屏幕前与教师进行线上互动，其教学效果都无法与线下课堂学习时相比拟，教学时，不论是在概念理解、实验操作，还是实际应用上，都存在各种问题。而这些在线教学带来的困扰，将直接给学生在线学习的学习效果带来较大的负面影响。

基于上情，笔者参与了上海市教育委员会教学研究室数学教研员刘达老师的市级课题"基于空中课堂视频课资源建设与应用的融合式教学研究"下本校高宇丽老师为组长的子课题"基于空中数学课堂视频资源应用的'双自'教育之对分课堂融合式教学实践研究"，得到了上海市浦东教育发展研究院原资深科研专家曹明老师与市级子课题主持人高老师的大力帮助，并注意与学校区级课题"基于'双自'教育的对分课堂实践研究"的相关要求相结合，借助空中数学课堂视频资源课前、课中整合实施四个阶段(简称"四步")的基本过程，来化解在线教学带给学生的局限性，发挥空中课堂的优势，从而有机提升学生理解和应用数学概念的素养和相关自主学习、自主管理的素养。

下面以笔者于2022年5月17日下午第5节在七(3)班所开设的区级研究课"等腰三角形的性质"为例，说明"四步"的基本做法和实效。

二、实施"四步"基本步骤

(一)"双师"精心备课

1. 分析学生学情

班级中的学生经过一年多的数学学习，兴趣普遍浓厚，思维活跃，学习能力也较强，同时，

对几何的整体框架与基本研究思路已有了初步的了解,小学里对等腰三角形的知识也有所涉及,这就为笔者整合教材提供了坚实的基础。初中阶段要在小学直观感知的基础上进行推理证明,而几何命题条件和结论的区分、形式化证明和符号化表示都会给学生造成困扰。在等腰三角形的研究中,学生的主要困难体现在如何区分"等腰三角形三线合一"这一性质的条件和结论,以及如何形式化证明和符号化表示"等腰三角形三线合一"。基于分析,笔者确定本节课的教学难点为"等腰三角形三线合一"这一性质条件和结论的区分、形式化证明及符号化表示。

2. 精览视频资源

空中课堂教学视频凝聚着强大的名师团队的集体智慧,无论是对教师的备课,还是学生的学习都有非常重要的指导作用。教师可以通过精细化地研读空中课堂视频,来指导自己的教学设计。教师可以捕捉到名师们如何巧妙地处理"等腰三角形三线合一"的教学难点,通过逐步引导的方式,让学生自主发现等腰三角形的性质。通过清晰的图形标志和符号语言,逐步构建起严谨的几何论证框架。

3. 构建教学流程

有了空中课堂视频的指导,同时基于对分课堂的理念,笔者完成了对教学流程的构建。等腰三角形性质是七年级下册第十四章"三角形"第 3 节第一课时的内容,等腰三角形的性质是学生进一步学习的基础,也是本章中一个重要的知识点。这节课是在学生学习了轴对称概念、轴对称性质、轴对称变换的基础上提出来的,等腰三角形的性质是研究等边三角形,也是证明线段相等和角相等的重要依据。

教学整体呈现的顺序是:动手操作得出概念—观察实验得出性质—推理证明论证性质—应用新知识进行巩固。为此,笔者根据教育部编的《义务教育数学课程标准(2022 年版)》的课程要求和学生现有的实际情况,把这节课的教学目标拟定为:① 通过动手操作,经历"数学化"的过程,体验数学来源于现实又作用于现实;② 通过观察等腰三角形的对称性,提高观察、分析、归纳问题的能力,发展形象思维;③ 通过自主证明等腰三角形的性质,提高运用概念性知识和技能解决问题的能力,发展几何说理意识;④ 通过对图形的观察、发现,激发好奇心和求知欲,并在运用数学知识解答问题过程中获取成功的体验,建立学习的自信心。

学校的区级课题,强调了"双自"(自主学习和自主管理)教育与源于复旦大学张学新教授的对分课堂理论及实施模式的实践研究的结合。为实现上述综合化、多元化的教学目标,笔者把这节课的实施模式确定为运用张学新教授的当堂对分模式,通过先"双师"(空中课堂教师和班级数学科任教师,以下简称"双师"时,不再加引号)主讲,再由学生独学和小组活动,最后学生完成例题与小结的教学过程来开展。

(二)双师精讲教学(15 分钟)

1. 视频、问题、答问、归纳与检测引导,理解概念(8 分钟)

开场的概念学习环节是整堂课的序幕,其目的是迅速唤起学生对三角形相关知识的

记忆,并为等腰三角形的深入学习奠定坚实的基础。此环节设计如下:

(1) 观察导入。课堂一开始,教师快速带领学生通过观察回顾三角形的基本分类,初步形成对等腰三角形概念(以下简称"概念"时,若非特指,即指等腰三角形的概念)的认识。

师:观察图 1 中的 6 个三角形,你认为是否存在特殊的三角形? 若存在,是哪几个? 特殊在什么地方?

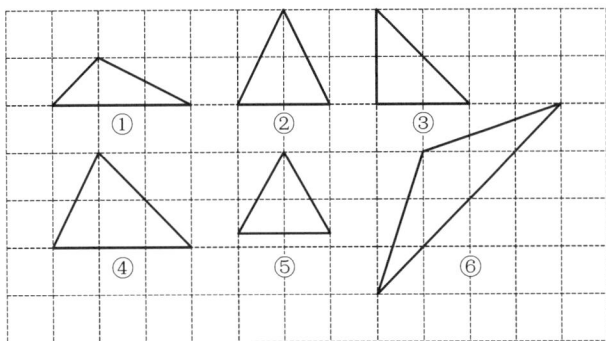

图 1

生:我认为②③⑥是一类,它们都有两条边相等;⑤也是一类,它的三边相等。

师:大家都同意他的观点吗?

生:三边相等其实也可以包含在两边相等之内,所以②③⑤⑥都可以算一类。

师:所以三边都相等的三角形包含在两边相等的三角形中。为了研究方便,请给这一类三角形取个名字,并且下一个定义吧。

生:等腰三角形。它的定义是:至少有两边相等的三角形叫等腰三角形。

师:归纳得非常好! 这样,三角形按边分类就是(多媒体呈现三角形归纳分类的结果和等腰三角形的定义):

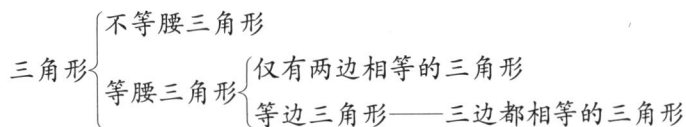

(2) 视频学习。学生观看教师精心剪辑的等腰三角形相关概念的视频片段,通过独立观看视频和听取教师的归纳进行自主学习,理解图 2 中等腰三角形的三条边、三个角的概念。

师:下面,我们通过老师剪辑过的空中课堂视频,来了解等腰三角形的一些概念。

全体学生观看空中课堂视频。

师:正如视频中老师所讲,如图 2 所示,已知△ABC 中,AB=AC,则△ABC 就是等腰三角形。在等腰三角形中,相等的两边叫

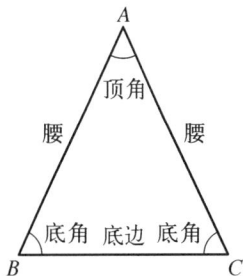

图 2

作腰,另一边叫作底边。两腰的夹角叫作顶角,腰和底边的夹角叫作底角。

(3) 解题问答巩固。教师借助问题让学生独立"做一做",结合随机引导,检测和促进学生自主巩固概念。

师:大家是否确实理解了这些概念呢?让我们从问题解决中来证实。

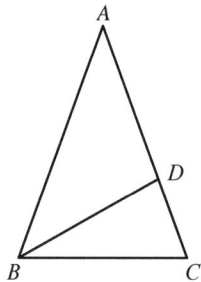
图3

做一做:

如图3,点 D 在 AC 上,$AB = AC$,$AD = BD$。你能在图中找到几个等腰三角形?说出每个等腰三角形的腰、底边和顶角。

生:有两个,$\triangle ABC$ 与 $\triangle ABD$。$\triangle ABC$ 的腰是 AB 和 AC,底边是 BC,顶角是 $\angle A$;$\triangle ABD$ 的腰是 AD 和 BD,底边是 AB,顶角是 $\angle ADB$。

师:同学们理解得很好!图中的 $\triangle BDC$ 并没有条件支撑,故不能想当然地认为它也是等腰三角形。请看下一题:已知等腰三角形一边的长为3,另一边的长为5。求它的周长。

生:若腰长为3,则底边长为5,于是周长=3+3+5=11;若腰长为5,则底边长为3,于是周长=5+5+3=13。

师:非常不错!那把题目变一变又如何呢?已知等腰三角形一边的长为3,另一边的长为7。则它的周长又为多少?

生:周长为17。当三边为7、7、3时,周长为17;当三条线段长分别为3、3、7时,因为 3+3<7,所以不能组成三角形。

师:看来,就算是同种类型的问题,也要充分考虑条件不同所带来的变化。下面,就让我们一起来研究等腰三角形的性质吧。

2. 双师讲授,参与操作、答问、推理性质(7分钟)

(1) 视频演示。教师先通过播放空中课堂视频片段,展示如何剪出等腰三角形纸片的过程,让学生能清晰地看到动手操作的过程,为后续的自主操作与性质证明打下基础。然后,学生通过对折等腰三角形纸片,发现其性质,培养抽象概括的能力,促进更好地理解"三线合一"的含义,锻炼推理能力,促进理清思路,发现结论。

师:等腰三角形是轴对称图形吗?它的对称轴是什么呢?

师:请同学们把课前准备好的矩形纸和剪刀拿出来,按照空中课堂(播放空中课堂视频)上演示的步骤操作,如图4,剪出 $\triangle ABC$。

视频步骤说明:

① 先将矩形纸按图中虚线对折;

② 剪去阴影部分;

③ 将剩余部分展开。

教师巡视,做随机指导,直至大多数学生剪出。

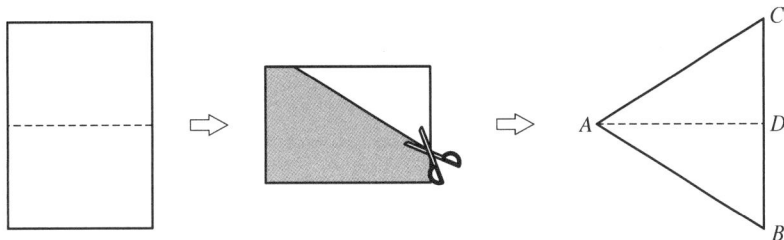

图 4

(2) 理清思路。教师借助问题与随机指导,引导学生从轴对称图形出发,发现折痕的意义,自主推理得出等腰三角形是轴对称图形的结论,为等腰三角形性质的推理奠定基础。

师:现在请同学们停下来,把你们所做的三角形按照图示标好字母。这个三角形有什么特点? 它的边有什么样的数量关系? 折痕上、下两部分有什么样的关系?

被叫生:这个三角形是等腰三角形,$AB = AC$,折痕上、下两部分相等。

师:很好! 如图 5,$AB = AC$,所以这个三角形是等腰三角形。折痕上、下两部分相等,说法正确吗?

被叫生:应该是全等。

师:现在,我们再来回答前面提出的问题,等腰三角形是轴对称图形吗? 对称轴是什么?

生齐:等腰三角形是轴对称图形,其对称轴是折痕 AD 所在的直线。

教师播放空中课堂视频,验证结果。

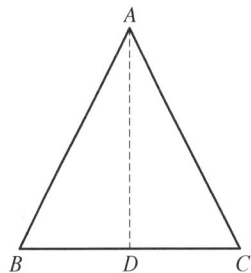

图 5

(3) 任务布置。教师引导学生有序思考,学生借助等腰三角形纸片模型的折叠,找出其重合的线段和角,并说明这些线段和角在等腰三角形中的名称,由此概括出等腰三角形的性质。

师:沿着对称轴 AD 所在的直线折叠等腰三角形纸片,你能发现等腰三角形有什么特殊性质?

生:等腰三角形两个底角相等。

师:非常好! 折叠等腰三角形纸片,使两部分重合,你发现折痕在等腰三角形中的特殊性了吗?

生:等腰三角形的底边上的中线、顶角平分线、底边上的高相互重合。

师:是的,根据实验操作可以得到猜想——等腰三角形的两个底角相等,三线合一。但是猜想不一定正确,操作不具有一般性,不能使人信服。

师:如何证明发现的等腰三角形性质? 接下来请同学们开展独立学习,之后小组自主研讨,想一想如何通过几何说理的方式来证明这两条性质?

实效简析：在上述三步中,学生通过观看视频说明、听取课任教师问题与随机引导、参与答问、动手操作、推理归纳和提示,对等腰三角形的图形特性有了直观且深刻的认知,牢固地掌握了腰、底边、顶角和底角等关键术语,强化了对等腰三角形定义的理解;初步得出了对等腰三角形性质的领悟,培养了逻辑推理能力和问题解决技巧;彰显了双师精讲教学在提升学生数学"双自"素养方面的显著实效。

(三)自主学习讨论(15分钟)

1. 独立探究,思考问题(4分钟)

即学生根据教师设计的课中学习单的前三项独立完成任务和教师问题引导,认真阅读,联系此前独立翻折等腰三角形活动的情况,尝试独立完成"完整书写等腰三角形的两条性质,并用符号语言表示",锻炼独立阅读、思考、回忆、图形结合、得出性质定义和用数学符号进行语言表达的能力;激发后续参与小组合作讨论、证明等腰三角形两条性质的兴趣。

师:请同学们根据多媒体呈现的课中学习单要求独立完成的前三个任务(见下文),思考:如何结合前面的翻折等腰三角形活动,帮助我们用几何说理来证明等腰三角形的性质?

全体学生独立观看、阅读课中学习单的以下前三项独立完成的任务,尝试完成:

(1)上面剪出的等腰三角形是轴对称图形吗?＿＿＿＿＿＿＿＿＿

(2)把剪出的等腰三角形 ABC 沿折痕对折,找出其中重合的线段和角,填写表格(见下表)。

重合的线段	重合的角

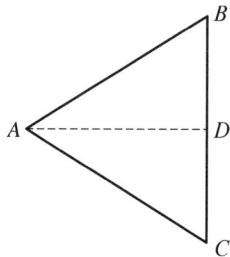

(3)请根据前面的学习,完整书写等腰三角形的两条性质,并用符号语言表示:

等腰三角形性质 1:＿＿＿＿＿＿＿＿＿＿＿＿＿＿＿＿＿＿＿＿＿＿＿＿＿＿＿

符号语言:＿＿＿＿＿＿＿＿＿＿＿＿＿＿＿＿＿＿＿＿＿＿＿＿＿＿＿＿＿＿＿＿

等腰三角形性质 2:＿＿＿＿＿＿＿＿＿＿＿＿＿＿＿＿＿＿＿＿＿＿＿＿＿＿＿

符号语言:＿＿＿＿＿＿＿＿＿＿＿＿＿＿＿＿＿＿＿＿＿＿＿＿＿＿＿＿＿＿＿＿

并思考你将如何证明这两条性质?

2. 小组合作,证明性质(7分钟)

即学生根据教师设计的课中学习单中后两项小组合作完成的任务、问题引导,认真思考,联系此前独立翻折等腰三角形活动的情况、已经得出的等腰三角形的两条性质和数学符号语言表达式,小组合作尝试用文字和数学语言证明等腰三角形两条性质,锻炼学生根据教师学习单和问题引导,数形结合、新旧知识结合,小组合作进行逻辑推理证明的能力;提高学生小组合作推理成功的成就感、自信和团队协作精神。

师:很多同学已经顺利完成了学习单,也有部分同学有一些初步的证明思路。接下来,请同学们以小组为单位,在学习单上规范书写等腰三角形两条性质的证明过程,即任务(4)和(5)。

多媒体呈现课中小组讨论完成的学习单任务(4)和(5):

任务(4):等腰三角形性质1证明

图形:＿＿＿＿＿＿＿＿＿＿＿＿＿＿＿＿＿＿＿

已知:＿＿＿＿＿＿＿＿＿＿＿＿＿＿＿＿＿＿＿

求证:＿＿＿＿＿＿＿＿＿＿＿＿＿＿＿＿＿＿＿

证明:＿＿＿＿＿＿＿＿＿＿＿＿＿＿＿＿＿＿＿

任务(5):等腰三角形性质2证明

图形:＿＿＿＿＿＿＿＿＿＿＿＿＿＿＿＿＿＿＿

已知:＿＿＿＿＿＿＿＿＿＿＿＿＿＿＿＿＿＿＿

求证:＿＿＿＿＿＿＿＿＿＿＿＿＿＿＿＿＿＿＿

证明:＿＿＿＿＿＿＿＿＿＿＿＿＿＿＿＿＿＿＿

3. 各组交流,互助纠错(4分钟)

在各组交流分享评价环节,小组代表轮流上台,分享了他们对等腰三角形性质的证明方法。通过同伴之间的互动,学生不仅学会了如何用规范的数学语言表达复杂的推理论证,还培养了批判性思维,能够精准地找到并纠正他人证明中的逻辑漏洞。这一过程不仅加深了学生对等腰三角形性质的理解,还锻炼了他们的沟通与协作技巧,彰显了他们自主学习的深度和自我管理的成熟度,体现了"双自"教育理念在教学实践中的成功应用。

师:请各小组代表交流一下证明情况,注意相互找错、析因和纠错。

小组代表交流证明方法和证明过程,其他小组学生找错、纠错、改错。教师注意倾听,并做随机激励与引导:注意进一步体会逻辑推理的基本要求——条理清晰、步步有据,提高数学表达能力,增强思维的深刻性和批判性;关注学生交流的以下五类目标达成情况,并给予指导。

交流目标1:能将"三线合一"分解为三个命题。

交流目标2:能准确表述命题的条件和结论。

交流目标3:能发现"等腰三角形的两个底角相等"的三种证明方法与"三线合一"证明过程的相关性。

交流目标4:会用规范的数学语言表达推理论证的过程。

交流目标5：能对他人的证明过程进行正确评价。

实效简析： 学生通过独立探究，有效地锻炼了独立阅读、思考、回忆、图形结合、得出等腰三角形两条性质定义和用数学符号进行语言表达的能力；通过亲手操作、直观观察、数形结合、合作推理，不仅验证了等腰三角形的性质，还学会了如何将直观认识转化为严谨的几何证明，从而增强了逻辑推理能力，体现了证明推理的广度和深度；通过参与全班小组合作成果分享中的互助找错、析因和纠错，促进了互助找错、析因和纠错的合作反思，加强了对学习目标和结果进行监控、及时改进的自主管理能力的发展和意识的增强；提高了"有独有合"进行等腰三角形性质定义、用数学符号进行语言表达和推理两条性质成功的成就感、自信和团队协作精神。

（四）例题与总结（10分钟）

1. 例题演示（4分钟）

这是指学生通过独立观、听教师的例题解题演示和借助解题说理"三步曲"，来规范解题过程，巩固等腰三角形的数学语言表达式和两条性质；明确几何概念证明解题说理的"三步曲"，观察阅读（明确求什么）、分析（有哪些已知条件）和总结（怎么求解），体验几何概念证明解题说理的基本规范性（遵守"三步曲"）、逻辑的严密性和思维的辩证性，提高"或独或合"学习几何概念推理证明的兴趣。

教师借助多媒体和课中学习单，呈现例题：

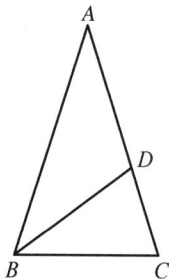

如图6，在△ABC中，$AB=AC$，点D在AC上，且$BD=BC=AD$，求$\angle A$的度数。

解：设$\angle A=x°$，

$\because AB=AC,BD=BC=AD$，

$\therefore \angle ABC=\angle C=\angle BDC，\angle A=\angle ABD$。

则$\angle BDC=\angle A+\angle ABD=2x°$，

从而$\angle ABC=\angle C=\angle BDC=2x°$，

在△BCD中，由$x°+2x°+2x°=180°$，

得$x=36°，\therefore \angle A=36°$。

图6

学生独立观、阅、忆、思，内化几何概念证明解题说理的基本规范（"三步曲"）。

2. 独立巩固练习（4分钟）

先让学生思考、练习，再进行讨论交流，同时，教师参与讨论，强调等腰三角形的顶角可以是锐角，也可以是钝角，但底角一定是锐角，关注学生是否注意到可能存在的多种情况，进一步巩固所学的知识，了解学生的学习效果，同时培养学生分类讨论的数学思想。

教师借助多媒体和课中学习单，呈现学生独立巩固性练习题：

（1）等腰三角形的一个角是36°，它的另外两个角是_____

（2）等腰三角形的一个角是 $110°$，它的另外两个角是_____

_____

（3）如图 7，在 $\triangle ABC$ 中，$AB = AD = DC$，$\angle BAD = 26°$，求 $\angle B$ 和 $\angle C$ 的度数。

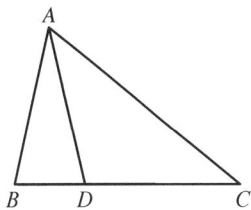

图 7

学生独立阅读学习单题目，回忆、思考，先完成前两道题的填空，再按照"三步曲"的基本规范，尝试独立完成巩固性练习题（3），书写在学习单上的相应处。

3. 师生归纳总结（2 分钟）

学生通过参与借助相关形式的知识框架图梳理归纳、交流和听、观教师呈现的等腰三角形性质的树状图式思维导图框架图，以及说明本课的研究内容与研究方法，锻炼了独立梳理概括、参与交流和结合观、听教师图文与口头说明梳理班课概念知识与学习方法的能力，使学生从整体上看待本节课的内容，形成一个完整的研究等腰三角形概念和图形的认识路径。

师：本节课中，我们学习了哪些知识？

生：本课从折纸、剪纸等生活实例出发，学习了等腰三角形的相关概念，以及等腰三角形的两条性质和它们的证明方法。

师：谁可以来说说等腰三角形的研究思路、研究内容和研究方法吗？

举手被叫的学生说明等腰三角形的研究思路、研究内容和研究方法；展示所梳理的等腰三角形框架式知识结构图，并进行描述。

师生合作，借助思维导图归纳。学生先自己归纳，然后教师请学生回答，梳理本节课所学的知识，最终形成图 8 所示的用树状图式的思维导图梳理的等腰三角形框架式知识结构图。

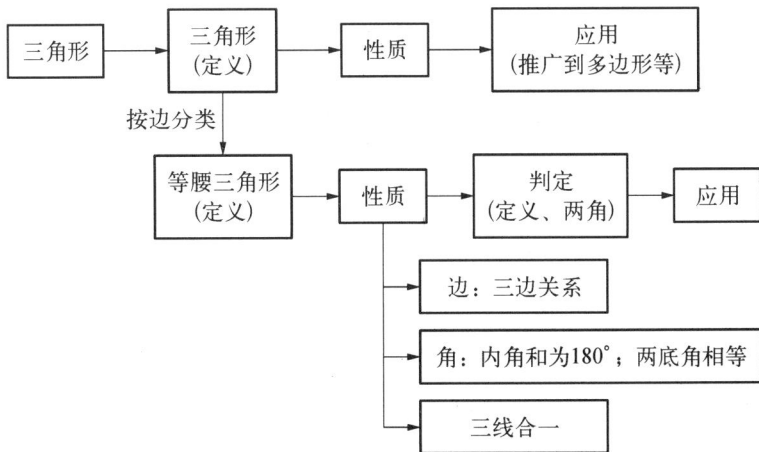

图 8

教师借助多媒体呈现结合口头说明的本课研究内容：从图形的组成要素和相关要素出发,研究等腰三角形的边、角、"三线"方面的数量关系和位置关系;研究方法：运用从一般到特殊的方法,通过直观观察、实验操作,发现结论,并提出猜想,通过演绎推理,证明猜想,通过考查性质定理的逆命题,提出判定,通过演绎推理,证明判定。

实效简析：一是在例题与总结环节,教师借助解题说理的"三步曲",即观察、分析和总结,引导学生体验数学几何证明解题说理的规范性、逻辑的严密性和思维的辩证性。二是通过变式练习,如,求解不同已知角角度下的等腰三角形其他两个角的度数,学生学会了从多个角度思考问题,灵活运用"等边对等角"等性质,展现了解题策略的多样化,深化了数学思维。三是通过参与借助相关形式的知识框架图梳理归纳、交流和听、观教师呈现的等腰三角形性质的树状图式的思维导图框架图,以及说明本课的研究内容与研究方法,有效地锻炼了学生独立梳理概括、参与交流和观、听教师借助口头说明结合树状图式的思维导图梳理的等腰三角形概念知识框架体系与学习方法的能力,使学生形成了一个完整的研究等腰三角形概念和图形的认识路径,培养了学生从一般到特殊及通过直观观察、实验操作到演绎推理的科学探究能力,锻炼了学生自我评估学习成果、主动完善知识框架图梳理的自我反思和自我调整之自主管理的能力。

三、主 要 成 效

(一) 学生方面

综合对学生的课堂参与情况的观察、对课中互动过程中学生的答问与解题的结果和参阅观摩公开课教师的评课情况,以及对所任教学生作业的批阅等可知：学生的"双自"能力有了明显的提升,"双自"学习、练习、归纳和推理证明等腰三角形性质、监控学习结果、注意加强调整的意识、良好习惯,都有较为明显的提升。以下,着重说明学生自主学习等腰三角形的能力得到显著提升和自主管理能力有所进步的概况。

1. 自主理解概念能力和应用数学概念进行证明的能力提升显著

一是通过双师精心备课,利用空中课堂视频资源和课任教师的现场精讲、借助问题、媒体、口头说明等多元引导,学生得以从直观感知和深入探讨中,对等腰三角形的性质有了全面、深入的理解。在视频引导下,学生不仅快速唤醒了对三角形分类的记忆,更是在双师的指导下,通过观察、阅读、操作、分析、证明、交流、纠错和总结,逐步掌握了等腰三角形性质的条件和结论,以及其形式化证明和符号化表示的方法。这一系列的教学活动极大地提升了学生的逻辑推理和演绎推理能力、数学概念的应用能力,更好地体会到几何证明解题说理的规范性、逻辑的严密性和思维的辩证性,使他们在面对实际问题时,能够迅速调动已学知识,灵活运用等腰三角形的性质,解决复杂问题,展现出了数学思维的深化和解题策略的多样化。

2. 自主管理能力的进步

在对分课堂模式下,一是在双师精讲环节,锻炼了学生通过独立认真观看课中课堂视频和课任教师演示、主动思考教师问题、参与答问、归纳与检测,强化对等腰三角形的图形特性和定义理解的独立、积极、主动听讲的自主管理能力;二是在小组讨论中,学生能够积极地表达观点,倾听他人的见解,学会了自我评估学习成效,识别知识盲点,并主动寻求解决方案,参与全班互助找错、析因和纠错,显著提升了自我反思与调整学习结果的能力;三是在例题与总结中,锻炼了学生自我评估学习成果、主动完善知识框架图梳理的自我反思和自我调整之自主管理的能力。

(二)教师方面

一是提升了自己对空中课堂资源利用率,发挥了空中课堂对线下教学更好的影响力;二是明显提高了自身数字化教学的整体素养;三是有效地提高了教师如何确定研究主题,以及带着一个主题进行设计、实践、总结、反思和逐步完善课题研究成果的素养;四是扩大了本成果的影响,提高了自己参与研究的自信——因为随着本专题的成果质量逐步得到提高,笔者参加了上海市浦东新区教育局举行的浦东教育发展研究院第十二届教学展示周初中学段成果展活动,得到了市教研室相关教研专家的肯定,还由教发院组织结集发表,使自己对课题研究由忐忑逐步变为坦然,由害怕变得有些喜欢起来。

(三)学校方面

本研究课参加了区级展示,取得了课题成果并发表,一是丰富了学校和市级课题之数学学科基于空中数学课堂视频资源应用的"双自"教育之对分课堂融合式教学实践的实施形式和基本步骤类的做法,通过整合视频资源与对分课堂的创新融合,形成了一套行之有效的教学流程,丰富了教育实践的形式与内容;二是充实了学校及市级课题的专题研究成果。

四、若干反思

一是如何进行个性化的精细调整;二是如何开展教学效果的科学评估与持续改进;三是需要进一步做到成果总结的切题、实化与简练表述。

参考文献

[1] 张学新.对分课堂:大学课堂教学改革的新探索[J].复旦教育论坛,2014,12(5):5-10.

[2] 中华人民共和国教育部.义务教育数学课程标准[M].2022年版.北京:北京师范大学出版社,2022.

[3] 皮亚杰.发生认识论原理[M].北京:商务印书馆,2011.

〔4〕成有信.教育学原理[M].郑州：河南教育出版社,1993.

〔5〕黄国雨.美术在线教学把握"十步"提升初中生表现表达素养——以"抗疫公益广告设计"教学为例[J].浦东教育研究,2020(4)：42-45.

〔6〕孙微.实施"五策"提高数学单元复习和自我监控能力培养实效——以《图形的运动》复习课之区级课题研究课两次实践与分析为例[J].浦东教育研究,2018(2)：48-51.

基于对分课堂融合空中课堂资源和"双师""三式"，提升学生自主开展几何作图素养

——以几何教学实践与分析为例

杨子龙（上海市蔡路中学）

一、问 题 提 出

笔者任教的六（2）、六（6）班学生数学自主学习素养存在以下不足之处：一是在自主学习能力方面，多数学生几何作图能力不足。不少学生在解题过程中，作图错误或任凭"感觉"随意添加辅助线尝试解题，胡乱操作，以求寻求到解题方法；由于没有掌握规律，在解题时，一些学生在错误的图中不断尝试寻找解题思路；又或者在作图过程中消耗了大量的时间、精力，答题过程效率低下。二是在自主学习知识方面，学生的几何证明的知识网络构建不全面；结合图形无法将已知条件与所求问题准确寻找出其中关联线索；对于常见题型、典型题型，掌握不到位，并不能做到完全理解。三是在自主学习管理方面，自律意识较为薄弱。一为部分学生课堂上对相关几何作图的知识并未掌握，为了完成作业，就相互抄袭或从网上查答案；部分学生作业做到最后几题，不论题目难易，均空着不做。二为不少学生上课过程中容易走神，简单的不耐烦听，难的不高兴听。三为学生课后不善于寻找学习资源。部分学生有学习的热情，做作业时发现了当天所学知识点中还存在不理解的内容，但或不敢问老师，或羞于问同学，或不知道如何表述自己的不懂之处，种种原因导致无法在当下立即找到合适的方法解决相关知识点。

因新冠肺炎疫情而诞生的初中数学"空中课堂"视频资源，是集合了上海本地众多名师力量的一套系统、完整、优质的教学资源。"空中课堂"视频资源包括课堂实录、配套学习单、作业及配套练习的答案。这些资源中，就有侧重于研究几何作图的内容。

本校是参与了上海市教育委员会教学研究室刘达教研员承担的"基于空中课堂视频课资源建设与应用的融合式教学研究"项目的浦东新区两所实验校之一，高宇丽老师承担了其子课题"基于空中数学课堂视频资源应用的'双自'教育之对分课堂融合式教学实践研究"的实践研究。基于前述情况，结合本校区级课题"基于'双自'教育的对分课堂实践研究"的相关要求，笔者在参与该子课题研究时，准备在任教的初中数学六年级第二学期第八章"长方体的再认识"的课前、课堂、课后"三程"教学中，实施"三式"

［课前"双师"（即空中课堂教师和任课教师，以下不再加引号）融入式；课中"对分"课堂双师融入式；课后网络对分式］，来组织相关教学视频的运用，并有机融入对分课堂（当堂对分）和自主学习的相关举措，以促进师生更好地利用空中课堂视频资源，结合任课教师的教学引导，提升学生解几何证明题时自主作图的意识、知识、能力和良好习惯"四素养"。

　　下面以笔者于 2024 年 5 月 28 日下午第 1 节在六（2）班所执教的上海市中小学（幼儿园）课程改革委员会组织编写的由上海教育出版社出版的（简称沪教版）《九年义务教育课本数学六年级第二学期（试用本）》第八章"长方体的再认识"第 2 节课的内容"长方体直观图画法"一课为例（以下简称"长方体直观图画法"），说明实施当堂对分融合双师"三式"的基本做法和实效。

二、实施形式——实施"三式"

（一）课前双师融入式（师生备课、预习中的运用）

　　所谓"课前双师融入式"，是指教师在设计教案时，注意加强对数学空中课堂视频资源精学、筛选、进行必要的切片、补充与修改调整，结合组织学生根据教师的课前独立预习单（笔记卡）开展预习，教师参阅学生独立预习笔记、练习情况和尚存的疑惑，局部调整教学内容的重点、难点和举措，完成再次精心设计，以提高教师首次设计的针对性，更快更好地引导学生独立预习和明确尚存的疑惑之处，提高教师再次设计的科学性，为后续课中促进学生在解几何证明题时，熟练借助预习单、笔记卡进行几何作图的规律，从而提高解题速度和准确性，提高自主学习几何证明的兴趣，为提高学好的自信心奠定基础的基本程式。

　　1. 分析学生学情

　　学生小学时对长方体的相关知识有所涉及，这就为我们本章的学习提供了坚实的基础。经过初中阶段近一年的数学学习，学生已经养成比较好的学习习惯，思维活跃，兴趣普遍浓厚，学习能力也较强。同时，通过第七章"线段与角的画法"的学习，学生对作图能力已经有了初步的锻炼。但这是学生进入六年级以来首次对立体的几何图形进行作图学习，所以，教师设计了课前、课中与课后"三程"的学习单、笔记卡来辅助引导他们"或独或合"地学习，帮助学生能够运用几何作图的规律进行解题，提高解题的规范性、速度和准确性，并提高对自主学习几何证明的兴趣和学好的自信心。

　　2. 精简视频资源

　　空中课堂教学视频凝聚着强大的名师团队的集体智慧，无论是对教师的备课，还是学生的学习都有非常重要的指导作用。教师在备课时对空中课堂数学视频资源采用精选、筛选切片、补充、调整等方式，将视频资源中的教学内容、数学方法和思想融入教学中，结合"对分"式的运用,为课堂的有效实施做好准备。

备课中,教师选择了长方体的作图步骤——斜二测画法内容,对空中课堂视频资源中的一个小的片段进行剪辑后,准备将其运用于课堂教学中。

3. 课前小作业

课前,教师设计了学生在不借助任何参考资料的条件下,利用作图工具,即在一张空白纸上画一个长为 5 cm、宽为 4 cm、高为 3 cm 的长方体。

虽然长、宽、高的数据是给定的,但是收到的学生的长方体画作却是多样的,大致分为以下几种情况。一是优秀的作业能够比较清晰地在图上感受到立体感,但是在数据的处理上不恰当,随意地调整长、宽、高;又或者是直接按照数据绘制,没有体现立体图形所应具有的透视效果。二是糟糕的作业主要集中在立体感上出了差错,没有体现出遮挡的关系,或者是错误的遮挡。三是部分学生在此项练习布置前,通过提前自学已基本掌握了长方体的斜二测画法,所以,除部分细节存在错误外,整体作图基本正确。基于此,教师的备课,增加了学生"三程"学习中"或独或合"作图训练的设计,以锻炼学生的作图规范性、速度和质量。

4. 构建课中教学流程

本节课整体呈现的顺序是:教师精讲→学生独立消化和作图→学生参与小组展示图作和讨论→学生组际交流→师生归纳(确定长方体直观图画法的步骤和相关细节)。

(二) 课中当堂对分双师融入式

即在"长方体直观图画法"教学时,实践教师根据备课中的课中当堂对分的教学流程,尝试开展当堂(整体)对分,引导学生在更快更好地完成课中长方体学习任务的同时,有机提升学生"或独或合"几何作图能力的"四素养"。

1. 教师精讲(20分钟)

(1) 组织学生观察长方体实物、交流,引入学习长方体的直观图——斜二测画法

师:各位同学请观察我手中的长方体,我们今天的学习内容是如何将此长方体的立体图形绘制在平面上。

师:请各位同学从你们的座位处观察这个长方体盒子,能看到多少个面啊?

生:3个、2个、1个。

师:由于大家座位的不同,观察角度的不同,所以有些同学能观察到 3 个面,有些同学能观察到 2 个面,极个别的同学只看到了一个面。

师:那么这种由观察者站在某一点观察一个空间几何体获得的平面图形就叫作空间几何体的直观图。今天我们就要来学习长方体的直观图——斜二测画法。

(2) 教师借助长方体实物,引导学生从倾斜角度观察和说明用斜二测画法画平面图的基本步骤

师：从长方体的正前方观察，只能观察到一个面，这时长方体给我们的直观感觉是长方形。而我们换一个角度从长方体的斜右上方来观察，能够看到 3 个面，因此，就要求大家在画直观图时要有一定的倾斜角度，这样更能体现长方体的几何特征。

师：这样画出的长方体图形与真实的长方体图形有所不同，例如，长方体的底在真实的立体图形中是一个长方形，如果在画直观图时还是画成长方形，那么就会与我们的直观感觉不同，画直观图时，我们一般把它画成平行四边形，我们发现长方体的直观图主要是底发生了变化。因此，画立体图形的直观图时，画好底是关键。

师：画立体图形直观图，首先要会画平面图形的直观图。那么，如何来画平面放置的直观图呢？如图 1 所示，我们以水平放置的矩形为例，水平放置的长方形从倾斜的角度来观察时是平行四边形。这个结论来源于生活实践。

（一）平面的画法及其表示

观察

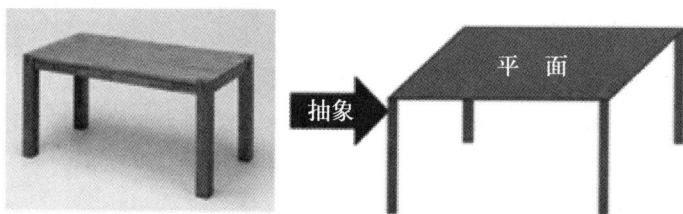

图 1

师：用斜二测画法画平面时，须将长与宽之间的夹角画成 45°，长按实际长度，宽取实际长度的一半。将原来为长方形的底部绘制成夹角为 45° 的平行四边形。

师：先画底，再画高，再联结顶部，最后将被遮挡的线段改成虚线。

（3）教师组织学生观看长方体斜二测画法的作图步骤

师：请各位同学看屏幕，我们一起看一下长方体斜二测画法的完整操作步骤。看的过程中，可以做简单的记录，记录你认为比较重要内容的关键词。

学生独立听，认真观看视频，认真记录。

师：好了，视频观看结束。老师把步骤信息也给大家展示在屏幕上（如图 2）。

师：接下来，请同学们准备在学习单上，独立操作画一个长方体 ABCD—EFGH。

实效简析： 学生通过这一过程，一是进一步了解了长方体直观图绘制的斜二测画法的完整操作步骤，理解了长方体的长、宽、高在直观图中的比例和表现形式，从而深化对长方体几何特征的认识；二是通过独立听、认真观看视频和教师借助多媒体呈现的长方体斜二测画

长方体的斜二测画法

步骤

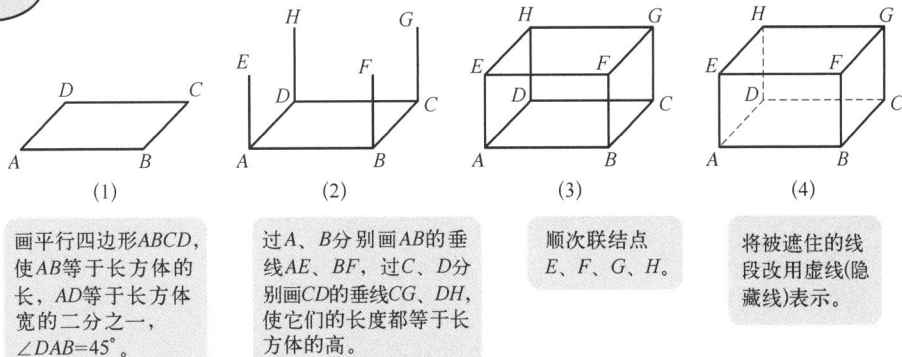

(1)	(2)	(3)	(4)
画平行四边形ABCD，使AB等于长方体的长，AD等于长方体宽的二分之一，∠DAB=45°。	过A、B分别画AB的垂线AE、BF，过C、D分别画CD的垂线CG、DH，使它们的长度都等于长方体的高。	顺次联结点E、F、G、H。	将被遮住的线段改用虚线(隐藏线)表示。

图2

法的完整操作步骤,锻炼了大脑对空间图形的想象、构建和转换能力;三是培养了从不同角度观察和分析长方体,按照一定的规则和步骤进行有条理绘图的良好绘制几何图形的习惯。

2. 学生根据学习单量化要求,独立画长方体(4分钟)

教师借助多媒体和课中学习单,出示画作要求:在学习单的提示处,按长为5 cm、宽为4 cm、高为4 cm的规格独立画长方体 ABCD—EFGH。在画时,注意遵守长方体斜二测画法的步骤。

学生独立观、阅、听、思;查阅书本、学习单和笔记,圈画备注关键步骤;尝试按步骤和量化要求在课中学习单的相应处,画长方体;画完后,注意独立观察立体效果、检查尺寸,对发现的问题做自主修改。

教师注意巡视;对画图步骤有严重问题的学生予以指导;只有小错误的留到小组讨论阶段让学生自查。

实效简析:学生通过这一过程,一是锻炼了按所给的长、宽、高的数据和长方体斜二测画法的步骤独立绘制出符合要求的长方体的能力,提升了空间想象力、逻辑思维力和数形结合的思想;二是加深理解了斜二测画法的原理和规则,对长方体的空间结构和各部分之间的关系有了更清晰、准确的认知;三是促进了按步骤绘制和严谨细致绘图习惯的养成。

3. 学生小组讨论画作,注意自纠和推选参与班级交流的代表(6分钟)

小组成员逐个根据学习单的记录,在组内分享所画长方体,相互询问对斜二测画法的理解,画时是否遵守步骤;相互观察是否有立体效果,检查长、宽、高的尺寸数据是否准确;对画时存在的小错误进行自纠与互纠,可以提出还存在的疑问,并记录在学习单上。

小组成员协定参与班级交流的代表。

教师注意巡视;做随机激励;引导解决小组存在的疑问。

相应小组成员听、思、记录解决思路与答案、内化。

实效简析: 学生通过本过程,一是锻炼了参与组内清晰地阐述自己画规定长方体的步骤、发现差错和自纠、分享体会与经验、提出疑惑的能力,以及倾听他人的观点,进行有效互动和从中吸收合理化建议的能力,明确了推选交流代表时要综合考虑小组成员的表现能力、观察能力和判断能力;二是遵守步骤画图实践和自查纠错,再次加深对长方体斜二测画法的理解和记忆;三是促进了画图时遵守步骤、关注数据、注意画法、分享体会、避免错误之良好习惯的养成。

4.学生参与班级展示交流(6分钟)

A小组代表:我们小组是完全按照画图步骤画的。但在第二步画高的时候,可能由于垂线画得有点儿歪,导致最后这个长方体的顶部始终看着有点儿斜。但是量数据好像又没什么偏差。

B小组代表:我们小组在画的时候,由于第一步量角器测量45°时,不小心读取了外圈的45°,导致整个底部的方向是错误的。一直到画完检查的时候,才发现出问题了,所以紧急在旁边重新画了一个。

C小组代表:在画长方体的过程中,我们小组觉得在最后一个步骤时把遮挡的棱从实线改成虚线太麻烦了。不如在第一步画底部和第二步画高的时候,直接把三条被遮挡的棱画成虚线。

D小组代表:我们小组在画完长方体后,想到有一个问题。之前画线段和差倍、角和差倍的过程中,都要求写结论。那这个长方体的斜二测画法,在最后图画完以后是否也要写结论? 视频中并没有提到最后要写结论。

E小组代表:我们想纠正D小组代表,视频中最后提到了要标字母、书写结论。只是在最后的这个步骤图上,没有写要标字母、书写结论。

F小组代表:我们在画图的时候,发现只要有一点点的误差,不断累积过后,到最后一步联结顶部时,这个误差就会感觉很明显。所以,我们在考虑有没有什么办法减少这个误差,能不能用三角尺平移,通过平移来减少画垂线过程中的误差。但这就要求第一条垂线画得很标准。

实效简析: 这一过程,一是锻炼了小组成员参与全班交流,清晰地阐述自己小组画规定长方体的步骤、发现差错和自纠、分享体会与经验、提出疑惑的能力,以及倾听其他小组的观点,进行反思,从中吸收合理化建议的能力,还有提出本组疑惑,组际互帮互助,有效地互动解决问题的组际合作能力,提高了合作的效率和质量;二是学生通过交流和对比,能够更全面、深入地理解长方体斜二测画法的要点和规范,查漏补缺,从而完善对这一画法的认知;三是培养了同学间的相互学习和相互启发,借鉴其他小组的优点和创意,发现自己的不足,注意及时反思与改进的良好习惯和发扬合作精神的习惯。

5. 师生合作归纳(4 分钟)

师:经历以上过程后,同学们对如何按规则画好长方体,觉得需要注意哪些方面?

学生独立听、思。

以下举手被叫的学生分别回答。

甲生:底部长和宽的夹角是 45°。

乙生:宽画实际长度的一半,长和高按实际长度。

丙生:被遮挡住的棱要画成虚线,与其在最后改,不如画的时候直接画成虚线。

丁生:画完图,要标注字母,书写结论。

教师注意倾听,做随机激励。借助多媒体和口头说明,归纳了以下内容:一是在平面上绘制立体图形时,须将平面绘制成夹角为 45° 的平行四边形。二是今天学习了长方体的斜二测画法:① 画平行四边形 ABCD,使 AB 等于长方体的长,AD 等于长方体宽的二分之一,∠DAB=45°;② 过 A、B 分别画 AB 的垂线 AE、BF,过 C、D 分别画 CD 的垂线 CG、DH,使它们的长度都等于长方体的高;③ 顺次联结点 E、F、G、H;④ 将被遮住的线段改用虚线(隐藏线)表示,刚刚也有同学指出可以在前面画的时候,直接把被遮住的线段画成虚线;⑤ 书写结论。

实效简析:学生通过本过程,一是培养了交流归纳画规定量化要求的长方体的注意要点的能力,和听取教师讲解后完整归纳本课所学内容与方式方法、体会与经验的有效归纳能力;二是促进了将零散的知识点串联起来,形成完整的知识架构,加深对长方体斜二测画法的理解和记忆;三是促进了在总结过程中,发现自己和小组尚未掌握或理解有误的部分,及时进行补充和纠正,完善知识储备,及时总结归纳的良好学习习惯的养成。

三、主要成效

(一) 学生自主几何作图"四素养"方面

从笔者对学生在当堂对分实施中五大环节参与情况的观察、对课中互动过程中学生的答问与作图的结果和参阅观摩公开课教师的评课情况,以及自己对所任教学生课后作业的批阅等可知,学生自主几何作图"四素养"方面有了较为明显的提升。

1. 意识方面

本课对分课堂实施模式的五大环节学习过程,培养了学生的"八种意识":一是教师精讲环节,强化了学生独立观看教师呈现的视频和图片、教师的画图示范与板书,认真听取口头说明和借助学习单进行记录的意识;二是在独学环节强化了独立尝试按要求画长方体的实践体验意识;三是在第三、四环节,强化了学生组内和组际成员之间讨论、交流所画长方体中遵守步骤的意识和注意互问互助的合作意识；四是在课尾，强化了师生合作归纳全课所学重点内容和注意事项的意识；五是在按长、宽、高的要求准确地绘制长方体图形和讨论、交流、互助纠错的过程中，强化了空间想象意识、审美与整洁意识和一定的创新绘画局部过程的意识。

2. 知识方面

学生一是知道了用斜二测画法画平面时，须将长与宽之间的夹角画成 45°，长按实际长度，宽取实际长度的一半，注意将原来为长方形的底部绘制成夹角为 45°的平行四边形的知识；二是掌握了长方体斜二测画法的步骤：先画底，再画高，再联结顶部，最后将被遮挡的线段改成虚线；三是熟悉了长方体的斜二测画法的五个方面的操作要点（具体参见上述课堂第五环节中教师所归纳的①—⑤点）；四是增进了对基于"双自"教育实施当堂对分在提升几何图形新授课学习和"有独有合"学习方面的价值认识。

3. 能力方面

学生一是通过对实物长方体的观察，掌握了长方体的特征，并学会了用斜二测画法画长方体的直观图；二是提升了空间想象能力，能够更好地在脑海中构建三维物体的形态和位置关系；三是锻炼了根据给定的长、宽、高数据进行独立绘图和几何构图的能力；四是课堂上，通过自主思考和小组讨论，深入理解了斜二测画法的原理和要点；五是锻炼了听讲过程中的耐心和专注力及小组合作讨论、组际交流对话、互助解疑、参与师生课尾归纳的有效合作能力。

4. 良好习惯方面

学生在课中当堂对分的五大环节中养成了诸多良好习惯，一是各环节培养的五大方面良好习惯（具体参见相应环节的相应实效）；二是注意将三维的长方体在脑海中进行想象和构思，通过斜二测画法转化为二维的平面图形的良好习惯；三是在多次练习后，注意总结作图的经验和技巧，反思不足，及时改进的良好习惯。

（二）学生数学学习整体质量方面

学生通过基于"双自"教育的当堂对分之"长方体直观图画法"五环节教与学的过程，在后续的数学学习过程中，有以下五个方面的变化：一是增加了借助几何图形学习数学的兴趣，愿意主动探索数学世界；二是实现了从平面图形的认识拓展到空间图形的表达的转变，丰富了数学知识体系；三是提升了遵守步骤进行实践操作的能力、空间想象能力、实际绘图和几何构图的能力、逻辑思维和推理能力；四是培养了守序作图、注重线条的准确性和保持图形整洁度的良好习惯，以及在作图中、作图后认真细致校对、注意纠错和互帮互助的良好习惯；五是提高了几何图像类解题的正确率和整体成绩。

（三）教师方面

一是笔者经历这次课题研究、专题总结成果撰写过程中的互动、交流、完善，对此类课题和成果的撰写过程有了一定的熟悉，提高了相应的能力，也为下次再参与此类课题的撰写增添了一些信心。二是启示了自己在以后的数学教学中,需要实化、细化教学设计,注意加强有意识的主题化教学探索,积累探索资料。三是需要加强成果总结意识的行为落实。

参考文献

［1］张学新.对分课堂:大学课堂教学改革的新探索[J].复旦教育论坛,2014,12(5):5-10.

［2］黄国雨.美术在线教学把握"十步"　提升初中生表现表达素养——以"抗疫公益广告设计"教学为例[J].浦东教育研究,2020(4):42-45.

［3］孙微.实施"五策"提高数学单元复习和自我监控能力培养实效——以"图形的运动"复习课之区级课题研究课两次实践与分析为例[J].浦东教育研究,2018(2):48-51.

［4］周海军,杨晓宏,俞树煜.均衡发展背景下的"双师教学":困境与突围[J].中国远程教育,2022(8):35-41.

实施"三程·二十步",提升学生自主提炼史料价值和评价历史人物素养

——以基于"对分课堂"的《三国演义》与《三国志》自主阅读比较探究学习为例

何莉惠(上海市蔡路中学)

一、探索背景

一是化解来自学生的困惑的需要。教育部所编七年级语文和历史教材中,均提到了曹操,但两教材中的着墨点各有不同:语文教材注重塑造曹操的文学形象,历史教材重点在于说明曹操的历史功绩。对此,不少学生询问:这两者的形象是否一致? 历史上真实的曹操,到底是怎样的形象呢? 显然,两门学科使用的有关曹操资料的文本是不一致的,教学目标导向和学科素养也不一致,导致学生对认知产生了一定的困惑。其本质,分别涉及文学作品中的史料真实性和历史人物如何正确评价的问题。学生面临的困惑,带有一定的普遍性,且与思考如何看待历史人物在不同学科中呈现的不同形象,进而了解和理解艺术形象、历史形象之间的差别息息相关。

二是培养学生历史核心素养的需要。教育部所编《义务教育历史课程标准(2022年版)》(简称部编历史新课标)中明确提出,历史课程要注重培育学生核心素养,而历史课程要培养的核心素养,主要包括唯物史观、时空观念、史料实证、历史解释、家国情怀五个方面。初中历史教学中,教师引导学生从文学作品中提取历史信息,并对获取的信息进行辨析,是学生了解历史、认识历史的重要途径,也符合历史课程要培养学生的核心素养之史料实证素养的要求;学生通过广泛收集史料,客观全面地认识、评价历史人物,同样符合历史课程要培养的核心素养之历史解释素养的要求。

三是挖掘《三国演义》多重价值的需要。《三国演义》包含着中华优秀传统文化的丰富内涵,其塑造的丰富多彩、个性迥异而鲜明的英雄人物,深深扎根于中国人民的心中,学生耳熟能详,喜闻乐见。但是《三国演义》中的英雄人物形象不少是作者所塑造的艺术形象,与真实的历史形象之间有一定的差距,学生往往难以分辨,甚至混为一谈。因此,在历史教学中,就有必要以培养学生历史学科的相关核心素养为主旨,借助组织学生品读《三国演义》的相关内容,引导学生了解历史小说中历史人物的艺术形象与真实的历史形象间的

差别,探寻英雄人物真实的历史形象,崇尚英雄气概,自觉学习、传承民族气节。这也与部编历史新课标中的跨学科主题学习的要求不谋而合。

正值学校推进"基于'双自'教育的对分课堂实践研究"区级课题研究,笔者选择了《三国演义》中有关曹操的事迹为学生自主阅读的文本,引导学生经历小组合作对比研读《三国志》中关于曹操的相关记载之课前五步、课中十二步和课后三步(合计简称"三程·二十步")探究学习的过程,从而锻炼学生自主(有独立、有小组合作和全班合作学习,简称"有独有合")从文学作品中提炼史料价值的能力,有机提升全面客观评价历史人物的素养。

二、实施步骤——"三程·二十步"

(一) 课前小组合作对比研读探究准备阶段——"五步"

1. 合作协定阅读、对比文本

鉴于学生的兴趣和能力,笔者在广泛听取学生意见及与其他学科教师多次协商之后,确定了历史学科的品读文本主要为《三国演义》《三国志》中关于曹操事迹的文本内容。学生对此兴趣浓厚。在协定文本时,全班学生就纷纷投入了热烈的讨论,有的着眼于曹操的生平事迹,有的发表了自己对曹操的评价,有的还背诵了语文课本中的《观沧海》,大家都很想了解历史学科中的曹操故事和曹操形象。同时,学生还了解到探究学习活动的第一步,就是要明确探究的范围。

2. 小组合作进行初步阅读

学生通过自主协商,分成了四个阅读小组,以小组合作探究的形式,初步依照教师提供的关于曹操生平事迹的顺序、《三国演义》目录、正文内容等资料,查找其中有关曹操事迹的阅读文本内容,按照政治、经济、文化、军事等视角,加以分类梳理;模仿此法,梳理《三国志》中有关曹操事迹的文本内容。分组的过程中,学生开始有了有序合作的意识,初步了解了倾听他人意见的重要性,愿意尊重小组成员的意见,协商确定本小组成员。通过梳理曹操事迹,初步建立起从不同视角了解曹操形象的方法;初步实践了略读文本,寻找关键词句的方法,为后续精读文本、品味细节描述奠定基础。

3. 小组合作确定探究主题

学生合作探究小组成员经协商探讨,初步确定本组阅读、比对的文本内容,结合曹操的生平事迹,初步确定本次阅读、比对的文本的视角。最终,四个学生合作小组讨论,分别自拟了文本对比研读探究的主题为:宁我负人,不可人负我;煮酒论英雄;挟天子以令诸侯;遗嘱。四个学生小组成员根据本组拟定的主题,合作寻找到本组的阅读、比较文本内容。学生愿意积极参与小组讨论,展开有序合作,阅读、比对文本,协定小组探究主题的能力有了一定程度的提升,能够从曹操生平不同事迹的文本中,归纳出本组进行比较阅读探究的主题。

4. 明确课中小组合作探究任务

学生小组经讨论,确定了课堂探究时需要品读的文本内容的载体——有的小组是电子稿,有的是纸质打印稿,有的是版本不一的实体书;根据小组成员的意愿和特长,明确了小组成员需要完成的各自任务——有的负责比较研读文本的准备;全体成员根据探究主题进行阅读、对比、梳理、概括;有的负责小组对比研读探究成果文本的汇总、提炼;有的负责制作课中交流用的 PPT 或进行表演的准备;有的负责课上交流或表演时的记录等。此前,学生虽然愿意参加本次探究活动,但是对于课堂探究活动中自己需要做什么较为茫然。通过小组协商后,每个学生明确了参与小组合作比较阅读探究学习活动中的总体任务,并按照自身意愿、能力,明确了各自合适的任务,有机锻炼了相应的能力;激发了主动参与后续探究活动的热情,提高了完成任务的自信心。

5. 商定小组合作阅读、比较探究成果评价标准

其一,教师呈现本次探究活动中小组成员需要合作完成的评价标准里评价内容的一级要素 4 项(分为小组合作素养,参与课前、课中与课后比较阅读能力)和特色加分项,合计 5 项一级要素评价内容。其二,各小组成员参与交流探讨,共同制定二级和三级评价内容要素(其中,小组合作素养一级评价内容,分为意识和能力 2 项二级要素和其下 4 项三级要素。课前、课中与课后"三程"自主阅读比较探究能力,分为"三程"8 项二级要素和 19项三级要素。即课前对比研读准备能力之文本收集和确定探究主题能力二级要素 2 项和其下的三级要素 4 项;课中合作研读对比、史料价值挖掘和历史人物客观评价能力二级要素 3 项和其下的三级要素 8 项评价内容,即把握文学作品史料价值能力 2 项、不同文本之间的阅读与比较探究能力 3 项和全面客观评价历史人物 3 项;课后小组合作研读对比探究成果梳理展评能力二级要素 3 项和其下的三级要素 7 项,即曹操形象勾勒能力 2 项、组内表现表达能力 2 项和参与校内合作展示曹操形象能力 3 项。其三,在教师和学习单的引导下,每项三级要素的评价内容,学生参与全班商定,配上了由高到低之四个层级的评价要求,分别赋分(9~10)、(8)、(6~7)和(0~5)分。其四,在课中小组合作探究成果展示交流阶段,学生借助课中学习单中的评价标准,参与自评、组内互评、组际互评,教师也借此评标进行评价。其五,学生根据表下的评价说明,参与并计算出每个评价项目的各参评主题评价的总分,作为该小组的评价项目的总得分。其六,由多元主体评价后,计算得分总和(加上特色加分后,各小组及其成员所获最高分不得超过总分),所获总分除以 4 作为该小组及成员本次自主阅读比较探究学习活动的得分评价总分,并根据分数与等第间转化的规则,评出小组所获的相应等第。具体评价标准,参见区级课题之"评价体系研究"子课题报告的相应评价标准。

通过上述过程,一是学生明确了"有独有合"阅读与比较探究学习活动中各项评价内容要素的量化评价标准的要求,锻炼了参与评价标准制定的能力;二是引导了学生自主("有独有合")确定阅读与比较素养的发展目标;三是促进了学生以此为标准,合理地安排自己的探究学习任务,为后续提高完成课堂阅读与比较探究、课后成果展示与评价环节

的速度与质量,提供了评价标准的引导支持;四是学生借以参加自评、组内和组际互评,再次内化了自主阅读与比较素养的发展内容,启示了自己评价要素各级内容是如何分解和如何配上评价分值、要求、参评主体设置、分类计分和评价说明的,从而构建起较为规范、系统的评价标准;五是全体学生借助评价标准,基于事实,对自主阅读与比较探究学习活动的各项评价要素进行了自评、互评(组内和组际),从而初步体会了应当多角度、客观公正公平地评价他人言行,内化了正确评价的素养,也为后续迁移到对曹操这一历史人物的正确评价做了必要的铺垫;六是学生参与小组协商、讨论制定评价标准,引导了后续参与小组合作展示阅读与比较探究成果时的重心把握,锻炼了参与组际交流的能力,一定程度上也提升了口头表达的欲望、能力和合作意识。

(二) 课中小组合作对比研读探究实施阶段——"十二步"

1. 教师示范品读、比较与评价方法——"五步"

示范环节中,教师借助多媒体技术和口头说明,品读示范文本,分析不同文本中所勾勒的曹操历史人物形象不同的原因,说明历史人物评价的原则与方法,为学生后续的品读、比较探究提供可供模仿的范本(用时 12 分钟左右)。

(1) 明确阅读文本与文本主题

教师下发给学生文本阅读探究纸质材料,明确"对分课堂"中教师集中授课时所使用的阅读文本为《三国演义》第四回和《三国志》卷一之《魏书·武帝纪》,内容为曹操崭露头角时期假借献刀、实际谋刺董卓的故事,结合《三国演义》的回目,确定阅读文本主题为"曹操献刀"。学生观摩教师示范,了解了文本内容与主题的逻辑关系,为后续自主阅读、比较做了铺垫。

(2) 呈现文本的方式

教师将《三国演义》《三国志》中的相关文本内容,整理成表格的形式,以 PPT 演示的方式呈现在课堂教学过程中;同时,向每位学生以导学案的形式发放了纸质打印的"曹操献刀"的文本内容。通过此环节,学生得以观察阅读文本的呈现方式,为后续的呈现文本的方式提供了模板。

(3) 从细节入手分析曹操形象

教师运用 PPT 软件中的圈画、批注功能,突出呈现"曹操献刀"文本中的细节描写之处。如"众官皆哭"而"曹操抚掌大笑",哭与笑的动作描写,使学生体悟到这体现了曹操对时局的洞察力;从"近日操屈身以事卓者……虽死不恨!"的语言描写中,学生体会到了曹操提出铲除董卓的具体操作步骤,体现了曹操的深谋远虑。《三国演义》通过历史小说中夸张的、个性化的动作、语言和神态描写等细节,呈现了曹操有勇有谋的艺术形象;而《三国志》的文本中,对曹操献刀事件的具体过程,并无记录,只是简略地记录了曹操在这一时期的动向:"卓表太祖(曹操)为骁骑校尉,欲与计事。"但是曹操没有接受董卓征辟,反而"变易姓名,间行东归",间接表达了曹操对董卓的不认可。从对两则文本内容的品读中,学生清晰地发现,相同的历史人物、事件,不同的文本表述方式所勾勒出的艺术形象和历史形象,有着明显的差异:两则文本都体现了曹操对董卓的不认可,但是《三国演义》中详细记载了曹操的具体言行,充满了戏剧冲突,生动形象地勾勒了曹操的艺术形象;而《三国志》的记录甚为简略,难以从中完整地勾勒曹操的历史形象。通过教师的示范分析,结合精读方法,学生初步了解了怎样从文本描述中提取历史事件的基本信息,体会到了文本作者试图通过细节描述传达出自己对曹操的立场、情感倾向等,从而为后续尝试勾勒曹操艺术形象和历史形象提供了实践样式。

(4)探究文本差异的原因

教师展示《三国演义》与《三国志》的书写体例,说明两则文本间详略的不同,很有可能是因为文本体例的不同:《三国演义》是历史演义小说,作者糅合了多种来源的史料,结合自身立场、情感、态度等因素加以艺术加工创作的,着力呈现人物鲜明的艺术形象,运用虚构、想象、夸张等方式渲染人物的个性化特点。《三国志》是纪传体国别史,叙事简略,文笔简练,作者着力于记载三国时期的历史事件,探索历史事件发生发展的规律,对历史人物的历史形象的塑造着墨较少。同时,教师还强调,造成文本内容差异的原因还有很多,如,《三国志》作者生活在西晋初年,与所记载的历史事件年代相距较近,取舍史料带有一定的时代局限、个人倾向等;而《三国演义》成书于元末明初,作者在写作过程中,能够参考的资料来源相对庞杂,受影响因素可能也更多。教师的示范,引导学生理解了文本差异原因的多样性,学生在后续的实践探究中,能够积极从时代、作者、写作体例、史料来源等多种角度,去分析导致文本差异的原因。

(5)教师说明历史人物评价的原则和方法

教师就《三国演义》和《三国志》中关于"曹操献刀"记载的内容的比较,说明在评价历史人物时,要尽可能多地去寻找相关史料,根据掌握的历史资料有理有据地进行评价,不能过度推论;就两书作者对曹操的态度做比较,提醒学生注意引用相关史料时,要尽可能排除史料作者的情感、立场等倾向的影响,客观、全面地评价历史人物。具体的历史人物评价原则和方法,见篇末附表的最后一栏。

教师的示范,从文本的展示,到文本的阅读、比较,再到文本异同的原因的探究和从文本中提取历史信息、正确评价历史人物等环节,为学生提供了直观的、具体的若干要素,有助于学生后续阅读、比较时加以模仿。在示范的同时,教师也对在进行文本阅读、比较的探究中,如何落实历史学科的核心素养,尤其是在从历史人物文学作品中提炼史料信息、客观全面、辩证地评价历史人物方面,做了一定的引导,有助于学生在阅读与比较的探究过程中,有机地发展史料实证、历史解释的历史学科核心素养。

2. 尝试小组合作阅读、比较文本和评价历史人物探究——"三步"

小组成员模仿教师示范的步骤,先独立阅读文本,圈画批注文本细节,尝试内化课堂教授的方法,形成个人的探究成果,用时约7分钟。接着,同一小组内成员针对自主阅读、比较文本和评价历史人物的原则、方法过程中遇到的疑难、困惑、收获,相互交流探讨,对不同观点进行切磋交锋,最终形成本组的具有一致性的探究成果,用时约8分钟。

(1) 精读、品味文本,自主勾勒曹操形象

学生各小组成员自主精读文本内容,模仿教师示范,圈画、标注文本中语言、动作、神态等细节描述,从中提取历史事件的基本信息,体会作者通过细节描述中表现出来的情感、立场倾向,尝试用自己的语言勾勒曹操的艺术形象和历史形象。在这一过程中,学生能独立从文本中提炼历史信息,从细节描述中体会历史人物的性格、形象,并用自己的语言表达曹操的形象,从文学作品中提炼史料信息的能力也得到进一步的提升。

(2) 尝试比较、评价

小组成员自主阅读文本内容,对两则文本所表现出的人物性格、形象进行比较,寻找艺术形象与历史形象的异同。学生尝试探究异同背后的文本体例、作者观点、时代等影响因素,归纳从文本中得出人物形象的若干要素,尝试说明在文本品读过程中所使用的历史人物评价原则和方法。学生再次精读、比较文本后,对曹操形象的勾勒更加细致入微,语言的准确性大大提高,基本能够归纳出文本异同的影响因素。个别学生还能从多角度思考文本异同的原因,他们的阅读能力、分析归纳能力都得到了一定程度的提升。

(3) 开展组内交流、修正比较结果

小组成员展开组内交流,展示自己对文本内容圈画批注的情况,交流自己从文本中挖掘的艺术形象和历史形象的异同及其原因,说明挖掘曹操形象过程中所使用的历史人物评价原则和方法。学生也可以就自主探究过程中遇到的困惑、疑难问题,请教组内成员,或由小组成员共同探讨解决。学生合作探究小组中的记录员负责记录每位小组成员的发言。当小组某一成员展示文本的圈画批注情况、表达自身观点时,其他组员认真聆听,有必要时,进行及时补充,修正自身探究成果。全部成员发言结束后,小组成员再次进行共同讨论,最终形成小组一致认可的观点,交由本组探究成果汇报人员。

小组成员能根据事先商定的任务,有条不紊地进行各项任务,能够就文本中提取的历史信息进行有理有据的意见表述;讨论气氛热烈,同时,愿意倾听他人意见,修正完善自身意见,最终形成了小组成员一致认可的观点,团队合作意识也得到一定的提升。在探究讨论的过程中,学生强化了客观全面地评价历史人物的意识;能够从不同的立场视角看待历史人物,初步掌握了评价历史人物的方法。

3. 参与展评小组合作探究成果——"四步"

各小组的探究成果汇报小组依次到讲台处分享本组探究成果,其余各小组成员仔细聆听,及时完善修正本组探究成果。教师综合展示各小组的探究成果,引导学生共同归纳文学作品的史料价值和历史人物评价要素,用时10分钟左右;最后,就课前、课中探究活动过程,学生根据评价标准,尝试进行自评、组内和组际互评,用时约3分钟。

(1) 分组交流探究成果

每个合作探究小组的探究成果分享人员借助多媒体,展出本组主题的阅读与比较探究成果,结合文本阅读、分析中挖掘的论据,有理有据地发表了本组的观点。此环节有效

地锻炼了学生的口头表达能力、公开交流时的心理素质和多媒体技术的应用能力,增加了不同于日常学习的情景体会,增强了学生的自信心和团队的凝聚力。

(2)注意合理撷取交流内容

学生各小组成员仔细聆听,及时取长补短,修正完善自己的观点。有不同意见时,等当前发言小组发言结束后,再提出自己的观点,在组际交流中达成一致观点,也可以保留各自的观点。各小组成员通过倾听他人意见,结合本组探究成果,对曹操形象有了更深刻全面的认识,对历史人物的评价原则和方法的应用得到了进一步的锻炼,也促进了对本组探究成果的不足之处进行修正完善。在不同观点的思维碰撞中,学生的学习主人翁意识、尊重思维的差异性和多样性的意识,都有了一定的提升。

(3)小组合作归纳文学作品的史料价值和历史人物评价要素

教师通过多媒体技术,集中展示了各小组挖掘的曹操艺术形象与历史形象的异同及其原因,引导学生归纳出了文学作品的证史价值:《三国演义》中的历史记载,包含大量真实的历史信息,可以作为研究三国时期的重要史料之一;《三国演义》中的很多细节描述,往往是作者为了表现历史人物鲜明的艺术形象而虚构的,表达了作者对历史人物的观点、情感等倾向;仅凭《三国演义》中的信息是无法判断其真实性的,需要与其他史料互相印证。《三国志》虽然是正史记载,然而同样掺杂了作者的立场、情感等因素,也不能完全采信。所以,我们在评价历史人物的过程中,要注意观点的依据,需要运用多重史料互证,得出相对客观全面的评价。学生大多能归纳出一到两条,口头表达时普遍能使用历史学科语言,进行较为准确的表达,从文学作品中提炼史料价值的能力有了明显的提升。

(4)根据评价标准进行自评、互评

一是学生回顾本次探究过程中的自身表现,依据评价内容三级要素细则的评价标准,独立进行自我赋分评价;小组内成员结合探究过程中,对同组成员的具体表现,依据评价标准互相进行赋分评价;在组际互评的过程中,小组成员依据评价标准,对他组成员的表现进行赋分。学生通过自评、互评,进一步提升了小组合作的意识和能力;明确了从自评到组内互评,再到组际互评的评价步骤,促进了学生遵循评价步骤和评价标准,条理清晰地进行客观、全面和辩证地评价历史人物的良好学习习惯的养成;锻炼了借助历史人物评价原则和方法对自己、同学等现实中的人物进行多角度、有理有据的评价的能力;更为日后学习中,梳理学习任务,明确学习目标,规范学习进程提供了借助评价标准进行评价的范式。

二是在学生的自主阅读比较探究活动中,教师关注每一小组的探究进程,注意随机激励与引导,为本次探究活动的顺利进行提供了必要的学科技巧、多媒体技术等方面的支持。

在课前分组的环节中,学生自由分组,组际能力差距比较明显。然而,在课堂展示的环节中,各组的学生,都较好地发挥了本组成员的优势,学生的表现基本符合课前制定的评价标准中各项评价要素细则的评价要求;有的学生还发挥出了在日常的课中难以展现的相关特长与优势;一些小组成员,原先在日常学习中自我定位为边缘人,课堂参与度较低,但在本次探究活动中,他们勇敢地承担了各自的探究任务,积极参与探究活动的每一个环节,阅读、比较和参与展评时的相应能力,均有明显的提升,增强了在日常学习中完成学习任务的自信心。

(三) 课后小组合作对比研读探究成果梳理与展评——"三步"

1. 小组合作多元勾勒曹操形象

课后,各组学生根据本组课堂讨论中提炼的曹操形象的信息,结合组员的兴趣和才能,小组合作通过多种方式,设计勾勒曹操的形象。教师提供可选方式,包括但不局限于速写、水墨画、电子画、探究小论文、演讲稿、歌唱、视频等方式。最终,四个小组分别采取了拟用布艺创作、电子Q版人物、素描、海报的方式,尝试合作勾勒曹操形象。

2. 组内表现表达曹操形象

各小组成员互相协作,合理安排分工,共同用选定的方式表现曹操形象,并从设计理念、设计思路、表现方式、人物特点等方面做必要的说明;组内成员共同自查,及时丰富曹操形象。小组成员通力合作,各展所长,在从设计到成形的过程中,不断地协调、修正了曹操形象,进一步提升了小组合作能力和多元的表现能力。

3. 小组合作参与校内展示曹操形象

利用历史活动课时间,教师组织各探究小组展示各组的曹操形象,并对所勾勒的曹操形象做必要的讲解说明。其他小组仔细聆听,当场反馈感受,提出表扬或有待改进的地方。教师肯定小组作品的突出优势,或提出修改建议。其后,利用校内年级墙报,展出各探究小组作品及作品说明,小组作品不适宜墙报展出的,以历史活动课上的展示照片为素材进行展出。

由于受到新冠肺炎疫情影响,探究课无法面向全校学生进行招募,因而教师选择了七年级的某一个班级。该班学生喜爱历史学科,但是个体间的历史学科学习素养差异较大,开展合作探究时面临着较多的挑战。然而,在曹操形象的多元展评中,该班学生热情高涨,能够融合不同学科的核心素养,高效利用身边的资源,以各种形式表现表达曹操形象,最终成品大大出乎笔者的意料。在校内展出的环节中,丰富多样的表现方式,也赢得了学生的一致认可。讲解时,学生落落大方,遣词造句具有明显的历史学科特色,口头表达能力也有了更明显的进步。

三、主 要 成 效

(一) 学生方面

1. 把握文学作品的史料价值方面

从教师对学生课堂探究环节中小组成员间交流文学作品中的曹操形象与最终探究成果的展示汇报曹操形象分析的现场观察、课后曹操形象的表现表达的观察,以及在日常教学中学生有机表现出的对文学艺术作品证史价值的知识迁移运用等可知：学生意识到文学艺术作品中的资料有一定史料价值；能够从文学艺术作品中圈画、提炼历史信息，能根据作品中的关键字词，深入分析细节描写，体会文学艺术作品的作者所要表现的历史人物的形象，从而理解作者对历史人物的立场、情感、态度、价值认可等因素；通过挖掘历史人物所处的时代背景，认识到文学艺术作品中的历史人物的言行往往与社会风俗、时代风尚息息相关。通过与《三国志》做比对阅读，学生知道了文学作品中的英雄人物形象是一种艺术的创作，来源于文学作品的作者对历史人物的艺术化加工，与真实的历史人物有一定的差距。

2. 历史人物评价素养方面

从教师对学生课堂探究环节中小组成员交流对曹操的评价与最终探究成果的展示汇报的现场观察、课后对曹操形象的定位设想、具体勾勒与说明的聆听，以及日常教学中涉及历史人物评价时的知识迁移运用可知，学生了解了历史人物评价的三原则和评价方法；在自主阅读比较探究的学习中，能够运用历史人物评价的原则和方法，对获取的史料信息进行整理分析，有理有据、客观全面地表达对曹操这一历史人物的评价。

3. 其他素养方面

通过"对分课堂"之教师引导和学生"有独有合"、小组合作为主对《三国演义》与《三国志》自主进行阅读与比较探究学习，学生的自主选材、确定主题、尝试进行阅读与比较的能力，有了很大的提升。他们不仅能够快速地认准字音，明晰语句大意，了解材料所表述的历史信息，还能够从材料语句的细节表述中，去尝试体会作者所想表达的情感、立场、价值认可等。通过自主阅读比较探究学习中的小组合作，提高了团队合作能力和完成小组合作任务时的责任心、主动性，每位成员能够积极参与小组活动，自主规划小组任务，自动认领自己能够完成的任务；同时也提高了团队成员的包容性，学生能够用欣赏的眼光看待组内、组外成员提出的各种观点，认真倾听他人意见，不断地注意取长补短，修正自己的观点。通过自主阅读比较探究学习中的曹操形象的表现表达，提高了学生运用历史学科语言准确地表达自己意见的能力，增强了勇于表达的自信心；又因为曹操形象的表现表达融合了语文、美术、音乐、信息技术等学科知识，学生跨学科主题学习能力得到了较明显的提升。

（二）教师方面

1. 主题式专题总结研究素养

本次在"对分课堂"理论的指导下，学生基于"双自"教育的《三国演义》与《三国志》自主阅读与比较探究学习过程中，教师首次与学生共同体验了融合历史、语文、美术、音乐、信息技术等学科的跨学科主题式学习，体会了实施步骤类专题研究小课题之课前准备阶段、课中实施阶段、课后组织学生总结与展示、自评与互评、讨论交流修正曹操形象等各环节，并在浦东教发院科研专家曹明老师的指导下，对实施步骤类小课题，以"三程·二十步"为主题,尝试进行了探索依据、步骤细化、实例印证、实效分类与梳理、反思视角定位的全方位构思,并逐步完成了各部分内容的梳理、总结、撰写成文和逐步加以改进修正,最终完成了1.44万字的完整版定稿。这样的探索很有效,既形成了探索主题与框架思路清晰、操作步骤细化、实例有机融入其中、实效真实有据、反思具有针对性、"干货"满满的小课题专题成果总结,又提高了自己实施步骤类专题总结研究的素养,还加深了对学校10多年来坚持开展的"双自"教育精神与要求的理解和对张学新教授所倡导的"对分课堂"理论的了解,并付诸实践与总结。笔者也尝试着以历史学科为基础,融合语文、美术、音乐、信息技术等学科,开展带有综合性、跨学科、项目化学习性质的主题探索,从而为自己今后开展类似的专题探索、实践和成果总结研究,积累了一定的经验。

2.其他素养方面

通过本次基于"对分课堂"的《三国演义》自主阅读比较探究学习过程,笔者得以多角度地了解了学生的学习兴趣、历史学科方面的学习优势和学习痛点,能够在日常教学中注意更好地了解学情,寻找贴近学生认知水平的教学方式方法;通过本次的探究活动,笔者探索了落实文学艺术作品的证史价值和历史人物评价原则与方法的教学实施基本步骤,积累了这方面的教学经验,有助于提升课堂教学实效。笔者还初步了解了规范、科学地实施基于"双自"教育的"对分课堂"主题探索的教学步骤,提升了跨学科主题教学的能力,当日常教学中,再遇到跨学科主题学习的内容,会有意识地运用本次主题式专题研究中掌握的方法、步骤及积累的经验,主动寻找相关主题进行实践探索,尝试总结相关教学经验。

（三）学校方面（略）

四、若干反思（略）

附录

附表　《三国演义》《三国志》中"曹操献刀"文本展示、比较、归纳

主题	曹操献刀	
阅读、比较的文本内容	酒行数巡,王允忽然掩面大哭。众官惊问曰:"司徒贵诞,何故发悲?"允曰:"今日并非贱降,因欲与众位一叙,恐董卓见疑,故托言耳。董卓欺主弄权,社稷旦夕难保。想高皇诛秦灭楚,奄有天下;谁想传至今日,乃丧于董卓之手:此吾所以哭也。"于是众官皆哭。坐中一人抚掌大笑曰:"满朝公卿,夜哭到明,明哭到夜,还能哭死董卓否?"允视之,乃骁骑校尉曹操也。允怒曰:"汝祖宗亦食禄汉朝,今不思报国而反笑耶?"操曰:"吾非笑别事,笑众位无一计杀董卓耳。操虽不才,愿即断董卓头,悬之都门,以谢天下。"允避席问曰:"孟德	"卓表太祖为骁骑校尉,欲与计事。太祖乃变易姓名,间行东归。" ——《三国志》卷一《魏书·武帝纪》

阅读、比较的文本内容	有何高见?"操曰:"近日操屈身以事卓者,实欲乘间图之耳。今卓颇信操,操因得时近卓。闻司徒有七宝刀一口,愿借与操入相府刺杀之,虽死不恨!"允曰:"孟德果是有心人,天下幸甚!"遂亲自酌酒奉操。操沥酒设誓,允随取宝刀与之。操藏刀,饮酒毕,即起身辞别众官而去。 　　次日,曹操佩着宝刀,来至相府,问:"丞相何在?"从人云:"在小阁中。"操径入。见董卓坐于床上,吕布侍立于侧。卓曰:"孟德来何迟?"操曰:"马羸行迟耳。"卓顾谓布曰:"吾有西凉进来好马,奉先可亲去拣一骑赐与孟德。" 　　布领命而出。操暗忖曰:"此贼合死!"即欲拔刀刺之,惧卓力大,未敢轻动。卓胖大不耐久坐,遂倒身而卧,转面向内。操又思曰:"此贼当休矣!"急掣宝刀在手,恰待要刺,不想董卓仰面看衣镜中,照见曹操在背后拔刀,急回身问曰:"孟德何为?"时吕布已牵马至阁外。操惶遽,乃持刀跪下曰:"操有宝刀一口,献上恩相。"卓接视之,见其刀长尺余,七宝嵌饰,极其锋利,果宝刀也;遂递与吕布收了。操解鞘付布。卓引操出阁看马,操谢曰:"愿借试一骑。"卓就教与鞍辔。 　　——《三国演义》第四回　废汉帝陈留践位　谋董贼孟德献刀	
形象比较	《三国演义》中"曹操献刀"这一幕有语言细节、动作细节,将曹操的形象生动地勾勒出来,你觉得曹操是个怎样的人呢? 　　比较《三国志》中"曹操献刀"的相关记载,两则文本内容中提炼的历史信息有何异同?通过《三国志》文本内容,能否勾勒出曹操的历史形象?	
推测结论	两则文本勾勒出的曹操形象不同,《三国演义》中的细节记载是否真实? 产生形象差异的原因有哪些呢? 你心中的曹操形象是怎样的?	
说明历史人物评价原则和方法	原则:① 运用唯物史观为指导,知道历史人物的言行受到特定的历史背景的影响,对历史人物必须放在特定的时空条件下进行评价。② 论从史出,根据掌握的客观史实恰如其分地评价历史人物,不主观臆测,也不过度推论。③ 评价标准客观全面,不虚美,不隐恶,从正面、负面、当前、长远、当事人、中立的第三方等角度进行评价。 　　方法:评价历史人物时,要论从史出,运用丰富的、多角度的论据,结合历史人物所生活的时代背景,进行恰如其分的评价,不虚美,不隐恶,不主观臆测,也不过度推论。	

参考文献

[1] 中华人民共和国教育部.义务教育历史课程标准[M].2022年版.北京:北京师范大学出版社,2022.

[2] 徐蓝,马敏.义务教育历史课程标准(2022版)解读[M].北京:北京师范大学出版社,2022.

[3] 罗贯中.三国演义[M].北京:人民文学出版社,2019.

[4] 陈寿.三国志[M].裴松之,注.北京:中华书局出版社,2019.

[5] 上海市教育委员会教学研究室.中学历史单元教学设计指南[M].北京:人民教育出版社,2021.

［6］张学新."对分课堂"：中国教育的新智慧［M］.北京：科学出版社,2016.

［7］黄国雨.美术在线教学把握"十步"提升初中生表现表达素养——以"抗疫公益广告设计"教学为例［J］.浦东教育研究,2020(4)：42-45.

［8］师伟."独合结合"事迹为基体验学写历史人物小传提升学生历史解释素养——以学写《拿破仑小传》的教学实践与分析为例［M］//杨龙,曹明,杨蕾.基于独立学习与合作学习相结合的教与学方式研究案例选.上海：同济大学出版社,2022：144-153.

［9］黄黎黎."独合结合"劳技实作式学习实施"三程·十七步"提升学生木艺制作素养——以"木艺笔筒制作"单元教学实践与分析为例［M］//杨龙,曹明,杨蕾.基于独立学习与合作学习相结合的教与学方式研究案例选.上海：同济大学出版社,2022：162-175.

历史教学实施对分课堂"四式",提升学生自主开展史料实证的素养

——以八年级"史料实证"专题复习教学实践与分析为例

吴怿婷(上海市蔡路中学)

一、问 题 提 出

(一) 落实历史课程标准相关精神的需要

教育部组织编写的《义务教育历史课程标准(2022 年版)》中指出：史料实证是指对获取的史料进行辨析,并运用可信史料努力重现历史真实的态度与方法。史料是认识历史的主要依据。要形成对历史的正确、客观的认识,必须重视史料的搜集和解读,并在学习和探究活动中加以运用。在义务教育阶段,要求学生初步学会依靠可信史料了解和认识历史,即了解史料的主要类型;初步学会从多种渠道获取历史信息,提高对史料的识读能力;能够尝试运用史料说明历史问题,学会根据可信史料对历史进行论述的能力;初步形成重证据的意识和处理历史信息的能力,简称史料实证"五素养"。

(二) 落实对分课堂教学模式的需要

张学新教授在《对分课堂：中国教育的新智慧》一书中提到,对分课堂是一种新型的教学模式。其核心理念是把一半课堂时间分配给教师进行讲授,另一半课堂时间分配给学生。学生先独立内化,再以讨论的形式进行交互式学习。对分课堂强调先教后学,即教师讲授在先,学生学习在后。强调生生、师生互动,鼓励自主性学习。对分课堂的关键创新点在于把讲授和讨论错开,让学生在中间有一定的时间自主安排学习,进行个性化的内化和吸收。在本课中,笔者将运用对分课堂的四种基本教学模式,即呈示模式、独学模式、讨论模式、对话模式,来提升学生自主开展史料实证的"五素养"。

(三) 提升学生史料实证素养的需要

史料实证,包含两大要素,一是史料,二是实证。因此,史料实证素养也可以分为两类：一类侧重于史料;一类侧重于实证。在本课题中,史料实证的素养,分为"五维度"(前述"五素养")。八年级学生经历了一年多的历史学习,部分学生掌握并积累了一些搜集史料、提取信息、解决问题、交流成果的能力。在学习本课之前,经过调查,笔者任教的初

二(2)班学生中,掌握史料实证素养,即了解史料主要类型和知道获取历史信息的多种渠道的占 66.67%,能够辨析史料价值的占 55.56%;能够通过对史料的辨析、对作者意图的认识、从史料中提取信息推断结论、通过多种史料类型互证从而正确认识历史的占 16.67%。当学生史学知识不断积累到一定程度后,他们薄弱的实证能力,已严重阻碍了他们形成对历史的正确、客观认识。基于以上学情,开展对分课堂的教学,来提升学生自主开展史料实证的"五素养",就显得尤为必要。

(四) 落实学校区级课题相关精神的需要

基于上述需要,笔者在参加学校由校长领导下开展的"基于'双自'教育的对分课堂实践研究"区级课题实践探索时,选择了"呈现模式""独学模式""讨论模式""对话模式"这四种对分课堂的基本教学模式为探索主题,来提升学生自主开展史料实证的"五素养"。

下面以 2023 年 5 月 22 日下午第一节在初二(2)班教室对该班学生执教的"史料实证"专题复习一课为例,说明"四式"的相关操作和实效。

二、实施形式——"四式"

(一) 呈现模式(12 分钟)

这是指教师向全班学生呈现学习内容,即如何获取史料、如何对史料进行分类、如何应用史料来对具体的问题做出回应。师生之间没有互动,学生主要通过聆听教师讲解、观看课件、主动思考与自主建构来进行学习。

片段 1:学生通过聆听教师教授获取史料的途径、史料的一般分类方法,初步了解如何查找、获取史料,了解史料的主要类型,知道史料类型的特点。

教师借助多媒体,呈现史料的定义;获取史料的途径;史料的分类标准。

师:史料是人类历史发展过程中遗留后世的,能帮助我们认识、解释和重构历史的痕迹。获取史料的主要途径是实地调查、文献查阅(到图书馆、档案馆等存放大量珍贵历史资料的地方去收集史料)、参观博物馆等。根据表现形式,史料类型可以分为:文献史料,即文字记载的书面材料,如档案、回忆录、日记、调查报告、新闻、传单等;实物史料,即实物或遗迹等非文字史料,如器物、建筑物、遗址、遗迹等;口述史料,即口传史料,如神话传说、民歌、童谣、谚语、回忆录等。根据性质可以分为:原始史料,即真实历史发生时直接产生的史料;反之则为非原始史料。例如,甲骨文是我们了解商朝历史的原始史料;西汉司马迁所著《史记》中对于商朝历史的记载则属于非原始史料。一般来说,原始史料的信度和效度也就是可靠性和有效性要远高于非原始史料。

教师在授课时发现:一是大部分学生在听到获取史料途径时,能够小声地跟着教师一起讲,巩固了史料的分类知识和收集途径;二是当教师提到史料可以根据其性质分为原始史料和非原始史料时,大部分学生脸上出现了恍然大悟的表情,学生由此掌握了史料的分类有不同的标准与价值。

片段2:学生通过聆听教师精讲如何在图像史料中发现线索和有效信息,由此与具体的历史事实联系起来,判断史料即使不能作为此历史事件的实证证据,但仍然有一定的价值,感悟不同类型的史料有着不同的价值和局限。

教师利用多媒体出示交战国双方的作者针对同一场战役而制作的版画,并且利用多媒体放大镜功能放大图片中的文字信息。

师:这场战役的交战双方分别是谁?我们从右图中舰船名称的信息——靖远、定远、致远、扶桑和左图当中的文字信息"溺毙倭逆无数",可以判断这场战役是中日甲午战争中的黄海海战。因此,这场战役交战的双方分别是清军和日军。

师:这两幅版画对于战事结果的描绘又有怎样的不同?左图中在船身上有"海军大胜图"这5个字。除此之外,从图片上的文字信息"朝廷……溺毙倭逆无数"也可以发现,左图对于战事结果的描绘是清军打赢。右图中,整个画面的主体是日舰西京丸号,在画面的右侧能够看到"靖远沉没,定远大火"等字样,很显然右图对于战争结果的描绘是日军获得了胜利。那么问题就来了,战争双方的作者对同一场战役结果的描绘是截然不同的。我们进一步可以推测左图是中国方面的画作,描绘的是清军大胜;右图则是日本方面的画作,它对于战争结果的描绘是日军大胜。那么,这两幅版画能不能作为还原这一战役的证据呢?显然是不能的,因为双方对于战争结果的描绘出入实在太大,而且版画等艺术作品,它带有作者的主观认识。

师:虽然不能用于还原这一战役,但它仍然可用于研究什么?可以帮助我们了解创作者绘画时的意图,也就是作者想表达什么;可以帮助我们了解艺术作品中的黄海海战;可以折射在这场战役中双方民众的心态。

通过这个环节,一是信息技术的使用,使得学生能清晰地看到版画上的画面及相关的文字信息,便利了教师对于题目的讲解;二是当教师根据画面信息和文字信息判断出交战双方时,学生纷纷点头表示赞同,由此习得在面对图像史料时,不仅要关注画面中所画的内容,还要关注图片中的文字信息,从文字中提取有效信息,解答问题;三是在提到版画能否作为还原战役的证据时,学生纷纷摇头,可见他们已经知道了史料有着一定的局限性。

片段3:学生通过聆听教师精讲如何从折线图中提取时间、发展趋势等有效信息,并运用这些有效信息形成正确的历史结论,感悟"有一分史料说一分话"。

教师借助多媒体出示"以俄国十月革命为题的文献数量变化折线图"(见图1)。

师:这幅折线图是以俄国十月革命为题的文献数量变化。数量变化是在1917年至1949年的时间段内,从文献数量的变化趋势上看,在1917年以后至1949年之间,这些文献的数量呈上升的趋势,这是我们能够从图表中提取的信息。但这种上升的趋势能不能够说明民国社会对俄国十月革命的认同度整体呈现上升趋势呢?虽然说文献数量增多

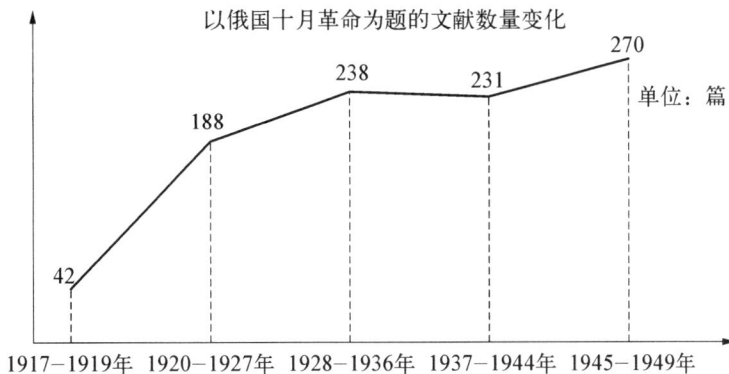

以俄国十月革命为题的文献数量变化

单位：篇

270
238 231
188

42

1917—1919年 1920—1927年 1928—1936年 1937—1944年 1945—1949年

图1 以俄国十月革命为题的文献数量变化图

了,但一定意味着人们认同俄国十月革命吗? 笔者认为答案是未必的。这种推论显然有过度之嫌。那么,根据这个数据,我们能得到什么结论呢? 这些数据可以说明这一时期的人们开始越来越多地关注到俄国十月革命这样一个历史事件,或者赞同或有其他的想法,都有可能被写成文章。在学习历史的过程中,我们一定要注意"有一分史料说一分话",不能过度引申,只有证据、逻辑与结论保持一致,我们才能够形成相对中肯的历史认识。

教师在授课时发现,一是大部分学生看到问题时表现得很茫然,显然他们不知道如何从折线图中提取信息,在聆听教师结合论文发表的时间和数量提取信息得到文献的数量呈上升的趋势这一结论时,学生纷纷点头,掌握了从折线图中提取信息的方法;二是当教师讲到能不能够说明民国社会对俄国十月革命的认同度整体呈现上升趋势时,少部分学生点头,大部分学生呈现思考状态,当教师继续讲到文献数量增多了一定意味着人们认同俄国十月革命吗? 学生纷纷小声说道:"不是的。"由此,学生明白了在解读史料时,不能过度引申,只有证据、逻辑与结论保持一致,我们才能够形成相对中肯的历史认识。

片段4: 学生通过聆听教师精讲如何论证圆明园是被英法联军焚毁的这一结论,感悟"孤证不立",只有多条能构成"证据链"的史料的互证才能推断出较为可靠的历史结论。

教师借助多媒体出示材料一:圆明园残骸图。

师:仅仅用圆明园残骸图能不能够证明圆明园是被英法联军焚毁的? 请同学们仔细观察图片,除了残垣断壁外,并没有留下英法联军侵略的痕迹,所以说,仅凭这样一张历史图像是很难证明圆明园确实是毁于英法联军的。那么,我们应该怎么样去思考这个问题? 请同学们来看材料二和材料三。

材料二:参与火烧圆明园的英国陆军军官赫利思回忆:"几天后,便决议烧毁圆明园。第一师(指英国第一步兵师)奉命前进到那里,我们在下午很晚的时候才到……我们更奉命掠取我们所能掠到的一切,并携带车辆载回我们所喜欢的东西。"

材料三:法国阿尔高特将军回忆圆明园遭洗劫的情形时说:"所有可以带走的贵重物品,包括黄金、白银、钟表、珐琅器、瓷器、玉石、丝绸和刺绣品,以及其他众多的贵重物品都被联军夺走。"

师：材料二是参与火烧圆明园的英国陆军军官的回忆。材料三也是这场战事亲历者法国将军的回忆。材料二、三能否作为英法联军劫掠焚毁圆明园的证据？为什么？同学们应当发现了，之前在老师的讲述中提到了这样一个词汇——亲历者。这两个人分别参与了火烧圆明园的暴行，他们作为加害者、作为施害方、作为亲历者，他们的回忆、他们的证词显然是能够作为证据的。那么，如果说我们要认定这个事实，为了弄清真相，我们仅有施害者、加害方一个方面的证据是不是足够？我想还是需要进行进一步的补充和完善的。何谓"证据链"？也就是要做到证据间的环环相扣。为了论证这个事，我们可以从当时的受害方，也就是当时中国方面的材料入手，与之前英法两国资料进行互相印证，来进一步说明观点。我们还应该查找当时的中立者，或者说第三方的材料，因为他们与这场战争双方的利益无关，或许他们的回忆、证词会更加可信。如果施害者、受害者、中立方三者的证词能够互相印证，那么我们说证据链就构成了，这样推理出的历史结论是比较可靠的。

在这个片段中，一是学生十分投入，在教师提出圆明园残骸图能不能够证明圆明园是被英法联军焚毁的这一问题后，通过点头或摇头表达了自己的观点，当发现自己的观点错误时，能够认真聆听教师的讲解思路，提升了判断史料价值的能力；二是在教师提到证据链时，学生能够记录下"施害者、受害者、中立方"这些关键词，知道了在学习历史时应该尽可能多地掌握史料，通过多重史料的互证，全面客观地认识历史。

（二）独学模式（15分钟）

这是指学生作为个体独立完成教师设计的课中学习单，通过解答六个问题，内化吸收课堂知识，提升史料收集、分类、理解辨析和史料引用论证的能力。

片段 5 之独学一：全体学生根据课中学习单图 2 的内容独立完成史料分类的填空。

A 金字塔

E《查士丁尼法典》

B《汉谟拉比法典》

C 早期佛教石像

D《共产党宣言》

F《拿破仑法典》

图 2　国外文献与实物类图一组

以上材料中,兼具文献史料和实物史料的是_____,属于实物史料的是_____、_____,属于文献史料的是_____、_____、_____(填写字母,每空只能填一个)。

片段5之独学二:全体学生根据课中学习单中的研究对象,从历史研究者的角度出发,独立探究获取史料的途径和列举一份文献资料。

师:有位学生想开展1921—1931年的中共党史研究,他可以通过哪些方式(途径)获取资料? 如果让你为其提供一份文献资料,你会提供哪一份?

片段5之独学三:全体学生根据课中学习单中搜集到的史料,独立判断史料价值的高低。

李鸿章是洋务运动的重要代表人物,对于李鸿章的评价,分歧较多。某历史课题小组为了研究这一历史人物,搜集到下列材料:

A. 长篇历史小说《李鸿章》

B. 一些关于李鸿章的史学论著

C. 网站上评价李鸿章的论文

D. 部分李鸿章的亲笔奏折、书信

(1)上述材料中,你以为史料价值最高的是_____(填字母),请说明你的理由。

(2)上述材料中,你以为史料价值最低的是_____(填字母),请说明你的理由。

片段5之独学四:全体学生根据课中学习单中提供的数据统计和结论,独立反推所给资料的缺失。

下表源自1907年英国某船队25艘商船的数据统计(见表1)。据此能否得出"20世纪初,蒸汽船已经成为英国水上运输主体"的结论? 简要说明理由。

表1　1907年英国某船队25艘商船的数据统计

动力	数量	占比	吨位
风帆	4	16%	468
蒸汽	16	64%	21046
其他	5	20%	445

片段5之独学五:全体学生根据课中学习单中提供的三则材料,独立辨析史料,收集多种史料构建证据链,形成对问题客观、全面的认识。

近年来,日本右翼势力不断叫嚣南京大屠杀是"虚构的""是中国人编造的故事"。

材料一:以南京大屠杀为历史背景的电影《金陵十三钗》剧照(见图3)。

图3　《金陵十三钗》剧照　　　　　图4　《东京日日新闻》报道

(1) 仅凭材料一能否驳斥日本右翼势力否认南京大屠杀的言论？为什么？

材料二：(1937年12月21日)哭喊着的支那(中国)人被装进邮袋中,西本(日本兵)点着了火,汽油一下子燃烧起来。

——侵华日军第16师团士兵东史郎《东史郎日记》

材料三：1937年12月,《东京日日新闻》报道了日军"片桐部队"的两名军官在南京紫金山一带进行杀人比赛的消息(见图4)。

(2) 材料二、三能否作为驳斥"南京大屠杀是中国人编造的故事"的证据？为什么？

(3) 为更有力地驳斥日本右翼势力的言论,除日方材料外,还可以补充哪几方的证据？简要说明你的理由。

片段5之独学六：全体学生根据课中学习单图5提供的材料,独立辨析史料,提取有效信息,作为历史叙述的可靠证据。

材料一：长安西市示意图　　材料二：[日]圆仁《入唐求法巡礼行记》　　材料三：北宋《长安志》卷八　　材料四：白居易《登观音台望城》

图5　四则关于唐朝长安城的史料

在材料一、二、三、四中,能证明唐朝长安城商业繁荣的关键证据是什么？说明理由。

在独学模式中,一是学生十分投入,运用课堂上习得的知识、技能认真答题；二是学生通过阅读各种史料并提取史料的有效信息,运用已经掌握的历史知识对史料进行区分;三是学生通过创设的历史情境,思考如何寻找史料来支撑观点;四是学生通过解读史料,最大可能观察材料中时间、地点、材料出处和作者的立场等一系列信息,设身处地思考作者的意图、史料的可信度等;五是学生通过史料树立证据意识,不过度解读史料;六是学生通过独立答题,知道了自己在史料实证素养方面还存在哪些不足或疑惑。

(三) 讨论模式(8 分钟)

这是指学生以四人为一个小组,针对课中学习单的内容与记录展开交流、讨论,提出自己在独学时的疑惑,小组讨论,集思广益,教师可以参与其中或者只是作为一个聆听者,了解学生知识的掌握情况。

以下仅是引述某一小组讨论的一个片段来说明讨论模式的相关做法与实效。

片段 6: 学生提出疑问,组内同学交流讨论,最终知道可以通过对材料史实记载的可信度分析来判断史料价值的高低。

生 1: 对研究李鸿章,哪则材料的史料价值最低,我不是很肯定。我认为是网站上评价李鸿章的论文史料价值最低。

生 2: 我也这么认为。

生 3: 我有不同的看法,我认为是长篇历史小说《李鸿章》的史料价值最低,小说是有虚构成分的。论文是一种学术研究成果,作者根据他所获得的史料得出了结论,写了一篇文章,我想应该是没有虚构成分在里面的吧。

生 1: 可是它出现在网站上啊。

生 4: 网络上也有很多专业网站的。所以,我觉得出现在网络上的东西未必没有价值。小说的话,肯定是有艺术加工的,但是论文是作者的研究成果,价值应该是比小说高的。

生 2: 是不是可以这样认为,小说里面记载的内容可能是虚构的,而论文中提到的史料的真实性要比小说高,所以小说的史料价值最低。

生 1: 那就是说我们可以根据史实记载的真实性去判断史料价值的高低。

教师在一旁点头,表示对这个说法的肯定。

讨论模式的实施,让学生能够在平等、民主的氛围中开展交流。教师在巡视的过程中发现,史料实证素养较弱的学生敢于提出自己的疑惑,同伴们也愿意针对这些疑惑发表自己的见解,特别是平时在课堂上不太愿意发表意见的学生,也能在组内谈谈自己的一些看法。通过这样的思维碰撞,及时纠正了学生的某些错误思维,从而有效提高了学生的史料实证素养。

(四) 对话模式(5 分钟)

这是指在完成小组讨论后的全班交流,某个学生代表小组提出在组内未能解决的疑惑,通过师生对话、生生对话,交流看法,提升史学实证素养。

片段7:通过师生、生生对话,学生自主归纳出如何寻找研究某个历史问题的关键证据的一些方法。

师:通过小组讨论,你们对于课中学习单是否还存在疑问?

生1:对于课中学习单的最后一题,我们组内有不同的意见,并且通过讨论,我们的观点不能达成一致。

师:你认为证明唐朝长安城商业繁荣的关键证据是什么?

生1:我认为是材料二。

师:请说说你的理由是什么?

生1:材料二是日本使者访问唐朝的亲身经历,属于原始史料。而且这则材料记载了因为着火而损失惨重的东市,证明了长安城商业的繁荣。

师:那为什么其他材料不能证明唐朝长安城的商业繁荣呢?

生1:材料一是示意图,是后人所作,我认为含有一定的主观性。同样地,材料三是北宋时的文献资料,也是后世作品。材料四的作者虽然是唐代历史的亲历者,但是它是诗歌,属于文学作品,反映了作者对历史的认识,带有主观色彩。

师:同学们,你们认为这位同学分析得有道理吗?

全体学生:有!

师:那么,由此我们可以归纳出如何在众多的史料中找到所要研究主题的关键证据的方法了吗?

生2:要找原始史料。

生3:原始史料中的文学艺术作品要排除。

师:还有吗?

全班鸦雀无声。

师:材料二能够作为研究唐朝长安城商业繁荣的关键证据,仅仅因为它是原始史料吗?

生4:材料二记载的内容跟我们需要研究的主题也是相符的。

师:同学们的归纳非常好!在寻找研究某个历史问题的关键证据时,第一步是在史料中提取有效信息,判断与研究主题是否相符,如不相符则不能作为关键证据。第二步是判断哪些属于原始史料。第三步是在原始史料中排除文艺作品,因为这类材料存在虚构成分,除非研究主题是艺术史或者作者生平,否则不能作为关键证据。

在这次对话中,一是学生能够大胆地提出小组的疑惑,并且给出自己的意见;二是学生能够根据教师的引导,完整地表述自己对寻找历史关键证据的思维过程;三是全班学生能够认真聆听其他同学的发言,并且结合教师的点拨归纳,寻找研究某个历史问题关键证据的一般方法。

三、主 要 成 效

(一) 学生方面

根据教师在校期间对学生的课中观察、对课后回家作业的批阅和课堂练习统计得来的相关信息、与学生日常交流访谈,以及学期测试成绩可知,学生的以下素养有了程度不一且总体较为明显的提升。

1. 史料实证知识方面

学生史料实证知识有了明显的提高。一是知道了什么是史料。史料是过去人们留下的记录,在形成过程中不可避免地会因为个人立场、时代背景、学识多寡等多种因素而与历史事实产生偏差。二是了解了史料的不同分类标准。史料根据表现形式可以分为文献史料、实物史料、口述史料;根据性质可以分为原始史料、非原始史料。三是如何实证,比如,先阅读,分析史料,然后判断其信度和效度,最后说明历史问题。

2. 史料实证能力方面

一是学生自主搜集史料的能力有了明显的提高。通过本节课的复习,学生掌握了获取史料的不同途径,比如,图书馆、档案馆是文献史料集中存放的地方,博物馆是实物史料集中的场所,并且能够运用到平时的解题中,这类题目的得分率有了明显的提升。

二是学生自主解读史料的能力有了明显提高。通过本节课的复习,学生通过独立学习、合作探究,知道了要在提供的材料中找到用于解题的有效历史信息,比如,图片史料不仅要观察图像,还要关注画面中的文字;文献材料则不仅要关注正文中的时间、地点、人物、核心观念等,还要注意引注中的作者及其身份、书名、时间等,深入理解史料讲述的内容,哪些内容可能是真的,是否带有作者的偏见和意图,需要对史料进行可信性和局限性分析。

三是学生运用可信史料说明历史问题的能力有了明显的提升。通过本节课的复习,学生通过合作探究学会了如何有效地鉴别史料的价值,比如,看史料类型:一般来说原始史料的价值高于非原始史料;看结合主题:针对研究的主题与对象,围绕核心问题的史料价值远高于反映边缘问题的史料;看多重印证:孤证不立,实物史料与文献史料相互印证,以及多重资料的相互印证可信度高;看史料内容:客观叙述内容可信度高于主观认识部分,相对于文学艺术作品的艺术加工,历史著作的真实性更强;看作者态度:判断作者的身份、立场是否使其观点和主张具有主观倾向性,第三方态度相对更加客观。学生学会了挑选出最有价值的史料对历史问题进行研究。

3. 史料实证意识方面

一是学生判断史料真伪和价值高低的意识有了明显的提高。通过本节课的复习,学生认识到史料实证意识在历史研究中具有不可替代的作用,是历史研究的基础。历史资料具有多样性和复杂性的特点,同时,这些资料来源各异,真实性和可靠性也不尽相同,因此,需要具备基本的鉴别能力,以筛选出有价值的信息。

二是学生史料互证构建证据链的意识有了明显的提高。通过本节课的复习,学生意识到依据一则史料去解释历史,往往会出现对历史认识的偏差,要通过多重史料,比如不同类型的史料或者多方史料的互证,才能对历史形成全面客观的认识。重证据的历史思维不仅是历史学科素养的重要组成部分,而且也有助于学生形成终身学习的能力,这对未来的学术研究或职业生涯都具有重要意义。

(二) 教师方面

1. 提高了教师专题总结式案例类研究素养

通过这次基于历史教学实施对分课堂"四式"提升学生自主开展史料实证的素养的探索研究,从课题设计、实践、总结反思到改进完善,笔者在课题研究方面的能力有所提升,对于如何开展课题研究的基本流程,有了比较清晰的认识。

2. 提升了教师自身历史专业素养

对分课堂要求教师提供完整的框架和对重点与难点的处理,给学生提供一个充分的基础去内化和吸收,这就要求教师要做好更高质量和精细化的备课。在对分课堂中,教师通过学生在小组讨论和全班交流中的表达,可以更为清楚地了解学生的思路和对学习内容的掌握程度,从而为之后的备课找到明确的方向。这对师生之间真正起到了教学相长的良性发展作用。

参考文献

[1] 教育部.义务教育物理课程标准(2022 年版)[M].北京:北京师范大学出版社,2022.

[2] 徐蓝,马敏.义务教育语文课程标准(2022 年版)解读[M].北京:北京师范大学出版集团,2022.

[3] 张学新.对分课堂:中国教育的新智慧[M].北京:科学出版社,2016.

[4] 黄牧航,朱命有.中学历史核心素养命题的原理和方法[M].北京:北京师范大学出版集团,2023.

[5] 张翠娜.基于史料实证素养的思辨能力培养[J].中学历史教学参考,2020(11):38-40.

[6] 陈少鹏,席长华."史料实证"的再理解[J].历史教学,2018(11):35-41.

[7] 周瑜.初三学生体育中考项目理想成绩和健体兴趣:在"独合结合"多元实践体验式学习中提升[M]//杨龙,曹明,杨蕾.基于独立学习与合作学习相结合的教与学方式研究案例选.上海:同济大学出版社,2022:154-161.

组织单元视角下的结构性实验活动，提升学生自主实验素养

——以基于"对分课堂"的"光"单元学生探究性大、小实验实践与分析为例

顾彩凤（上海市蔡路中学）

一、问题的提出

所谓"组织单元视角下结构性实验活动，提升学生自主实验素养"，是指在单元规划、单元教材教法分析，以及单元教学目标的指导下，教师按照一定的步骤，引导学生独立或小组合作（简称"有独有合"）参与完成由层层递进的、若干探究性大、小实验任务构成的系列实验活动，在有效地完成实验任务的同时，有机培养学生自主（"有独有合"）完成探究性实验任务的意识、能力和良好行为习惯，进而提升学生物理学习的整体素养。

开展本主题的探索，一是落实教育部《九年义务教育物理课程标准（2022年版）》（简称物理新课标）对培养初中生核心概念、科学思维、科学探究能力物理核心素养的需要，二是落实教育部和上海市教委倡导开展学科单元教学探索精神的需要，三是发挥单元结构性探究性实验活动优势的需要，四是提升学生物理自主实验素养的需要。

基于上述情况，笔者在参与学校"基于'双自'教育的对分课堂实践研究"区级课题实践探索时，在任教初二物理学科"光"单元过程中，尝试融入张学新教授的"对分课堂"的相关操作要求，按照一定的步骤和探究性实验方案的基本要求，引导学生自主（"有独有合"）设计单元结构性的探究性大、小实验方案，真实地参与探究实验活动，以强化学生独立或小组合作完成物理探究性实验任务的相关价值意识、学用意识；提高自主设计实验方案、有效地完成相关单元结构性自主探究性实验任务的能力；促进实验前、中、后相关良好实验行为习惯的养成，进而提升学生物理整体学习素养。

二、活动的组织

下面以2022年10月—12月，笔者在本校初二物理"光"单元的教学中，尝试引导学

生自主("有独有合")开展探究性大、小实验活动的实践与分析为例,概要说明结构性探究性实践活动组织的基本步骤和相应实效。

(一)明确单元目标和结构性探究性实验总体任务的依据

1. 明确单元目标的依据

一是单元目标的构成。包括单元整体目标、单元课时目标、单元探究性实验目标。

二是单元目标的确定步骤。由教师在单元教学的第一课时执教前,主要按以下五步加以梳理、比较后确定:一为参阅物理课程目标;二为比较物理教材"光"单元的教学基本要求;三为分析"光"教材的单元内容;四为梳理"光"单元结构性分布的教学内容;五为分析学生自主实验素养情况。

三是单元目标的明了。由教师在单元教学的第一课时执教时,借助学习单、多媒体和口头说明,在"对分课堂"之教师引导(讲授)阶段,使学生能够清楚明了单元目标;随着课时的展开,在单元相应内容教学时,在"对分课堂"之教师引导阶段,对相应课时目标和探究性大、小实验目标予以细化说明。

2. 明确结构性探究实验任务的依据

一是单元结构性探究实验任务的构成。包括单元下大的探究性实验任务、大实验任务下的若干小的探究实验任务——"光"单元具体的结构性学生自主探究实验大、中、小任务,参见教材第二大环节的图1。

二是单元结构性探究实验任务的确定步骤。由教师在单元教学的第一课时执教前,主要按以下六步加以梳理、比较后确定:一为参阅单元整体目标、课时目标和探究性实验目标;二为参阅物理学科"光"单元的教学基本要求;三为参阅物理学习活动卡相应单元的实验内容与要求;四为了解学生自主实验素养现状;五为对比学校物理实验室条件;六为了解学生家庭开展自主实验的可能性。

三是结构性探究实验任务的明了。首先,由教师在单元教学的第一课时和相应课时执教时,借助学习单、多媒体和口头说明,在"对分课堂"之教师引导(讲授)阶段,使学生能够分阶段地加以清楚明了;其次,学生在"对分课堂"的课后自主学习、练习阶段,借助学习单,自主加以明确;最后,在相应课时教师组织学生自主开展实验任务前,由学生借助学习单,对相应次第的实验任务予以确定。

这样,学生在"光"单元的第一课时和其后的相应课时学习中,能够借助多媒体、学习单和教师的讲授引导、课后的自主学习和课上的相应课时探究性实验开展前,能够逐步明确、强化单元目标和结构性探究性大、小实验的任务;为提高学生完成单元教学和探究性大、小实验的速度和质量奠定基础;强化学生的单元和实验的目标意识和任务意识;有助于培养学生内化单元目标、课时目标和确立探究性大、小实验任务的素养。

(二) 厘定单元实验目标和梳理结构性探究大、小实验任务

1. 制定单元结构性探究大、小实验目标

一是制定单元结构性探究大实验目标——一般以单元整体目标为导向。

二是制定单元结构性探究小实验目标——一般为大实验目标下的细分目标。

如,"光"单元的教学设计中,教师确定了以下单元结构性探究实验的整体目标:

了解光现象和光的直线传播、反射和折射现象;通过实验活动,认识光现象下的光的传播规律;能用这些知识解释自然界的有关现象,解决日常生活中的有关问题,初步了解光的系统知识。

知道光的传播规律;能运用这些规律分析简单问题,并获得结论;能在解释自然现象和解决实际问题时引用证据,具有使用科学证据的意识;能根据光的知识,指出交流中有关说法的不当之处,并能提出自己的见解。

能基于观察和实验,提出与光现象有关的科学探究问题,并做出有依据的猜想与假设;能正确使用光具盘、凸透镜等相关器材获取实验数据;能通过对数据的比较与分析,发现数据的特点,进行初步的因果判断,得出实验结论;能表述实验过程和结果,撰写实验报告。

知道物理学是对相关自然现象的描述与解释,物理学研究需要观察、实验和推理,体会物理学对人类生活和社会发展的影响;具有对光知识的学习兴趣和严谨认真、实事求是的科学态度;关心我国古代和现代科技成就,为中华民族的科技成就感到自豪,增强自己的责任感与使命感。

学生通过结构性探究大、小实验活动,增强对自然现象进行实验探索的意愿和对物理学的兴趣,乐于探索自然现象和日常生活中的物理原理,促进平时善于观察、勤于思考、敢于探究的习惯养成和培养合作学习的精神。

教师还确定了以下涉及实验的七个课时共"1总+8项小实验"的目标:

第一课时:教师通过组织情境实验"1总"(观察激光斜射入水中的光现象),引导学生梳理本单元的实验架构;通过观察情境实验8-1"小实验影子、排队、射击",知道光的直线传播;观察情境小实验8-2"小孔成像",以及模拟树荫下的光斑,理解光的直线传播现象。

第二课时:教师引导学生合作利用光具盘进行探究性小实验8-3"探究光的反射定律",使之能理解光的反射,知道光的反射现象和光反射时遵循的规律;会做光反射现象的图示;能解释生活中光的反射现象。

第三课时:学生在教师的引导下,合作完成探究性小实验8-4"探究平面镜成像的特点",能学会做"探究平面镜成像的特点"的实验,即学生能根据生活经验、自然现象和实验观察,就物体在平面镜中所成像的大小、位置等做出假设;能依据实验方案选择实验器材;能辨认物体在平面镜里所成的虚像,确认虚像的位置;会多次改变物体的位置,并测出虚像和物体到镜面的距离;能根据实验现象及数据,分析归纳得出平面镜成像的特点。

第四课时：学生在教师的引导下，合作完成利用光具盘进行探究性小实验 8-5"探究光的折射规律"，能知道光的折射、折射现象、折射时遵循的初步规律；知道不同介质中，光的折射本领不同。

第五课时：学生在教师的引导下，独立完成情境小实验 8-6"演示不同透镜对平行光的作用"，能知道透镜、识别凸透镜和凹透镜；知道凸透镜的会聚作用和凹透镜的发散作用；知道透镜的主光轴、光心、焦点和焦距。

第六课时：学生在教师的引导下，小组合作完成探究性小实验 8-7"探究凸透镜成像的规律"，学会"探究凸透镜成像的规律"的实验，即学生能通过小组合作，联系生活经验、进行实验观察，提出实验探究的问题；知道实验的器材和装置；会在光具座上调节光源、凸透镜、光屏的位置和高度；能找到凸透镜成像的各种情况，读出物距和像距，能识别实像和虚像；能对收集的实验信息做出归类与比较，得出凸透镜成像的初步规律。

第七课时：学生在教师的引导下，独立完成情境性实验 8-8"白光通过三棱镜，观察光的色散现象"，能知道光的色散、白光由不同的色光组成；知道同一介质中，各种单色光的折射程度不同；知道光的三原色。

2. 设计结构性探究实验任务

一是设计大实验任务——一般以源于生活的情境引入观察类探究性实验任务为主。在"光"单元教学中，教师设计了一项包括"三类光现象"观察的情境性引入观察实验探究任务。

二是设计小实验任务——一般以学生自主完成的探究性实验任务为主。"光"单元教学中，教师为主、学生参与设计了八项在观察基础上的"有独有合"的实验探究小任务。

具体见图 1 所示：

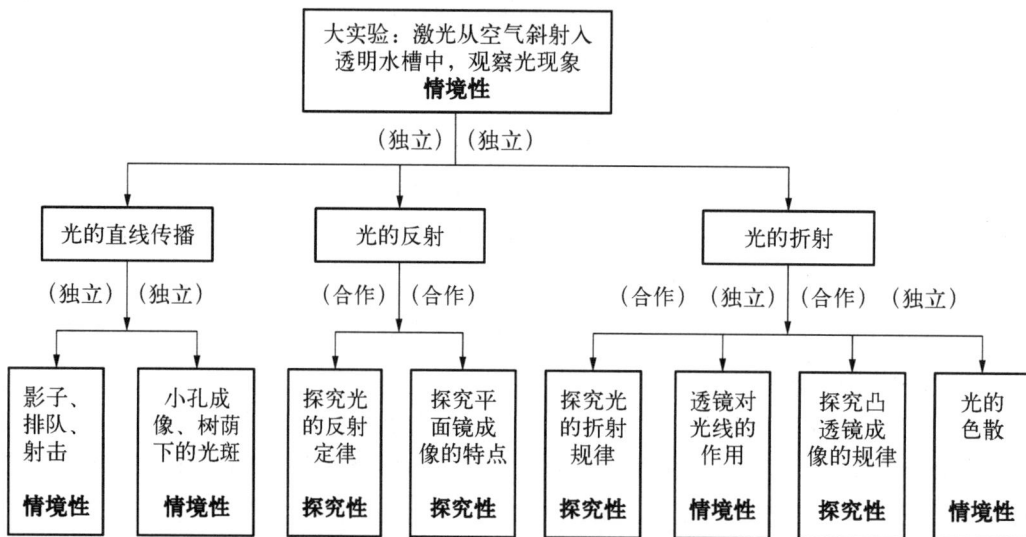

图 1 "光"单元观察类情境性大实验之"三类光现象"的观察及相关定律、
规律、特点、作用的八项具体观察与梳理结论类实验任务结构

上述过程,较好地引导了学生主动参与部分探究小实验任务的设计,使他们快速地明确了本单元结构性探究大、小实验目标,了解了需要完成的大、小实验任务;普遍强化了他们注意把握单元实验目标的意识,内化了实验目标和任务领先的意识,也为学生主动参与后续探究性实验方案设计和顺利开展自主实验奠定了良好的基础。

(三) 组织学生自主设计探究性小活动实验方案

1. 教师引导明了实验方案设计要素

教师在"光"单元的相关课时课堂教学中,注意借助多媒体、学习单、板书、口头说明和组织学生现场复述、参与设计实验方案及课后完成学习单练习等,使学生知道和掌握以下两类实验方案设计要素:一是情境性实验方案设计"三要素":提出问题、描述现象、归纳预测。二是探究性实验方案设计"五要素":实验目标、实验器材、实验过程、数据处理、总结归纳。

如,在学生观察平面镜成像特点的情境性实验时,教师可以通过提出问题、描述现象,让学生设计实验方案。例如:镜子中的"你"有什么特点、提出你所注意到的问题(如大小,位置等)、预测平面镜成像的特点。

2. 学生"有独有合"参与小实验方案设计实践

一是学生先通过情境性实验观察实验现象,根据学习活动卡中的实验要求或教师提出的问题,又或是在探究性实验中根据实验常规要素,独立梳理实验过程。二是学生在初步完成个人实验设计的情况下,在合作小组内就方案设计进行交流、修改,最终"有独有合"地完成小实验的方案设计。

教师组织学生设计探究小实验方案时,一般进行以下引导:一是为每个学生分配相同的实验任务,但关注不同的实验数据;二是为每个小组分配不同的实验任务,得到的却是相同的实验数据,以提高实验数据来源的广泛性和可靠性。

如在光的折射规律教学时,笔者让每个学生测定不同入射角下,折射角的度数;又把学生分成4个大组,分别做光从空气斜射入水中、光从水中斜射入空气、光从空气斜射入玻璃和光从玻璃斜射入空气的实验方案设计。

3. 学生借助"活动卡"设计情境→探究实验方案要素

教师借助大实验现象的引导性情境,引导学生借助观察法、设计问题链法、组内外活动法、复习旧知法、同类类比法,独立为主、小组合作为辅,自主地参与到相关情境→探究小实验方案设计的记录、交流、厘定中来。具体见图2所示。

从教师对学生参与实验方案的设计与交流的现场观察、了解、课后检查统计,以及课堂学生自主交流的情况可知,上述过程,使全体学生普遍强化了对实验方案设计要素的认知;较好地锻炼了学生自主听取教师对实验方案设计要素的引导、借助"光的折射"学生小组合作进行实验方案设计和梳理、交流"引导卡"及"有独有合"进行小实验方案设计实践和参与梳理、交流、修正方案设计具体内容的能力,强化了对探究实验"五要素"的具象化

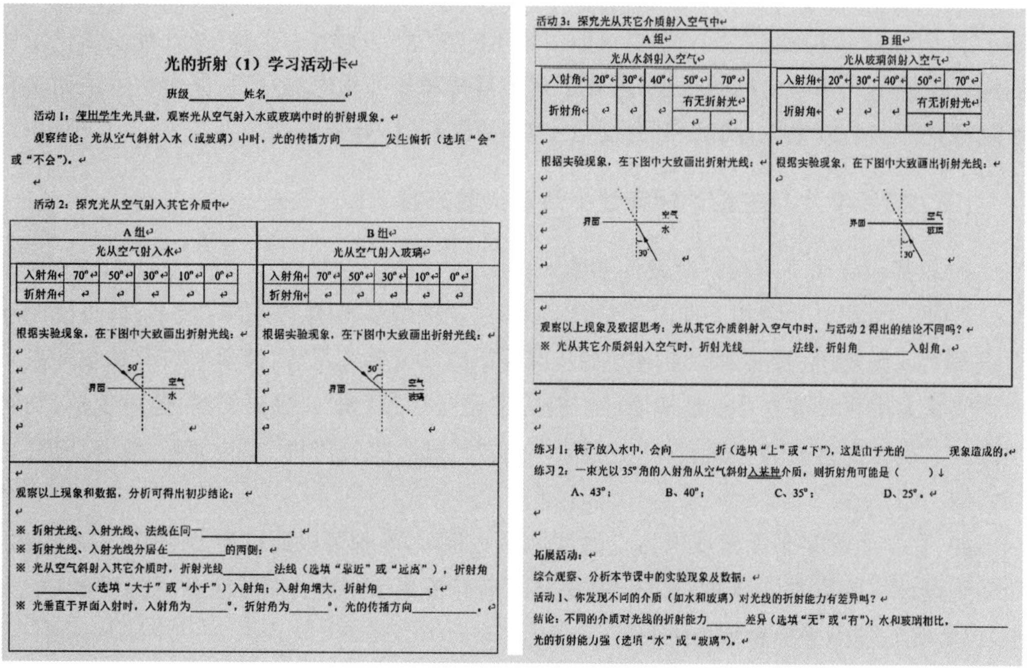

光的折射（1）学习活动卡

班级________姓名____________

活动1：使出学生光具盘，观察光从空气射入水或玻璃中时的折射现象。

观察结论：光从空气斜射入水（或玻璃）中时，光的传播方向______发生偏折（选填“会”或“不会”）。

活动2：探究光从空气射入其它介质中

A组						B组					
光从空气射入水						光从空气射入玻璃					
入射角	70°	50°	30°	10°	0°	入射角	70°	50°	30°	10°	0°
折射角						折射角					

根据实验现象，在下图中大致画出折射光线：（A组、B组）

观察以上现象和数据，分析可得出初步结论：

※ 折射光线、入射光线、法线在同一____________；

※ 折射光线、入射光线分居在________的两侧；

※ 光从空气斜射入其它介质时，折射光线________法线（选填“靠近”或“远离”），折射角________（选填“大于”或“小于”）入射角；入射角增大，折射角________；

※ 光垂直于界面入射时，入射角为______°，折射角为______°，光的传播方向__________。

活动3：探究光从其它介质射入空气中

A组						B组					
光从水斜射入空气						光从玻璃斜射入空气					
入射角	20°	30°	40°	50°	70°	入射角	20°	30°	40°	50°	70°
折射角				有无折射光		折射角				有无折射光	

根据实验现象，在下图中大致画出折射光线：（A组、B组）

观察以上现象及数据思考：光从其它介质斜射入空气中时，与活动2得出的结论不同吗？

※ 光从其它介质斜射入空气时，折射光线________法线，折射角________入射角。

练习1：筷子放入水中，会向______折（选填“上”或“下”），这是由于光的______现象造成的。

练习2：一束光以35°角的入射角从空气斜射入某种介质，则折射角可能是（　　）

A、43°；　B、40°；　C、35°；　D、25°。

拓展活动：

综合观察、分析本节课中的实验现象及数据：

活动1、你发现不同的介质（如水和玻璃）对光线的折射能力有差异吗？

结论：不同的介质对光线的折射能力______差异（选填“无”或“有”）；水和玻璃相比，________光的折射能力强（选填“水”或“玻璃”）。

图2　“光的折射活动卡”——情境→探究小实验学生分组设计、填写、交流厘定实验方案引导卡

把握；强化了学生做实验时，方案设计领先意识、关注要素和关注具体实验任务方案设计需要细化的意识；促进了学生相应实验设计良好行为习惯的养成。

（四）学生“有独有合”参与观察→探究性大、小实验活动

1. 活动的时机

一是在单元课时的初期，学生在教师引导下，独立参与生活情境引入后对光的三类现象的观察；二是在涉及实验的相关课时中，教师组织学生“有独有合”参与八项观察→探究性小实验活动；三是在单元结尾的课时中，教师组织学生合作参与对整个单元实验活动情况的梳理、交流与评价。

2. 学生开展观察→探究性实验活动的实践

一是学生独立参与大实验活动的时机。首先，教师借助透明的水槽、激光笔和学习单，组织学生独立对激光斜射入水槽场景下的光现象进行观察。其次，要求学生独立思考后，参与说出相关现象。最后，让学生猜测现象产生的可能因素。

二是学生“有独有合”参与八项观察→探究性小实验活动的时机。首先，教师引导学生依据“有独有合”设计的探究性小实验“学习活动卡”（探究小实验活动方案）进行实验操作的物化准备。其次，学生按组内分工活动卡的实验步骤与其他要求，开展组内实验活动，并在活动卡上相应处做好实验所对应要求的数据或现象记录。最后，学生对实践过程中出现的方案设计不当、器材不合适、实验操作中出现的操作错误等情况，注意做好记录。

三是学生"有独有合"尝试梳理总结八项观察→探究性小实验活动的结果和参与情况。首先,教师借助多媒体、学习单、活动卡的记录和口头说明等,引导学生尝试自行总结实验结论、参与情况和小组合作情况。其次,教师组织学生尝试交流分享自己或小组的实验结论、参与情况和小组合作情况,听取教师点评引导,发现不足之处。最后,学生"有独有合"进一步规范活动卡的记录和实验结论的表述。

从教师对学生参与课中"有独有合"实验的现场观察、对实验学习活动卡的检查批阅,以及其后学生在参加涉及"光"单元的实验内容检验性测试的结果可知:"观察→探究性大、小实验活动"的实施,较好地锻炼了学生自主听取教师对实验方案实施的引导,有助于学生"有独有合"进行小实验的实践规范操作活动,获得相应实验结果并注意加强实验过程监控和及时调整的能力;强化了学生在实验过程中注意把握实验方案设计要素开展规范操作实践,及时加以监控调整,获得科学的实验结论的意识。

(五) 组织交流与评价

1. 在"光"单元教学的初期,组织对情境观察性大实验现象观察的交流

具体参见上文(四)之 2. 学生开展观察→探究性实验活动的实践下的三小步操作(此处略)。

2. 在相关课时的课尾,组织结构性小实验的情况交流

首先,在相关课时的课尾,教师基于课时教学目标,向学生抛出若干问题,如,本节课涉及实验的主要任务与目标是什么?"有独有合"借助哪些器材、方法和操作步骤完成实验任务?实施过程中遇到什么问题或异常情况,以及小组或成员解决的方法是什么?实验结果如何?实验中,自己或小组有什么独特的体会?其次,教师组织学生在小组内进行回忆、梳理和初步交流。最后,教师要求学生借助多媒体、个人或小组的材料,参与全班交流。

3. 在单元教学的结束阶段课尾,组织大实验的情况交流

一是教师引导学生梳理、交流"光"单元的大、小实验构成。教师再次展示大实验的三类观察情境性实验现象,引导学生回忆"光"单元"1 总+8 小"的实验结构图,再次内化单元大、小实验结构。二是教师组织学生交流这一单元中所包含的两类大、小实验方案设计的各自要素("三要素"和"五要素"),进一步厘清本单元的实验架构和实验类型与方案设计各自的要素。三是教师组织学生交流大、小实验的结果。四是教师组织学生交流整个单元实验活动中自己和小组的参与情况。

4. 在交流后,组织结构性实验的过程性和结果性评价

一是组织单元三类情境观察性大实验的过程性评价。首先,评价的内容,主要包括三类涉及的器材和实验的基本步骤(课前做好器材准备→明确实验任务和目标→课中进行实验演示→观察实验演示操作和实验现象→独立记录实验现象→交流观察实验所得→得出实验结论→交流观察演示实验体悟)。其次,评价的主体,以全班学生参与口头说明和

学习情境观察性大实验单记录为主。最后,评价结果的运用,作为学生实验平时成绩积累之一;内化情境观察性演示大实验的基本做法。

二是组织单元大、小实验的结果性评价。首先,评价的内容主要包括大、小实验所得结论及其正确性(可检验性)、表述的规范性;学生在实验时的严谨与求实性、参与性、协作性的整体性表现;学生对参与单元实验的个性化体会。其次,评价的主体以学生"有独有合"的自评、互评为主,教师评价为辅。最后,评价的形式主要包括借助量表评价式、单元实验过程性记录评价式(活动中的实验情况记录、教材配套作业中的实验情况记录)、口头说明评价式。

从教师对学生参与"光"单元实验课中"有独有合"实验的过程性和结果性评价情况的现场观察,和对量表评价式、单元实验过程性记录评价式材料进行检查批阅等结果中可知:上述过程的实施,较好地锻炼了全体学生有效地对实验过程性和结果性内容进行回顾、梳理和做出客观公正评价的能力;普遍强化了他们对实验过程性和结果性内容及时进行梳理、记录和评价的意识;促进了学生在对这两类实验成果进行评价时,除了需要关注实验结论外,还需要关注自己或小组成员实验时的规范性、严谨性、参与性和协作性等情况,并促进了这些良好实验行为习惯的养成。

三、主要成效

(一) 学生方面

1. 学生实验素养方面

(1) 实验意识

学生的实验意识,有了以下"三个普遍增强":

一是学生普遍增强了借助"物理学习活动卡"独立进行相关实验预习的意识。教师通过对学生"物理学习活动卡"的检查统计可知,学生普遍能够按时主动完成预习卡上的内容记载,增强了借助活动卡设计实验活动方案的意识。二是学生普遍增强了重视证据的意识。学生在参与大、小实验的过程中,对实验数据处理时,能正确对待误差、错误数据,并通过再次实验加以求证。三是参与小组合作实验的协作意识普遍增强。学生在参加小组合作实验时,组员能够主动完成自己承担的相关实验任务,并能够加强小组成员间的配合;组间成员也能注意根据需要,及时进行交流,分享实验情况。

(2) 实验能力

一是学生普遍增强了借助"物理学习活动卡"独立进行相关实验设计的能力。教师通过对学生"自制学习活动卡"的检查统计可知:学生普遍能够借助活动卡,确定实验目的、所需器材、实验要素,初步厘清了实验步骤,设计相应表格,准备记录实验数据、结果和其他情况。二是学生在自主探究期间不断改善实验方案的能力有所提高。从对学生在"光"

单元学习前后的以下方面对比来看,以前设计单元实验整体和课时目标时,常会出现的实验目标过大、过粗的现象,有了明显的改善;进行实验操作时,学生原来存在的实验器材不全、步骤的逻辑性不强、操作和实验结论表述的规范性不够的"四不现象",有了明显的改善;在与组内外成员进行互动过程中,学生进行质疑、提出问题、分析问题、进行设计与操作、解决问题的能力,以及小组和组间合作的能力,都有了一定的提升;学生参与梳理概括和交流单元过程性和结果性实验情况的能力,也有所提升。

（3）实验习惯

学生初步养成了实验前预习、参与小组合作实验的习惯和注意实验设计与操作规范性的习惯。

一是教师通过对这一阶段的实验课中学生完成课前实验学习活动卡、课本翻阅情况的调查,发现学生课前能够主动预习实验活动的次数有所增加;二是学生在实验时,能够及时记录所出现的数据误差、错误,促进了严谨求实科学态度的养成;三是学生普遍能够遵循实验操作的基本步骤;四是大部分学生能做到规范地表达实验的结论。

2. 学生物理学习的整体素养方面

通过尝试单元结构性探究实验的学习过程,一是从教师在课中的日常观察可知,学生课中的参与性、专注性、活跃性都有一定的提升,表明他们对物理学习的兴趣总体有所增强。二是从教师对学生完成课堂作业、回家作业及单元测试的结果中发现,所任教学生的物理学习整体成绩普遍有所提高,如,他们不仅在单元实验小知识测试中的得分率普遍有了提高,而且综合性知识题目的答题率和正确率都有了明显的上升。三是从教师对学生完成课前相关预习、课中参学、课后完成作业情况的综合判断可知,他们参与"三程"学习的相关良好行为习惯有了较为明显的进步。

显然,这样的教学方式,不仅可以有效地提升学生自主实验的"三素养",还可以提高他们物理学习的整体素养。

（二）教师方面

1. 提升了教师单元视角下结构性探究实验教学设计、组织和总结素养（具体略）

2. 提升了教师其他素养（具体略）

参考文献
[1] 张学新."对分课堂":中国教育的新智慧[M].北京:科学出版社,2016.
[2] 陈瑞丰."对分课堂":生成性课堂教学模式探索[J].上海教育科研,2016(3):89.
[3] 刘志平."对分课堂"教学模式教学评价体系的构建研究[J].课程教育研究,2018(52):143.
[4] 陈瑞丰,张学新,赵玲玲."对分课堂"教学模式对创新性学习的促进作用分析[J].教育教学论坛,2018(48):211.
[5] 林崇德.学生发展核心素养:面向未来应该培养怎样的人?[J].中国教育学刊,2016(6):

1-3.

[6] 黄国雨.美术在线教学把握"十步"提升初中生表现表达素养——以"抗疫公益广告设计"教学为例[J].浦东教育研究,2020(4):42-45.

[7] 黄黎黎."独合结合"劳技实作式学习实施"三程·十七步"提升学生木艺制作素养——以"木艺笔筒制作"单元教学实践与分析为例[M]//杨龙,曹明,杨蕾.基于独立学习与合作学习相结合的教与学方式研究案例选.上海:同济大学出版社,2022:162-175.

基于"对分课堂"物理教学实施任务驱动策略，提升学生"双自"单元复习素养

——以初三物理单元复习教学的实践与分析为例

唐立雄(上海市蔡路中学)

一、问 题 提 出

(一) 提升所任教学生物理"双自"单元复习素养的需要

1. 意识方面

学生的物理"双自"单元复习的意识，主要存在以下"六个方面不足"：一是对单元复习的认识价值意识不足；二是梳理单元知识体系意识不足；三是系统复习的意识不足；四是基于单元的应用意识不足；五是总结意识不足；六是在单元复习中的或独立、或小组合作(简称"有独有合"或"或独或合")自主学习和自主管理意识不足。

2. 能力方面

学生的物理"双自"单元复习的能力，主要存在以下"四个方面不强"：一是课前独立梳理单元知识能力不强；二是课中独立解题应用能力不强；三是课中讨论分享能力不强；四是"有独有合"反思总结能力不强。

3. 良好行为习惯方面

学生的物理"双自"单元复习的良好行为习惯，主要存在以下"三个维度尚未养成"：一是尚未养成课前坚持独立梳理诊断、系统进行单元知识整理与个性化表达的习惯；二是尚未养成站在单元与单元间相互勾连的立场上去复习，坚持一边学一边复习，坚持知识的复习与多元强化和应用相结合的习惯；三是尚未养成注意参与小组、全班讨论分享交流的习惯，以及注意加强不同阶段及时梳理、反思、概括与总结的习惯。

(二) 落实《义务教育物理课程标准(2022 年版)》对学生单元复习要求的需要(具体内容略)

笔者在仔细聆听了张学新教授来我校做的对分课堂方面的讲座及自己认真学习《对分课堂：中国教育新智慧》一书后，深受启发。"对分课堂"的创新是将一半的时间交还给学生内化吸收和讨论，强调生生、师生互动，鼓励自主性学习。

基于以上情况，笔者在参与学校区级课题"基于'双自'教育的对分课堂实践研究"的

探索时,尝试在复习课中融入张学新教授"对分课堂"理论中的"学生自主学习""生生、师生互动""教师精讲"原则,结合自己多年的实践教学经验和本校学生的实际情况,在符合单元复习目标的前提下,拟在初三声学单元和与之有关联的单元(跨单元及跨学科单元复习中各实施若干系列小任务)教学中,在提高学生"有独有合"完成相应复习任务的速度、质量与一定独特性的同时,有机提升初三学生单元复习中的自主学习和自主管理(简称"双自")的相关意识、能力和良好行为习惯。

二、实 践 探 索

(一) 知识整合任务

这是指学生在进行单元复习时,课前独立复习课本单元知识体系概念图、尝试实践和借助概念图梳理细化单元知识、参与课中讨论与展示、师生合作归纳、聆听教师点拨、反思内悟,以有机锻炼学生单元复习的相应能力、提高单元知识梳理整合的速度与质量,以及增进"有独有合"参与单元复习的兴趣和自信,促进学生物理单元复习良好行为习惯的养成。

实例 1:声学单元复习知识整合任务。

1. 学生课前独立复习课本声学单元知识体系概念图,准备声学单元相关的家庭实验器材,独立画出声学单元知识概念图

师:同学们,下节课我们要进入声学单元复习,请同学们认真复习声学知识,参考课本的声学单元知识概念图,再结合自制的声学小乐器,尝试画出个性化的声学知识结构图,老师将在下节课上请同学讨论交流并上台展示。

全体学生听、思、记。

2. 学生课中参与讨论与展示

师:经过同学间的交流讨论,请每组选派一名同学交流展示。

生1:我用牙线盒及橡皮筋自制了一个小乐器。根据这个小弦乐,再参考教科书后的概念图,我自己归纳整理的知识结构图是这样的:橡皮筋是声源,振动后发出声音,说明振动产生声音,形成声波,碰到障碍物反射形成回声;拨动时,若是所用的力气大一些,振动幅度就大,响度就大;将盒子对折,橡皮筋变短,振动快,频率高,音调就高;把橡皮筋多绕一圈,橡皮筋变紧变细,音调就高。

师:这位同学以自制弦乐为声源讲解了声音的产生与传播,讲出了弦乐响度及音调的特征,大家用掌声鼓励他!大家思考一下,能不能再帮他补充一些知识?

以下两名学生毛遂自荐后,被教师请出回答。

生2:需要补充声音的传播,需要介质;不同的介质,传播的声速不同;真空,是不能传播声音的。

生3:需要补充波形相关知识,如,声波是疏密波,以及波形图等。

教师注意适时激励并做出肯定性评价。

师：同学们的补充很关键。对于单元知识的梳理，一定要完整、全面。

全体学生独立听、思，内化。

3. 师生合作归纳形成声学完整知识网络

师：刚才，同学们都讲得很好，但似乎只讲到弦乐。其他小组的同学，能否给大家展示下更完整的声学单元知识结构？

以下两名学生毛遂自荐后，被教师请出回答。

生4：我们组带来了吸管哨子，里面的空气柱是声源。把吸管哨子逐渐剪短后，在持续吹气的过程中，吸管哨子的音调逐渐升高，说明音调和发声体结构有关。

生5：我们组带来了打击水杯的实验，发现水杯里面的水越多，杯子越难振动，音调越低，这也说明音调和发声体结构有关。

师：同学们的补充归纳都很好！但当你用自制乐器发出声音时，有可能是噪声，所以，还应补充控制噪声的相关知识。

4. 教师精讲点拨知识整合过程中的注意要点

教师借助多媒体展示完整声学概念图，在点拨学生声学单元知识的复习梳理过程中，一是要重视概念的形成过程。如频率这个概念，我们是通过观察发音齿轮运动一周后塑料尺的振动次数多与少提出的，是指发声物体（声源）每秒振动的次数，单位是赫兹（Hz），是描述物体振动快慢的物理量。二是要注意知识间的联系与区别。如，三种乐器改变音调的方式虽然不同，但本质都是改变了振动频率。三是要关注实验过程及科学方法。如声音特征中所运用的控制变量法，能够帮助学生归纳完整的声学单元知识结构，厘清声学知识脉络。

5. 学生"有独有合"完成声学单元知识体系概念图，形成声学个性化知识网络

师：请同学们参考老师的课件，再结合刚才的讨论及同伴的补充，用红笔修改完善自己的声学概念图。

全体学生独立观、听、思，内化；独立尝试再梳理、概括，修正概念图。

教师巡视，借助多媒体，呈现两张学生独立借助思维导图梳理的声学单元知识概念体系图，见图1和图2。

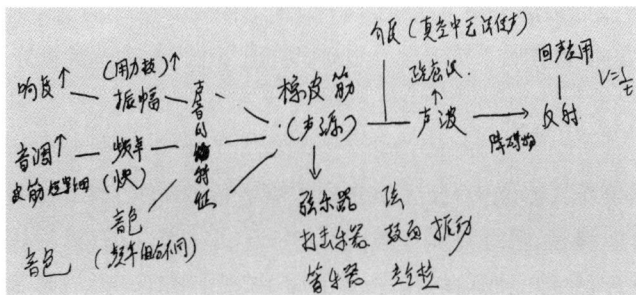

图1　声单元知识整合任务实例1

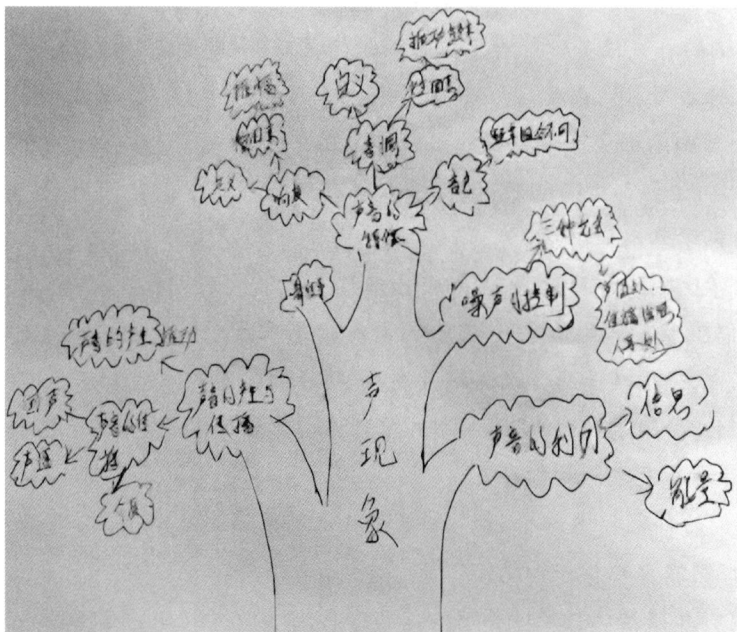

图 2　声单元知识整合任务实例 2

实效分析与思考：在完成这一任务的过程中，教师看到，学生在梳理声学单元知识的过程中，常常交头接耳，十分投入，欢声笑语地交流着自己制作的小乐器。当听到教师表扬他们带有一定个性化的、借助思维导图所梳理的声学知识结构图时，学生纷纷鼓掌相互肯定，个个喜笑颜开。教师在课中巡查时，部分小组的学生敢于毛遂自荐，主动要求到讲台处做展示，语气和眼神中充满对自己小制作及概念图的自信；在交流讨论环节，敢于质疑同伴暴露的概念不完整问题，善用尊重、礼貌的话语表达自己的想法，同伴也能频频点头，虚心接受别人的建议，并用红笔及时补充、修正自己的概念图。通过这一任务，学生初步养成了单元概念知识体系的梳理，知道应先看教材的样例寻找单元知识主线，再把本身掌握的知识梳理出来，最后套到思维导图的框架结构里去，形成梳理结构化、简洁化的知识网络的习惯。教师在课中巡查时，还发现学生所用的思维导图类型，有气泡图、鱼骨图、括号图等，借以绘制出了多元化、个性化的声学知识结构图，并最终在不断完善后形成准确、系统、全面、直观的声学知识结构图，这有效地锻炼了学生相应的单元知识体系梳理、概括与个性化表达的能力，也促进了学生课前独立梳理诊断、系统进行单元知识整理与个性化表达的良好行为习惯的养成。

（二）单元知识应用任务

这是指学生在单元复习课中，经历独立完成情境化的单元知识应用任务、参与课中讨论与展示和师生合作解惑、聆听教师点拨、反思内悟的过程，以有机锻炼相应的单元复习能力，增进"有独有合"参与完成情境化的单元知识应用和以讨论与展示为主的单元复习任务的兴趣和自信，促进"有独有合"完成情境化的单元知识应用任务、参与课中讨论与展示任务完成情况等单元复习良好行为习惯的养成。

实例2：声学单元知识课中应用任务：盲人足球怎么踢？

1. 学生课中独立应用声学单元知识填写任务表格

教师借助多媒体、课中学习单和口头说明，呈现"盲人足球怎么踢？"的情境式任务。

"盲人足球怎么踢？"

"盲人足球比赛"只有守门员及教练是视力正常可呼喊指挥的；其余，都是盲人，且须戴上眼罩，以保证比赛的公平。

图3 "盲人足球怎么踢"任务单配图

师：请同学们以小组为单位，根据表1的提示，思考以下3个问题：

球员可能会遇到哪些困难？怎么帮助他们解决这些困难？可运用什么声学相关知识？请将讨论的结果，尝试填入下列表格。

表1 声单元知识应用——"盲人足球怎么踢？"任务表

	球员可能会遇到的困难	困难怎么解决	运用的声学知识
想法1			
想法2			
想法3			
想法4			
想法5			
想法6			
想法7			
……			

2. 学生课中参与讨论梳理与展示

师：小组讨论完毕后，请每组派一位同学到讲台处，说说本组同学讨论的结果。

七个小组的学生纷纷推出代表，参与交流小组讨论的结果如下：

生1：球员因为是盲人，普通的足球球员看不见，只能用耳朵听，所以，球要能发出声音。解决方法是：在足球内放个铃铛或装个电子发声器。这样，盲人就可以判断出声源所在，就是足球的位置。

师：足球内放个铃铛，就能发声吗？

全体生：足球滚动起来，里面的铃铛振动了才能发声。

生2：球员看不见足球，怎么防守的问题，我们组暂时没找到解决方法。

生3：盲人球员怎样带球、传球、接球？ 带球，可以根据球的声音和脚的触感；传球和接球，则需要靠旁边看得见的人，如听从教练、守门员的呼喊指挥；声学相关知识，应该是区分人的声音，所以，是音色。

生4：球员看不见如何判断射门方向的问题，我们组讨论后认为：可以让球门发出声音。这是运用了声源知识。

生5：对如何减少碰撞的问题，我们组的答案是：在球员的身前，可以安装感应发生器。因为感应器靠得近了，就会报警。这也是运用了声源知识。

生6：对如何判断队友还是对手的问题，我们组的答案是：在球员的身前，可以安装发声器，队友靠近，就发出一种声音；对手靠近，就发出另一种声音。这是运用了音色知识。

生7：对如何减少现场噪声干扰的问题，我们组的答案是：让观众在线观看直播（众笑）。

师：同学们思维很开放！想到了很多盲人球员踢足球可能遇到的困难和解决的设想，还回答了相应的声学知识。但老师还有存在疑惑的地方。让我们一起来看看精彩的盲人足球比赛视频吧！同学们注意从中找寻答案。

3. 师生一起观看"东京残奥会九人制男子盲人足球小组赛中国击败日本的精彩片段"和师生协作解惑

（精彩片段观毕）师：第二位同学遗留的如何进行防守的问题，同学们在视频中找到答案了吗？

生：靠守门员和教练的大声呼喊（响度），以及分辨守门员和教练的指挥（音色）听声辨位。

师：如何判断射门方向？ 同学们发现视频中是怎么做的呢？

生：引导员用小铁棍重重地敲击门柱（响度），并口头提醒角度（音色）。

师：如何减少碰撞？ 同学们发现视频中是怎么做的呢？

生：主要还是靠队员的音色分辨。

师：如何判断队友还是对手？ 同学们发现视频中是怎么做的呢？

生：靠队友喊"位"来区分（音色）。

师：最后一个问题——如何减少现场噪声干扰?

生：禁止观众发出声音(控制噪声源)。

4. 教师精讲点拨：单元知识的复习,要与解决实际问题的应用相结合,才能事半功倍

师：我们今天通过盲人足球实例,复习了声音是如何产生与传播的,以及球员靠声音的特征(如响度、音色)来听音辨位,还有控制现场噪声的方法。可见,单元复习,不仅仅是知识的整理,更要运用知识解决生活中的相关问题,从而进一步加深对知识的理解。这印证了梳理知识与应用知识,这两者之间是相辅相成的,即所谓的"学而时习之"。

学生独立听、思,内化。

5. 学生"有独有合"完成"盲人球员踢球困难→解决设想→运用声学知识"结果梳理表

教师借助多媒体和学习单,要求学生小组合作完成表 2 的"盲人足球怎么踢?"声学单元知识应用梳理任务最终结果表,并组织全班交流。

学生独立观、听、思;参与小组合作讨论、梳理表格;参与全班交流(具体交流结果,参见表2)。

教师注意观察、倾听,并做随机激励与引导。

全体学生独立观、听、思,内化。

表 2　"盲人足球怎么踢?"声学单元知识应用梳理任务最终结果表

	盲人球员可能会遇到的困难	困难怎么解决的设想	运用的声学知识
想法 1	判断足球的位置	在足球中放入铃铛	足球滚动,铃铛振动发声,球员听声辨位
想法 2	如何进行防守	教练和守门员大声呼喊,指挥引导球员防守	大声呼喊(响度)分辨守门员和教练的指挥(音色)听声辨位
想法 3	带球、传球与接球	让看得见的人在旁边呼喊	根据站在对方球门后的引导员指挥及队友的呼喊(音色)听声辨位
想法 4	如何判断射门方向	让球门发出声音	引导员用小铁棍重重地敲击门柱(响度)(音色)
想法 5	如何减少碰撞	球员身前安装感应发声器,靠得太近就报警	暂时没有,主要靠音色分辨
想法 6	如何判断队友还是对手	球员身前安装发声器,队友靠近发出一种声音;对手靠近发出另一种声音	暂时没有,靠队友喊"位"区分(音色)
想法 7	如何减少现场噪声干扰	让观众在线看直播	禁止观众发出声音(控制噪声源)

实效分析与思考：通过这一任务，一是学生交流"盲人球员可能遇到困难"的想法五花八门，提出解决这些困难的措施各有特色，且都能与声音的产生和声音的特征之相关声学知识相联系，巩固了学生声学相关知识。二是当听到教师肯定他们独特想法时，个个喜笑颜开。三是较好地锻炼了全体学生仔细观察题目配图和表格的问题设置引导，从中找寻有用信息、提出独特想法、解决困难的个性设想及运用声学相关知识去解决"盲人足球怎么踢"和参与讨论与交流解决办法的能力。四是促进了学生借助情境去学习、注意听取教师点拨、借助任务单里面所设定的相关提示去自主（"有独有合"）思考明确遇到的困难、交流困难解决的举措、梳理归纳所运用到的相关声学知识的良好行为习惯的养成。

（三）跨单元综合应用任务

这是指学生在单元复习课后，独立完成跨单元知识综合应用任务、参与下次课中讨论与展示和师生协同解惑、听取教师精讲点拨、内悟吸收强化不同单元知识，促进多个单元知识间的整合、形成系统化的物理单元知识体系，从而更好地掌握物理概念和原理，提高在解决实际问题中应用多个单元知识的相应能力；进一步增加"有独有合"参与单元复习的兴趣、自信和促进物理单元复习时注意加强跨单元知识的综合应用之良好行为习惯的养成。

实例3：声学单元复习课后跨单元综合应用任务（汽车生活与物理）。

1. 学生课后独立应用多个单元知识完成"汽车生活与物理"跨单元知识"四场景"应用任务单填写

教师在上节课末，借助多媒体、学生课后作业单和口头说明，布置以下"汽车生活与物理"跨单元知识"四场景"应用任务作业：

（1）场景一：小明坐妈妈的小轿车去上学，在校门口看到图4-1所示的标志，他联想到了学过的物理知识，知道这是为了减弱城市交通噪声的传播。请同学观察其他场所，提出减弱各种噪声传播已经采取和可以采取的措施。

（2）场景二：放学后，妈妈来接小明回家时，小明发现妈妈的汽车在倒车时会发出"嘟嘟嘟"的声音，问妈妈后得知现在很多汽车尾部都安装有倒车"雷达"，当车子接近障碍物时能及时报警，方便司机判断车尾与后部障碍物之间的距离（图4-2所示）。请你利用所学知识，简述倒车雷达的工作原理。

（3）场景三：回家路上，小明观察到妈妈的小轿车前挡风玻璃是倾斜的（图4-3所示），而对面大卡车的前挡风玻璃则是竖直的；且夜间行车时，妈妈不允许小明打开车内灯光。请你通过绘制光路示意图、查找资料、对驾驶员进行采访等说明原因。

（4）场景四：快到家时，小明迫不及待地解开安全带，这时报警声就响起了，未系安全带指示灯亮起。这是汽车上设置的安全带指示灯和警报铃声提醒驾乘人员要及时系好安全带。只有当驾驶员和前排乘车人都系好安全带时,指示灯熄灭,报警声消失。如果系好安全带相当于闭合开关,驾驶员和前排乘车人的安全带开关分别是S1、S2。请你设计符合上述要求的电路图。报警蜂鸣器可以用"— 蜂鸣器 —"这样的符号表示。

4-1　　　　　　　　　　4-2　　　　　　　　　　4-3

图4　"汽车生活与物理"任务单配图

2. 学生课中参与讨论与展示"四场景"所涉及跨单元知识与原理

师:小组讨论完毕后,请每组派一位同学到讲台处讲解一种场景的解决结果。

生1:场景一中的标志是禁止鸣笛,是从控制噪声源角度控制噪声;还可以像高架桥一样在路旁设置声屏障(或隔音板)——这是在声音的传播途径中控制;另外,可以多种树木重视城市绿化,也是在噪声的传播途径中控制。

师:讲得很好! 还讲出了对应的途径。请后面小组代表也能注意讲出所用的物理知识。还有没有同学要补充?

生2:还可以要求在机动车上安装消声器,以控制噪声源的产生。

师:补充得很好! 善于联系自己观察到的生活现象。第二场景的解决结果,哪组的同学来讲?

生3:倒车雷达能够发射超声波,超声波遇到障碍物时,会被反射回来,所以,这是利用了超声波的知识,发出警报提醒驾驶员注意保持安全距离。

师:同学讲得非常完整! 这里老师再补充一下,超声波遇到障碍物时被反射回来,还利用了回声测距的原理。所以,有的倒车雷达,还会显示距离障碍物多少米。请下一小组的代表来交流第三场景的解决结果。

生4:第三场景中为什么挡风玻璃斜着装,我们组暂时无法解释。但晚上车内不能开灯,我昨天晚上特意在我爸的车里做了实验,发现当外面很黑时,如果车内开灯,则挡风玻璃相当于平面镜,会在挡风玻璃前方形成车内灯和车内物体的虚像,严重影响驾驶员的视线,容易发生交通事故。因此,夜间行车时,为了安全起见,应关闭车内灯光。

师:嗯嗯。这位同学能够实事求是,不回避没有找出答案的问题;对"晚上车内不能开灯"的原理,讲得非常好! 她还亲自用实验验证。这种做法,体现了实证精神,也是物理学所提倡的。其他小组同学,有没有关于"无解"方面的解决思路?

全体学生沉默。

3.师生协作借作图共同解决汽车前挡风玻璃斜装和安全带报警原理的困惑

师:请同学们跟着老师一起读读、画画、想想。首先,请仔细读题,圈画关键条件"绘制光路示意图";其次,尝试绘制竖直平面镜成像示意图;最后,想想汽车前挡风玻璃为什么要斜着装?

全体学生独立读题、尝试绘制和思考原理。

师:请同学们再独立画一幅斜着的平面镜成像图,并对比第一幅竖放平面镜成像图对司机视线的影响情况。

学生按要求画画与做对比、思考影响情况;相关被叫学生准备参与交流。

生1:我对比两幅图后就明白了,倾斜安装前挡风玻璃可以使像成在斜上方,不干扰司机观察路况。

生2:老师我来解释一下大卡车玻璃为什么可以比较直。我爸是卡车司机,我坐过他的大卡车。我坐在车头时,发现座椅离地面很高,看前方道路时要俯视,大卡车前方玻璃不太倾斜,车内物体的像在司机的正前方,但是大卡车车座比较高,物体的像不会影响司机的视线,所以,大卡车的前挡风玻璃可以是竖直安装的。

师:大家都讲得非常好!这题是用到了我们要复习的下一单元的光学知识。这给了我们启示:一是要仔细读题、审题;二是要借助画图,来帮助我们理解知识,解决问题;三是需要联系不同单元的知识,去解决实际问题。第四场景的解决,还告诉我们:这需要同学们调用其他单元的知识。请哪位同学来讲解一下是哪个单元、哪个方面的知识。

生3(举手后被叫):当司机与乘坐人员未系好安全带时,指示灯发光,蜂鸣器响起,说明有电流流过,它们就能正常工作。假如司乘人员系好安全带后指示灯不亮,蜂鸣器提示音消失,说明它们都不工作,即没有电流流过,意味着指示灯和蜂鸣器都短路了;而系好安全带,相当于闭合开关。所以,我画的电路图是灯和蜂鸣器串联,再和两个开关并联。

师:这位同学的讲解思路非常清晰,而且善于寻找题目中的证据。但请同学仔细观察他的电路图,是否存有疑惑?

生4:老师,我发现一个问题:当两个开关都闭合时,电流直接通过开关支路回到电源负极,形成短路会烧毁电源。

师:这位同学观察得很仔细!电路安全是前提条件,所以,我们考虑问题要全面。那请你帮助改进一下电路图吧。

生4:我觉得,在干路上再串联一个电阻来保护电路,即当两个开关都闭合后,还有一个电阻来充当用电器。这样,电源就不会发生短路了。

教师注意观察、倾听,并做随机激励和引导。

全体学生独立听、思,内化。

4.教师精讲解决跨单元综合问题时应关注的四种方法、两类意识

师:最后,老师总结一下解决跨单元综合问题的一般方法:一是同学们要坚持边

复习边借助多元形式梳理单元知识法；二是在解决实际问题时，要调用已学物理知识寻找知识之间联系法；三是要借助示意图阐述原理法；四是要善用多元（学科单元内及跨单元）实际应用法。同学们还需要注意两类意识：善于在生活中发现问题，并尝试用跨单元物理知识去解释问题的意识；强化证据意识，来训练物理思维，做到“学以致用”。

5. 学生“有独有合”完成“汽车生活与物理”跨单元综合应用任务单

师：请同学们参考老师的讲解，再结合刚才的讨论及同伴的补充，用红笔修改完善自己的“汽车生活与物理”跨单元知识“四场景”应用任务单（具体结果见图 5）。

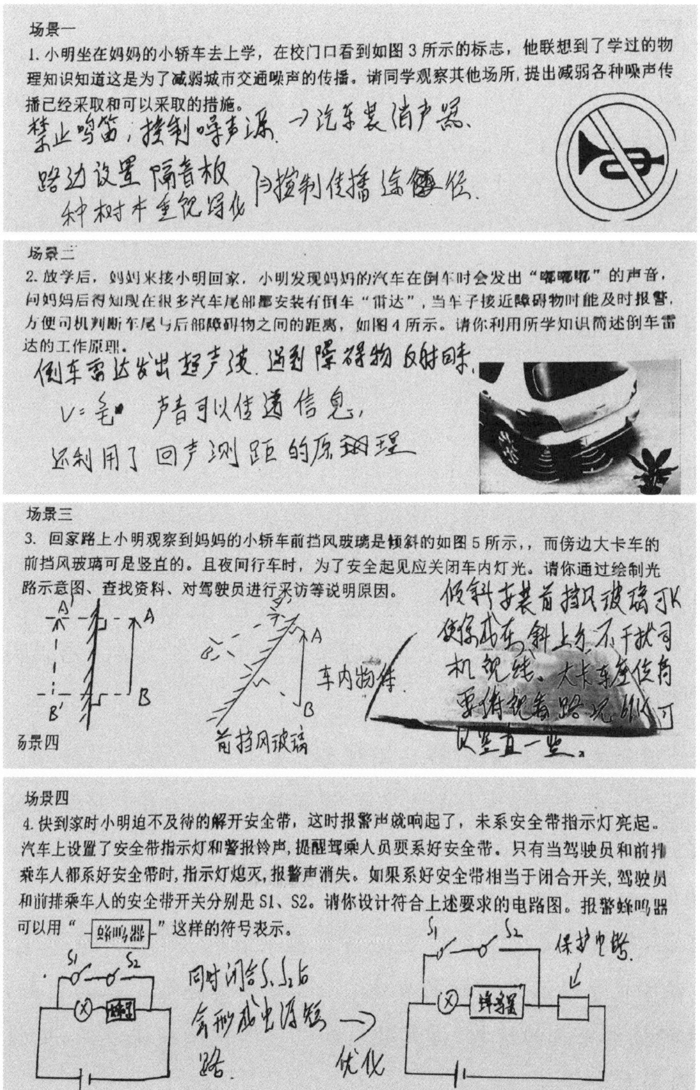
场景一

1. 小明坐在妈妈的小轿车去上学，在校门口看到如图 3 所示的标志，他联想到了学过的物理知识知道这是为了减弱城市交通噪声的传播。请同学观察其他场所，提出减弱各种噪声传播已经采取和可以采取的措施。

禁止鸣笛，控制噪声源→汽车装消声器、

路边设置隔音板

种树木

场景二

2. 放学后，妈妈来接小明回家，小明发现妈妈的汽车在倒车时会发出“嘀嘀嘀”的声音，问妈妈后得知现在很多汽车尾部都安装有倒车“雷达”，当车子接近障碍物时能及时报警，方便司机判断车尾与后部障碍物之间的距离，如图 4 所示。请你利用所学知识简述倒车雷达的工作原理。

倒车雷达发出超声波，遇到障碍物反射回来，

声音可以传递信息，

还利用了回声测距的原理

场景三

3. 回家路上小明观察到妈妈的小轿车前挡风玻璃是倾斜的如图 5 所示，，而傍边大卡车的前挡风玻璃可是竖直的。且夜间行车时，为了安全起见应关闭车内灯光。请你通过绘制光路示意图、查找资料、对驾驶员进行采访等说明原因。

场景四

4. 快到家时小明迫不及待的解开安全带，这时报警声就响起了，未系安全带指示灯亮起。汽车上设置了安全带指示灯和警报铃声，提醒驾乘人员要系好安全带。只有当驾驶员和前排乘车人都系好安全带时，指示灯熄灭，报警声消失。如果系好安全带相当于闭合开关，驾驶员和前排乘车人的安全带开关分别是 S1、S2。请你设计符合上述要求的电路图。报警蜂鸣器可以用“蜂鸣器”这样的符号表示。

图 5　学生“有独有合”完成“汽车生活与物理”跨单元综合应用“四场景”任务单完成实例选粹

全体学生独立观、听、思,内化。

教师注意观察、倾听,并做随机激励引导。

实效分析与思考:在这个解决跨单元知识"四场"应用任务中,一是学生十分投入,学生用亲身经历、家庭实验来证明自己的观点,虽然梳理物理原理的水平参差不一,有的言简意赅、有的模糊不清,但最终都感受到了克服困难、找到原因与原理、掌握解题方法后成功的喜悦,表达了今后不再惧怕这类文字说理题的自信。二是学生巩固了利用光学作图解释汽车前挡风玻璃为什么斜装的光学原理和利用电路作图解释汽车安全带报警原理的电学相关知识;巩固了解决跨单元综合问题的四种方法及两类意识方面的认知。三是提高了学生用连贯、符合物理逻辑的语言表达、用科学、简洁与规范的文字书写、运用对比作图解决困难的能力。四是促进了学生读题审题时,注意圈画关键字、注意听取教师点拨、借助任务单所设定的相关情景去独立思考、交流梳理情景背后所应用的相关物理原理和注意强化声、光、电多元知识与应用于解决多场景问题之良好行为习惯的养成。五是教师在课中巡查时发现:学生之间,还会得意扬扬地提问汽车轮胎与摩擦力、汽车刹车踏板与杠杆等其他相关知识——学生惊喜地发现:其实,生活中处处有物理,尝试寻找生活中的现象与物理知识之间的联系,会从物理视角去观察、感受周围的事物,真正做到"用中学""悟中学"。

(四) 跨学科实践任务

这是指学生在几个单元复习结束后,小组合作用 2～3 周时间完成"长作业"(以物理为主结合其他学科完成相关实践应用性任务)、参与下次课中讨论与展示和师生协同解惑、听取教师精讲点拨、反思内悟,以强化对多学科知识间的整合运用价值认识;有机锻炼应用多学科知识完成相关任务的相应能力;进一步增进"有独有合"参与单元复习和应用多学科知识解决实际问题的兴趣、自信和促进整合运用多学科知识完成实践应用性任务之良好行为习惯的养成。

实例 4:以物理为主的跨学科实践应用任务:暴雨来袭如何自救?

1. 学生课后小组合作应用多学科知识完成"暴雨来袭如何自救?"跨学科实践任务单填写

教师借助多媒体、课后学习单和口头说明,布置学生课后小组合作应用多学科知识完成的"长作业"单(2～3 周内完成):

每年汛期来临,气候会变得复杂多变。当暴雨来袭时,如果降雨量过大,可能会形成积水和洪涝,这有可能导致溺水事故的发生。如,某市遭遇特大暴雨袭击,多条路段被水淹没。图 6 是车辆被水淹没的情景,据驾驶员回忆:"车辆刚被淹没时,虽然车门锁并没有关闭,但从车厢内部无法将车门打开。"

(1) 请简要分析车门无法打开的原因。

(2) 若车辆不幸被水淹没,该如何逃生?

（3）如何利用身边的物体让自己处于漂浮状态？

（4）尝试利用身边的物品，设计并制作简易救生衣。

（5）长时间泡水后，皮肤为什么会起皱（小楼梯：生物学知识）？

拓展作业（延伸性学习）：请小组合作走访上海"海绵城市"示范点——浦东新区张家浜楔形绿地试点区，录制科普宣传小视频。

图6　车辆被水淹没的情景图

全体学生独立观、听、思；课后参与小组合作，尝试探索如何自救的举措。

2. 学生课中参与讨论与展示探索结果

师：小组讨论结束后，请哪位同学用物理知识解释一下为什么车辆刚被淹没时车门打不开？

生1：汽车刚没入水中时，车内不会立刻充满水。由于液体内部存在压强，车外的水将车门紧紧地压住，所以，人无法从车内部推开车门。

师：讲得很好！用到了液体压强知识。那请同学回答一下推不开门的话，该如何迅速逃生呢？

生2：可以用安全锤击碎车窗逃生。

师：其中蕴含了什么物理知识呢？

生2：安全锤的尖端由于接触面积小，所以在敲击玻璃时，该接触点对玻璃的压强相当大。

师：该同学想到了用安全锤，并联系到了固体压强的知识。但万一车中没有安全锤，是否还有其他方法逃生呢？

全体学生沉默，困惑。

师：请大家观看"CCTV-1综合频道'加油！向未来'汽车被淹没，水中逃生"的视频。

师：同学们发现没有，视频中技术人员用专业工具测出车门上承受的水压约为6010牛顿时，门未打开；反而过了一会儿，当车内充满水，车门上承受的水压约为10060牛顿时，车门就能被打开了。思考一下，这是什么原因？

生3：应该是此时车内外的水压基本保持平衡，所以，可打开车门。

师：大家同意吗？（生齐：同意！）所以，当被困车中时，应保持头脑冷静，将面部尽量贴近车顶上部，以保证有足够的空气。待水从车的缝隙中慢慢进入车厢，车内外的水压基本保持平衡后，即可打开车门逃生。

师：同学们若在单元复习中遇到有不明白的地方，一定要及时主动地问老师或寻求同伴的帮助，做到勤学好问。下一个问题，如何利用身边的物体，让自己处于漂浮状态？

生4：可以抱住木板、塑料桶、泡沫塑料、篮球、足球等。因为它们的密度都比水小，有一定的浮力。

生5：我觉得可以将两包未开封的膨化食品包装袋，从衣服下方塞至胸口，向后仰于水面，等待救援，效果类似救生衣。

师：同学们的奇思妙想都非常有趣！接下去，请同学们介绍并展示一下自己设计的简易救生衣。

生6：我们组设计的简易救生衣，只须准备三个6升塑料空瓶、一个双肩包、一根1米左右的长绳，用绳子在一个瓶口处缠绕固定；将其固定在双肩包背带上；靠近胸前位置另一边的肩带，也用同样的方法绑好空瓶；在双肩包中，再放入另外几个空瓶。这时，背上双肩包，就能起到和救生衣相同的作用。

生7：我们组也是用矿泉水瓶，但不需要背包。我们的方案是准备10个500毫升塑料空瓶，打开瓶盖，将瓶子塞到衣服里的胸部位置，从外面拧上瓶盖；重复上述动作，在胸前固定5个空瓶，在后背固定5个空瓶；再在腰部系一根绳子，简易救生衣就完成了。

生8：我们组是用废旧泡沫板制作了一件简易救生衣，用透明胶带固定住前后及手臂上的泡沫板防止滑脱。

师：同学们真是心灵手巧！在保障安全的前提下，有条件的小组，可以去游泳池检验其有效性。

3. 师生协作共同解决困惑：人的皮肤长时间泡水后为什么会起皱？

师：有没有同学来解释一下长时间泡水后，人的皮肤为什么会起皱？

全体学生沉默，困惑。

师：这个问题，确实比较复杂。老师也查阅了相关资料和咨询了生物老师，得出了多种答案。一是角质层细胞吸水膨胀原理，目前，主要有两种解释。一种解释是"半透膜"理论：细胞膜具有半透膜的特性，可以使水分从低浓度的一方，流向高浓度的一方。角质细胞虽然是"死细胞"，但不影响膜的半透性。细胞内的液体相对外部的水来说，属于浓度较高的一方，因此，就会从外部向内吸水。另一种解释是"毛细作用"理论：角质细胞内，存在大量蛋白质。这些蛋白质对水产生了毛细作用，即蛋白质可将外部的水吸入细胞内。这与纸巾、海绵吸水的原理是一样的。二是一些科学家还发现，皱褶的产生与神经有关。在神经失去控制的皮肤区域，浸泡皮肤不会产生皱褶。后来进一步发现，当皮肤泡水时，细胞内电解质平衡发生改变，引起这些部位的神经活动开始增强。神经与血管之间有突触联系，神经活动增强，将导致血管收缩，使这些部位的血流量下降，而这就使得这些部位的皮肤紧张性降低，暂时变得松弛，出现褶皱。

师：请同学们展示"海绵城市"科普宣传小视频。

部分学生展示录制的"海绵城市"科普宣传小视频。

4. 教师精讲点拨解决跨学科实践问题的一般方法——"三法""一意识"

师：最后，老师总结一下解决跨单元综合问题的一般方法：一是借助旧知法，即同学们要根据题干激活旧知，如，本题涉及暴雨和溺水，则显然会用到液体压强和浮力的原有知识；二是主动求助法，即碰到新知主动寻求老师及同伴的帮助，如本题中的生物学知识；

三是综合实践法，如，简易救生衣的制作涉及物理、美术、劳技等学科。同时，同学们需要强化借助综合实践，巩固跨学科知识的意识。

5. 学生“有独有合”完成修改“暴雨来袭如何自救?”跨学科实践任务单

师：请同学们参考老师的讲解，再结合刚才的讨论及同伴的补充，用红笔修改完善自己的“暴雨来袭如何自救?”跨学科实践任务单(具体结果见图7)。

“暴雨来袭如何自救?”

每年汛期来临气候会变得复杂多变，暴雨来袭时，如果降雨量过大，可能会形成积水和洪涝，这有可能导致溺水事故的发生。

1. 某市遭遇特大暴雨袭击，多条路段被水淹没。图1是车辆被水淹没的情景，据驾驶员回忆：“车辆刚被淹没时，虽然车门锁并没有关闭，但从车厢内部却无法将车门打开。”

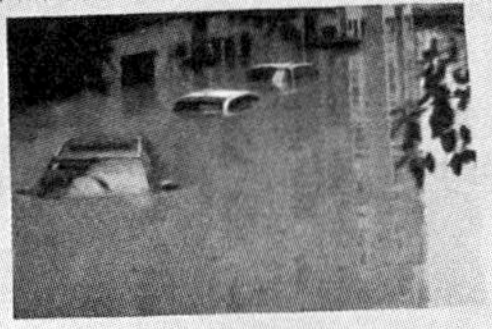

(1) 请简要分析车门无法打开的原因。

答：汽车刚没入水中时车内不会立刻充满水，由于液体内部存在压强，车外的水将车门紧紧地压住，所以人无法从车内部推开。

(2) 若车辆不幸被水淹没，该如何逃生?

答：①可以用安全锤击碎车窗逃生。$p=\frac{F}{S}$ 接触面积小，压强大。

当水从车缝慢慢进入车后，当车内外水压基本保持平衡后，即可打开车门逃生。

(3) 如何利用身边的物体让自己处于漂浮状态?

答：抱住木板、塑料桶，泡沫塑料，足球、篮球、救生圈。密度都比水小，都一定的浮力。

(4) 尝试利用身边的物品设计并制作简易救生衣。

答：用10个500 mL空瓶打开瓶盖将瓶子塞到衣服里胸部位置，从外面拧上瓶盖重复上述动作，在胸前固定五个空瓶，左右面也固定5个空瓶，再系一根绳子。

(5) 长时间泡水后皮肤为什么会起皱?（小楼梯：生物一）

角质层细胞吸水膨胀所致，①半透膜现象：水份从浓度低向高浓度；②“毛细作用”细胞占有对水产生毛细作用，将外部水吸入细胞内。神经控制，电解质平衡打破，物质传动神经血管收缩，皮肤弹性降低，起皱

图7　学生“有独有合”完成“暴雨来袭如何自救?”跨学科实践任务单完成实例选粹

全体学生独立观、听、思，内化。

教师注意观察、倾听，并做随机激励引导。

实效分析与思考： 学生在参与这个跨学科综合实际的情境任务时，一是参与热情高涨，小组成员能够有序开展分工合作，有的寻找简易救生衣的材料，有的画图设计，有的动手制作，有的充当模特儿。二是学生巩固了利用压强知识解释汽车被水淹时车门无法打开的原因及利用安全锤破窗逃生的原理，增长了人的皮肤长时间泡水后为什么会起皱的生物学知识，巩固了解决跨学科实践问题的三种方法及一类意识方面的认知。三是学生制作简易救生衣的动手能力得到了很好锻炼。从学生所做的简易救生衣看，可谓各有千秋。有大矿泉水瓶挂包式、系列小矿泉水瓶背心式、泡沫贴身贴臂式等。教师从巡视中发现学生的综合能力各有所长。有的动手制作能力强，有的美术功底厚，有的沟通和人际交

往能力强,有的分析和创新能力比较出色。四是促进了学生注意应用相关物理原理和生物、劳技、美术等跨学科多元知识,去解决实际应用任务之良好行为习惯的养成。五是启示了教师在物理单元复习中,要尽力为学生提供多元化的实践应用机会,尤其是跨学科的学生小组合作实践应用性任务,并创设学生展示交流解决任务成果的平台;注意根据学生展示交流与所遇困惑的实际,加强随机激励与解答的全面性、相关原理的精讲、引导与归纳,促进学生内化。

三、主 要 成 效

(一)学生物理单元复习"四素养"方面

根据教师在校期间对学生的课中观察、对课前预习作业及课后回家作业的批阅统计得来的相关信息、与学生日常交流访谈、与部分家长的沟通及单元和学期测试成绩可知:学生的以下物理单元复习"四素养",有了程度不一、总体较为明显的提升。

1."四类意识"明显增加

一是主动学习求教的意识明显增强。学生在单元复习遇到困惑时,会主动寻找老师和请教同学,解决声学、光学、电学等单元不理解的知识。

二是学生梳理知识体系意识明显增强。学生开始主动、积极地对待声、光、电等单元知识的梳理和整合,主动将所学知识进行分类、整理和归纳,形成了清晰的知识脉络,以便自己更好地加以理解和记忆。

三是学生单元知识与跨单元知识应用、求证与跨学科应用的意识明显增强。学生能够认识到物理学习与现实生活间的紧密联系,了解与感受到了所学物理知识可以解决现实生活中的实际问题,开始主动寻找将声学、光学、电学等单元知识应用于现实生活,"或独或合"主动地加以探索、尝试求证与解决,尤其是开始注意基于物理多个单元知识,结合生物、劳技、美术等学科知识,"有独有合"地参与课外主动实践与课内讨论和成果分享交流的意识得到了明显的增强。

四是学生总结意识明显增强。学生开始定期回顾和总结所学声学、光学、电学等单元知识;在学习过程中,开始注重独立监控或合作监控单元复习的过程与结果,及时反思自己的不足之处,找出问题和误区,注意吸收他人更优秀的复习方法,提升自己的单元复习方式方法与经验。

2."四种能力"有了明显提高

一是学生独立梳理单元知识的能力有了明显提高。如,在声学单元复习课前,大多数学生只能机械模仿课本的概念图样例,没有加入自己的思考和感悟,无法形成个性的、灵动的知识框架。但经过声学单元复习的知识整理任务训练后,学生大都能借助概念图、思维导图、知识树等多元形式,将声学单元知识进行有效且系统化、结构化、简洁化、带有一定个性化的分类、整理和归纳,从而得以形成正确、系统、结构性强、形象、简洁、个性化的声学知识框架。这样的单元复习梳理能力,同样也体现在其他单元的复习中。还有如前所述,学生解决跨单元综合问题时应关注的"四种方法"和解决跨学科实践问题时的一般方法之"三法",都得到了较好的锻炼。

二是学生独立解题应用的能力有了明显提高。如,在声学单元复习课前,学生普遍畏惧情境类文字说理题,无法抓住问题的关键、无法联系相关知识、无法用言简意赅的文字表达。但经过声学单元知识应用任务、跨单元应用任务及跨学科应用任务的系列实际训练后,学生都能借助任务单里的相关提示,去独立思考,找到解决问题的关键;能借助表格,去梳理归纳声学、光学、电学及其他跨学科的知识;能用连贯、符合物理逻辑的语言加以表达,用科学、简洁、规范的文字书写,巧用作图解决实际系列应用性问题中的种种任务。

三是学生讨论分享单元复习成果的能力有了明显提高。如,声学单元复习课前,学生普遍抵触讨论,觉得无话可说。但经过声学单元复习后,学生能围绕教师提供的学习单提出的要求进行讨论,讨论有何困难、化解困难的举措、运用到的声学、光学、电学及其他跨学科的知识,并且借助观察图片、表格进行了有效的梳理。

四是学生"有独有合"反思总结的能力有了明显提高。学生在声学、光学、电学等单元复习结束后,能够"有独有合"主动进行反思和总结,对自己和小组的复习过程、复习策略与方式方法和成果进行全面的评估和审视,发现问题并及时改进。学生能够在不断反思和总结中形成自己的学习方法,不再保守自己的经验和知识,而是愿意与他人分享和交流,从而促进共同成长和进步。

3."三类良好行为习惯"基本养成

一是学生基本养成了课前独立梳理诊断、系统进行单元知识整理与个性化表达的习惯。学生普遍会在课前独立进行相关单元复习知识的梳理,弄明白每个单元的主题和目标,以及每个单元的重要概念及其形成过程,搞清楚每个公式的推导过程及公式中字母的物理含义和单位,基本养成了借助一定的单元复习策略、知识概念图与思维导图等方式,将单元知识进行系统化、结构化、简洁化、一定的可视化与个性化梳理的习惯。

二是学生基本养成了站在单元与单元和物理多个单元与其他学科相互勾连的立场上去进行整合复习、坚持知识的复习与应用相结合的习惯。从上述实践探索过程的四个片段可知:学生在经历将声学单个单元的知识点进行系统、整合式的梳理后,能够在后三个片段注重不同类型的课外与课内的复习与应用,即结合声学单元知识解决课中应用任务"盲人足球怎么踢?"、解决跨单元(声、光、电单元)知识综合应用任务"汽车生活与物理"和解决以物理为主,结合生物、劳技与美术学科的跨学科实践应用任务"暴雨来袭如何自救?"三大应用任务。这样,促进了学生从整体上把握单元复习内容,尤其是促进了学生注意从单元内部、单元之间、物理与其他学科之间加强整合复习和应用之良好单元复习习惯的养成。

三是学生基本养成了注意参与小组、全班讨论、分享交流单元复习与系列应用成果的习惯,以及注意加强不同阶段"有独有合"及时梳理、反思、概括与记录任务完成情况的习惯。学生普遍能够主动参与小组讨论,分享自己的想法和观点,倾听他人的意见和建议,向同学提出自己的问题和建议,从而促进了小组内的交流和合作。学生普遍能够"有独有合"地及时梳理学过的知识,将它们组织成一个系统化的知识网络,注意总结单元知识点之间的联系和规律,从而更好地记忆和理解复习内容。学生普遍能够听取他人善意的意见和建议,不断地进行自我反思、内悟、修正自己的单元复习知识结构和复习策略、方式方法与个性化的经验与体会,注重分享,促进同伴间的共同进步。

可见,学生物理单元复习素养方面主要存在意识方面的"六个方面不足"、能力方面的"四个方面不强"和良好行为习惯方面的"三个维度尚未养成"的原状,有了看得见和感受得到的、较为明显的正向变化。

4. 复习兴趣和自信普遍增强

从四个片段的实践过程和实效可知:学生随着物理单元知识的系统化、结构化、多元强化,解决实际问题的能力普遍得到提高,他们对物理单元复习和结合多层面的实际加以运用(包括解决跨单元和跨学科实际应用任务)的成就感普遍提高,参与单元复习和系列应用解决实际问题任务的兴趣和自信,得到了普遍的增强。

(二) 教师素养方面

1. 专题总结素养

笔者在本次专题总结的过程中,得到了专家的耐心指导和帮助,同时也自主搜索和学习了不少教学专著和相关教学论文,对我的影响主要表现在:一是不断增强了教科研意识;二是从总结的主题推敲、框架构建到实例选择与具体写实,从实效的分类、事实的梳理到具体概括,还有反思的视角与案例的背景、拟做与指向、实例所提供事实间的关联性、反思角度的针对性、贴切性,以及全文的文字、细节的表述等方面的成果总结能力,都得到了切实的锻炼,水平显著提高。经过这一次的写作交流,笔者认识到,在以后的教学及论文研究中要做到:一是加强理论与实践相结合,规范写作形式;二是选择研究课题时要紧跟时代步伐,要有一定的新意和学术价值;三是需要加强针对性的实践及过程性资料的收集;四是需要及时梳理研究资料,加强成果总结,尤其是要注重不断细化实践操作之"若干基本做法"类举措的分类和具体做法的"干货"提炼,促进研究成果质量的不断提升。

2. 提升了教师自身物理专业素养

通过课题研究,笔者在日常教学中有了以下"六个注意"方面的变化:

一是注意倒逼自己要不断地进行反思、学习、听取专家意见、加强实践,提升自己的知识体量和思考深度,不断更新和深化自己的物理专业知识;二是注意关心物理学科的最新发展动态,了解最新的科研成果和教学理论,明白要引导学生将碎片化、断点化的知识转变为系统化、结构化、简洁化的知识;三是注意结合多层面的实际,设计真实的问题,形成问题链,让学生在对问题的追寻中找到知识之间的横纵联系;四是注意经常自主进行教学反思和总结,分析自己的教学效果和学生的学习效果,发现问题和不足之处,及时进行调整和改进,不断提高教学质量和自身专业素养;五是注意积累一定的结合实际生活和科技发展的多元化作业设计资源,如实践性作业、综合性作业、跨学科作业等,较好地激发了学生完成物理作业的兴趣;六是注意融"对分课堂"和"双自"教育的要求于"三程"的教学,即课前,对每节课的教学目标、学生的认知水平和最近发展区,都加强了把脉;课中,注意加强"对分课堂"等理论的实践,激发学生的"双自"能动性,多组织学生讨论与交流,注意借助精讲点拨和师生合作归纳,帮助学生化解知识盲点和进行学习策略与方式方法的总结;课后,积极督促和鼓励学生反思与总结所学知识,独立和及时完成规定性作业、分层可选性作业及自学性练习,还尝试设计了一些小组合作完成的"长作业",并在下次课中,注意组织学生参与全班交流和师生合作归纳。从中,笔者也得到了相关的启示,且对师生之间真正起到了教学相长的良性发展作用。

四、四点思考——需要关注"四个需要"

通过本课题,总结阶段一年多的探索过程,自感关注以下"四个需要"是提高成果总结质量和速度的关键:

一是研究主题需要早日确定,并一以贯之地加强实践与探索;二是专题总结框架一旦确定,需要及时收集符合实际的研究材料,细化框架下的操作要点;三是总结成果时,需要做好"加减法"(删除细化不实、空述道理的文字;增加实操性的做法和与之匹配的过程性和结果性实效),提炼出真正贴切的"干货";四是需要加强对专家指导中分享实例的学习,真正把握其核心精神。这是提高专题总结类成果总结的速度、质量和具有一定创意的捷径。

参考文献

[1]中华人民共和国教育部.义务教育物理课程标准[M].2022年版.北京:北京师范大学出版社,2022.

[2]吴骏德,曹明.实施"双自"教育　促进自主发展[M].上海:同济大学出版社,2017.

[3]张学新.对分课堂:中国教育的新智慧[M].北京:科学出版社,2016.

[4]周瑜.初三学生体育中考项目理想成绩和健体兴趣:在"独合结合"多元实践体验式学习中提升[M]//杨龙,曹明,杨蕾.基于独立学习与合作学习相结合的教与学方式研究案例选.上海:同济大学出版社,2022:154-161.

[5]王小艳.初中英语听力教学中借用记笔记策略优化学生学习行为[J].浦东教育研究,2020(8):21-23.

义务教育劳动项目开发与实施的实践探索

——以预备年级"束口小手袋的设计与制作"项目为例

顾　君（上海市蔡路中学）

一、问 题 提 出

教育部所编的义务教育劳动课程，是以培养学生的核心素养为导向，围绕日常生活劳动、生产劳动和服务性劳动，根据学生经验基础和发展需要，以劳动项目为载体，以劳动任务群为基本单元的全新的课程结构。《义务教育劳动课程标准（2022年版）》（以下简称《课程标准》）中明确指出，劳动课程要加强与学生生活和社会实际的联系，倡导丰富多样的实践方式，注重综合评价。注重引导学生在真实的情境中，通过设计、制作、实验、淬炼、探究等方式获得丰富的劳动体验，习得劳动知识与技能，感悟劳动价值，培育劳动精神。

然而，当下初中的劳动课堂教学并没有很好地体现出这种理念，劳动课堂教学的形式比较单一，教学内容比较片面。在组织布艺内容的学习时，笔者发现学生在布艺制作的素养方面有一定的欠缺。如，最基本的学习意识和运用意识不够强烈；对于一些常用的手工缝纫工具、不同质地的布料及用途、布艺作品设计、制作的方法和要求等知之甚少；在实际操作中的合理排料以节约材料、安全规范操作，以及劳动后的工具归位、整理和废料的正确处理等良好行为习惯有待加强。

基于上海科学技术教育出版社出版的《六年级劳动技术教材（试用本）》（简称沪科教版教材）布艺单元内容不多、难度较大、适用性不强的状况，笔者积极思考如何开发与实施符合学生特点、可操作性强的布艺劳动项目，以补充原本教材中的内容。笔者选择了"束口小手袋的设计与制作"项目的开发与实施，来提升学生学习布艺制作的意识、知识、能力、良好行为习惯之"四素养"，并增强劳动光荣感，进而提升学生整体劳动核心素养。

二、实 践 探 索

下面以笔者于2023年5月执教的六年级"束口小手袋的设计与制作"项目课程为例，

概述项目的开发、实施和相应的实效。

（一）设计与准备阶段

《课程标准》指出，劳动项目的开发过程包括制定项目目标、选择项目内容、确定劳动场域、明确项目过程和提炼项目操作方法等方面。

1. 制定项目目标

本项目属于生产劳动中的传统工艺制作任务群。《课程标准》在其第三学段（五至六年级）的要求中指出，学生要"了解某个项目的特点及发展历史，初步掌握制作的技能与方法。读懂基本的实体图、示意图、装配图等。根据劳动需要，设计方案并选择合适的材料和工具制作简单作品"。

在充分考虑劳动课程总目标和相应任务群学段目标的基础上，笔者从布艺常识、基本缝纫技能、作品缝制、归纳整理、展评五个学习过程出发，制定了本项目的目标。具体如下：

（1）了解中国传统手工布艺的历史、不同布料的分类及性能特点→体悟中国劳动人民开拓创新、砥砺奋进的时代精神，以及精益求精、追求卓越的工匠精神，树立民族自豪感。

（2）知道一些常用手工布艺工具（布剪、手缝针等），并能正确使用→掌握手工布艺基本手法、基本针法；了解手工布艺的相应知识；锻炼相应能力，为后续实际应用基本手法和基本针法，促进相应良好行为习惯的养成奠定基础。

（3）能独立绘制"三图"。学生一是能根据自己的使用需求，设计并完善一个个性化束口小手袋的草图；二是能根据草图绘制相应的各部件的展开图；三是能根据展开图细化布排后的裁剪图，锻炼独立创意设计和完善个性化束口小手袋的"三图"的能力，为后续规范排料和裁剪奠定基础，提高进行独立设计和后续进行裁剪缝制出创意作品的兴趣。

（4）能独立规范裁剪布料和进行缝制。一是学生能独立根据裁剪图规范、正确裁剪布料；二是学生能独立应用基本手法和基本针法，完成自己创意束口小手袋作品的缝制；三是能做好废料与缝纫工具的规范处理与摆放，锻炼相应能力，促进相应良好行为习惯的养成，提高后续参与全班作品展评的兴趣，强化创意意识。

（5）能参与作品的展示评价。一是能参与交流自己的个性化束口小手袋作品；二是能提升表达交流能力，强化作品质量意识；三是参与学校科技艺术节展评，参与感恩回赠活动，激发感恩之心，为后续进一步改进作品奠定基础，提高自己独立设计其他布艺作品的兴趣。

2. 选择项目内容

《课程标准》指出，在选择项目内容时，要针对不同学段学生的经验基础和发展需要，考虑学校劳动教育环境，把握不同学段劳动素养培养要求，围绕十大任务群，合理选择和确定项目内容。

本项目选择内容时,笔者综合了"三类因素"。一是学情因素:通过调查问卷可知,预备年级中17.60％的学生有过在家长的陪同下或独立参与过穿针引线、简单缝制布料的经历,也有想进一步学习缝纫的意愿。二是课程因素:根据沪科教版六年级劳动技术教材安排了布艺单元的内容;通过调查问卷的方式,也了解到预备年级学生认为束口小手袋用途广、实用性强,对设计与制作束口小手袋普遍充满兴趣;本项目的内容,作为教材内容的补充与提高,体现递进关系。三是校情因素:学校具备相应的劳动场域条件,也拥有一些常用的手工缝纫工具。束口小手袋的设计与制作,对劳动场所的要求不高,一般的普通教室即可。

在确定布艺束口小手袋项目后,又明确了本项目的布艺常识、基本缝纫技能、作品缝制、归纳整理、展评五个学习过程的具体内容。

3. 确定劳动场域

劳动场域是项目实施的基础条件。《课程标准》提出:要根据不同的项目科学、合理地确定劳动场域,劳动场域主要包括劳动场所、劳动工具设备、劳动文化氛围等。项目开发前,教师注意同步设计好相应的场地。本项目的劳动场所,主要是合理运用学校的劳技专用教室、各班教室、学校阶梯教室、学生自己家里、钉钉网场域,根据各自特点开展布艺项目不同阶段的教学。我们学校的劳技专用教室配备有一些常用的缝纫工具,主要有布剪、手缝针、穿绳器、顶针、镊子等,和各班教室一样,都具备多媒体教学设备,有助于教学各个环节的有效开展。劳技专用教室的橱窗里展示着许多学生的优秀布艺作品,墙壁上张贴着宣传标语、模范人物挂图,表达了精益求精、追求品质的工匠精神。可见,我校具备良好的劳动文化氛围。

在本项目的设计与准备阶段,笔者制定了项目目标,选择了项目内容,确定了项目的劳动场域,起到了一定的作用。一是明确了项目过程,提炼了项目操作方法等要求,为提高项目实施的质量和效率奠定了基础;二是明确了本项目开发的框架;三是为后续的实施起到了引领的作用;四是使学生了解本项目的目的、内容,以及完成项目的劳动场域。

关于明确项目过程和提炼操作方法,具体参见"(二)项目实施阶段"的相应内容(此处略)。

(二)项目实施阶段

本项目的实施过程,分为以下五个阶段:明确任务、劳动准备、制订计划、组织实施、交流评价五个环节。

1. 明确任务

明确任务环节是指在教师指导下,学生全面了解劳动任务的目的、要求、成果形式、评价标准等,学生学会对项目进行任务分解。根据此意,本环节主要是引导学生了解以下

"四个明确"的要求：

一是明确本项目的目标。本项目中，笔者首先创设问题情境（驱动性问题）："布艺在中华传统文化中源远流长，布艺作品与我们的生活息息相关。时值学校科技艺术节来临之际，我校将举办一场六年级学生布艺小手袋展评活动，活动要求设计与制作可以收纳小型文具的束口小手袋。你想不想自己设计并制作一个有创意的束口小手袋，并将它赠送给自己想感谢的人呢？"这样，既使学生明确了劳动项目的目标，又激发起学生的感恩之情，注意后续将个人情感融入真实的情境中，积极主动地去探究和实践。

二是明确六项子任务。即了解中国传统手工布艺的历史、不同布料的分类及性能特点；知道如何安全规范地使用手工布艺工具；会穿线、捏针、打起针结、打止针结的基本手法；知道基本的手缝针法及其操作要领；掌握设计与制作束口小手袋的流程；会缝制、装饰和完善束口小手袋。六个子任务的分解清晰化，强化了学生完成任务的规划和程序意识、统筹思想；帮助学生理清了完成项目的路径，提高了后续自主完成任务的效率；促进了学生的自主学习、思考与后续的操作实践和自我监控。

三是明确成果形式。本项目中，学生按照自己的创意设想，设计"我的束口小手袋设计与制作"的方案；制作一个个性化的、有创意的束口小手袋；参与班级展示，评选出班级优秀作品；教师汇总各班学生的优秀作品，在学校公众号发布。这既使学生进一步明确了项目的结果性任务（成果形式），又激发了学生后续参与项目活动的主动性和好胜心。

四是明确评价标准。评价标准主要涉及"我的束口小手袋"的设计、制作、展示评价和总结反思"五个阶段"的内容。具体参见后文表2。

2. 劳动准备

劳动准备环节要让学生针对具体的劳动任务，了解和熟悉劳动工具和材料、劳动场所及劳动过程中所需的基本知识与技能等。本项目的劳动准备环节，在教师的引导下，学生主要把握以下"五个了解"和开展"一个练习"。即让学生一是了解和熟悉劳动工具和材料；二是了解劳动场所；三是了解劳动过程中所需的基本知识与技能；四是了解束口小手袋的加工工艺流程及每个环节的具体做法和要求；五是了解和掌握穿线、捏针、打起针结、打止针结的手工布艺基本手法；六是练习基本的手缝针法。

这样做，促使学生熟悉了手工布艺基本手法和针法，知道束口小手袋的加工工艺流程，能够安全规范地使用一些常用的手工布艺工具，为后续学生独立制订方案和实施制作环节做好了必要的准备。

3. 制订计划

（1）教师制订项目课时计划

教师制订了课前一周的明确任务、课中6个课时、第5课时后的课外特色作业和第6课时后的课外赠送作品的项目实施计划。具体参见表1。

表1 "我的束口小手袋的设计与制作"项目课时安排

	环节	课时	场域	主要内容
项目过程	明确任务	课前一周	线上钉钉群	明确任务,每班组建4~5个合作小组,每个小组认领一项子任务开展自主探究,并制作成果汇报PPT
	劳动准备	第1课时:了解布艺	劳技专用教室	按小组分享探究成果,结合教师的补充,总结归纳布艺的历史发展、常用手工缝纫工具等
		第2课时:练习布艺基本手法、基本针法,知道一般布艺作品的加工工艺流程	各班教室	复习穿线、捏针、打起针结、打止针结手工布艺基本手法。练习攻针、回针、缲针、锁针四种基本手缝针法,重点练习攻针针法,进而能够安全、规范地使用一些常用的手工布艺工具;知道一般布艺作品的加工工艺流程:设计绘制图样、排料、裁剪、缝制、装饰等
	制订计划	第3课时:独立完成设计与制作方案	各班教室、学生家里	个性化地制订"我的束口小手袋设计与制作"方案,确定作品名称;说明设计理念和用途;构思"三图"、包括针法选择、抽绳安装、选用装饰;明确加工工艺流程等
	尝试实践	第4课时:独立绘制图样、进行排料和裁剪	各班教室	根据束口小手袋设计和实施的不同方案,绘制图样,并排料、裁剪
		第5课时:分组独立制作与装饰束口小手袋	各班教室	根据裁剪的布料进行缝制,先缝袋身,再缝封口,最后装饰,最终完成不同造型的束口小手袋。规范、正确处理废料、清理场地、整理放置工具
		课外:独立完成特色作业	线上钉钉群	学生上交特色作业:结合束口小手袋设计与制作的全过程,拍摄小视频、制作PPT、撰写布艺探究报告等,选择其中的一项完成
	交流评价	第6课时:交流、评选与布展作品	各班教室学校阶梯教室	举办班级展览,分享劳动经历 (1)展示束口小手袋作品和评价表,由作者进行作品介绍,分享制作过程中的感悟、经验、不足、小插曲等。 (2)展示特色作业:小视频、PPT、探究报告。学生和教师按照评价表打分,评选出优秀作品和优秀特色作业。 (2)学校科技艺术节展评:汇总各班优秀作品参加校园展评,邀请学生代表、家长代表、教师代表进行评分,评选出校优秀作品和校优秀特色作业,给予一定的奖励。展评活动在学校公众号发布
	课外:赠送作品		各自选择时间	将亲手制作的束口小手袋赠送给自己想感谢的人,表达谢意,增进感情

通过这一项目课时计划,使学生了解了整个项目实施的过程,从而明确了在这个过程中自己需要完成的主要内容,做到心中有数,也为学生提高后续完成计划的有序性和效率奠定了基础。

（2）学生制订"设计与制作方案"

制订计划环节要引导学生在统筹各种资源的前提下，确定劳动的程序和步骤，形成合理的劳动计划。

在教师的引导下，学生在制订"我的布艺束口小手袋方案的设计与制作"方案时，注意把握以下六点：一是根据自己的喜好；二是确定名称；三是说明设计理念和用途；四是构思"三图"；五是明确选用的装饰物；六是明确加工工艺流程。上述二到六的相关要求，均由学生独立填写在学习单上（见图1）。

1. 我的作品名称：_____。
2. 我的设计理念：_____。
3. 用途：_____。
4. 构思"三图"：草图、展开图、裁剪图设计（含针法、抽绳安装等）。

5. 选用的装饰物：_____（珠子、流苏、亮片等）。
6. 明确加工工艺流程：_____

图1　"我的束口小手袋的
设计与制作"方案

学生通过独立制定方案，锻炼了相应的能力，初步具备了规划意识和方案计划先行的良好行为习惯，为后续落实具体的制作指明了方向。

4. 组织实施

组织实施环节要让学生按照制订的劳动计划，有步骤地开展劳动活动，经历完整的劳动过程。因为学生制订的计划或方案不尽相同，劳动实践时所涉及的劳动知识、技能可能有所不同。这就意味着在学生遇到困难或问题时，教师需要进行一对一的、有针对性的辅导，以帮助学生更好地进行劳动方案的实践。

本项目中，为了达到小手袋束口的造型效果，学生的方案大致有一根或两根两种抽绳安装方式，而不同安装方式之间存在着共性。一方面，笔者引导学生探究两种安装方式的来龙去脉，如果小手袋没有束口的效果，那么问题出在哪里？如何改正？另一方面，笔者引导学生达成共识，其实不管选用哪种安装方式，绳子如何穿行，实质上就是一根绳子一定要穿一个来回，否则就达不到束口的效果。

在本项目的实施阶段，笔者引导学生按照制订的劳动计划，有步骤地开展劳动实践，经历了以下完整的独立劳动过程：一是准备材料与工具；二是绘制图样；三是裁剪布料；四是尝试缝制；五是检查完善针法；六是加工装饰；七是欣赏完善（实质是自主管理所要求的自主监控与调整）。

学生经历了一个完整的劳动过程，基本上都在课中完成了自己设计的个性化的束口小手袋，锻炼了相应的能力；巩固和培养了守序、自主检查材料与工具等、整理与归位的习惯；提高了制作布艺作品的兴趣，体会到劳动成果的来之不易。

（三）展示与评价阶段

交流评价环节要让学生对自己的劳动成果进行自我评价、同学间交流展示、师生共同讨论等。交流的形式不是单一的，比如，学生制作PPT或小视频记录劳动的全过程，后期进行汇报交流、参加学校艺术节展评活动等。评价的内容，除了可见的劳动成果、知识技能掌握情况外,还有劳动过程中的习惯、行为表现的改善、劳动价值的理解等。也就是说,要更注重学生劳动实践中的体验,而非仅仅关注劳动结果。评价方法上,结合过程性评价和终结性评价、质性评价和量化评价、个性评价和共性评价、个体评价(自评)与小组评价、教师与家长(简称师长)评价(他评)相结合,形成学生劳动实践过程的全息画像。

展评的具体实施,学生经历了以下五步:一是学生学习评价标准(见表2);二是参与班内展示;三是参与班内自评、互评和听取师长的评价;四是选出班内参与年级展示的作品;五是参与校内艺术节展评、学校公众号展示。

表2 "我的束口小手袋的设计制作、展评与反思"评价标准

评价项目 I (分)	评价项目 II (分)	评价项目 III (分)	评价要求 (分)	得分(分)	项目小计 (分)
设计方面 (40)	设计方案	作品草图	正确(9～10);较正确(8);一般(6～7);较少正确或不正确(0～5)		
		作品展开图			
		作品裁剪图			
		装饰物	合理(9～10);较合理(8);一般(6～7);较少合理或不合理(0～5)		
作品制作 (190)	排料	规范合理			
		排料正确	符合(9～10);较符合(8);一般(6～7);较少符合或不符合(0～5)		
		落实创意	明显(9～10);较明显(8);一般(6～7);较少或无(0～5)		
	裁片	裁剪正确	符合(9～10);较符合(8);一般(6～7);较少符合或不符合(0～5)		
		布局修正			
		放缝边	正确(9～10);较正确(8);一般(6～7);较少正确或不正确(0～5)		

续　表

评价项目Ⅰ（分）	评价项目Ⅱ（分）	评价项目Ⅲ（分）	评价要求（分）	得分（分）	项目小计（分）
作品制作（190）	缝制	缝制完整	完整（9~10）；较完整（8）；一般（6~7）；较少完整或不完整（0~5）		
		缝制是否结实牢固	做到（9~10）；较好做到（8）；一般（6~7）；较少做到或做不到（0~5）		
	装饰物设计	落实创意	明显（9~10）；较明显（8）；一般（6~7）；较少或无（0~5）		
		选材合理	合理（9~10）；较合理（8）；一般（6~7）；较少合理或不合理（0~5）		
		装饰方法			
	作品美观度	装饰物和谐	美观（9~10）；较美观（8）；一般（6~7）；较少美观或不美观（0~5）		
		装饰合理	合理（9~10）；较合理（8）；一般（6~7）；较少合理或不合理（0~5）		
		落实创意	明显（9~10）；较明显（8）；一般（6~7）；较少或无（0~5）		
	查改	对比设计方案	符合（9~10）；较符合（8）；一般（6~7）；较少符合或不符合（0~5）		

续　表

评价项目Ⅰ (分)	评价项目Ⅱ (分)	评价项目Ⅲ (分)	评价要求 (分)	得分(分)	项目小计 (分)
作品制作 (190)	查改	检查针脚	整齐(9~10)； 较整齐(8)； 一般(6~7)； 较少整齐或 不整齐(0~5)		
		检查装饰物	积极(9~10)； 较积极(8)； 一般(6~7)； 较少积极或 不积极(0~5)		
		观察整体	和谐(9~10)； 较和谐(8)； 一般(6~7)； 较少和谐或 不和谐(0~5)		
		局部修正	合理(9~10)； 较合理(8)； 一般(6~7)； 较少合理或 不合理(0~5)		
参与展评 (60)	参与班级展评	合作学习评价标准	积极(9~10)； 较积极(8)； 一般(6~7)； 较少积极或 不积极(0~5)		
		独立展示作品与说明			
		参与自评与互评	客观公正(9~10)； 较客观公正(8)； 一般(6~7)； 较少客观公正或 不客观公正(0~5)		
	参与学校艺术节展评	班级合作选出参赛作品	积极与合理(9~10)； 较积极与合理(8)； 一般(6~7)； 较少积极与合理 或不积极与合理 (0~5)		
		参与校内布展			
		参与布展作品评价			

续　表

评价项目Ⅰ （分）	评价项目Ⅱ （分）	评价项目Ⅲ （分）	评价要求 （分）	得分(分)	项目小计 （分）
行为 习惯 （90）	废料处理	收集及时	及时(9～10)； 较及时(8)； 一般(6～7)； 不太及时或 不及时(0～5)		
		甄别能力	强(9～10)； 较强(8)； 一般(6～7)； 较弱或 无(0～5)		
		酌情处理 能力			
	工具归位	是否及时	及时(9～10)； 较及时(8)； 一般(6～7)； 较少及时或 不及时(0～5)		
		是否安全	安全(9～10)； 较安全(8)； 一般(6～7)； 较少安全或 不安全(0～5)		
	桌面地面整 洁情况	桌面整洁	整洁(9～10)； 较整洁(8)； 一般(6～7)； 较少整洁或 不整洁(0～5)		
		地面整洁			
	总结反思	及时性	及时(9～10)； 较及时(8)； 一般(6～7)； 较少及时或 不及时(0～5)		
		针对性	强(9～10)； 较强(8)； 一般(6～7)； 较弱或无(0～5)		
特色加分 （10）	加分理由：		明显(9～10)； 较明显(8)； 一般(6～7)； 较少或无(0～5)		
总分(分)				等第	

评价说明：1.满分：作品评价满分为390分；2.特色加分处理：特色加分计入总分，计入后的总分不能超过满分；3.评价主体与权重：评价主体包括学生自评、互评、师长评，各评价主体权重一致；4.分数与等第的转换：350～390分，为优；300～349分，为良；250～299分，为合格；249分以下，为须努力。

(四) 提炼项目操作方法

在开发劳动项目时,笔者有意识地引导学生提炼总结出主要方法,如,如何提高劳动效率、保证成果质量等,以确保劳动项目的顺利实施和课程目标的实现。一是师生合作总结实施基本步骤。首先,教师引导学生小组合作进行讨论、梳理实施基本步骤;其次,学生参与全班交流步骤,并听取教师的意见,教师注意随机激励与引导学生;最后,教师借助多媒体呈现实施基本步骤:明确项目目标→明确制作一个有创意的束口小手袋的任务→开展制作准备→学习教师制订的 6 个课时的项目实施计划→尝试独立完成设计与制作的方案→实施制作形成束口小手袋作品(含装饰)→学习评价标准→参与班级展评→优秀作品参加学校艺术节展评→进行本项目的总结反思→参与提炼项目操作方法。二是师生合作提炼完成本项目所需的基本手法和手缝针法。例如穿线、捏针、打起针结、打止针结四种布艺基本手法,以及攻针、回针、缲针、锁针四种基本手缝针法。三是师生合作明确一般布艺作品的加工工艺流程:设计绘制图样、排料、裁剪、缝制、装饰,以及规范、正确处理废料、清理场地、整理放置工具等。

三、主 要 成 效

(一) 劳动项目开发方面

1. 项目开发理念与目标方面

在本项目的开发与实施的过程中,笔者既关注到学生劳动知识和技能的学习,也关注到劳动价值的引领和劳动精神的培育。通过本项目的学习实践,引导学生从现实生活中的劳动需求出发,筹划设计劳动方案,综合运用所学知识和技能解决问题,完成真实、综合的实践过程,激发了学生的主动性和创造性。注重项目与其他课程的紧密结合,在具体项目实施的过程中灵活运用其他学科的知识,提升学生的综合素质,发挥劳动育人价值。

2. 项目结构与操作体系方面

一是以表 1"我的束口小手袋的设计与制作"项目课时安排的形式,明确了项目五个阶段(明确任务、劳动准备、制订计划、实践操作、交流评价五个环节)的课时、场域、主要内容的细化要求;二是以图 1 的方案,明确了作品名称、设计理念、用途、"三图"(草图、展开图和裁剪图,包括针法和抽绳安装)、拟选用的装饰物和加工工艺流程;三是以表 2 的形式,呈现了所研制的"我的束口小手袋的设计制作、展评与反思"评价标准;四是教师通过组织学生经历项目实施前一周的准备、课中 6 个课时与课外完成特色作业及赠送作品的过程,最终形成了本项目的完整实际操作体系。

（二）学生方面

1. 学生布艺制作素养方面

通过"束口小手袋的设计与制作"项目的开发与实施,学生学习布艺制作的意识、知识、能力、良好行为习惯素养得到了明显的提升。

（1）意识方面

学生在束口小手袋项目的探索过程中,经历了从收集分析资料、设计、制作,到完成作品、展评、改进与提炼步骤与方法的实施过程,较好地感受到了劳动创造带来的乐趣,明白了劳动创造美好生活的道理,逐步增强了学习的意识和运用的意识。

（2）知识方面

通过这次项目学习,学生在布艺知识方面有了一定的积累和提高。一是布艺的基本知识方面,学生了解了中国传统手工布艺的发展历史,知道了更多的布料及其性能特点,比如棉布、化纤布、麻布、漂白布、染色布等。二是设计方面的知识,学生基本掌握了布艺设计图的绘制方法和要素,会绘制"三图",即草图、展开图和裁剪图。三是制作方面的知识,学生掌握了布艺制作中通常使用的针法,尤其是各类工具的使用方法和程序化地进行布艺制作的流程性知识。四是作品展评方面,学生通过学习评价标准,参与了作品的展示交流、自评与互评,懂得了怎么更好地用语言、文字、图片相结合去展示自己的作品和借助评价标准对作品进行客观、公正的评价。

（3）能力方面

通过束口小手袋的设计与制作、展示评价和反思改进的过程,以独立为主,小组合作为辅,使学生布艺制作的实践技能,包括设计、排料、裁剪、缝制等基本操作技能和按照一定流程进行操作的过程性能力得到了大幅的提升。一是学生大多学会了绘制"三图";二是学生大都巩固了排料、裁剪、缝制、装饰等操作技能;三是学生的程序性操作能力得到了普遍加强;四是学生的展评交流能力也有了加强。通过不断实践,学生的布艺制作能力逐步从不会到会,再到进一步掌握,直至熟练。

（4）良好行为习惯方面

在实践中,学生通过学习和反思,培养了他们在布艺制作中的良好行为习惯。一是学生基本养成了程序性操作的习惯。如,在后续布艺作品的设计制作中,学生很好地沿用了束口小手袋项目实施的流程进行实践活动,取得了很好的效果;二是学生具有了注意运用相关具体方法进行制作的习惯;三是学生具有了在制作的不同环节中,注意加强检查的习惯;四是学生普遍养成了布料合理利用、废料规范处理、清洁安全和工具归位的习惯。这对学生逐步形成正确的劳动价值观也起到了一定促进作用。

2. 学生劳动整体素养方面

（1）兴趣方面

学生普遍提高了上劳动课的兴趣。当看到自己的辛勤劳动换来了赏心悦目的鲜活作品时,很多学生心情愉悦,感到劳动是一切幸福的源泉,劳动创造了美好生活,对于相关劳动项目制作充满了热情和期盼,经常能听到他们谈论劳动制作过程中的心得和体会。

(2) 知识、能力方面

学生的相关知识得到了巩固和拓展。一是巩固了布艺内容方面的基础知识。比如,学生普遍了解了几种常见的布艺材料及其特性和用途、布艺作品不同的造型、封口方式等。二是实践操作能力得到了提升。如,学生中国结的编制、纸艺康乃馨的制作、衍纸贴画等能力得到了有效的锻炼。三是学生原先比较薄弱的基本程序性能力方面有了很好的改善。比如,在"驱蚊香包的设计制作"的项目活动中,学生已经能够自觉按照实践操作的基本程序"五个阶段"(明确任务、劳动准备、设计方案、制作实践和交流与评价)进行实施,有效地完成项目的学习,提高了实作的效率、质量,还能够在作品中融入个性化的元素;一些学生还能够参与协定相关评价标准,据此进行设计、制作、交流与评价。

(3) 良好行为习惯和劳动光荣观方面

学生良好的劳动行为习惯得以初步养成。学生一是在布艺制作方面逐步养成了良好的行为习惯;二是能够迁移运用到其他劳技作品的设计、制作与展评方面;三是在整个相关作品制作过程中,学生能够注意安全操作、及时整理材料、保持工作台和地面的整洁、收纳好工具和可用材料;四是同学间能够友好合作、互帮互助;五是在劳动中不同阶段的自我监控、同学之间的合作监控、要求家长协助监控的习惯也初步养成;六是普遍增强了劳动光荣观,班级卫生工作认真主动,注重个人卫生,积极参与班级保洁等。还有家长反映,有些孩子在家里也能主动做一些力所能及的家务活儿了。

参考文献

[1]—[10] 中华人民共和国教育部.义务教育劳动课程标准(2022年版)[S].北京:北京师范大学出版社,2022.

[11] 人民网.中国学生发展核心素养[EB/OL].2016 – 09 – 13.

[12] 人民网.新时代学习工作室.习近平谈劳动:最光荣、最崇高、最伟大、最美丽[EB/OL].2019 – 05 – 01.

[13] 杨龙,曹明,杨蕾.基于独立学习与合作学习相结合的教与学方式研究案例选[M].上海:同济大学出版社,2022.

第四篇

研究课课例

基于"对分课堂"英语实施"二策五式三法",提升学生"双自"素养

——以"宾语从句"教学实践与分析为例

杨　玲(上海市蔡路中学)

【执教时间、对象和地点】

时间：2021 年 4 月 7 日下午第 6 节课；对象：初二(1)班学生；地点：初二(1)班教室。

一、设 计 思 路

(一) 设计思路

1. 学情分析

此前,初二(1)班的学生只在课文中读到过宾语从句,但还没有学会组成句型的结构和规则,基本不能用宾语从句来复述、转述他人的语句。在以往的课堂中,学生已经简单经历过"对分课堂"开展学习,教师也会根据课型和内容适当地组织学生开展独立学习和小组合作学习的活动,同一组内不同水平的学生利用互助式合作学习,学生对于对分课堂模式也比较欢迎。总体而言,学生英语学习态度是积极的,根据教师给出的学习任务,他们会在课堂上认真听讲、记好笔记,仔细思考,积极参与讨论,勇于表达自己的观点,并会用评价表客观评价同伴,与其他同学进行互动和交流。学生经历过实施认知策略和激励策略相结合的教学策略开展英语新授课的学习活动,也都能够积极投入课堂活动。但是,课中与课后主动进行小组合作学习为主、独立思考为辅的学习意识、能力和行为习惯还有待提高。

针对以上学情,教师拟以课中与课后"二程"学生小组合作学习为主、独立思考为辅整合"二策五式三法"("二策"即认知策略和激励评价策略;"五式"即三次课堂微对分式、小组合作学习式、独立听记与思考式、借助学习单式和借助信息技术式;"三法"即讲授法、示范教学法和归纳法),完成教学宾语从句的过程,增强学生主动学习和运用宾语从句的意识和认识合作学习价值的意识;了解宾语从句使用特点;学习宾语从句基本构成规则、典型句型和特例等内容及运用宾语从句的技能;能结合生活、学习中的场景、语境,初步掌握用宾语从句进行转述、复述的语用功能;培养学生小组合作学习为主、独立思考为辅主动开展"双自"宾语从句学用活动的素养。这十分符合本班学生的英语学习基础、自主学习习惯和基本学情。

2. 课程标准和学科教学基本要求分析

上海教育出版社出版的 2011 年修改版《上海市初中英语课程标准》(简称课标)的五级目标中,要求初中生在阅读方面具有"能使用常见的连接词表示顺序和逻辑关系"和"能简单描述人物或事件"的语言技能,同时要求学生会运用"在学习中善于记要点;对所学习内容能主动复习并加以整理和归纳;积极与他人合作,共同完成学习任务;主动向老师或同学请教"的学习策略。

上海教育出版社在 2017 年出版的《上海市初中英语学科教学基本要求(试验本)》(简称《基本要求》)一书中对八年级句法的学习要求是:运用宾语从句转述事实、表达个人观点或思想。《基本要求》也对学习宾语从句提出了以下要求:学生在初中阶段学习后,能够掌握宾语从句的基本结构及意义;能够熟练、正确地运用宾语从句进行口头或书面表达。

根据上述分析,本课通过讲授展示目标句法、组织学生结合日常生活、学习中的场景、语境,开展合作学用宾语从句进行转述、复述、评价交流,在独立思考、及时记录、发现问题、互助修正的过程中,促进了学生认识宾语从句基本结构和句法要点的价值意识;帮助学生初步掌握运用宾语从句进行转述、复述的能力;增进与同伴共同完成宾语从句学用任务的合作意识,是符合课标和《基本要求》精神的。

3. 教材分析

本课"Object clauses(宾语从句)"选自上海教育出版社 2010 年出版的《九年义务教育课本英语(牛津上海版英语)(八年级第二学期)》中 Module 1 Unit 3 "Electricity"单元中的语法课。本课的核心知识点是复合句类别中的宾语从句的基本结构,本课的文本引用了前一课时教授的课文中已出现过的宾语从句作为例句,引出宾语从句的概念和结构。本课主要展示的是由"that"和"what"等特殊疑问词引导的两种宾语从句,以及在构成从句时的一种变化(从句要以陈述句句型呈现)和一个特例(特定句型中连接词和从句主语两者合一)。通过借助单元中的课文句子来呈现句型,利用学生对句子的语感和对句意的理解,更快地理解宾语从句句型结构的构成特点。

此外,教师自编补充了另外两种变化(构成宾语从句时,从句时态受到主句的影响和从句中代词因转述而改变人称)和一种特例(当从句描述的是自然现象、客观规律等内容,从句时态不受主句的影响),拟借助学习单、评价表、多媒体等形式帮助学生全面掌握构成宾语从句时会产生的三种变化及基本句型结构。课文和教师自编补充的内容相互补充,同时也适合运用课堂分次开展微对分和培养学生的自主学习意识。在借助同伴指导、评价的基础上,促进学生主动发展发现问题、互助修正的技能,锻炼学生归纳总结的能力;强化学生认识宾语从句基本结构和句法要点的价值意识和与同伴共同完成学习任务的合作意识。

4. 对分课堂理论简析

参见意义揭示中符合"对分课堂"理论和"微对分"模式下的相应阐释(此处的理论来源、基本内容、与本课间的适应性和指向,具体略)。

（二）课题研究内容

1. 学生"双自"素养培养内容方面

教师结合宾语从句的学用,厘定了学生本课化的自主学习和自主管理的意识、知识、能力、良好行为习惯"四素养"方面的发展内容(具体内容略)。

2. 实施策略——"二策"

（1）认知策略

课中,教师共使用认知策略四次,即在引入环节和三次"微对分"环节中,教师拟通过多媒体、板书演示句型和变化规则,训练学生运用模仿的策略,能够初步领会宾语从句中"that"和特殊疑问词连接主句和从句的规则,以及构成宾语从句时会产生的三种变化,即时态、语序和代词的基本变化和特殊句式;通过学习任务单、评价表等,帮助学生由浅入深地完成学习任务、逐渐熟练目标句型;在综合应用环节,引导学生理解如何将学习到的句型结构综合运用到实际场景中。以上策略的应用,能够帮助学生及时对自己宾语从句学习过程中的认知类目标和落实举措进行调节,同时通过对自己或同伴的学习成果进行评估,及时发现问题并进行改进。

课后,教师使用认知策略一次,即借助课后学习任务单、评价表、笔记等,帮助学生在综合运用宾语从句的句型结构完成写作任务时,加深对宾语从句句型结构的理解,注意借助写作来加强对宾语从句句型结构的深化理解,从而强化使用意识。

（2）激励评价策略

教师概括了课中和下次课始"二程"激励评价策略各自的若干拟用和指向(具体内容略)。

3. 实施形式——"五式"

（1）对分课堂式

教师概述了课中三次"微对分"课堂各自的拟用和指向(具体可参见实践过程的相应内容)。

（2）小组合作学习式

教师概述了课中结合三次"微对分"课堂和综合应用环节时四次小组合作学习和课后学生独立完成作业后的小组讨论、评价与校改中各自的拟做与指向(具体内容略)。

（3）独立听、记——思考式

在对分课堂的前半部分时间,教师展示概念、典型例题和特殊例题,着重讲授难点和重点,学生听讲、观察、理解、记笔记、独立思考问题、参与答问,以此来帮助唤醒学生的知识背景、构建宾语从句的基本知识结构;有机锻炼学生根据自己的个人特点、学习基础,采用合适的节奏掌握宾语从句的句型结构、三种句型和两种特殊句式,也为稍后参与小组合作讨论与全班交流做好准备。

（4）借助学习单式

课中,一是学生独立阅读、回忆、思考完成根据"that"作连词的使用规则,判断句子正误,并改正有错误的句子,关注代词的变化,培养学生独立学习"that"作连词的使用规则的能力和构成宾语从句时对代词关注的意识;二是学生独立阅读、回忆、思考完成改变时态从而构成宾语从句的任务,帮助形成在构成宾语从句时,对时态变化的关注意识;三是学生独立阅读、回忆、思考完成借助"特殊疑问词"将简单句转变成宾语从句的任务,提高学生对于简单句变化构成宾语从句时,需要改变从句时态语序的意识;四是学生参与组内合作讨论、不断修正并完成用宾语从句改写所给对话的任务,提高学生运用宾语从句转述他人语句的意识,锻炼学生综合运用两类连词,关注到三种变化并构成宾语从句的能力,增强学习成就感。

课后,学生先独立完成阅读本单元课文并运用宾语从句复写课文的任务,强化宾语从句的实际语用能力。然后,通过小组讨论、互相评价、互帮互助解决写作中的困惑的过程,提高合作学习能力,提高合作学习的价值认同与和谐、有效合作的意识。

(5)借助信息技术式

教师概括了本课引入、三次"微对分"、综合实践、课尾小结归纳和下次课始师生的拟用和指向(具体内容略)。

4. 实施方法

教师概述讲授法在本课的两个部分中、示范教学法在本课展示宾语从句两种连词和三种要素变化时和归纳法在三次"课堂"微对分中,以及下次课始作业反馈中各自的拟用与指向(具体内容略)。

(三) 基本思路

针对以上学情,围绕构成宾语从句的两种"连接词",即"that"和"特殊疑问词"连接主句和从句的规则,以及构成宾语从句时会产生的三种变化,即时态、语序和代词的基本变化和个别特例,教师整合运用"二策五式三法"组织学生完成课中与课后四次小组合作学习和两次独立学习,在提高完成相应任务速度和质量的同时,帮助学生了解和掌握结合生活、学习中的场景、语境,用宾语从句进行转述、复述的语用功能,有机提升学生自主管理和自主学习宾语从句中常用的两类连词和三种变化要素的素养

二、教 学 目 标

(一) 知识与技能

了解构成宾语从句中运用两种"连接词",即"that"和"特殊疑问词"连接主句和从句的规则,并进行初步应用;了解构成宾语从句时会产生的三种变化,即时态、语序和代词的基本变化和特殊句式,并能初步进行应用;进一步锻炼学生运用学习单、讨论、评价等形式开展对宾语从句基本组成规则的合作学习、梳理总结宾语从句中的两种连词和三种变化的技能;加强对"对分课堂"与以独立思考为辅、合作学习为主学习的价值认识,体悟以上

学习策略、方式方法所蕴含的学法价值。

（二）过程与方法

围绕构成宾语从句的两种"连接词"，即"that"和"特殊疑问词"连接主句和从句的规则，以及构成宾语从句时会产生的三种变化，即时态、语序和代词的基本变化和个别特例学习内容，经历课堂、课后"二程"结合，整合实施"二策五式三法"的学习过程，完成课中与课后四次小组合作学习和两次独立学习，在提高完成相应任务速度和质量的同时，掌握宾语从句中常用的两类连词和三种变化要素，锻炼结合生活、学习中的场景、语境，用宾语从句进行转述、复述的能力；在教师的多元举措下，提升学生自主学习新知、整理和归纳所学内容与学习策略方式方法的技能；提高学生合作解决问题的能力；有机提升学生课中认真、主动地听授、独学、独练、参与小组讨论和全班交流、课后独立完成作业、注意自我检查和纠错、做好交流准备和下次课始参与全班交流时的自主监控学习目标、过程、结果，以及注意进行合理调控的自主管理能力。

（三）情感、态度与价值观

强化主动学习和运用宾语从句时的"三类意识"（见上文学生"双自"素养培养内容下的设定）；保持对与研究主题有关联的能力与情感类目标和以独立思考为辅、合作学习为主的学习策略方式方法的兴趣；注意客观评价同学和尝试正面激励；提升合作精神和自主管理学习的意识。

三、实 践 过 程

时间分配（分）	教学环节	教师活动	学生活动	课题研究
4	（一）学生独立观察教师借助多媒体呈现的本课将学的三个句型，初步感知三个宾语从句及复合句句型的基本结构	1. **借助例举简析宾语从句基本结构**：借助多媒体呈现教师所整理的以往课文中零散出现的三个宾语从句并做一定说明，要求学生注意观察、思考，初步感知其句型基本结构； 2. **借助例举简析复合句基本结构**：通过多媒体呈现、说明复合句句型结构，要求学生独立观察、思考，初步感知其句型基本结构	1. **独立听、观**：独立观、听、思，注意内化宾语从句句型基本结构； 2. **独立听、观**：独立观、听、思，注意内化复合句句型基本结构	锻炼学生独立观察教师借助多媒体呈现与口头简要分析的三个宾语从句和复合句句型，初步感受各自基本句型结构的能力，引发后续学用宾语从句的兴趣

时间分配(分)	教学环节	教师活动	学生活动	课题研究
24	(二)实施三次"微对分",了解和掌握宾语从句常用的两类连词和三种变化规律 1.第一次"微对分"(8分钟):学生听、观教师介绍连词"that"的使用和代词的变化规律,独立完成学习单任务1的内容,参与组内校对、讨论,听取教师随机指导解决小组讨论中的疑惑,听与观教师展示和总结答案,锻炼完成相应"或独或合"任务的能力,初步感知宾语从句的"一连词一变化"规律并会初步加以运用,提高继续学用宾语从句的兴趣	(1)精讲连词运用和代词变化规律:借助板书、多媒体呈现连词"that"的使用规则和从句中代词的变化规律并做一定说明,要求学生注意观察、思考,做初步感知(2分钟); (2)组织独练:要求学生独立阅读学习单、积极思考,完成多媒体呈现的学习单任务1的内容;根据"that"作连词的使用规则,判断句子正误,并改正有错误的句子,关注代词的变化(3分钟); (3)开展讨论:要求学生小组内校对独练、判断与改正的情况,讨论存在的疑问,注意观察和做随机激励与引导(2分钟); (4)归纳规律:借助多媒体展示答案,总结连词"that"的使用规则和代词的变化规律(1分钟)	(1)独立认真听记与思考:独立听、观、思,结合教师的演示、例句,独立理解、记忆"that"的使用规则和从句中代词的变化规律,及时记录笔记并参与回答; (2)尝试独练:独立阅读、回忆、思考,完成学习单任务1; (3)参与小组讨论:根据教师要求,参与小组内校对、独练、判断与改正,讨论存在的疑问,注意再校对并修正,听取教师随机激励与引导; (4)独立内化规律:独立观、听、思、改;牢记规律	学生初步了解连词"that"的使用规则和从句中代词的变化规律;锻炼学生通过独立观察教师借助板书、多媒体呈现和口头说明所举的例句,初步感知和把握连词"that"的使用规则和代词的变化规律;提高后续"独合结合"学用宾语从句的兴趣
	2.第二次"微对分"(8分钟):学生独立观、听、记教师借助板书、多媒体呈现和口头说明的宾语从句中时态的变化规律,小组讨论完成学习单任务2,参与班级交流校改答案,把握宾语从句中时态的变化规律和特殊句型的变化规律	(1)精讲时态变化规律:借助板书、多媒体呈现宾语从句中时态的变化规律和例句,并做一定说明,要求学生注意观察、思考,做初步感知(2分钟); (2)组织合练:要求学生开展小组讨论,完成学习单任务2,即学生独立阅读、回忆、思考,合作完成改变时态从而构成	(1)独立观、听、思、记,内化规律:独立观、听教师演示的宾语从句中时态的变化规律和例句,听取所做说明,思考、理解、记忆和记录从句中时态的变化规律和特殊句型的变化规律; (2)参与讨论:自主阅读、回忆、思考学习单任务2,参与组内思考、讨论、质疑、	锻炼学生独立观、听、思、记教师借助板书、多媒体呈现的宾语从句中时态的变化规律和特殊句型变化规律的能力、参与讨论合作完成及参与班级交流完成学习单任务2之改变时态从而构成宾语从句的任务能力和把握宾语从句特殊句型变化规律的能力;提高对宾语从句中时态变化规律、特殊句型变化规律初步加以应用的

续　表

时间分配(分)	教学环节	教师活动	学生活动	课题研究
		宾语从句的任务。教师注意巡视、观察、倾听,做随机激励与引导(3分钟); (3) **交流答案**:组织学生参与全班交流合练答案,注意核对、纠正错误答案(2分钟); (4) **归纳规律**:口头归纳宾语从句中时态变化的规律和特殊句型的变化规律(1分钟)	解疑、修正; (3) **参与班级交流校对答案**:被叫学生参与全班交流任务2的答案,全体学生注意核对答案和进行纠错; (4) **听记归纳**:独立听、记忆,理解宾语从句中时态变化的规律和特殊句型的变化规律	成就感,促进主动借助学习单引导完成小组讨论和参与班级交流主任务,以及加强听、练、记、思多元感官参与主任务学习之良好习惯的养成
24	3. **第三次"微对分"(8分钟)**:学生独立观、听、思、记教师借助多媒体呈现的"两规"并独立完成学习单任务3,参与组内的讨论、评价与校改和听取教师归纳,锻炼相应能力,牢记"两规"("特殊疑问词"作连词的规则和从句中语序的变化规律)	(1) **精讲"两规"**:借助板书、多媒体呈现"特殊疑问词"作连词的规则和从句中语序的变化规律及例句并做一定说明,要求学生注意观察、思考、对这"两个规律"做初步感知(2分钟); (2) **组织独立练习**:借助多媒体展示和说明评价表内容(构成宾语从句时,是否使用正确的连词、时态变化是否正确、人称变化是否正确、语序变化是否正确),组织学生开展独立思考,完成学习单任务3:"特殊疑问词"作连词的运用规则和借助"特殊疑问词"将简单句转变成宾语从句时,从句语序的变化的判断、修正(2分钟); (3) **开展小组评价和讨论纠错**:组织组际互评小组合练任务	(1) **独立观、听、思、记"两规"**:独立观、听、思,结合教师的演示、例句和说明,理解、记忆特殊疑问词作连词的规则和从句中语序的变化规律,及时记录笔记,自主建构特殊句型规律和语序的变化规律; (2) **尝试独练**:独立阅读、回忆、思考,完成学习单任务3; (3) **参与班级互评与讨论纠错**:借助评价表评价组内同伴的学习任务单3的完成情况,进行组内讨论、校对,并独立修正答案; (4) **校对答案,牢记规律**:独立观、听、思,牢记"两个规律"	锻炼学生通过独立观察教师借助板书、多媒体呈现的"特殊疑问词"作连词的运用规则和宾语从句中语序的变化做初步感知的能力、独立完成任务单3练习熟悉"两个规律"的能力、借助评价表进行小组互评和讨论、修正独练答案中的错误的能力; 强化学生对"两个规律"的记忆; 促进依据评价表客观评价他人、善于倾听、纠错的良好习惯的养成

时间分配(分)	教学环节	教师活动	学生活动	课题研究
24		单3完成情况,要求组内校对、讨论、修正,注意观察与倾听。教师做随机激励、解疑引导(3分钟); **(4) 归纳规律:**借助多媒体呈现任务单3的答案,并口头总结"两个规律"(1分钟)		
12	(三) 学生根据学习单和教师借助多媒体、口头说明的要求,与组员讨论合作完成学习单任务4,尝试归纳全课所学重点,并参与全班交流改写成果和归纳总结的重点内容,及时巩固宾语从句常用的两类连词和三种变化的要素知识;培养借助已掌握的知识,与同伴合作完成用宾语从句改写对话、进行归纳及参与全班交流的能力和兴趣,强化课尾集中小结意识和合作精神	**1. 组织小组讨论改写对话:**借助多媒体呈现课堂学习单任务4,要求学生小组讨论、运用所学宾语从句规则和句型改写对话;注意巡视、观察、询问、倾听,做随机激励与解疑引导; **2. 组织班级交流:**借助多媒体展示相关小组合作改写的作品,请小组代表向全班做交流,注意倾听,做随机激励与引导; **3. 组织讨论与归纳交流:**要求学生先在组内讨论本课重点,再参与班级交流;注意倾听,做随机激励与引导,借助多媒体和口头说明本课所学重点为两类连词(即"that"和"特殊疑问词")和三种变化要素(即时态、语序和代词)	**1. 参与小组讨论改写对话:**独立观、阅、忆、思所给对话,参与组内合作讨论,运用所学宾语从句规则和句型不断修正并完成学习单任务4;听取教师随机激励与引导; **2. 参与班级交流:**小组代表借助多媒体呈现的小组改写作品向全班同学做交流;听取教师随机激励与引导; **3. 参与小组讨论和班级归纳交流:**参与小组集体回忆、思考、梳理、归纳本课学习重点;被叫小组代表交流宾语从句常用的两类连词("that"和"特殊疑问词")和三种变化要素(时态、语序和代词);听取教师随机激励与引导	锻炼学生根据课堂学习单和教师借助多媒体结合口头说明的要求,与组员合作完成学习单任务(运用所学宾语从句规则和句型改写对话)、参与小组讨论和全班交流归纳所学重点的能力; 及时巩固宾语从句常用的两类连词和三种变化的要素知识; 增强梳理、归纳、总结语言点的能力和意识,以及主动运用宾语从句表达和合作学习的意识,保持这样的学习兴趣
	(四) 学生根据教师借助多媒体、口头说明的作业要求,课后独立完成运用宾语从句复写课文的作业,再	**1. 布置课后作业:**借助多媒体、课后作业单和口头说明课后作业:先独立阅读本单元课文并运用宾语从句复写课文,	**1. 课后独立完成作业和参与小组讨论修正复写作文:**先独立观、听、思、记作业要求,阅读本单元课文、运用宾语从句复写课文,	锻炼学生根据教师借助多媒体结合口头说明的要求,独立运用所学宾语从句相关知识熟读课文、复写课文、参与组内讨论、评价和修正所写的能力;

续 表

时间分配(分)	教学环节	教师活动	学生活动	课题研究
12	与组内同伴分享、评价、修正所写,下次课始听取教师的反馈意见,锻炼相应能力和强化运用意识,掌握宾语从句的两类连词和三种变化要素	随后与小组成员讨论、评价、修正复写作文; 2.**下次课始组织作业反馈:**阅览后对学生作业进行集体反馈评价,再次强调宾语从句的两类连词("that"和"特殊疑问词")和三种变化要素(时态、语序和代词)	写课文,再与组内同伴合作讨论、互相评价、修正所写,次日晨提交作业; 2.**下次课始听取教师反馈:**认真观、听、思、记教师针对作业的反馈意见,内化宾语从句的两类连词和三种变化要素	听取教师反馈意见、继续修正所写,强化宾语从句的实际语用能力,掌握宾语从句的两类连词和三种变化要素; 促进课后独立、及时完成作业、参与小组合作评议和纠错良好作业习惯养成

四、实 施 成 效

(一) 学生自主学习宾语从句素养方面

从教师的授课体验、课后观看课的录像、听课教师点评、学生作业反馈得知,80%左右的学生(全班共 20 人)知道并能初步应用宾语从句进行表达,学生的"或独或合"学习宾语从句的意识、知识、能力和良好行为习惯,都有了较好的提升。主要体现在以下四个方面。

1. 自主学习宾语从句意识方面

一是学生都能了解并认可用宾语从句进行表达的价值意识;二是普遍强化了主动运用宾语从句的意识;三是初步形成了小组合作讨论、评价、校改独练成果和注意正面激励的意识;四是强化了继续尝试基于"双自"教育"对分课堂"的实践意识。

2. 自主学习宾语从句知识方面

一是了解了构成宾语从句中,运用两种"连接词",即"that"和"特殊疑问词"连接主句和从句的规则;二是领会了构成宾语从句时会产生的三种变化,即时态、语序和代词的基本变化,掌握了特殊句式的知识;三是增进了对以独立思考为辅、合作学习为主的学习价值的认识,体悟到了"二策五式三法"所蕴含的学习策略与方式方法的价值。

3. 自主学习宾语从句能力方面

一是学生普遍能够了解构成宾语从句中运用两种"连接词",即"that"和"特殊疑问词"连接主句和从句的规则并进行初步应用;二是学生普遍能领会构成宾语从句时会产生的三种变化,即时态、语序和代词的基本变化和特殊句式,并进行初步应用;三是90%的学生学会了运用学习单、讨论、评价等形式开展对宾语从句基本组成规则的合作学习、梳理总结宾语从句中的两种连词和三种变化的技能;四是 85% 的学生能借助包括组合句子、改错、评价表、小组合作等多种学习活动的学习任务单来开展小组合作学习并进行观察,及时归纳出规律和特征;五是 75% 的学生能够根据评价表和知识点归纳,检测宾语从句是否正确并修正错误。

4. 自主学习宾语从句良好行为习惯方面

一是学生有条理地独立记录关键信息和宾语从句的例句,主动思考、牢记宾语从句中运用两种"连接词",即"that"和"特殊疑问词"和构成宾语从句时产生的时态、语序和代词的基本变化和特殊句式,以及借助课堂笔记和课堂学习任务单加深理解的良好习惯初步养成。二是学生积极投入小组或班级讨论与交流,仔细倾听、大胆发言,分享自己对宾语从句的理解与应用的良好习惯进一步养成;三是学生在掌握宾语从句后,能够将所学知识运用到新知的学习中去,初步具备了借助已有的良好学习习惯持续学习和自我提升的良好习惯。

(二) 学生自主管理素养方面

从教师对学生课堂表现的观察、课后巩固练习的反馈可知,学生的自主管理素养得到了一定程度的提升。主要体现如下:

学生一是在课中教师讲授环节,能够独立认真观、听、思,及时记录笔记;二是在小组讨论环节中,能积极主动参与分享、评价和纠错;三是普遍能仔细阅读学习任务单,并认真思考、仔细完成规定任务,与组内同伴合作学习时能做到专注倾听、仔细修正;四是能与同伴有序、和谐合作,注意提高了合作学习的实效;五是课后能及时、独立完成作业,"独合结合"检查作业和校改错误,注意提高作业质量。

五、意 义 揭 示

(一) 符合"对分课堂"的理论和"微对分"模式

"对分课堂"的核心概念是,只留一半时间给教师进行讲授,另一半时间分配给学生,以独立思考或讨论的形式进行交互式学习,以便在独立与合作的学习形式下,培养学生的自主学习素养和良好学习习惯。在这一形式下,张学新教授又提出当堂对分的最简单形式是"3 分钟对分":1 分钟教师讲授,1 分钟学生讨论,1 分钟学生交流。

鉴于"3 分钟"的课堂"微对分"时间过短,而 20 分钟的教师精讲、学生独学、讨论、交流与内化的当堂"大对分"(笔者所用的基于理解的称呼)时间又过长,而且缺少更多次的课堂反馈与强化。因此,笔者在课堂教学中基于张学新教授的"3 分钟"的"微对分",改进为"三个 8 分钟"的三次"微对分";在内部小环节上,改讲授、讨论与交流三个环节为教师精讲、学生独练或合练、小组或全班交流、教师归纳四个环节。事实证明,这样迁移改进运用"微对分"的原成果,有效地保证了教师集中讲授和学生个性化学习(穿插教师的随机引导)的时间,促进了学生对宾语从句句型中两种连词和三种变化的理解、巩固与内化,有机提升了学生相关自主学习和自主管理的素养。

可见,这符合"对分课堂"的上述理论,也彰显了实践教师基于"微对分"原模式,加以迁移改进运用于探索性实践的价值。

(二)较好地发挥了整合实施"二策五式三法"在提升学生宾语从句学习和有机提升"双自"素养方面的"四性"独特价值

1. 凸显学生在学用宾语从句中的自主性

本课当堂对分模式的迁移改进运用了"微对分"模式,组织了三次"微对分"的当堂实践,把更多的时间完全留给学生独学、独思、独练、小组讨论、合练、互评、校改任务单的答案,从而取得了学生宾语从句学用和"双自"素养发展的明显实效。

可见,这样基于原成果,针对学生和学习内容实际加以灵活运用,可以更好地发挥教师的集中精讲与学生"独合结合"为主(穿插教师随机激励与引导)的自主学习的作用,保证更多的学生有自主学习的时间和实践机会,从而保证了学生对宾语从句的认识、运用的巩固有更为全面积极的效果,也使"双自"素养得到有机发展。

2. 循序渐进的易接受性、趣味性和有效性

本课的主要开展形式是课堂的三次"微对分"。首先,教师精心设计了难度逐渐增大的三次"微对分"的学习活动,通过有梯度地提升难度,提高了学生的可接受性(具体事实概述略)。其次,这样有梯度的学习活动,保证了学生在活动过程中不断获得成就感,并体会到每个活动的趣味性,从而也有梯度地提高了自主学习和管理的能力。再次,教师设计的活动形式涉及合作写作、小组讨论、评价、修正等,其多样化满足了不同学生的兴趣需求,也涵盖了多种自主能力发展的需求。最后,小组合作完成写作的形式,使得各个水平的学生之间可以互相帮助,减少了能力较弱学生的压力并增加他们参与组内和班级交流的意愿,从而真正体会到自主学习的趣味。

可见,学习难度的渐进性,可提高学生宾语从句学习的可接受性;学习内容、策略方式方法的多样性、教师的随机激励与引导及学习成就感的积累,可增加学生学习宾语从句的趣味性,从而提高学用宾语从句学习和有机发展"双自"素养的实效性。这样的探索,是值得在英语学科其他内容的学习中继续加以实践尝试并进行经验总结的。

参考文献

[1] 上海中小学课程教材改革委员会办公室.上海市中小学英语课程标准[M].上海:上海教育出版社,2011.

[2] 上海市教育委员会教学研究室.上海市初中英语学科教学基本要求(试验本)[M].上海:上海教育出版社,2018.

[3]张学新.对分课堂：中国教育的新智慧[M].北京：科学出版社,2016.

[4]胡真.对分课堂之初中英语[M].北京：科学出版社,2017.

[5]林立.初中英语有效教学研究[M].北京：北京师范大学出版社,2016.

[6]何顺志.初中英语语法教学活动设计[M].上海：华东师范大学出版社,2014.

[7]许伶萍.初中英语课堂教学微技能提升[M].上海：上海教育出版社,2021.

[8]聂华.整合运用相关策略形式,提高指导"独二代"家教实效——《Water Festival》教学实例分析[M]//金卫东,曹明."独二代"家庭教育指导新方略.上海：上海教育出版社,2017：151-158.

[9]陆樱燕.英语教学实施"四式五法"提升学生英语连环漫画绘制类素养的学习活动设计与实施——以"Comic Strips"学生学习活动设计、实践与分析为例[M]//黄晓峰,曹明.基于核心素养理念下初中生课堂学习活动设计与实施的实践研究.上海：同济大学出版社,2024：289-304.

基于"对分课堂"体育教学实施"四式五法"，提升学生"双自"健体素养

——以七年级"民族民间体育：短绳与长绳"教学实践分析为例

张　斌(上海市蔡路中学)

【执教时间、对象和地点】

时间：2021年4月8日上午第2节课；对象：七(4)班；地点：体育馆。

一、设 计 思 路

(一) 设计依据

1. 学情分析

笔者任教的本校七年级(4)班,有男生10名、女生9名。该班学生在本课前已经学习过跳绳的基础知识,具备跳绳的基本运动能力,"双自"(自主学习、自主管理)健体素养一般,部分学生有健体意识,但缺乏健体的能力,极少数学生能够养成"双自"健体的习惯,他们缺少在体育课上经历"双自"教育结合"四式五法"学习新授课的经历。学生对于对分课堂的认识程度一般,没有在体育课上经历过对分课堂的教学模式,缺乏对分课堂的实践经验。但学生学习态度较认真,愿意配合老师完成对分课堂的学习任务。

基于上情,确定本课以课前、课中、课后"三程"通过对分课堂(微对分和隔堂对分)的形式结合其他"三式五法"("三式",借助多媒体式、小组合作学习式、随机激励式;"五法",讲解法、示范法、实践法、总结归纳法、自练法),引导学生通过单人跳绳、双人跳绳、集体跳绳(简称"三类跳")等举措进行听授、讨论、练习、创编、展示、评价、归纳,帮助学生更快地掌握短绳与长绳"三类跳"的练习方法,享受运动的乐趣,以提升初中学生"双自"健体的相关意识、能力和良好行为习惯(简称"双自"健体"三素养")。

2. 课标分析

中华人民共和国教育部制定的由北京师范大学出版社出版的《义务教育体育与健康课程标准(2011年版)》(简称课标)贯彻"健康第一"的指导思想,实践"以学生为本""健身育人"的教学理念,强调了要培养学生的创新精神和实践能力。课标指出,学生要积极主

动参加多种体育运动,体验运动的乐趣与成功,学习体育知识,增强安全意识和防范能力,掌握运动技能和方法,掌握基本的保健知识和方法,全面发展体能和健身能力,培养坚强的意志品质,形成合作意识与能力,具有良好的体育品德。

"民族民间体育——短绳与长绳"一课拟在"三程"的课中以两次微对分和一周后课中的隔堂对分整合实施其他"三式五法"进行短绳与长绳教学,以达到"三类跳"的培养目标,进而提升学生"双自"健体"三素养",与上述课标的精神具有一致性。

3.教材分析

本课内容源于上海市中小学(幼儿园)课程改革委员会组织编写的由上海教育出版社2019年出版的《上海市中小学体育与健身七年级(试行稿)》教材基础内容Ⅱ。教材共分三个部分,分别是单人跳绳、双人跳绳和集体跳绳,单元内容围绕"三类跳"的知识与技能、学与练的建议、自测与自评,通过图文并茂的形式,按照单人—双人—集体、简单—复杂、模仿—创新进行编写。

基于教材分析,本课拟在"三程"的课中,采用微对分(两次)和一周后的课中隔堂对分的形式,整合实施其他"三式五法",以"绳操游戏"为载体作为课堂中的导入部分,激发学生的学习兴趣,进而引导学生独立和小组合作(简称"或独或合")进行"三类跳"的听授、讨论、练习、创编、交流、评价、归纳,让学生在掌握三类跳绳技能的同时,培养学生自主预习和复习的意识,以及观察、倾听、思考、梳理、归纳、复习的能力和自主管理的行为习惯,进而提升学生"双自"健体素养。

(二)课题研究内容

1."双自"健体"三素养"培养内容

(1)自主学习意识、能力和良好习惯素养的培养内容

(2)自主管理意识、能力和良好习惯素养的培养内容

教师设定了"本课化"的学生"双自""三素养"的培养内容(具体设定略,内容可参考后续学生实效之"双自"健体素养方面)。

2.实施形式——"四式"

(1)课堂微对分和隔堂对分学习式

课中第三环节的微对分。一是教师借助多媒体精讲示范教材上的"三类跳"的方法,学生独立听、观教师的讲解和示范,培养学生自主听授学习跳绳方法的意识和知识;二是学生小组讨论,结合课前自练内化跳法,初步形成动作概念,促进学生合作讨论习惯的养成;三是学生合作进行实践练习,内化巩固"三类跳"的动作方法;四是教师、学生交流归纳总结练习成效,分析说明"三类跳"易错动作产生的原因,提升学生跳绳的动作质量。

课中第四环节的微对分。一是教师口头引导学生进行"三类跳"的创编与练习,培养学生的创练意识;二是学生分组进行分析讨论,形成初步的创编设想,培养学生合作创想

的行为习惯;三是学生合作进行"三类跳"创想的练习,提升学生的创编行动能力和创意跳绳技能;四是师生交流总结归纳展示小组的创编动作,培养学生的总结归纳能力,提升学生创编和行动的成就感,激发"或独或合"借助"三类跳"创编动作进行健体的兴趣。

课后一周和一周后课上的隔堂对分。一是学生以小组为单位利用多媒体展示一周的跳绳练习成果,培养学生课后自主练习的行为习惯;二是教师和学生进行讨论、评价一周跳绳练习的情况(生生互评、师生评价),有机培养学生客观公正评价其他小组跳绳健体成果情况的能力;三是选择优秀小组展示交流、观看,培养学生展评健体成果的能力,内化"三类跳"健体素养;四是师生交流总结归纳小组的展示成果,培养学生总结归纳的能力,继续内化"三类跳"健体素养。

(2)借助多媒体式

课前,一是学生借助信息技术,小组成员各自收集"三类跳"的视频资料,了解"三类跳"的方法;二是学生观看小组合作收集的"三类跳"方法的视频,独立自主练习,培养学生独立自主收集所需信息、合作观察、自练的能力,促进学生课前预习良好行为习惯的养成。

课中,教师一是借助多媒体展示学生课前预习情况,了解学生完成预习的成果,激发学生的跳绳兴趣;二是借助多媒体讲解和示范"三类跳"的练习方法,通过视频提出问题,引导学生参与探讨,帮助学生初步了解动作要领;三是播放跳绳律动音乐、创设舒心的情境,引导学生进行放松练习,帮助学生有效缓解疲劳,促进学生养成练习后的放松习惯,培养学生终身体育的意识。

课后,一是学生采用多媒体技术,记录自己一周自练的过程,从中寻找练习中的问题,注意改进;二是在一周后的课上,师生利用多媒体展示小组的课后练习成果(视频)和进行互评交流,锻炼健体成果展示和互评交流的能力,提升坚持健体自练的成就感和保持自练兴趣。

(3)小组合作学习式

课前,一是学生小组内进行分工独立完成寻找"三类跳"的视频资料;二是小组成员分享、观赏各自收集的"三类跳"视频,选择相关方法开展小组合作练习,互帮互助,初步掌握跳绳的技能;三是合作做好交流准备,为课中合作展示、练习、互评做好准备。

课中,一是学生小组分享和相互观察其他小组展示的课前"三类跳"方法的视频资源,开展小组讨论和交流,提高学生合作分享、观察、讨论与交流"三类跳"方法的能力;二是学生小组合作完成"三类跳"创编设想、开展练习和梳理总结的任务,提高学生的相应能力,提升学生合作"三类跳"创编练习成就感和兴趣。

(4)随机激励式

课前,教师对学生课前独立收集"三类跳"方法的视频资料、小组观赏与合练、交流完成情况较好的学生和小组给予口头表扬,激励他们养成良好的"独合结合"预习习惯,提升课前预习的质量。

课中,在认真听授、交流展示、绳操游戏、模仿学练、创编设想与练习、梳理归纳过程中,对参与态度好、完成任务速度快、质量好、有创意的学生个人和小组进行随机表扬,鼓励学生更好地完成相应练习,提升学生"或独或合"学习和练好"三类跳"方法与技巧的成就感和兴趣。

课后,教师表扬掌握多种跳绳方式方法、有团结合作和创新意识的优秀学生,表扬坚持练习、摄录、及时分享的行为,增强学生对于掌握"三类跳"方法的自信心和坚持健体、监控与分享的良好习惯。

3. 实施方法——"五法"

概括了以下"五法"在备课相关"程"中各自的拟做和指向。

(1) 讲解法

(2) 示范法

(3) 实践法

(4) 总结归纳法

(5) 自练法

(三) 基本思路

基于上情,本课围绕"民族民间体育——短绳与长绳"之"三类跳"的学练、讨论交流、展评归纳和坚持健体内容,基于三类对分课堂(两次课堂微对分和一次一周后的隔堂微对分)、"三程"整合实施其他"三式五法"(借助多媒体、小组合作学习和随机激励"三式";讲解、示范、实践、总结归纳和自练"五法"),引导学生在"三程"中完成寻找资源、观赏、练习与展示,听授、练习、交流、创编设想与练习、评价、归纳和坚持一周自练的任务,在提高学生"或独或合"完成任务的速度、质量和具有一定创意的同时,有机提升学生短绳与长绳"三类跳"的自主学习和自主管理相关的意识、能力和良好的行为习惯,以此作为总体设计思路。

二、教 学 目 标

学生经历课前小组合作下独立收集短绳与长绳"三类跳"的相关方法视频资料、合作观赏和练习、课中"或独或合"地进行课前学练情况展示、在两次课堂微对分中听赏"三类跳"理论知识和跳法示范、"独合结合"练习、创编设想与练习、交流、归纳,以及课后开展一周(含一周后的课堂微对分)的跳绳练习和监控改进,学习短绳与长绳"三类跳"和进行创编的理论知识及动作要领;掌握两种以上方法(单人花样跳、双人并肩跳、"8"字跳长绳等方法)并能熟练运用进行自练(含创编练习);感受跳绳和坚持练习带来的成功体验,感受体育运动的魅力,激发后续主动借助一定的体育载体进行健体的积极性;培养坚持体育锻炼的习惯;培养良好的体育品德,更好地为终身体育打下基础,提升"双自"健体素养。

三、实　践　过　程

时间分配（分）	教学环节	教师活动	学生活动	课题研究
2	一、借助多媒体反馈学生课前预习情况，以小组为单位交流展示课前学习的跳绳成果，培养学生敢于展示、评价总结的能力	1. 借助多媒体反馈学生课前小组练习跳绳预习的完成情况，组织评价； 2. 总结学生课前预习成果，随机激励预习较好的小组和学生，导入新课	1. 独立观看视频、回答、思考，参与评价； 2. 独立观、听、思，准备学习新课	锻炼学生独立观看、从众多"三类跳"视频资源中获取所需跳绳方法、参与评价的能力； 培养学生自主学习跳绳的意识和课前自主做好知识和实践准备的习惯，为提高课堂学习实效奠定基础
5	二、组织学生完成热身活动：绳操游戏，提高学生参与跳绳练习的积极性	1. 讲解游戏方法与规则，提出要求；学生完成绳操练习后，进行"抓尾巴"游戏； 2. 口令引导，组织跳绳跑接力比赛； 3. 注意观察，对接力赛奋力拼搏、遵守规矩的学生做随机激励引导	1. 明确游戏与规则； 2. 独立听清口令，合作完成游戏比赛； 3. 踊跃参与接力赛体验、互相观察、听取教师随机激励与引导，内化。	培养学生集中注意力和有效理解体育游戏的能力、参与跳绳跑接力赛的能力； 培养学生对跳绳游戏的学习兴趣
15	三、微对分活动1：学生独立听和观教师精讲与示范"三类跳"的方法、独立尝试练习、小组合作开展实践练习、讨论、交流、评价同学"或独或合"练习"三类跳"的情况、听取教师随机激励与引导，师生总结归纳"三类跳"练习方法的掌握情况，初步掌握"三类跳"的基本方法，提升学练成就感和自信	1. 借助多媒体、口头说明和示范单人、双人、集体跳绳方法：单人跳绳的交互跳、并腿跳；双人跳绳的并肩跳；集体跳绳的"8"字跳、齐心协力跳（3分钟）； 2. 引导学生讨论、交流"三类跳"的方法与操作要领；组织学生独立、小组合作完成"三类跳"练习（3分钟）； 3. 观察学生练习的方法是否正确、询问学生学习的困难、讲评容易出现的错误动作、激励优秀学生（6分钟）； 4. 师生归纳总结"三类跳"练习方法的掌握情况和练习效果（3分钟）	1. 独立观、听、思，尝试模仿练习"三类跳"的方法； 2. 独立与小组合作实践练习"三类跳"的基本方法、参与讨论、展示、评价激励； 3. 独立听、说、思、练，内化； 4. 参与归纳；独立听、思，内化	培养学生在教师讲解示范跳绳方法时独立观察、模仿、初步掌握跳法的能力； 培养学生在练习单人、双人、集体跳绳技能时合作探究、展示、交流互评、互励的能力； 提升"三类跳"练习的成就感和自信心，保持练习兴趣

时间分配（分）	教学环节	教师活动	学生活动	课题研究
15	四、微对分活动2：学生独立听和观教师精讲与示范"三类跳"的创编方法和其他内容要求，参与"三类跳"创编的设想、小组合作进行创编练习、互评与改进，参与全班展示和总结归纳"三类跳"的基本方法与创编练习经验，锻炼学生相应"双自"能力，提升"三类跳"合作创编设想与练习的成就感和自信心，保持练习兴趣，增进合作精神	1. 用语言举例说明和稍做示范，启发学生创想不同形式的、可实践的跳绳方法；口头提示学生创编内容要增加游戏性和规则性（3分钟）； 2. 组织学生分组讨论如何借助道具、长短绳结合进行创编：如跳绳传球、大绳跳小绳、十字跳等（3分钟）； 3. 组织学生小组合作练习所创编的"三类跳"动作，引导并安排每一组的学生展示合作创编的跳绳方法和游戏比赛，组织互评交流（6分钟）； 4. 注意观察，随机表扬与鼓励"三类跳"创编有特色的小组；师生合作总结创编的方法与练习经验（3分钟）	1. 独立听、观、思，内化创编要求； 2. 独立听、思；小组合作讨论、交流"三类跳"创编的设想； 3. 小组合作进行创编练习、参加全班展示、互评交流和注意反思、合理吸收评价意见、改进创编练习； 4. 独立听、观、思；听取激励与引导，内化；参与和听取总结归纳，内化创编的方法与练习经验	锻炼学生"或独或合"观、听、思、议、享、编、练、展、评"三类跳"创编与练习和积累个性化经验的能力；锻炼自主监控练习情况、及时加以调整与改进的能力；培养学生在跳绳创编过程中积极思考、自觉参与自主练习的良好习惯；培养学生之间互帮互评、互励、共同进步和关注细节、集中注意力的能力；培养学生遵守游戏规则、加强对创编学练情况及时进行过程和结果监控、注意分析反思和加以改进的自主管理意识
3	五、师生合作小结全课所学，培养学生的课尾集中小结意识，以及回顾所学内容、方式方法和总结归纳个性化体会与经验的能力	1. 播放音乐引导学生完成放松练习； 2. 引导学生围绕学习主题，对课前与课中所学内容、方式方法个性化体会与经验、落实举措的意义价值等进行梳理总结交流； 3. 听取教师小结、寄语	1. 独立听，积极参与放松练习；小组代表进行交流； 2. 独立听、忆、思、理，参与全班交流，归纳所学内容、方式方法、体会与经验。 3. 独立听、思，内化	培养学生课尾进行集中小结的意识；锻炼合作回顾所学内容、方式方法个性化体会与经验，进行梳理、总结归纳和交流的能力；促进课尾注意集中梳理总结良好习惯的养成
课后	六、隔堂微对分：学生课后一周围绕"三类跳"和创编跳进行独立练习，分析自拍录像和进行反思改进，一周后的课中参与全班展示、交流、互评、听取师评和参与师生合作归纳	1. 借助多媒体、课后练习单和口头说明，布置课后一周开展"三类跳"和创编跳练习、自拍练习录像、进行分析、加以改进，一周后的课中将组织练习情况、体会与经验	1. 独立观、听、阅、思，课后一周独立开展"三类跳"和创编跳练习、自拍练习录像、进行分析、自主加以改进，做好展示交流准备； 2. 配合教师说明情	培养学生在课后一周坚持独立、及时练，巩固新学"三类跳"和创编跳的技能与健体的良好习惯；培养学生自主管理健体践行与改进行动的素质；

续　表

时间分配（分）	教学环节	教师活动	学生活动	课题研究
课后	"三类跳"、创编跳的坚持练习方法、体会与经验，内化自主健体能力和坚持练习、监控、分析、交流、改进的自主管理能力和意识	的展示、交流、评价的任务； 2. 借助微信群、钉钉等，了解学生自练情况，做随机激励与引导； 3. 在一周后的课中组织全班学生展示课后一周的练习成果，教师注意观看，给予及时激励与引导（5分钟）； 4. 对展示的学生进行评价，并引导学生主动参与互评；注意倾听并做随机激励与引导（2分钟）； 5. 师生共同总结归纳"三类跳"、创编跳和坚持练、评、改方法、体会与经验（3分钟）	况，独立听、思，内化； 3. 积极参与成果展示，独立看、思，听取激励与引导并内化； 4. 独立听、思，参与和听取互评，内化； 5. 参与梳理、总结归纳，独立听、思、记，内化	培养学生参与全班展示自练成果、进行互评、与教师合作梳理、总结归纳坚持"三类跳"和创编跳的方法、体会与经验的能力； 增强同伴间主动交流和评价的意识

四、实效与反思

（一）实效

1. 学生"双自"健体素养方面

（1）自主学习素养方面

从执教者对学生课前预习任务反馈、课中的观察、与学生的交流和家长的沟通及一周后的成果展评等可知，学生自主健体的意识、能力、习惯得到了较为明显的提升。主要体现在以下三个方面：一是从学生在课前通过独立查找"三类跳"方法的视频资料、小组合作观看与分析资料后进行练习、推荐参加课中展示等课前预习反馈的情况来看，学生"或独或合"完成这些任务的能力得到了有效的锻炼，激发了课中继续学练"三类跳"方法并进行自练的兴趣，增强了自主预习的意识。二是学生在课始的课前预习反馈阶段，再次锻炼了自练能力，并听取了教师的随机激励与引导，提升了学练好"三类跳"的兴趣和自信。三是课中，通过听教师精讲和示范、独立练习、参与小组讨论、交流、再次尝试"三类跳"练习、小组合作进行创编设想与练习的过程，大部分学生掌握了单人跳的交互跳、并腿跳的跳绳方法,少部分学生掌握了"8"字跳和齐心协力跳绳的方法,个别学生自主创编出花式跳的跳绳方法。从课中的表现来看,他们能根据自己的实际情况,调整学习策略,选择适合自己的学习方法,提高了自主学习的能力。四是学生课后一周通过坚持练习"三类跳"、创编跳绳、自拍练习情况、进行分析、独立改进练习的过程,有效锻炼了在家借助跳绳进行自主健体的能力和坚持自练、加强监控和调整改进的能力;初步养成了坚持自主健体的良好习惯。

（2）自主管理素养方面

从学生的自我评价、其他学科任课老师的评价可知,学生自主管理的意识、能力、习惯得到了较为明显的提升。主要表现在以下三个方面:一是学生在课前能够独立主动完成寻找"三类跳"方法的视频资料、参加小组合作观赏和尝试选择相关跳绳方法进行合作练习,自觉做好参与课中小组交流的准备。二是课中实践过程中,学生能主动完成老师布置的任务,不再需要老师的反复强调和督促,增强了自主管理的意识和能力。在课中,学生能够"独合结合"在听授、独练、讨论、交流、练习、展示、创编练、评价、总结等多个环节,集中注意力自觉完成任务,在合作过程中会合理地分配任务,提高了自主管理的能力和意识。三是在课后,学生一方面能够坚持练习好"三类跳"、创编跳;一方面能注意同步拍摄练习录像,练后及时进行分析、反思,及时总结自己的不足之处,主动加以改进和再评估,取得了自我监督能力和坚持练、评、改自主管理良好习惯养成的双丰收;另一方面,学生参与下次课中展示课后自练成果、参与互评和小结归纳、听取互评和教师小结归纳,从中获取有效信息,主动改进日常健体的良好习惯初步养成。

2. 学生体育核心素养方面

根据教师在课堂上对学生进行测试及学生的课堂展示可知:一是学生在学练跳短绳与长绳的过程中,既掌握了"三类跳"和创编跳的基本运动技能,也锻炼了体能,运动能力得到有效提高;二是在学习过程中,初步养成了学生良好的体育锻炼意识与习惯;三是在合作学习跳绳的过程中,学生发扬了不怕困难、坚持到底和团队合作的精神。

3. 教师素养方面

（1）课例研究素养

一是确定课例研究的主题、分析"三情"(学情、课标和教材)、确定课题研究内容(学生"双自"健体素养培养内容意识、能力和良好习惯"三素养")、设计落实举措("四式五法")、阐明设计总体思路、定位教学目标、精心安排教学过程、课中观察、课后说课与收集"三程"实效证据、撰写课例成果、逐步加以完善的学科课例研究能力有了显著提升;二是能独立搜索、挖掘、研究相关本校和外校的研究课实践案例,进行分析比较,选择适合的进行参考;三是形成了理论指导实践,课例文字表述素养有了显著提高,课例的撰写由平铺直叙变得有深度、有厚度。

（2）其他专业素养

一是研读了关于"对分课堂"、新课标、课例撰写等理论著作和实践案例,促进了自身专业理论素养的发展;二是通过不断反复磨课、反思改进的过程,促进了自身学科教学设计、实施、总结、反思和改进等专业技能的发展;三是在课例撰写的过程中,与学生、同事、专家经常开展深层次交流和研讨,为教研活动、教研成果的总结积累了一定的经验,提高了自身团队合作和交流的能力。

4. 学校方面

一是运用对分课堂促进了学校体育教学方式方法的改进,启发了教师日常如何促进学生坚持开展"双自"健体行动;二是丰富了学校区级课题体育类课例研究的成果。

(二) 反思

一是课例研究的主题和框架体系需要事先加强有意识的设计;二是对对分课堂的理论和实施模式需要进一步加强钻研和结合课例研究贴切地加以设计与实施;三是在合作总结归纳阶段,学生内化学习内容、方法和归纳小结的能力须进一步加强。

五、意义揭示

本课教学实践取得了较为明显的课堂教学效果,主要意义如下:

(一) 符合"对分课堂"的教学模式

本课采用张学新教授的课堂微对分(两次)和一周后(时间上略有变通)课中隔堂对分的对分课堂形式开展教学,在微对分时间的分配上根据教学内容的实际需要略微进行了调整,将对分课堂的时间提升了1~3倍不等。这样做,更好地激发了学生的"三程""或独或合"学练"三类跳"、创编跳的兴趣;有效地锻炼了"双自"健体的相应能力;初步养成了"双自"健体的良好习惯;有机落实了课标"健康第一"的理念,提升了学生体育核心"四素养"。

可见,"对分课堂"的教学模式结合"双自"要求的贴切运用,可以带来学生"三程"健体类学习更好的实效,有效提升"双自"健体素养和有机提升体育核心素养。

(二) 符合课标"健康第一"的精神

坚持"健康第一",促进学生快乐成长,新课改精神要求培养学生终身体育锻炼的精神,只有快乐学习、自主学习才能激发学生的学习兴趣,养成良好的锻炼习惯。本课以"双自"教育下的"对分课堂"之微对分的方式,"三程"开展教学,由课前让学生运用多媒体自主寻找"三类跳"方法的视频资料、合作观赏与练习开始,课中反馈、听授"三类跳"的基本方法与独练、讨论、交流,听授"三类跳"的创编方法、讨论、交流设想和合作创编练习,课后一周和一周后的课中,坚持"三类跳"与创编跳的练、展、评,始终围绕由了解方法、意义价值入手,到学会、练熟"三类跳"的基本方法,再到合作学习创编跳方法、课内外自主探索、练熟"三类跳"和创编跳的方法,并作为日常健体的行为开展设计、实践、评价,强化学生的健体意识、培育健体兴趣和行动,符合"健康第一"的精神。学生对于这样的模式比较感兴趣,能自愿参与练习,既收获了坚持学练取得成功的喜悦,也锻炼了自身的身体素质。

可见,以"健康第一"的思想为指导,基于"双自"教育的要求,"三程"结合、"独合结合"、以"对分课堂"为基本模式整合其他"三式五法",可以更好地落实促进"双自"健体课的目标和"健康第一"的思想。在今后的体育教学实践中,笔者可以继续加强探索,促进学生更好地坚持日常健体,促进把"健康第一"思想落到实处。

参考文献

［1］中华人民共和国教育部.义务教育体育与健康课程标准(2011年版)［M］.北京:北京师范大学出版社,2012.

［2］张学新.对分课堂:大学课堂教学改革的新探索［J］.复旦教育论坛,2014(5):2-3.

［3］刘社琴,尤双从."对分课堂"在高校体育教学中应用情况分析［J］.当代体育科技,2020(24):144-146.

［4］刘如,吴本连,周建新.论体育教学的"对分课堂"模式［J］.湖北体育科技,2019,38(9):832-835.

［5］周瑜.初三学生体育中考项目理想成绩和健体兴趣:在"独合结合"多元时间体验式学习中提升［M］//杨龙,曹明,杨蕾.基于独立学习与合作学习相结合的教与学方式研究案例选.上海:同济大学出版社,2022:154-161.

第五篇

主题式案例

学生文言文虚词用法素养是这样提升的

——以学生空中课堂当堂对分和学生自主探索课内与课外若干篇文言文中"之""其"虚词意义和用法实践与分析为例

蔡晓燕(上海市蔡路中学)

一、背　　景

(一) 疫情影响下的课堂

2020 年 2 月,由于新冠病毒所引发的肺炎疫情,各学校延迟开学。在"停课不停学"的号召下,全国各地开展了空中课堂的教学,帮助学生在疫情防控期间也能正常开展学习活动。上海市教委宣布,自 2020 年 3 月 2 日起,全市中小学生全面开启"空中课堂"教学,上千名市教委组织的特级教师、正高级教师和骨干教师通过媒体,以"直播＋点播"的双渠道,为全市中小学生提供大量的优质课程。因此,以"空中课堂"为契机,以融汇全市教师智慧的"录播课"为蓝本,"对分课堂"获得了在教学、学习活动中大量实践的机会。对分课堂教学模式是由普林斯顿大学博士、复旦大学心理学教授张学新首先提出并发起的。对分课堂分为三个教学环节:第一环节是教师讲解(Presentation)。第二环节是学生自学,消化吸收及做作业(Assimilation)。第三环节是学生讨论(Discussion)。也可以简称为 PAD 课堂。对分课堂分为当堂对分和隔堂对分两种形式。当堂对分指的是教师讲解和学生讨论在同一堂课中完成,教师讲解和学生讨论之间要留有学生自学内化的时间,适用于比较简单、好理解的知识。隔堂对分指的是这节课讲的内容下节课讨论,自学内化及做作业在课后进行,适用于较难的知识。此外,张学新教授对当堂对分的作业提出了建议:"当堂对分比较特殊,所有环节均在课上完成,在时间不多的情况下,布置的作业可以相对简单,称为'微作业'。"

(二) 课标对文言虚词学习的要求

教育部所编《义务教育语文课程标准(2011 年版)》提出了九条课程目标,其中第四、五条主要对应语言运用。第五条中有这样的表述:能借助工具书阅读浅易文言文。在上海市教委教材教育委员会编写的《上海市初中语文学科教学基本要求》中,对古诗文阅读方面也有以下要求:能理解常用文言虚词的意思和作用,初中阶段须掌握的虚词有"之""其""于""而""以""何"等。在文言文中,虚词使用的频率是很高的,因此,熟悉把握虚词的各种用法,对于读懂文言文是至关重要的。

(三) 学生文言虚词用法素养存在不足

初中阶段,各种不同的虚词分散在各篇课文当中,教师通常进行随文讲解,缺乏系统性。同时,相较于实词的意义更为具象这一特点,虚词的用法和含义则更为抽象,对低年级学段的学生来说,掌握其用法有一定的难度。综上所述,学生文言阅读素养中,对虚词用法的把握还存在不足。

鉴于上情,笔者在参加本校"基于'双自'教育的对分课堂实践研究"区级课题实践研究时,在 2020 年 4 月 18 日上午第一节课,在任教的预备(1)班的课中与课后"两程"中,开展"当堂对分"和"隔堂对分",学生有独立、有合作,通过完成线上独立观、听"空中课堂",教师精讲,学生观、议、享、评结合,体悟课文中"之""其"的用法;听取教师概括,把握"之""其"在课文中的用法;独立判断课外拓展的文言文两篇中"之""其"的用法,扩大和系统把握"之""其"用法的效果,从而有机提升学生课内外自主学习"之""其"虚词用法的兴趣、知识、能力和主动学习及使用的习惯。

二、过　　程

(一) 对分活动 1: 学生线上独立观、听"空中课堂"《学弈》录播课,借助"ClassIn"议、享、评结合,初步了解"之""其"在文中的意思,锻炼学生从素材中提取相关信息和交流讨论的能力(24 分钟)

片段 1: 学生聆听空中课堂教师精讲《学弈》全课→观、议、享、评结合→听取任课教师线上归纳。

1. 学生明确独立观、听"空中课堂"《学弈》录播课的要求(课前 1 分钟)

教师通过 ClassIn 发布听课要求:学生打开摄像头,边听空中课堂,边记录关于"之""其"两字的意思,准备参与后续课堂讨论。

学生独立观、听,做好观、听录播课的准备。

2. 听取"空中课堂"教师精讲(20 分钟)

"空中课堂"教师讲授《学弈》文学常识、字音字形、字词释义、文章大意、表达的观点等内容。

学生边观、听,边做记录,内化。

3. 学生讨论、交流"之""其"两字在文中的意思(3 分钟)

生 1:"通国之善弈者也"中的"之",解释为"的"。

生 2:"其一人专心致志"中的"其",解释为"其中"。"为是其智弗若与?"中的"其"解释为"他的"。

生 3:"思援弓缴而射之"中的"之",解释为"它,指大雁"。

生4："虽与之俱学"中的"之",解释为"他,指专心致志的那个人"。

生5："惟弈秋之为听"中的"之",该怎么解释呀? 好像没有听空中课堂的老师讲到。"

生6："我也没有听到。"

生7："可能本来这个字就不用翻译。"

生8："我同意7楼同学的观点。"

生9:这样看来,虚词的意义是多种多样的呀!

……

4. 听取教师小结(1分钟)

师:同学们讨论得很热烈。的确,在文言文中,同一个词在不同的句子或者文章中的意义可能是不一样的,虚词的意义具有多样性的特点。就像"之"在本文中涉及五种不同的意思,除了同学们讲到的四种之外,还有一种正如第7位同学所说,是无意义的;"其"在本文中出现了两次,解释为"其中""他的"。

学生独立观、听,内化。

实效简析:通过教师对上述实施过程中对学生讨论情况的观察表明:学生对《学弈》一课的文学常识、字音字形、字词释义、文章大意、表达的观点等有了整体性的了解,对其中虚词"之""其"的意义有了初步了解,通过讨论与教师小结,进一步把握了《学弈》一课中虚词"之"的五种意义和"其"的两种意义;学生根据任课教师的课前任务,能从空中课堂教师的讲授内容中,较准确地提取相关信息,锻炼了学生从素材中提取关键信息的能力;学生通过互相讨论,交换观点,锻炼了讨论、梳理与交流"之"字不同意义的能力;学生通过独立听取教师小结,了解了"之"字虚词意义多样性的特点,激发了学生对文言文虚词学习的兴趣。

本环节加深了学生对《学弈》中虚词"之""其"意义的把握,但还未涉及用法,在下一环节中,将强化这一方面的学习。

(二) 对分活动2: 学生聆听"微课"精讲"之""其"在文中的用法,了解虚词的探究步骤,并借助工具书,完成课堂"微作业",扩大理解"之""其"的意义和用法(8分钟)

片段2:学生聆听"微课"中"之""其"在文中的用法及探究步骤→借助工具书完成"微作业"单→讨论、交流学习成果和听取教师归纳虚词的意义与用法。

1. 教师借助 ClassIn 播放"微课",精讲《学弈》中"之"的三种和"其"的两种用法,提出虚词意义和用法的探究步骤:首先,借助工具书查阅文言字词在词典中的义项;其次,确定虚词所充当的句子成分,明确词性;再次,联系上下文,选择恰当的义项,确保句意通顺(简称文言虚词意义与用法探究"三步")。学生独立边观、听,边记录(2分钟)

2. 学生探究两篇课外文言文(《李广射虎》和《两小儿辩日》)中"之""其"的意义和用法,独立翻阅《古代汉语词典》,查找加点字在词典中的义项,并按照虚词用法意义探究"三步",填写上述题目中"之""其"的意义和用法(3分钟)

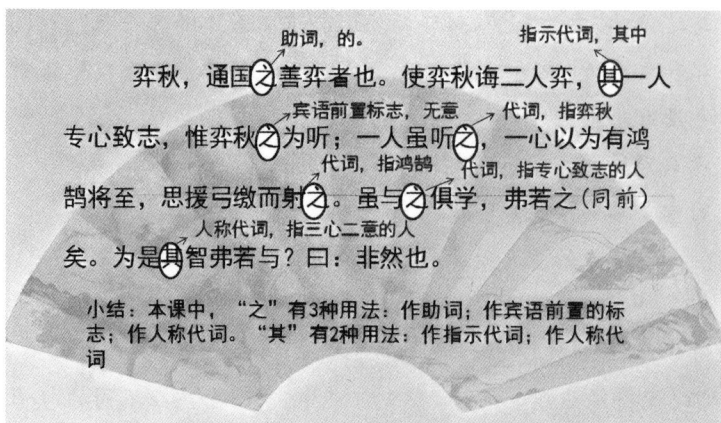

**图1　关于"双自"教育"对分课堂"《学弈》一文中
文言虚词"之""其"两字的意义和用法**

师：请同学们借助古汉语词典，写出下列加点字的意义和用法。

（1）广出猎，见草中石，以为虎而射之《李广射虎》（　　　　）（　　　　）

（2）孔子东游，见两小儿辩斗，问其故《两小儿辩日》（　　　　）（　　　　）

3. 学生讨论与分享（2分钟）

生1：我认为第一题中"之"应当解释为"去"。

生2：古汉语词典中没有"去"这个义项，"射"是一个动词，"之"应当作名词，解释为"去"句子不通顺。依我之见，"之"为"射"的宾语，指代的是前文所说的"虎"。

生3：这个"之"的确应该视作代词，但联系前文，指代的应是"草中石"吧。

生4：我同意他的说法。

生5：我认为第二题的"其"应当作代词用，解释为"他们，指代小儿。"

4. 听取教师归纳（1分钟）

师：我们在确定一个文言虚词的意义和用法的时候，首先要借助工具书查阅相关义项，切不可想当然；其次，借助工具书查阅字词意义的时候，一定要注意从多个义项中选择正确的一个。比如，我们要向第二位同学学习，先要从词性上做考量，明确虚词"之"在本句中充当动词"射"的宾语，是名词性质；也要向第三位同学学习，确定词性后，还要结合具体语境，联系上下文，确保句意通顺连贯，符合文义。

实效简析：本环节，学生通过聆听教师精讲，并初步尝试，通过独立完成学习单"微作业"，借助工具书解决了课外学材《李广射虎》与《两小儿辩日》例句中"之""其"两字的意义和用法问题，学生通过讨论与互评、积极探讨、互相交流各自的探究结果，自主得出了正确答案，把握了《学弈》中"之"的三种用法（作助词、作宾语前置的标志和作代词）和"其"的两种用法（作指示代词、作人称代词），同时了解了探究文言虚词意义和用法的探究"三步"，通过听取教师归纳小结和结合前述过程，再次强化了探究文言虚词意义和用法的"三步"；学生独立思考能力和实践能力得到了初步锻炼，培养了使用工具书的良好习惯和迁移运用的能力,加强了合作交流能力;提高了这样学习的兴趣和成就感。

(三) 对分活动3:学生通过聆听"微课",了解倒装句的变形,进一步把握虚词的用法,关注形式背后的内容,由表及里,进一步把握作者所借以表达的情感态度与价值观(7分钟)

片段3:学生聆听"微课"精讲倒装句的还原→学生独立完成"微作业"→学生讨论交流和师生归纳总结,把握作者传递的价值观。

1. 教师借助 ClassIn 播放"微课",精讲倒装句的还原步骤:首先,确定虚词的意义和用法(上文已表);其次,删去句中无意义的字词;最后,调整句子语序,使之符合现代汉语的表达习惯(1分钟)

2. 学生独立完成课堂"微作业"(2分钟)

学生根据表1,独立完成课中学习单的"微作业"。

表1　课堂微作业

类型	句子	句型	表达效果
原句	惟弈秋之为听	②	③
还原句	①	一般句式	

3. 师生讨论(3分钟)

生1:借助工具书,我查到了"之"可能为宾语前置的标志,"惟弈秋之为听"中的"听"是动词,"弈秋"应当是"听"的宾语,宾语提前了,所以这句中的"之"是宾语前置的标志,构成了倒装结构,若还原为一般句式,应将宾语置于动词后,去掉"之"字,得出"惟听弈秋"的结论。所以第①空应该填入"惟听弈秋"。

生2:第②空填入倒装句。

师:朗读并比较两句句子,思考哪一句语气更强烈? 强调的对象是什么?

生3:宾语前置句语气更强烈。强调的对象是"弈秋"。

师:作者为何要强调"弈秋"?

生4:弈秋是他们的老师,突出那个人只听弈秋的话,他很专心!

师:试着把原句和还原句放入原文中去读一读,体会一下不同的效果。

学生朗读。

师:本文孟子借两个人向弈秋学习的不同表现导致的不同学习效果,来向读者揭示做任何事都应该专心致志,而不应三心二意的道理。"惟弈秋之为听"则是专心致志的学习者的具体表现,由"之"字构成的倒装句能突出所听对象——弈秋的唯一性,强调学弈之人的专心程度。这与其写作意图——阐明做事要专心致志的道理,是一脉相承的。

4. 师生归纳(1分钟)

师:通过三个环节的学习,你能归纳总结一下对于文言文中虚词的学习,需要注意什么?

生5：要注意使用工具书。

生6：要注意联系上下文。

生7：要注意特殊句式，关注其表达效果和对文章主旨的作用。

师：同学们总结得都对！请大家及时记录"三注意"，做好积累。

实效简析： 学生认真聆听"微课"精讲倒装句的还原步骤，认真地做好记录；在"微作业"环节，学生翻阅字词典，独立思考完成作业；在讨论交流环节，学生投入地朗读比较倒装句和还原句的不同表达效果，纷纷交流想法，体会特殊句式在主旨表达方面的作用；在归纳总结环节，学生积极抢答，合作梳理了对于文言虚词的"三注意"：一是要学会使用工具书，二是要学会联系上下文，三是要注意特殊句式，关注其效果对表达文章主旨的作用。通过本环节学习，学生了解了虚词的意义和用法（上文已表）；发展了独立思考能力、文学鉴赏能力与审美比较能力，提升了学生间的互相讨论与交流能力；提高了对文言虚词学习成功的成就感和学习兴趣。

（四）对分活动4：学生课后查看作业，完成作业单，下次课始参与全班交流，培养学生及时巩固新知和迁移运用的能力，提高学生文言学习的兴趣和自信心

片段4： 教师借助 ClassIn 布置作业（1分钟）→学生课后独立完成微作业并上传→下节课学生合作反馈。

1. 教师布置作业

教师借助多媒体出示课后作业。

表2 课后作业

原句/出处	还原句	加点字意义和用法	表达效果
① 孔子云："何陋之有？"/《陋室铭》			
② 甚矣，汝之不惠！/《愚公移山》			

附：

陋 室 铭
刘禹锡（唐）

山不在①高，有仙则名②。水不在深，有龙则灵③。斯④是陋室⑤，惟吾德馨⑥。苔痕上阶绿，草色入帘青。谈笑有鸿儒⑦，往来无白丁⑧。可以调素琴⑨，阅金经⑩。无丝竹⑪之乱耳，无案牍⑫之劳形。南阳诸葛庐，西蜀子云亭⑬。<u>孔子云：何陋之有？</u>

①在：在于。②名：出名。③灵：神奇。④斯：这。⑤陋室：简陋的屋子。⑥馨：散布很远的香气，这里指品德高尚。⑦鸿儒：大儒，指博学的人。⑧白丁：平民，这里指没学问的人。⑨调（tiáo）素

琴：弹奏不加装饰的琴。⑩ 金经：佛经。⑪ 丝竹：琴瑟、箫管等乐器的总称，"丝"指弦乐器，"竹"指管乐器。这里指奏乐的声音。⑫ 案牍(dú)：(官府的)公文，文书。⑬ 南阳诸葛庐，西蜀子云亭：南阳有诸葛亮的草庐，西蜀有扬子云的亭子。这两句是说，诸葛庐和子云亭都很简陋，因为居住的人很有名，所以受到人们的景仰。诸葛亮，字孔明，三国时蜀汉丞相，著名的政治家和军事家，出仕前曾隐居南阳卧龙岗中。扬雄，字子云，西汉时文学家，蜀郡成都人。庐：简陋的小屋子。

主旨参考：作者借赞美陋室抒写自己志行高洁，安贫乐道，不与世俗同流合污的意趣。

愚公移山
《列子》

太行、王屋二山，方七百里，高万仞，本在冀州之南，河阳之北。

北山愚公者，年且九十，面山而居。惩①山北之塞，出入之迂②也，聚室而谋③曰："吾与汝毕力平险④，指通豫南⑤，达于汉阴⑥，可乎？"杂然相许⑦。其妻献疑⑧曰："以君之力，曾⑨不能损⑩魁父⑪之丘，如太行、王屋何？且焉⑫置土石？"杂曰："投诸渤海之尾，隐土之北。"遂率子孙荷⑬担者三夫，叩石垦壤，箕畚⑭运于渤海之尾。邻人京城氏之孀妻有遗男，始龀⑮，跳往助之。寒暑易节，始一反焉。

河曲智叟笑而止之曰："甚矣，汝之不惠！以残年余力，曾不能毁山之一毛，其⑯如土石何？"北山愚公长息曰："汝心之固，固不可彻，曾不若孀妻弱子。虽我之死⑰，有子存焉；子又生孙，孙又生子；子又有子，子又有孙；子子孙孙无穷匮也，而山不加增，何苦而不平？"河曲智叟亡以应⑱。

操蛇之神⑲闻之，惧其不已也，告之于帝。帝感其诚，命夸娥氏二子负二山，一厝朔东，一厝雍南。自此，冀之南，汉之阴，无陇断⑳焉。

① 惩(chéng)：戒，这里是"苦于、为……所苦"的意思。② 迂(yū)：曲折、绕远。③ 聚室而谋：集合全家来商量。室，家。④ 毕力平险：尽全力铲除险峻的大山。⑤ 指通豫南：一直通向豫州的南部。指，直。豫州，古地名，在今河南省黄河以南。⑥ 汉阴：汉，就是汉水；阴，山的北面或水的南面叫阴。⑦ 杂然相许：纷纷表示赞成。杂然，纷纷的样子。许，赞同。⑧ 献疑：提出疑问。⑨ 曾(céng)：副词，加强否定语气，可译为"连……也……"，常与"不"连用。⑩ 损：削减。⑪ 魁父：古代一座小山的名称，在现今河南省开封县陈留镇境内。魁(kuí)。⑫ 焉：疑问代词，哪里。⑬ 荷(hè)：扛的意思。⑭ 箕畚(jī běn)：簸箕，一种用竹片或柳条编成的器具。这里是用箕畚装土石的意思。⑮ 龀(chèn)：儿童换牙齿，乳齿脱落后重新长长恒齿。这里始龀表示年龄，约七八岁。龀，换牙。⑯ 其：在"如……何"前面加强反问语气。⑰ 虽我之死：即使我死了。虽，即使。之，用在主谓之间，无实意。⑱ 亡(wú)以应：没有话来回答。亡，通"无"。⑲ 操蛇之神：神话中的山神，手里拿着蛇，所以叫操蛇之神。操，持。⑳ 陇断：即垄断，山冈高地。

主旨参考：愚公的坚持不懈与智叟的胆小怯懦对比，表现了中国古代劳动人民的信心和毅力，说明了要克服困难就必须坚持不懈的道理。

2. 学生课后完成作业

参照对分活动1、2、3，学生使用工具书，结合文言虚词探究"三步"，明确加点字的意义和用法，再结合倒装句的还原步骤，将句子还原为一般语句，体会对主旨不同的表达效果。

3. 下节课合作反馈

学生积极举手,通过多媒体展示自己的作业单,并与班级其他同学和老师分享交流作业成果,讲述完成作业的整个思考过程与操作方法。

师:请同学们交流反馈作业单的情况。

生1:仿照上节课的"微作业"之"惟弈秋之为听",我认为第①句中"之"是宾语前置的标志,因此这也是一句倒装句,所以我调整了它的语序,删去无意的"之"字,第一空填入"孔子云:有何陋?"第二空填入"宾语前置的标志,无意义。"第三空我没有填出来。

生2:我同意上面同学的观点,至于第三空,我认为倒装句打破了原先句子的一般语序,目的是突出"何陋",强调"陋室不陋",连孔子都不觉得简陋,作者借孔子的话,进一步深化了中心。

生3:第②句可还原为"汝不惠,甚矣!""之"是倒装句的标志,无实义,所以在调整语序时,要把它去掉。

生4:我认为此处的"之"不是倒装句的标志,它处了主谓语之间,应当起了"取消句子独立性"的作用,不译。此外,在还原时,还要调整语序,删去无意义的字词,填入"汝甚不惠!"

生5:我同意上面同学的观点。

……

师:的确,"之"在这里是取消句子独立性的,虽然这句倒装句不是由"之"字构成的,我们仍可以体会这句倒装句的表达效果。

生6:这句倒装句强调了智叟对愚公强烈的嘲讽,更凸显出智叟目光短浅、自以为是的人物形象。

师:说得不错。这也进一步与愚公的志向远大、踏实勤恳形成了鲜明的对比。

实效简析: 本环节,根据作业单的提交情况来看,大部分同学能及时、独立完成作业,个别同学有留空现象,教师批改后打回,要求其填写完整后再次上交批改,作业的完成度高;下节课始互相交流,学生积极举手,说出自己的思考过程与答案;巩固了探究文言虚词意义、用法的步骤和方法,巩固了特殊句式的还原方法,体会到了特殊句式对文章主旨表达效果的作用;同时,也培养了学生迁移运用探究文言虚词意义、用法的步骤与方法的能力。

三、效　果

(一) 学生方面

1. 文言虚词学习的兴趣方面

根据教师对学生日常文言文学习的观察、个别了解和部分家长的沟通可知:学生做课内外文言文练习时,常常会自发地使用工具书解决文言生字词;碰到疑难问题时,也会在线组群合作讨论,主动请教老师和同学;部分学生在家也会主动阅读课外文言文,进行一定的自主练习;很多同学转变了想法,对于文言文学习不再畏惧,反而充满了热情和期待,产生了积极性和主动性。

2. 文言虚词学习的知识方面

学生的文言虚词知识得到了系统性的巩固与一定程度上的拓展。一是巩固了课内"之""其"的意义和"之"的三种(即作助词、作宾语前置的标志和作代词)、"其"的两种用法(作指示代词、作人称代词);二是掌握了文言虚词用法和意义探究的一般步骤("三步")及课外拓展材料中文言虚词"之""其"的用法和意义;三是了解了特殊句式——由虚词"之"构成的倒装句的还原方法,体会了特殊句式对文章主旨的表达效果。

3. 文言虚词学习的能力方面

根据教师对学生的课堂表现观察和作业反馈可知:学生借助工具书去查阅相关词汇进行思考,得出自己的答案,解决虚词问题的能力得到了提升;学生将自己的作业上传并且互相评论点赞,发表自己的看法,提出意见,讨论分享,合作交流的能力得到了提升;学生独立思考并使用文言虚词探究"三步",判断文言虚词"之""其"的意义和用法的准确性和运用的能力得到了提升;学生使用倒装句的还原方法,准确还原倒装句,体会不同的表达效果,进一步了解了虚词的用法和意义,因而在考试中此类题目的得分率得到了进一步提高;学生通过对教材内虚词"之""其"的用法和意义的学习,迁移到课外学材中虚词"之""其"意义和用法的探索中,迁移运用能力得到了提升。

4. 文言虚词学习的良好行为习惯

一是聆听空中课堂和微课时,学生能够做到认真聆听并做好记录,供讨论使用;二是在课堂练习中,学生有了借助工具书解决文言词汇问题的意识;三是在讨论分享环节,学生能够独立思考,分享观点,相互评论,适时纠错;四是参与过程性与课尾集中归纳,提高了学生日常语文学习中注意进行多元归纳的自觉性,日常也能够注意自觉地积累文言词汇。

(二) 教师方面

一是通过经历课题之主题式案例成果总结的过程,提升了综合素质;二是促进了教学反思,强化了反思意识;三是启示了笔者在以后的语文教学中,需要加强探索,守正创新,并注意多积累一些过程性探索资料;四是需要及时梳理、总结实践经验,加强成果总结的行为落实。

四、意　义

《学弈》一课的探索实践,取得了良好效果,主要意义有以下两点。

(一) 符合"对分课堂"理论

片段 1 至片段 3 都按照"教师精讲—学生完成作业—全班讨论—教师归纳"环节展

开。其中片段1的教师精讲时间较长,片段2与片段3则属于微对分。教师精讲"之""其"在文中的意义和用法、由"之"字构成的倒装句的还原方法,以及结合"之""其"在文中的用法,介绍文言作品赏析的可用方法之一:关注特殊句式—了解句意—分析特殊句式蕴含的情感态度—把握写作意图。在学生完成作业和讨论环节,学生开展"有独有合"的学习活动,独立完成作业,并分享虚词"之""其"的意义,自主梳理、提炼空中课堂老师精讲的"之""其"在文中的意义;分析课外两句句子中"之""其"的用法和意义,借助工具书,找到恰当的义项;关注"之""其"所构成的特殊句式,分析其特殊的表达效果对文章主旨所起的作用。在教师归纳环节,师生合作,对对分活动的成果进行归纳。

可见,本课课堂教学继承了"对分课堂"理论,并在此基础上进行了适当变通,将教师讲解环节置换为"空中课堂"内容,灵活运用了教学资源;在教学内容的选择上,由课内篇目拓展到课外篇目;在张学新教授"对分课堂"理论的基础上,加入了师生合作归纳的环节,有所创新,既有继承,又有迁移运用,达成了以下效果:学生能够系统性地把握课文中"之""其"的意义和用法,了解如何借助工具书正确判断文言字词的意义和用法,把握关注特殊句式探究思想内涵的品析习惯及"独合结合"的能力和迁移课堂知识的学习方法;通过挖掘语言形式与作者意图的内在联系,提升了学生文言文的学习兴趣,提高了成就感;学生的多项文言文学习能力得到了提升。由此可见,结合空中课堂精讲资源的"当堂对分"活动,既适应了特定的条件背景,也有益于学生更系统、全面地把握虚词"之""其"的用法和意义,并提升了相应的能力。

(二) 发挥了"六性"的独特价值

本课使用"当堂对分"模式在引导学生"独合结合"进行对虚词"之""其"意义和用法探究学习活动方面的以下"六性"独特价值:

1. 注重"三程"文言虚词"有独有合"学习的主体性(具体内容略)

2. 注重"三程"文言虚词"有独有合"学习的方法性

本课教师主要运用了以下"七法"来引导学生有效学习。一是笔记法。二是探究"三步"程序法。三是关注特殊句式法。四是归纳法。五是练习法。六是比较法。七是合作讨论与交流法(具体运用事实和实效略)。

可见,教师注重学习方法的指导,避免了文言文虚词意义和用法的片面灌输,启发了教学的系统性、高效性,提升了学生把握虚词意义和用法的可操作性。今后,笔者在教学中应当更注重对学生语文学习方式方法的引导,加强训练与运用,切实提高学生的学习方式方法、实效和兴趣。

3. 注重"三程"文言虚词"有独有合"学习的监控性(具体内容略)

4. 注重课中与课后文言虚词"有独有合"学习的审美性

一是审美比较。在片段3中,学生独自聆听"微课"精讲倒装句的还原法,独立完成课堂"微作业";然后,比较倒装句和还原句的不同表达效果,学习逐步深入,从语用进阶到审美。二是主旨探究。在片段 4 中,学生独立利用本课知识完成课外文言文习题,解决文言特殊句式的作用、感悟中心思想。在这个过程中,学生结合自己的学习经验,理解欣赏并能初步鉴赏课内外文言作品,并丰富了自己的情感体验。

可见,本课的教学环节设计由表及里,从语用知识深入到审美比较和主旨探索,符合教育规律,也是课堂语文味的体现。

5. 注重课中与课后文言虚词"有独有合"学习的育人性

从片段 3 可知,通过课中对《学弈》的主旨探索,学生明白了"做任何事都要专心致志,不能三心二意"这个道理;教师在日常学习中对学生的观察可知:学生常常能主动向老师询问课外文言文的疑难问题,提高了文言文学习和鉴赏的自觉性;能主动对不同的文言文进行对比鉴赏,加强了审美比较能力;在课中与课后"两程"学习中,学生通过讨论、归纳与交流活动,加强了合作精神。

可见,在文言虚词的学习中,学生能够内化"做任何事都要专心致志,不能三心二意"的道理于日常学习,提高了文言文学习的自觉性,能够注意进行审美比较,能够加强文言文学习中讨论、归纳与交流等。这说明了在文言文虚词的学习中,同样可以关注育人性,有机渗透育人价值。

6. 注重"三程"文言虚词"有独有合"学习的实效性(具体内容略)

参考文献

[1] 中华人民共和国教育部.义务教育语文课程标准(2011 年版)[M].北京:北京师范大学出版集团,2012.

[2] 上海市教育委员会教学研究室.上海市初中语文学科教学基本要求[M].上海:上海教育出版社,2017.

[3] 张学新.对分课堂:中国教育的新智慧[M].北京:科学出版社,2016.

[4] 孙绍振.古典散文解读全编[M].上海:上海教育出版社,2021.

[5] 詹丹.统编语文教材与文本解读[M].上海:上海教育出版社,2021.

[6] 肖培东.语文教学艺术镜头(初中卷)[M].上海:上海教育出版社,2019.

[7] 张振宇.问题转化式学习素养:在"独合结合"学习中逐步提升[M]//杨龙,曹明,杨蕾.基于独立学习与合作学习相结合的教学方式研究案例选.上海:同济大学出版社,2022:63 – 69.

[8] 周瑜.初三学生体育中考项目理想成绩和健体兴趣:在"独合结合"多元实践体验式学习中提升[M]//杨龙,曹明,杨蕾.基于独立学习与合作学习相结合的教学方式研究案例选.上海:同济大学出版社,2022:154 – 161.

学生"双自"阅读素养：在语文阅读教学"三类对分"实施中得以逐步提升

李　微（上海市蔡路中学）

一、背　　景

所谓"双自"，是指学生自主学习和自主管理。"'双自'教育"，是指对学生的"自主学习、自主管理"意识、能力和良好习惯"三素养"加以培育养成的过程。

"对分课堂"（PAD class）是 2014 年国内学者张学新教授首次提出的本土化教学模式，近几年在各层次学校、各门类学科都得到了逐步推广应用。对分课堂的核心理念是把一半课堂时间分配给教师进行讲授，另一半课堂时间分配给学生以讨论形式进行交互式学习。对分课堂的关键创新点在于把讲授和讨论错开，让学生在中间有一定时间自主安排学习，进行个性化吸收和内化。对分课堂在时间上分为三个分离的过程，分别为讲授、内化和吸收、讨论。这三个过程，可以在一堂课中完成，称为当堂对分。内化和吸收也可以安排在课后，下一堂课再进行讨论，称为隔堂对分。对分课堂的三个过程可以更细致地分为五个环节，分别为讲授、独立学习、独立做作业、小组讨论和全班交流。

对分课堂的讨论与交流形式让学生更自主地投入学习活动中，小组合作提升学生的自我管理能力。对分课堂的理念与形式非常契合我校倡导的"双自"教育。

2020 年 3 月起，受新冠肺炎疫情影响，上海市中小学开展在线教育（"空中课堂"教学）。结合我校实际情况，在线教学采用"观课＋讨论"形式。前 20 分钟左右，学生独立观看上海市教委统一录制的课程，后 15 分钟左右通过 APP 与原班老师保持互动，即科任教师和所任教学生进行网络个性化互动。为了提高学生的学习效率，笔者在线上教学时尝试使用对分课堂形式。2022 年 9 月，笔者在线下课堂中继续尝试使用对分课堂形式。本文中的"三类对分"即线上教学中的当堂对分、线上教学中的隔堂对分，以及线下教学中的当堂对分。

基于上述情况，笔者在参加本校区级课题"基于'双自'教育的对分课堂实践研究"时，在相关课文中嵌入三类对分，引导学生开展相应教材课文的"有独有合"阅读，在提高完成相应阅读任务速度和质量的同时，有机提升学生自主阅读教材课文的知识、能力和良好行为习惯，提升学生的自主管理能力和良好管理习惯。

二、实　　践

（一）空中课堂新授课中的当堂对分

2020年4月,笔者任教初一年级,当时学生居家学习。学生通过学习市空中课堂《最苦与最乐》第一课时视频,梳理课文1～3段作者是如何把道理讲清楚的;随后,教师提炼阅读这篇文章的要点与方法,并提出学习任务:运用阅读1～3段中"最苦"部分学习到的阅读方法,独立阅读"最乐"部分,梳理课文第四段的行文思路;再由学生独立阅读与练习思考,把答案私信给教师;完成后,在小组群里组织讨论交流;最后,在班级大群里交流分享。学生通过听教师讲授、独立学习与练习内化、参与小组讨论和全班分享交流的过程(当堂对分的五个环节),初步了解了议论文的阅读方法,锻炼了梳理文本内部逻辑关系的能力,加强了自主学习和自我管理的意识与能力,激发了阅读议论文的兴趣。

片段1:《最苦与最乐》一课中的当堂对分。

1. 空中课堂教师精讲

教师要求学生学习市空中课堂《最苦与最乐》第一课时视频,做好笔记。

学生观看空中课堂课文简介,认真听讲课文1～3段的论证思路。

学生独立听讲、思考、做笔记。

2. 教师提炼思考路径和阅读方法

教师提出本篇文章阅读的思考路径:作者认为"最苦"的是什么?"最乐"的是什么?为什么作者这样认为?作者是怎么把道理说清楚的?阅读议论性文字梳理思路的方法:要关注句与句、段与段之间的关系,在段落中划分层次,关注代词的指代,通过补关联词来明确层次之间的关系。

学生独立听讲、思考,内化。

3. 完成"有独有合"的学习任务

教师运用阅读1～3段中"最苦"部分学习到的阅读方法来阅读"最乐"部分,梳理课文第四段的行文思路。

学生独立思考,完成学习任务后把答案以私信形式发给教师。

教师在各个小组群里指导,随机激励与引导。

学生与小组成员在小群里讨论,形成一份小组答案。

教师在班级大群里组织小组间的交流。

学生阅读其他小组的答案,比较、反思本组和自己的答案。

教师点评与鼓励,撷录部分成果如下:

一位学生自己独立思考后提交的答案是:作者告诉我们尽完责任,自然会很快乐。在小组讨论时,该小组的学生认为:这位同学没有扣住教师所提的要求,也没有认真阅读。经过小组讨论和同伴的相互提醒、帮助，以小组形式提交的答案是：第四段，第一句以设问开头，引发读者思考，而后回答"责任尽完最乐"。承接上文尽责任是最苦的，引出"责任尽完了"是人生第一乐事。第三句引用一句俗话"心上的一块石头落了地"来向人们通俗易懂地解释是尽完责任的快乐，与第二句构成因果关系。第四句进一步解释了乐的程度，引出下一句人生须知道负责任的苦处，才知道有尽责任的乐处，从而解释了苦与乐。第5～10句以苦衬乐，让人明白了苦与乐的关系：从苦中得来的乐才是最乐。最后一句运用了引用论证，即引用了孔子的话来进一步证明尽责的快乐，从而点明中心论点。这一段可分为四层意思：1～2句，解释何为最乐；3～4句，解释乐的程度；5～10句，解释苦与乐的关系；第11句，点明论点。

　　本节课的前半部分，学生独立观看市空中课堂教师的精讲，并由教师提炼思考路径和阅读方法，提出学习任务；后半部分，学生在线上独立思考、阅读梳理（类似练习）、参与小组合作讨论和全班交流，了解了议论文的阅读方法，锻炼了"有独有合"阅读议论文、梳理议论文内部逻辑关系、掌握阅读议论文的思考路径和阅读方法的能力；促进了阅读议论文时自主梳理文本内部逻辑关系的习惯养成，提高了阅读议论文的兴趣和线上学习的效率；有机锻炼了在线上学习中的自主管理能力。

（二）线上教学复习课中的隔堂对分

　　2020年4月，笔者在批改任教的初一年级学生作业中，发现他们对《阿长与〈山海经〉》和《老王》两篇第三单元的课文理解不深入。针对这个问题，笔者以两篇文章中的虚词为切入口，帮助学生理解两篇文章的内涵。学生学习虚词的基本知识，以《阿长与〈山海经〉》里的片段分析，感知虚词对情感表达的作用。教师布置学习任务，借助虚词分析鲁迅对阿长的情感，以及杨绛对老王的情感。学生独立思考后，将答案私信给教师，在下一节课中分小组对思考任务进行讨论。小组讨论结束后，教师在班级里抽学生回答。通过这一隔堂对分的复习课，帮助学生学会理解、分析文本主要内容，体味和推敲重要词句在语言环境中的意义和作用，对课文的内容和表达有自己的心得，能提出自己的看法，并能与他人合作，共同探讨、分析、解决疑难问题。

　　片段2："虚词中的情感"一课中的隔堂对分。

第一节语文课

教师讲解什么是虚词，以及虚词对情感表达如何起作用。

学生独立听讲、思考、内化，完成以下"虚词"学习单：

1. 用一句话概括，什么是虚词？

_____

2. 汉语的虚词包括_____、_____、_____、_____、叹词和象声词六类。

3. 表程度的虚词有_____、_____、_____等。

4.表范围的虚词有_____、_____等。

5.表时间频率的虚词有_____、_____、_____等。

6.表肯定、否定或猜测的虚词有_____、_____、_____等。

7.表语气的虚词有_____、_____等。

教师示范解析虚词。

【文段一】长妈妈,已经说过,是一个一向带领着我的女工,说得阔气一点,就是我的保姆。我的母亲和许多别的人都这样称呼她,似乎略带些客气的意思。只有祖母叫她阿长。我平时叫她"阿妈",连"长"字也不带;但到憎恶她的时候——例如:知道了谋死我那隐鼠的却是她的时候,就叫她阿长。

【解析】

"似乎"表示猜测,意思是好像、仿佛是,但实际却不是。说明对既是"女工"又是"保姆"的阿长表面上是客气,实际上却是轻视。

"略"字意思是一点点,也就是说对阿长连一点点的表面上的客气其实都没有。"我"甚至有时还会"就"直接叫她阿长,表现了我对阿长的不屑之情。

学生独立听讲、思考、内化。

教师使用同样的方法,引领学生分析【文段二】"睡觉摆大字"。

学生迅速找出关键虚词:"又""仍然""还"。

教师仅分析"又"字,请学生尝试分析另外两个虚词,得出这件事背后鲁迅对阿长的情感。

学生独立思考,将分析内容私信给教师。

教师选取几位同学的分析做点评。

教师在学生懂得方法后,布置学习任务:

1.结合"逼我吃福橘""限制我行动""讲长毛故事""给我买《山海经》"四件事,选一件事,借助关键虚词分析鲁迅对阿长的情感。

2.《老王》中:"有一年夏天,老王给我们楼下人家送冰,愿意给我们家带送,车费减半。我们当然不要他减半收费。"这一句中"当然"一词,传递出什么信息?

学生独立思考,课后将答案私信给教师。

第二节语文课

教师组织学生就上节课的两个学习任务进行讨论。在各个小组群里指导,随机激励。

学生与小组成员在小群里讨论,形成一份小组答案。

教师在班级大群里组织小组间的交流。

学生阅读其他小组的答案,比较、反思自己的答案。

教师点评与鼓励。

这一隔堂对分的实施,帮助学生掌握了有关虚词的基本知识,促进学生利用虚词更深入地读出了作者所表达的情感,提高了学生文本细读的能力;隔堂对分的形式,还使学生有了更多时间进行独立阅读、思考内化,促进学生在第二天的课中,能够更主动地参与小组讨论和全班交流,培养学生的自主阅读、探索虚词用法和所表达情感的能力和兴趣;有机锻炼了学生课中认真听记、课后带着任务独立阅读、思考、自觉做好第二天课中小组讨论、全班交流准备的意识,锻炼了学生的自主管理能力。

(三) 线下教学课堂中的对分

2022年9月,在执教新一届初一年级学生《秋天的怀念》第二课时中,笔者精讲细节描写,学生勾画细节描写的句子,教师指导学生说出细节描写的表达效果;再由学生独立完成作业单中的三项任务(独立赏析文中的细节描写、根据全文内容补充细节描写和填写学习反思);然后,四人一小组讨论任务完成情况;最后,参与全班交流、师生答疑问难和听取教师总结。这一节课中,锻炼了学生听讲、独立内化、参与小组讨论和全班交流、听取教师归纳;注意发现和纠正了学生完成三项任务中的错误;引导了学生体味和推敲重要词句在语言环境中的意义和作用;有机培养了学生线上学习中听讲、阅读、思考、交流的自主管理能力。

片段3:《秋天的怀念》新授课中的对分。

一、精讲留白

教师出示学习目标:会勾画并赏析细节描写的句子(词语),体会字里行间所蕴含的深情;会运用细节描写完成小练笔。

教师精讲内容。1. 细节描写:就是把抽象的情感用具体详细的语言、动作、神态、心理、外貌、景物等表现出来。2. 请学生根据细节描写的定义勾画出文中细节描写的句子。

学生听讲、理解,在文中勾画相关句子。

教师示范赏析句子。

例句一:

"双腿瘫痪后,我的脾气变得暴怒无常。望着望着天上北归的雁阵,我会突然把面前的玻璃砸碎;听着听着李谷一甜美的歌声,我会猛地把手边的东西摔向四周的墙壁。……我狠命地捶打这两条可恨的腿……"

情感:暴怒无常。

具体动作:砸、摔、捶打(动作的细节描写)。

作用:生动形象。

赏析:运用动作的细节描写,生动形象地写出了"我"双腿瘫痪后的状态,表现了"我"的暴怒无常,以及对生活的绝望。

例句二：

母亲就悄悄地躲出去,在我看不见的地方偷偷地听着我的动静。当一切恢复沉寂,她又悄悄地进来,眼边儿红红的,看着我。

赏析：运用动作、神态的细节描写,生动形象地写出了母亲在"我"暴怒无常时的理解、容忍(让儿子发泄痛苦),同时又担忧、揪心(怕儿子有什么过激行为),表现了母亲对儿子细腻深沉宽厚的爱,表达了我对母亲深深的怀念之情。

学生交流分享勾画的句子,讨论句子好在哪里。

教师整理答题基本格式为：运用……的细节描写(法),形象生动地写出了……(事),表现了……(人),表达了……(情)。

二、独学内化

学生独立完成课中学习任务单。

任务一：下面两个句子,看似平静的叙述,实则蕴含着感人的力量。请从细节描写的角度进行赏析(任选一句)。

1. 母亲扑过来抓住我的手,忍住哭声说："咱娘儿俩在一块儿,好好儿活,好好儿活……"

2. 母亲进来了,挡在窗前："北海的菊花开了,我推着你去看看吧。"她憔悴的脸上现出央求般的神色。

任务二：根据句子意思,结合全文内容,进行细节描写,不少于50字(任选一句)。

1. 后来妹妹告诉我,她常常肝疼得整宿整宿翻来覆去地睡不了觉。

2. 对于"跑"和"踩"一类的字眼儿。她比我还敏感。她又悄悄地出去了。

任务三：

我的学习反思	
亮闪闪： 通过本节课学习,我感受最深、收获最大的是什么	
考考你： 出一道细节描写赏析的习题(从课文中找句子)	
帮帮我： 我有如下的问题或困惑,请帮帮我	

三、小组讨论

学生四人一组围绕任务单讨论。

教师巡视各小组,答疑问难;做随机激励与引导。

四、全班交流

教师随机抽3~4个小组,每组再随机抽一个学生,分享小组刚才讨论的精华,或提出尚未解决的问题:无论是个人的还是小组的问题,是之前的问题还是刚想到的问题,都可以提出来。

学生自由发言,提出问题。

教师对问题给予解答。做简单总结,把学生遗漏的、需要深化的内容提升地讲一下,结束整个过程。

通过上述四个环节,学生知道了如何阅读、勾画并赏析细节描写的句子(词语),能体会字里行间作者所蕴含的深情,提高了有意识地关注细节描写的能力,掌握了细节描写对于表情达意的作用;能独立运用细节描写的"四步"基本格式,完成50字的细节描写表达相关情感的小练笔;能根据课中学习单表格的引导,完成三项"或独或合"练习内化任务("亮闪闪"的独立撰写本课学习中自己感受最深、收获最大之处;"考考你"的从课文中找句子,出一道细节描写赏析的习题;"帮帮我"的我有如下的问题或困惑,请帮帮我),进一步锻炼了学生自主学习赏析、讨论与交流细节描写和尝试按基本格式分析细节描写表达情感的能力;迁移阅读中所学到写作中,提高了学生对于阅读和写作的兴趣;培养了学生听、读、议、享、写结合,提高对文本细节描写赏析的良好习惯;提高了学习中集中注意力、加强自我监控的能力。

三、成   效

(一) 学生方面

1. 学生自主学习兴趣方面

一是从教师的现场观察、感受可知:全体学生课堂学习专注度大大提高。经过了数月的线上教学,学生的新鲜感已经没有,如果在课堂上只听教师讲解,很容易走神,对分课堂要求学生在教师的带领下,围绕教学内容,认真听授,然后独立学习与练习内化,继而参与组内讨论和全班交流,最后听取教师或师生合作梳理归纳,能够全身心积极参与不同文本类型的听、观、读、圈画、思考、解答、记录、交流的过程,保持学习的专注度,提高听、说、读、写的实效和成就感,进而促进学习兴趣的保持。二是从大部分学生的反馈可知:课中和课后学习任务单,能引导他们主动开展课中和课后的学习,帮助自己梳理所学,学得更有成就感,尤其是其中的"学习反思",帮助他们分享了所学内容、方式方法、学习体会与个性化的经验,收获良多,也就增加了大家的学习兴趣。

2. 学生自主学习意识方面

一是线上学习时运用对分课堂形式,学生课堂参与率大大提高。在第一次的线上对分课堂里,教师看到有的学生没有认真听教师布置的任务,经小组其他成员提醒后才明白需要分析的段落,囿于空间的阻隔,如果没有对分课堂的讨论,这名学生可能一直游离在课堂之外。也有学生在教室里从不发言,但这次作为组长组织大家线上讨论非常成功,积极向小组成员分享自己的观点。二是教师的讲解、示范为学生主动开展独立内化阅读与练习、参与小组讨论和全班交流奠定了方法基础。这样,学生学到的阅读方法技巧,就能够主动运用于阅读实践中,在运用中又促成了学生阅读方法技巧的理解和内化,参学的主动性就能够保持。三是小组讨论的设计,强化了学生主动精读文本的意识。因为,这要求学生必须主动阅读文本、细读文本后,才能与同学交流时有话可说;经过小组讨论后,学生的答案变得更周全、更完善了。尤其在线上对分中,从原来大部分学生都是被动地听讲,转为自主地理解和吸收,保证了在小组讨论时的有效输出,各自主动阅读、圈画、思考、勾连、批注学习的意识被有效地调动起来。四是创意阅读和读写转换强化了部分学生的自主学习意识,即部分学生能够有意识地进行读写转换,有意识地在写作中运用阅读中学到的技巧,保持了自主学习的强烈兴趣。

3. 学生自主学习能力方面

一是有效地锻炼了学生自主(含独立和合作,下同)阅读与分析议论文的能力。初一年级学生通过当堂对分下的初次精心学习议论文,知道了阅读议论文的基本方法,即"四步"要领:要明确句与句、段与段之间的关系;在段落中划分层次;关注指示代词;通过补充关联词进一步理解层次间的关系。教师通过课堂观察学生对课文的分析来看,小组讨论后,大部分小组能有理有据地对文章分层,能阐释层次间的关系。二是提高了学生自主阅读散文的能力。之前,学生阅读散文普遍存在粗疏的情况,多关注文章情节故事,缺乏对文字间细微情感的体会。学生通过听取教师讲解虚词的概念,并以学过的文章中多个虚词举例,分析虚词背后传达出的并未明说的内涵,通过"举三反一"的独立练习、内化、小组讨论和全班交流,多数学生理解了虚词背后作者所表达的情感,从而深入了对文章主旨的把握。如,《老王》复习课中,教师在之前的作业中发现大部分学生并未理解作者的情感。学生经过对分课堂下的认真听授、独立阅读与练习、参与小组讨论与全班交流、听取教师归纳后,再独立完成的作业,绝大多数显示他们读懂了"当然"不仅写出了作者的善意,还暗示了作者与老王之间的主顾关系,"当然"将双方对彼此关系错位的认识表现出来,学生真正理解了"当然"一词的内涵。三是提高了自主阅读与分析散文、规范答题的能力。在《秋天的怀念》第二课时中,教师通过两个例句,示范分析了细节描写与表达情感间的关系,并提炼出分析细节描写的基本格式,这为学生的阅读、分析与写作中细节描写的思路提供了支架。后续,教师巡视学生完成选择一句细节描写进行分析的任务时,发现大部分学生理解正确、思路清晰。在之后的课外现代文阅读练习中,学生分析细节描写的作用这一题型的得分率,普遍有所提高,说明学生内化了这一技能。四是提高了学生独立写作的能力。学生在学会分析细节描写的作用后,能够独立仿照原文内容,对人物描写补充细节描写。个别学生在之后的作文中,能有意识地运用细节描写增加表现力。五是提高了独立学习的能力。对分课堂特别注重教师讲授的清晰透彻,在阅读教学中,笔者也格外注重"举三反一",讲解深入明了;再加上课中与课后学习单、系列问题、随机激励与引导,都为学生的独立学习提供了良好的条件,学生独立学习不会茫然无措;而且,对分课堂为每位学生的独立学习创造了更多的机会,有效地锻炼了学生独立完成相应练习任务的能力。六是提高了合作学习的能力。在三次对分课堂实践中都可以发现,学生在小组讨论时,能相互补充、完善各自的答案。在线上学习时,学生间能互相提醒,使得大家的注意力集中在学习任务的完成上。在线下学习时,教师观察到个别性格腼腆、从来不敢问老师问题的学生,却在小组讨论中能够勇于提出问题,得到其他成员的解答,也能够参与解答同学提出的问题。

4. 学生阅读课中的自主管理素养方面

一是提高了学生自我反思、自我监控、自我改进等元认知能力。如,在《秋天的怀念》一课中,任务单上的最后一个任务是完成"亮考帮"("亮闪闪":通过本节课的学习,我感受最深、收获最大的是什么?"考考你":出一道描写赏析的习题。"帮帮我":我有如下的问题或困难,请帮帮我)。此学习任务单的设计源自张学新教授的对分课堂著作。通过这样的任务设计,帮助学生梳理和判断自己在本堂课上的学科知识、技能的收获(优势)与困难(不足),进行反思,找到需要改进之处,切实加以改进;对于不足之处,在与同学互助的交流中得到解答。给小组内其他成员出道题目的形式,能促进出题学生把所学内容融会贯通,从被动地答题到主动地出题,提升了学生在课堂中的投入度。这些举措,都较好地锻炼了学生的元认知能力。二是提高了学生和谐合作、管理能力。在对分课堂教学的小组合作学习过程中,学生分工明确,通过阅读思考认真完成了属于自己的任务,为随后的讨论交流做好充分的准备,在小组讨论的过程中,每个学生都建言献策、互相帮助、互相借鉴、共享讨论成果,大大提高了其团队协作能力。在三次对分课堂的实践中,小组的分配都是以四人为一小组的。如,在《最苦与最乐》一课中,对刚刚接触议论文的学生来说,梳理文章思路是一个有挑战性的学习任务。对于中等偏下的学生,线上听讲的效率会更低,在他们独立完成的作业中,发现要么只写一句话敷衍了事,要么胡乱分层,说不清分层依据。在他们线上的小组讨论中,组长会再次明确任务要求,组织小组成员轮流发言,相互合作、纠正,得到一份更完善的小组作业。这是第一次线上小组讨论,课堂上教师在各小组聊天群指导组长组织讨论的方法,及时鼓励小组成员,尤其不让能力较弱的学生游离在课堂外。在第二次线上隔堂对分课的小组讨论中,通过各个小组的线上讨论群的发言来看,学生的参与度较上一次有所提高,学生的思维也在交流碰撞中收获成长。

(二) 教师方面

1. 主题式案例成果总结素养方面

笔者在参与学校区级课题"基于'双自'教育的对分课堂实践研究"的主题式案例的实践研究和总结中,提升了自己主题式案例类成果总结的经验。一是能确定案例主题,构建撰写框架;二是能搜集、挖掘案例片段实例与价值,进行案例撰写,归纳案例实效;三是能总结整体实效;四是能定位案例意义观点,阐释意义所在;五是附录有针对性的参考文献。案例经历多次修改,使本成果总结质量不断提高,并具有了一定的特色。

2. 其他素养方面(具体内容略)

四、意　义

(一) 符合对分课堂的理论

三次对分课堂实践符合张学新教授提出的讲授、内化和吸收、讨论三个过程。比如,在线上隔堂对分课中,教师首先精讲关于虚词的类型、作用等知识点,以及示范分析文中虚词的作用,并留给学生课后需要独立完成的两个学习任务,即分析《阿长与〈山海经〉》和《老王》中特定段落里虚词的作用。学生在课后为了独立内化和吸收教师精讲的关于虚词的类型、作用和所分析文中虚词作用的内容,需要重新细读文本,体会虚词在表情达意上的作用。然后,学生再独立精读《阿长与〈山海经〉》和《老王》中的特定段落,探索体悟虚词的类型和作用,并做好下次课中交流的准备。第二天的线上隔堂对分中,学生先在小组讨论中分享课后独立探索《阿长与〈山海经〉》和《老王》中虚词类型和作用的成果,再参与班级交流。这三个过程中,精讲帮助学生掌握了关于虚词的基本类型和表达情感作用的知识,强化了细读文本的意识;课后的内化和吸收,培养了学生独立精读原课文、对照教师精讲与示范分析,深化了对虚词的基本类型、表达情感作用的知识和在文中实际作用的理解;再独立精读两篇课文,锻炼了迁移运用虚词的基本类型和表达情感作用知识的能力,提高了探索虚词类型和用法所表达情感的兴趣;下次课中(隔堂对分)的讨论环节中,再次锻炼了学生参与小组讨论分享和全班交流课后独立精读两篇课文、迁移运用虚词的基本类型和表达情感作用知识的能力,并通过同学间的交流互助、思维碰撞,进一步吸收了他人探索理解的成果;促进了阅读文本时需要关注虚词类型和作用的良好习惯的养成,增进了合作精神。

可见,无论是空中课堂新授课中的当堂对分,还是线上教学复习课中的隔堂对分,或是线下教学课堂中的对分,只要适合学情、课标、教材实际,并基于"双自"教育的其他"三式五法"整合实施,注意改进教师有针对性的精讲,切实保障学生在独立阅读与分析不同文本、独练、小组合作讨论和参与全班交流中的主体地位,就能够有效地提升学生课中与课后的"双自"阅读、分析与写作素养和合作素养。

(二) 彰显了"四性"的独特价值

本探索能够取得较为明显的实效,彰显了讲授与自学、独立与合作、线上线下、当堂与隔堂对分、课内与课外、精讲与示范、多媒体与学习单等整合实施的以下"四性"的独特价值(具体阐释均略)。

1. 加强了学生课堂中阅读的主体性

2. 注重了新授课与复习课学习中的方法性

3. 推进了课中阅读的合作性

4. 保证学生"双自"阅读素养提升的有效性

参考文献

[1] 中华人民共和国教育部.义务教育语文课程标准(2022年版)[M]北京：北京师范大学出版社,2022.

[2] 张学新.对分课堂：中国教育的新智慧[M].北京：科学出版社,2016.

[3] 王荣生.阅读策略与阅读方法[J].中国教育学刊,2020(7)：72-77.

[4] 陈瑞丰.对分课堂：生成性课堂教学模式探索[J].上海教育科研,2016(3)：71-74.

[5] 潘明娟,张向峰."对分课堂"模式中实时课堂与非实时课堂的有机结合[J].黑龙江教育(理论与实践),2020(3)：23-25.

[6] 周瑜.初三学生体育中考项目理想成绩和健体兴趣：在"独合结合"多元实践体验式学习中提升[M]//杨龙,曹明,杨蕾.基于独立学习与合作学习相结合的教学方式研究案例选.上海：同济大学出版社,2022：154-161.

学生"以图七促"素养：在基于"双自" 教育的对分课堂中逐步提升

付　兵(上海市蔡路中学)

一、背　　景

笔者任教的八(2)班学生语文学习能力处于本年级中等位置,曾在任教班级所做的问卷调查显示:有半数以上的学生从不进行课外阅读,少数学生的课外读物是以流行的、娱乐的期刊与杂志为主,大多数学生的课外阅读处于无人管理的状态,鲜有学生涉足经典著作。随着智能手机的普及,学生获取知识更便捷了,但碎片化的阅读往往是停留在字面的浅阅读,很难让学生静下心来按图索骥进行深入阅读,更谈不上进行潜心的思索与感悟。海量的信息也使他们不能够做到准确地筛选信息和提取信息,在梳理文章的思路、分析文章的结构方面也存在困难。

《义务教育语文课程标准(2022 年版)》(简称课标)对"7～9 年级"学段阅读与鉴赏方面的要求为:能做到"在通读课文的基础上,理清思路,理解、分析主要内容,体味和推敲重要词句在语言环境中的意义和作用。对课文的内容和表达有自己的心得,能提出自己的看法并能与他人合作,共同探讨、分析、解决疑难问题"。课标在梳理与探究方面提出,要做到"自主组织文学活动,在办刊、演出、讨论等活动过程中体验合作与成功的喜悦。关心学校、本地区和国内外大事,就共同关注的热点问题搜集资料,调查访问,相互讨论,能用文字、图表、图画、照片等展示学习成果"。

"对分课堂"是张学新教授在《对分课堂:中国教育的新智慧》一书中提出的一种新的课堂教学模式。它的核心是将课堂一半时间分配给教师进行讲授,另一半时间分配给学生进行讨论学习。它强调教师讲授在先,学生学习在后,学生以讨论的形式进行交互式学习。

"以图七促"是指在教学过程中,教师引导学生通过观察、分析后找出语言和图像这两种不同叙述方式之间隐蔽而深刻的内在关联,从而帮助他们更好地理解文本内涵,促进学生提高借助教师精讲与后续三个环节的师生"或独或合"阅读、梳理、借图记录与表达的以图促读、促梳理、促记录、促讨论、促交流、促总结、促运用的能力,强化"以图七促"意识。"以图七促"素养是指在语文教学中,通过基于"双自"(自主学习、自主管理)实施对分课堂的当堂对分、隔堂对分模式,借助语文教材中的多样化插图和教师补充的教材图片来更好地引导学生听取教师精讲、独学、独练、内化、参与小组讨论与精读、参与全班交流与听取教师或师生合作归纳,从而促进学生独立与小组合作、全班合作(简称"独合结合""或独或合")开展积极主动的阅读与表达实践活动,在提高学生完成"或独或合"阅读与表达活动任务的速度、质量并具有一定独特性的同时,拓展学生的阅读知识;促进学生提高借助教师精讲与后续三个环节的师生"或独或合"阅读、梳理、借图记录与表达的以图促读、促梳理、促记录、促讨论、促交流、促总结、促运用的能力和自主管理能力;提高阅读兴趣和"以图七促"意识,促进良好阅读习惯的养成,进而提升学生的语文整体素养。2019年以来,学校正在开展"基于'双自'教育的对分课堂实践研究"区级课题的研究。基于上述学情、课标、对分课堂的理论与实施模式和"以图七促"的优势与目标导向,笔者在参加学校区级课题的实践探索时,拟在任教班级语文教学中,基于"双自"教育,在课堂阅读教学中借助教材内为主、教材外为辅的图片资源,实施对分课堂的当堂对分、隔堂对分模式,在提高学生"或独或合"完成课堂阅读任务的速度、质量和具有一定独特性的同时,有机拓展学生的借助教材内外图片资源进行自主阅读知识,提高"或独或合"阅读、观察、想象、表达、审美等语文自主学习能力和自主监控阅读目标、过程和结果的自主学习管理能力,提高自主阅读兴趣和促进"以图七促"良好习惯的养成,进而提升学生语文整体阅读素养。

二、实　　践

(一)同一篇文章中实施当堂对分——以散文《那个星期天》为例

1. 教材简析

《那个星期天》是中华人民共和国教育部组织编写(简称部编版)的六年级语文教材第二单元的一篇文章,作家史铁生从儿童的角度,记录了母亲答应带"我"出去玩,但由于家务繁忙而一拖再拖,最后没有兑现承诺的事。课文运用了大量的心理活动描写,生动细致地刻画了儿童内心的一系列变化,是学生学习模仿心理活动描写手法的绝佳案例。要先弄清楚在那个星期天"我"的心情到底经历了怎样的变化,才能够理清本文的思路和结构。细读课文,可以发现文中大量运用了母子间的对话、动作、环境等描写,很好地刻画了"我"内心情感的变化过程。

根据上述情况,笔者在六(2)班执教本课时,以课前、课中、课后"三程"整合实施基于独立学习与合作学习相结合(简称"独合结合"或"有独有合")的语文"以图七促"体验式学习等"五式"("有独有合"多元阅读表达式、"以图七促"式、借助信息技术式、任务驱动式、阅读成果合作展评互助式),来增强学生积极听学、"或独或合"阅读、关注图意、自主实践、参与讨论交流和听取教师归纳的意识,培养他们听学、独立阅读、关注图意、独立实践、筛选文本关键信息和理解文本关键信息的能力,锻炼参与小组讨论、班级交流和听取教师归纳的能力,促进良好"三程"结合、"或独或合"阅读教材内外文本、以图促读、梳理阅读成果和参与组内和班级交流、进行互评互助良好习惯的养成作为总体设计思路。

2.学生课前独立阅读,绘图表达阅读成果

请学生在众多长篇幅的文章中,选取自己阅读最为顺畅的文章,在速读和部分精读相结合完成阅读后,根据作者的行文思路,自选图画形式,来分析文章结构,理清作者的行文思路;教师批改学生阅读→绘图作品,挑选一篇以图促读范例做入课件,以备课堂上点评。学生通过完成这一任务驱动式引导任务的过程,能有效地锻炼独立选好文章,进行速读和部分精读,借助思维导图、折线图、表格、关键词＋关系勾连等形式梳理文章思路、分析文章结构的能力;为课中参与散文《那个星期天》梳理文章思路、分析文章结构的实践奠定了方式方法的基础;增进了学生以图促读和多元化表达阅读成果的兴趣。

3.课中当堂对分

即基于"双自"教育在散文《那个星期天》一课的课堂教学中,实施当堂对分、以图促读多元体验式学习等"五式",共分教师精讲、小组讨论、全班交流和教师归纳四个环节开展实践,尝试以引导学生独立阅读和借助多样化的图画形式梳理本文思路、分析文章结构,精读品味母子间的对话、动作、环境等描写语段,体会"我"在盼望出去玩的过程中内心情感的变化,参与小组讨论和全班交流互评互助。这能有效锻炼学生"或独或合"主动有效听讲、阅读、借助图片表达阅读成果、参与组内讨论、组际交流、互评互助的能力;促进课前认真预习、课中主动认真听讲、有效完成"或独或合""以图七促"良好习惯的养成;加强"以图七促"的意识和对学习过程与结果进行及时监控、调整与改进自主管理意识。

(1)课堂精讲:教师借助折线图和关键词,精心分析第1~5自然段中描写的"我"的心情期待和变化(10分钟)。

教师通过对课文精心阅读、筛选、提取的信息,结合具体的语句,采用绘制折线图的方式,即边按序阅读,边进行文本分析,边在坐标系中填写提炼好的关键词进行精讲。

教学片段:教师精讲第1~5自然段,在折线图上动态记入"我"的心情四个阶段。

教师出示原文第2段:"那个星期天母亲答应带我出去,去哪儿已经记不清了,可能是动物园,也可能是别的什么地方。总之她很久之前就答应了,就在那个星期天带我出去玩,这不会错。一个人平生第一次盼一个日子,都不会错。而且就在那天早晨,母亲也还是这样答应的:去,当然去。我想到底是让我盼来了。"

师析:其中的"总之……就……",体现了"我"内心对母亲答应带"我"出去玩这件事是十分笃定的。"这不会错""都不会错"反复强调母亲带"我"出去玩是不容置疑的。"而且""就""也"这三个词集中体现"我"对出去玩满怀期待。根据这些关键词,在折线图上可以填为"期待"(参阅图1的第一阶段)。

教师出示原文第3段:"起床,刷牙,吃饭,那是个春天的早晨,阳光明媚。走吗? 等一会儿,等一会儿再走。我跑出去,站在街门口,等一会儿就等一会儿,我藏在大门后,藏了很久,我知道不会是那么简单的一会儿,我得不出声地多藏一会儿。母亲出来了,可我忘了吓唬她,她手里怎么提着菜篮? 您说了去! 等等,买完菜,买完菜就去。买完菜马上就去吗? 嗯。"

师析:"起床,刷牙,吃饭""我跑出去,站在街门口""藏在大门后",这些动作描写都体现了"我"对要出去玩这件事心情始终是"愉悦"的(参阅图1的第二阶段)。

师析:再细读原文第4段,从中筛选出"跳房子""看云彩""拨弄蚁穴"等词,这一系列动作描写表现了"我"艰难"挨时光"的焦急兴奋。"想象她们的家""想象她们此刻在干什么,想象她们的兄弟姐妹和她们的父母""想象她们的声音"。句中连续出现的四个"想象",表现了"我"在等待母亲出门时内心的无聊和孤独。将这些信息组合起来,可以得出结论,"我"由最初的"愉悦"变为了"耐心等待"(参阅图1的第三阶段)。

师析:第5段,在漫长的等待中,母子对话时,母亲避开话题的推托、"我"的催促和责问,以及"念念叨叨地追"都可以看出,此时,"我"的心情由"耐心等待"变为了"急切"(参阅图1的第四阶段)。

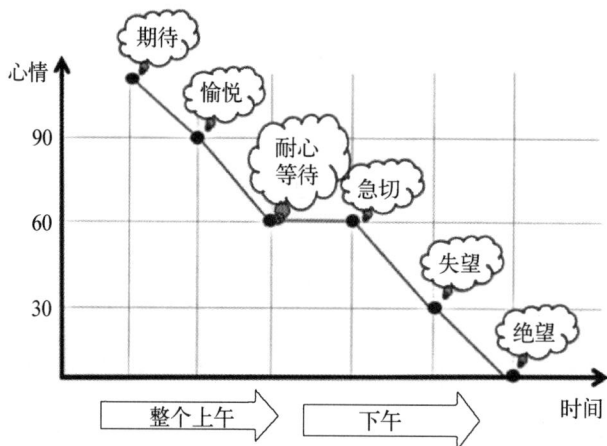

图1　《那个星期天》"我"的心情坐标图(六阶段变化)

实效简析:对分课堂注重多给学生展示方法的指导。教师示范讲解了四个自然段的详细解读,在引导学生充分关注人物动作描写、对话描写的基础上,最终梳理出"我"整个上午心情变化的四个阶段,帮助学生充分理解其表述方法和所表达的情感。在授课过程中,教师借助绘制折线图的方式,尽可能地做到教学内容可视化、思维过程可视化、教学过程对学生学习路径的可视化,使学生感受到了借助图画进行阅读梳理的有序化、简洁化、可视化地表达阅读结果方面的独特价值,强化了以图促读、促梳理、促表达的意识。

(2)学生独学:独立仿读第6、7自然段,梳理和添加图中"我"的心情(10分钟)。

对分课堂不仅要求教师做到精讲,还需要做到适当留白。张学新教授在《对分课堂:中国教育的新智慧》一书中指出:"对分课堂的讲授要学习留白艺术,要留给学生想象的余地,留出主动探索的空间。学生带着任务去'填空',可称为'填空式学习',完成对学习内容的覆盖。"

课堂前半部分的时间,教师示范解读了课文第1~5自然段,并通过绘制折线图的方式呈现了梳理文章思路、分析文章结构的动态过程。剩下的第6、7自然段,则设计为"留白"的内容。让学生自己去读,仿照教师的阅读方法和路径,独立学习、独立完成作业,选择自己在阅读中感受最深、受益最多、收获最大的地方进行总结,并把关键词填到那个星期天下午"我"的情感变化折线图上(参阅图1的第五、六阶段)。

(3)小组讨论(10分钟):借助自己的图,交流"亮考帮"内容。

即学生按混合编组的要求四人为一组,围绕"帮帮我"绘图上表达心情变化的关键词开展小组讨论。学生交流的是第6、7自然段中自己在阅读和绘图过程中感受最深、受益最多、收获最大的地方,这也是学生自己真正读懂的地方(属于亮优势);对觉得别人可能存在困惑的地方,可用问题"考考你"的形式表述出来,用以挑战同伴;对于自己不懂、不会的地方或想了解的内容,用"帮帮我"的形式表述出来,在讨论时向同学求助。总之,就是充分利用对分课堂中"亮考帮"的方式,针对各自的收获、困惑、疑难,互相切磋学习,共同解决问题。

小组讨论时,教师提示大家语气温和、互相关爱,不让个别同学游离于小组之外,让每个人都有表达的机会。教师巡回督促所有学生认真参与,但不要过多地干涉。

(4)全班交流和教师总结:交流与总结文章结构、行文思路,尤其是完善折线图中"我"的心情六阶段变化(10分钟)。

对分课堂的关键创新在于把讲授和讨论错开,让学生在中间有一定的时间自主安排学习,进行个性化的内化吸收。

课堂上,教师抽查组员已经绘制好的折线图,并结合文中的关键词句,分析文章结构,梳理作者的行文思路。个别学生把小组讨论时还搞不懂、不会的地方或想了解的内容,用问题的形式表述出来,在自由提问时求助大家。

全班交流之后,生生合作、师生合作,最终绘制完成折线图。

实效简析:学生经历上述三个环节的过程,借助生生和师生合作绘制折线图,理清了精读的成果。一是文章的结构和作者的行文思路。二是借助折线图,师生合作完整梳理了《那个星期天》一天里"我"心情的变化六阶段:满怀期待—心情愉悦—耐心等待—焦急无奈—失望委屈—感到绝望。三是从中有机锻炼了学生借助教师精讲与后续三个环节的师生"独合结合"进行阅读、梳理、借图记录与表达的以图促读、促梳理、促记录、促讨论、促交流、促总结、促运用的能力和梳理文章结构、行文思路、描写方法之"举三反一"的能力;增进了对借助"以图七促"阅读学习价值的认识和保持了这样参与阅读教学的兴趣。

4.课后应用内化

即学生小组合作完成本组折线图据标互评、提出个人阅读梳理图的修改意见和独自完成修改完善任务,继续提升了学生"以图七促"阅读素养和合作素养(具体内容略)。

(二)同一类文章的当堂对分——以阿西莫夫两篇说明文短文为例

2024年3月12日下午第5节,笔者在初二(2)班执教事理性说明文《恐龙无处不在》时,尝试运用了张学新教授对分课堂的课堂对分实施模式。

1. 教师精讲:字词积累、作者简介、事理说明文阅读的基本方法和品味语言的"理""趣"(12分钟)

即教师借助多媒体资源、学习单、板书、问题、口头说明和随机激励等措施,引导学生独立参与快速解决字词积累和听取介绍作者的文学常识、事理说明文阅读的基本方法及品味语言的"理"与"趣",锻炼学生独立认真阅读教材和教师介绍,细致观赏图片和多媒体呈现的资源,主动听讲、答问、求教,内化作者的文学常识和事理说明文阅读的基本方法,以及品味说明文语言的"理"与"趣"的能力;有机提升学生听讲中集中注意力、边听、边观、边忆、边思、边记的良好自主听讲习惯的养成。

教师借助多媒体、板书和口头说明引出事理说明文《恐龙无处不在》后,按以下三步进行快速精讲。

(1)介绍字词和作者简况。教师口头快速介绍了本课的字词和作者阿西莫夫相关的文学常识。

(2)介绍事理说明文阅读基本步骤。教师在电子白板上出示阅读事理说明文的方法:初读明确说明对象→再读梳理关键信息(筛选关键词句:提示性词语、表明顺序的词语、段落的中心句、设问式语句)→思维导图理清关系→明确语段具体作用→领悟作者所讲道理。

(3)精讲阅读事理说明文的基本步骤。结合课文内容,通过筛选信息、提取信息、结合具体的语句,教师在坐标图中填写提炼的关键词,借助绘制思维导图的方式,进行阅读事理说明文基本步骤和说理方法的精讲。

① 初读课文,明确对象。这篇文章标题是"恐龙无处不在",但文章说的是南极恐龙化石的发现,为支持大陆漂移假说提供了一个强有力的证据。本课的说明对象是板块构造理论(大陆漂移理论)。通过在南极洲发现恐龙化石来证明"板块构造"理论。

② 细读推理,理清思路。在南极发现恐龙化石,而恐龙不适应南极气候。找出恐龙是如何越过大洋到另一个大陆的? 通过反复阅读课文,可以筛选信息和提取关键信息。

③ 提炼要点,绘制思维导图。根据这些关键信息,可以做出分析:是大陆在漂移而不是恐龙在迁移——大陆板块构造理论;"泛大陆"形成时,恐龙在不同地区生活;"泛大陆"分离,每一块大陆都携带着自己的恐龙而去。最终可以得出结论:"恐龙无处不在"是支持大陆漂移学说强有力的证据。教师边分析结论的推导过程,边绘制完成如下思维导图:

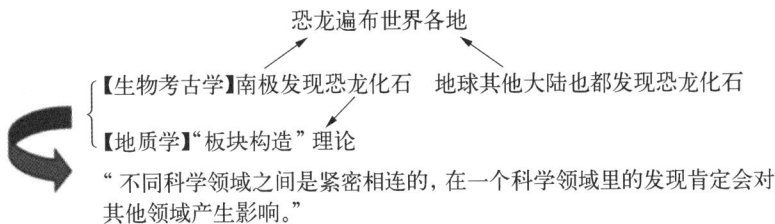

恐龙遍布世界各地

【生物考古学】南极发现恐龙化石   地球其他大陆也都发现恐龙化石

【地质学】"板块构造"理论

"不同科学领域之间是紧密相连的,在一个科学领域里的发现肯定会对
其他领域产生影响。"

图 2 《恐龙无处不在》思维导图

(4)引导品味说明文语言的"理"与"趣"。

阅读说明文,理清逻辑推理思路的同时,还需要注重品味语言的"理"与"趣"。在朗读课文、绘制思维导图时,教师要结合关键词句分析说明文语言的科学性和准确性。

环节一:品语言的准确性、严谨性

例如:"这一问题的答案是:是大陆在漂移而不是恐龙自己在迁移"(《恐龙无处不在》第 6 段)。教师分析:句子中的"迁移"不能换成"漂移"。"漂移"是指在液体表面漂浮移动,"迁移"指离开原地而另换地点。"漂移"是客观描述,而"迁移"则是带有主动性的。如果互换,就不能正确表达文义,不能体现语言的严密性和准确性。

又如:"'板块构造'理论很快为地质界几乎所有的问题提供了答案"(《恐龙无处不在》第 6 段)。教师分析:"几乎",指差不多,说明范围大,但并不是为全部问题都提供了答案。

教师做阅读方法总结:在说明文中,讲究句与句之间的逻辑关系、运用科学准确的数据、恰当使用限制性的词语和表估计猜测的词语、字斟句酌最准确恰当的实词等,都可以达到语言表达科学严谨的效果。

环节二:品语言的生动性、趣味性

例如:"可以这样比喻,板块背上驮着许多大陆,当板块向一个或另一个方向运动时,大陆也随之一起运动"(《恐龙无处不在》第 7 段)。教师分析:"驮"字形象地写出了大陆漂移时的样子,使抽象的理论变得生动、有趣、易懂。

又如:"当大陆相互分离时,每一个大陆都携带着自己的恐龙而去"(《恐龙无处不在》第 12 段)。教师分析:"携带"运用了拟人的修辞手法,生动形象地把抽象的事理说得通俗易懂。

2. 学生独学:独立阅读、梳理说明事理的逻辑顺序和借助思维导图表达(12 分钟)

《被压扁的沙子》通过被压扁的沙子(斯石英)证明恐龙的灭绝原因是撞击。两篇文章都有很清晰的逻辑顺序,重在说明事理,由科学发现→观点产生→科学研究→印证观点。这是一种追本求源,由因到果的逻辑说明顺序。

《恐龙无处不在》说明对象为"地壳在进行缓慢但又不可抗拒的运动"这一理论,或"板块构造"理论。说明角度是通过南极洲恐龙化石的发现来证明"板块构造"理论。《被压扁的沙子》说明对象为"恐龙的灭绝",说明角度是通过"被压扁的沙子"来探讨恐龙灭绝的原因。

教师前半节课通过对《恐龙无处不在》阅读方法的精讲,让学生在中间有一定的时间自主安排学习,进行个性化的内化吸收。后半节课,要求学生阅读《被压扁的沙子》,并绘制思维导图。

小组讨论理清逻辑推理思路的过程,体味这篇文章中语言的"理"与"趣"。

第一步,初读课文,明确对象。这篇文章标题是"被压扁的沙子",但文章说的却是恐龙灭绝的原因。本文的说明对象是造成恐龙灭绝的原因是撞击。通过分析斯石英的出现来证明"火山说"理论。

第二步,细读推理,理清思路。通过反复阅读课文,可以筛选信息和提取关键信息(如图3)。

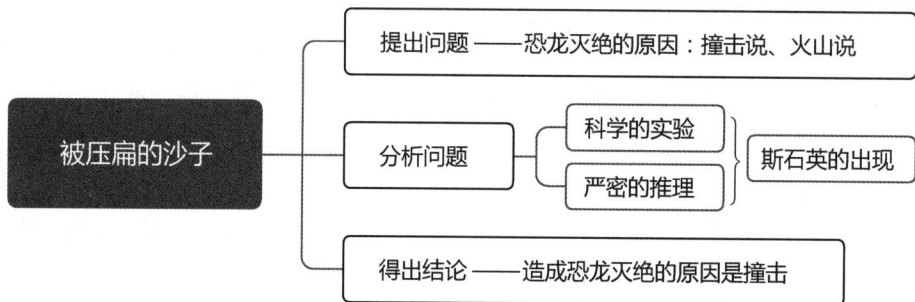

图3　《被压扁的沙子》思维导图

第三步,提炼要点,绘制思维导图。学生迁移运用前半节课的阅读方法,根据课文重要信息,绘制思维导图。小组讨论交流,再按照次序进行教师抽查、自由提问。

3. 小组讨论和全班交流(8分钟)

即小组讨论和班级交流语言的"理"与"趣"。具体如下:

(1)讨论和交流语言的准确性、严谨性。

例如,组1的学生交流分析:"似乎可以肯定地说,斯石英也应该出现在压力极高的地壳深处"(《被压扁的沙子》第13段)。这段文字,作者通过严密的逻辑推理,为读者展示了科普文章的科学严谨之美。

又如,组3的学生提出:"因此,如果在850℃的温度下把斯石英加热30分钟,它将变为普通沙子"(《被压扁的沙子》第10段)。这段文字运用了列数字的说明方法,给人以科学依据充分的印象,准确而具体,令人信服。

(2)讨论和交流语言的生动性、趣味性。

例如,组2的学生针对"万一哪天某个星体要撞击地球,我们也许会知道如何来避免这种撞击"(《被压扁的沙子》第5段)。这段文字分享了看法:括号内的文字是俏皮话,但也并非无稽之谈,星体撞击地球虽然极为罕见,但在地球的历史上确实发生过。作者做这样的假设,意在强调天文学研究的现实意义。

再如,组 4 的学生分析道:"你也可以在真空中对金刚石加热,从而把它恢复到原始碳的状态,但谁愿意这样做呢"(《被压扁的沙子》第 10 段)。这个句子用了反问句式,体现了作者的幽默和思维的活跃。

4. 师生归纳(8 分钟)

学生借助思维导图,总结与分享了学习本课两篇短文的收获。教师借助实物投影仪呈现的图 4 和图 5 是其中两组学生对《被压扁的沙子》一文独立品读、借助思维导图梳理与表达、小组讨论与参与班级交流后改定的"以图七促"成果。

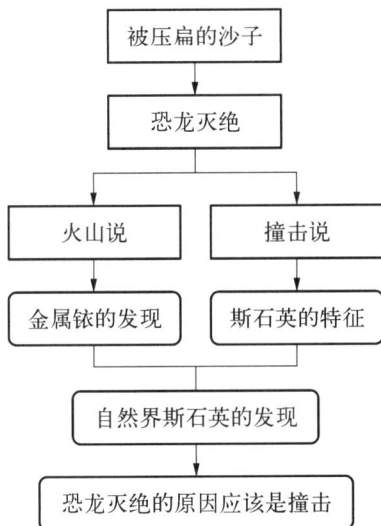

图 4　学生绘制的思维导读 1

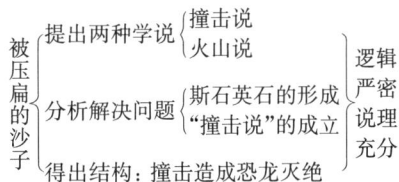

图 5　学生绘制的思维导读 2

教师口头归纳:科学家能从一个科学领域的发现中产生联想,经过怀疑、推测、研究、论证之后又有新的发现。同学们也要从中受到启发,善于多角度地思考问题,培养自己的科学推理、论证与创新能力。

教师借助课后作业学习单、多媒体和口头说明,布置了以下三项作业:① 积累生字词。② 选择 2~3 处你喜欢的句子,并分析语言中体现的"理"与"趣"。③ 恐龙灭绝的原因到底是什么? 除了课文提供的两种假说,还有哪些原因? 请课外独立地从不少于两种信息渠道(如网络和专著)搜集恐龙灭绝的其他原因,借助图片进行整理,写一篇图文并茂的小短文来阐述自己的认识;下次课前先在组内交流,然后再参与班级交流和互评(第 1、2 题必做;第 3 题选做)。

实效简析:通过上述当堂对分的四个环节,一是有效地锻炼了学生独立认真阅读教材和细致观赏图片和多媒体呈现的资源、主动听讲、答问、求教,内化事理说明文阅读的基本方法(五步)和品味语言的"理"与"趣"等说明文的能力,促进了学生听讲中集中注意力、边听、边观、边忆、边思、边记良好自主听讲习惯的养成。二是锻炼了学生独立阅读课文、梳理说明事理的逻辑顺序和借助思维导图加以表达的能力。三是借助思维导图参与小组讨论和班级交流语言的"理"（语言的准确性、严谨性）与"趣"（语言的生动性、趣味性），并总结与分享了学习本课两篇短文的收获。四是学生从科学家能从一个科学领域的发现中产生联想，经过怀疑、推测、研究、论证之后有新的发现的过程得到启发：要善于多角度思考问题，提出怀疑、进行推测、研究、加以论证，最终得出科学的结论。五是学生进一步体验到了基于"双自"教育实施对分课堂借助"以图七促"在提升自身独立听授、独学独练、参与小组讨论与全班交流、进行课尾集中小结、课后反思完善图式总结、应用"以图七促"技巧梳理概括、表达、参与讨论和交流互评方面的独特价值，提高了学用的自觉性。

三、实效与反思

（一）学生"双自""以图七促"素养方面

1. 学生对"以图七促"更加关注

一是学生对"以图七促"的关注度有所提升。通过调查问卷，发现学生对"以图七促"的关注度由实践前的 0.06％ 提升为实践后的 93.61％，关注度大幅度提升。

二是对"以图七促"理解深入。学生在读懂文本、绘制图像的基础上，关注表达方式，关注作者的情感变化，并且加入自己的思考，经常尝试应用，关注效果。

三是对"以图七促"文章的系统性理解力有所提升。通过问卷调查发现，对"以图七促"文章的系统性不理解的学生由实践前的 51.34％ 降为实践后的 24.76％。对"以图七促"文章的系统性理解较好的学生由实践前的 25.19％ 提升为实践后的 59.56％。对"以图七促"文章的系统性深入理解的学生由实践前的 12.13％ 提升为实践后的 12.68％。

2. 学生的"双自"素养有了显著提高

一是在长期的训练之后，学生的阅读能力提升显著。不喜欢阅读的学生由 31.04％ 降为 2.01％。98.24％ 的学生掌握了阅读方法。13.59％ 的学生可以自觉在课外阅读经典文学名著。4.13％ 的学生在阅读时会反复细读文章，主动绘制思维导图、折线图等，养成了认真做阅读笔记的习惯。

二是观察能力有所提升。学生不仅语言表达能力有所提升，对图像的细枝末节也都能够关注，文字表达更是进步快速。34.67％ 的学生能够仔细观察图像，65.49％ 的学生能注意到图像的细枝末节。

三是想象能力得到部分提升。35.13％ 的学生在文字表达和语言表达中体现出想象能力得到了提升。

四是表达能力有了进步。学生语言表达力和文字表达力提升很快，大部分学生作文的语言表达都有了不同程度的进步。参加市、区级各类作文竞赛获奖的比例由原来的 5% 提升到 18.76%。

3. 学生的语文整体素养有了一定的提升

一是学生的审美鉴赏与创造有了不同程度的提升。审美鉴赏与创造是指学生在语文活动中体验、欣赏、评价、表现和创造美的能力及品质，是语文核心素养的重要组成部分。学生通过"以图七促"阅读鉴赏优秀作品，激发审美想象、感受思想魅力，形成自觉的审美意识和审美能力，养成高雅的审美情趣和高尚的品位。

二是学生对语文的学习兴趣日渐提升。以前的语文课只是单纯分析文本，学生兴趣不大，依文绘图，以图读文，学生兴味盎然，对文章的理解也更加深入了。

三是学生的学习成绩有了明显提高，对其他学科的兴趣也提升了。学生为了查找资料会主动翻阅相关书籍，这是以前所没有的，学生更热爱历史、美术等学科，也夯实了基础知识。

（二）教师方面

传统课堂，教师的讲授事无巨细，全面覆盖，教师的阅读讲解替代了学生鲜活的语言实践，耗时久，收效低。而运用绘图法，教师避免了一味埋头苦干，教师的角色从知识的灌输者转变为学生学习的引导者。"对分课堂·以图促读"或当堂对分，或隔堂对分，提高了课堂实效，增强了一类文章的文本解读能力。教师本人的专业素养得以提升。具体表现在以下三个方面：

1. 教学理念更愿以提升学生"双自"素养为目标尝试多元教与学的模式

一是在提升学生自主学习能力方面。教师通过引入绘图法，鼓励学生参与到知识的构建过程中来。绘图不仅是一种视觉化的学习工具，更促使学生主动思考并尝试用自己的方式将其转化为图形或图表，这一过程极大地锻炼了学生的自主学习能力。

二是在培养自主管理能力方面。在"对分课堂"中，教师安排时间让学生独学或合作学习，通过对比，学生可以更加清晰地认识到自己的学习状态和不足之处，从而激发他们进行自我改进的动力，更增强了他们的自主管理能力。

2. 课堂执行能力得到提升

一是课堂时间管理能力和灵活调控能力得到提升。在"对分课堂"中，教师需要合理分配时间给不同的教学环节，这要求教师必须具备出色的时间管理能力和高度灵活的调控能力，以确保每个环节都能得到充分的关注和时间保障，从而提高课堂的整体效率。

二是即时评价与反馈能力得到很大提升。在"对分课堂"中，教师可以通过观察学生的绘图作品、听取他们的讨论和分享等方式，对学生的学习情况即时进行全面、客观的评价，帮助他们认识到自己的优点和不足，从而激发他们的学习动力和自信心。

3. 科研素养有所提升

一是研究意识得到增强，分析能力得以提升。在"对分课堂"的实施过程中，教师会遇到各种问题促使其不断思考、探索和实践,从而提升他们的科研素养。

二是理论知识得到丰富,科研能力得到锻炼。在资深教科研课题专家曹明老师的悉心指导下,笔者尝试了文献综述、问卷调查、实验研究等科研方法开展"对分课堂"的教学研究,为今后的教育科研及论文写作积累了宝贵的经验。

(三)学校方面

一是促进了学校运用对分课堂提升学生双自素养的实践与研究;二是丰富了学校"对分课堂"课题的主题式案例类成果;三是丰富了其他语文教师关于文本阅读的"教"与"学"的方式方法;四是促进了本区语文学科的同类研究。

(四)反思

基于"双自"教育"对分课堂·以图七促"的教学实践,教师主要有"四个需要加强":一是需要加强课前对学情、课标和教材"三情"的分析把握,理清教学设计思路;二是需要加强教学目标分类和细化语文学科本体教学目标及课题研究主题之相应目标的设计;三是需要实化、细化"以图七促"的教学过程设计,清晰相应教学过程、环节的师生活动安排和对课题研究的指向预设;四是需要及时完成案例撰写,固化研究成果。

四、意 义 揭 示

(一)符合对分课堂的教育理念

"对分课堂"是一种新的教学模式。形式上,它把课堂时间一分为二,一半留给教师讲授,一半留给学生进行讨论;实质上,它是在讲授和讨论之间引入一个心理学中的内化环节,使学生对讲授内容吸收之后,有备而来地参与讨论。

语文教学中运用"以图七促",能充分地尊重学生的个性特点,为课堂营造一种民主、对话、开放、自由的氛围,也因此使课堂变得和谐舒畅、充满乐趣、生机勃勃。

对分课堂推崇的是"以学生为中心"的理念。教学的目的不在于"教",而在于"学",要将"教师将知识传授给学生"转向"让学生自己去发现和创造知识"。语文教学中运用"以图七促",在小组讨论时采用"亮考帮"的方法,充分凸显了学生的主体地位,提升了学生的"双自"素养,是符合对分课堂的教育理念的。

(二)彰显了"五性"的独特价值

即彰显了基于"双自"教育"三程"整合实施以图促读多元体验式学习等"五式"在提升学生"双自""以图七促"素养方面的"五性"独特价值。具体如下:

1. 学生"三程"学习的自主性

2. 对分课堂模式下从"以图促读"到"以图七促"实施模式和教与学过程的趣味性

3. "三程"学习内容和学习过程安排的易接受性

4. 散文、事理说明文欣赏知识、理论学习和"以图七促"阅读与表达过程"理性"和"感性"的和谐统一性

5. 教与学在"三程"实施前、中、后的反思、监控与改进性

参考文献

［1］张学新.对分课堂：中国教育的新智慧［M］.北京：科学出版社，2016.

［2］中华人民共和国教育部.义务教育语文课程标准（2022年版）［M］.北京：北京师范大学出版社，2022.

［3］钱理群，孙绍振，王富仁.解读语文［M］.福建：福建人民出版社，2010.

［4］叶澜.教育学原理［M］.北京：人民教育出版社，2013.

［5］莫提默・J.艾德勒，查尔斯・范多伦，郝明义.如何阅读一本书［M］.朱衣，译.北京：商务印书馆，2014.

［6］珍妮特・沃斯.自主学习的革命［M］.刘文，译.北京：中国友谊出版社，2016.

［7］刘文亚.思维导图在初中语文教学中的应用初探［J］.读与写，2017(12)：64-66.

［8］赵重阳.论初中语文教学中自主合作探究学习方式［D］.沈阳师范大学，2014.

［9］江伟英.语文图解教学策略探究［J］.课程教学研究，2012(11)：35-40.

［10］朱毓虹.基于"对分课堂"理论探索实施策略　增进学生自主阅读兴趣［J］.浦东教育研究，2023(2)：23-27.

学生自主品读赏析古诗素养：在课堂微对分系列活动中得以提升

——以《石壕吏》《卖炭翁》学生自主品读赏析之课堂"微对分"系列活动实践与分析为例

朱毓虹(上海市蔡路中学)

一、缘 起

教育部所编《义务教育语文课程标准(2022 年版)》指出,七到九年级学生要能够"诵读古代诗词,阅读浅易文言文,能借助注释和工具书理解基本内容。注重积累、感悟和运用,提高自己的欣赏品位";能"自主组织文学活动,在办刊、演出、讨论等活动过程中体验合作与成功的喜悦"。

张学新教授在《对分课堂:中国教育的新智慧》中提出了"对分课堂"这一课堂教学模式。它的核心是将一半课堂时间分配给教师进行讲授,另一半分配给学生进行讨论学习。由此,又引申出"当堂对分"这一形式。在这一形式下,张学新教授提出当堂对分的最简单形式是"3 分钟对分":1 分钟教师讲授,1 分钟学生讨论,1 分钟学生交流。这样,在当堂教学中开展的时间短暂的对分课堂活动就是课堂微对分。

笔者所任教的初二年级两个班的学生,在诗歌品读赏析方面的现状是"三个 1/3 的困难":每次口头或书面品读赏析中国古代诗歌,有 1/3 的学生答不出来;有 1/3 的学生只能做到借助注释解释句意;只有近 1/3 的学生能勉强答到一点儿诗人的情感与写作意图。究其原因,在于学生对品读赏析中国古诗素养存在"四个不够":一是多数学生对中国古代诗歌知识储备不够多样,导致无法深入感知诗人情感;二是部分学生自主品读赏析中国古诗的能力不够熟练,并由此产生了畏难情绪,对中国古诗自主品析提不起兴趣;三是学生品析中国古代诗歌的方法不够丰富,不知由何入手;四是学生日常对自主品析中国古诗的习惯不够坚持,存在"答不出的问题老师会帮忙解答"的惯性思维。

基于上情,笔者在参与"基于'双自'教育的对分课堂实践研究"区级课题的实践研究时,开展了课堂"微对分"(在具体时间分配上有一定的变通,即在学生讨论交流后增加由教师归纳或引导学生归纳的微环节),组织学生进行品读古诗的系列活动,在提高完成相应任务速度、质量的同时,有机培养学生中国古诗自主品析的兴趣、知识、能力、良好行为习惯(简称"四素养")。

　　下面以笔者于 2023 年 5 月 29 日上午第三节课对蔡路中学初二(2)班学生所执教的"唐诗三首"中的《石壕吏》《卖炭翁》为例,说明"系列活动"相应的操作与实效。

二、实　　践

(一)"微对分"活动 1:教师先介绍"唐诗三首"的基本概念,学生讨论、比较、说明理由后自主选择其中两首作为本堂课的学习内容和听取教师归纳比较阅读法系列小活动(略)

(二)"微对分"活动 2:教师介绍主人公与事件间的关系,学生自主梳理、概括人物对应的事件与绘制流程图、参与班级交流和师生合作归纳系列小活动

　　这是指在课堂教学的第二环节,教师先介绍主人公与事件间的关系;学生在自主梳理、概括《石壕吏》中人物对应事件并绘制流程图后,参与全班交流,师生归纳总结,使学生了解叙事诗中人物与事件间的关系;锻炼对叙事诗进行自主梳理、概括诗中人物对应事件、绘制流程图的能力;提高自主梳理叙事诗情节的兴趣;促进自主梳理叙事诗情节习惯的养成。

　　片段 1:教师精讲—学生自主梳理、概括—全班交流—师生归纳—确定诗歌主人公系列小活动。

　　1. 教师精讲(1 分钟)

　　师:《石壕吏》中出现的人物有石壕吏、老妇、老翁、诗人。事件往往是围绕主人公展开的,因而要确定本首诗的主人公,我们需要先梳理人物对应的事件。

　　学生独立听、观、思、内化。

　　2. 学生独立阅读、圈画、梳理、概括活动(3 分钟)

　　学生散读诗歌;独立用不同颜色的笔圈画诗中出现的四位人物的诗句;独立梳理人物对应的事件,用诗中诗句进行概括,并绘制诗中四位人物对应事件发展的流程图。

　　3. 学生交流(2 分钟)

　　被叫学生借助实物投影,交流绘制的流程图。

　　生 1:我对写到石壕吏的事件进行了梳理、概括,并绘制了流程图:"夜捉人"→"吏呼怒"→"听致词";之后的事件,诗中没有诗句明确写到,但根据第三、四段的内容,我猜测之后石壕吏"带妇走"。

　　生 2:我对写到老妇的事件进行了梳理、概括,并绘制了流程图:"出门看"→"妇啼苦"→"前致词";之后的事件,诗中没有诗句明确写到,但根据第三、四段的内容,我猜测之后老妇"从吏归"。

4. 师生归纳(1分钟)

生：从对人物对应事件的梳理、概括、绘制流程图活动中可知：诗人、老翁、石壕吏的事件部分，作者都是略写的；而老妇"前致词"部分，作者是详细写的。

师：这样来看，"前致词"部分，是诗中主要事件，老妇即是诗中主要事件对应的主人公。

学生独立听、观、思，内化。

这一活动中，学生通过听取教师精讲事件与主人公间的关系、学生"有独有合"圈画诗句、梳理所涉主要人物事件并绘制人物事件的流程图、参与交流流程图与描述人物结果的事件、师生合作归纳主要事件写法的详略、判定主人公的活动，初步把握了叙事诗中主人公与事件间的联系；锻炼了自主品析古诗中对于叙事诗情节的梳理、概括、绘制流程图、参与全班交流的能力；促进了学生自主梳理、概括叙事诗情节习惯的养成；学生梳理、概括与交流诗中事件并绘制流程图的活动与成果；还提高了对于这样自主学习中国古代叙事诗情节的兴趣。

(三)"微对分"活动3：教师介绍古体诗押韵特点，学生独立圈画押韵字、朗读、感悟、参与讨论诗句押韵、所表达的人物情感和参与全班交流系列小活动(略)

(四)"微对分"活动4：教师介绍诗歌写作背景，学生讨论、全班交流、师生合作归纳推断出诗人对征兵和征兵官吏的情感态度系列小活动

这是指在课堂教学的第四环节，学生独立听取教师介绍写作背景(《石壕吏》中的几个地名与"安史之乱"的关系)，结合"微对分"活动2和3的学习成果，参与小组讨论、全班交流和师生合作归纳，推断出《石壕吏》中诗人对征兵必要性和征兵官吏行为的情感态度；拓展了诗歌的背景知识；在"微对分"活动2—4呈递进坡度式开展的系列小活动中，减轻了学生独立与合作品析古诗中对于推断诗人情感的畏难情绪。

片段2：教师精讲《石壕吏》中的几个地名与"安史之乱"的关系—学生讨论、全班交流—师生归纳—推断诗人所表达的对征兵必要性和官吏的征兵行为的情感态度系列小活动。

1. 教师精讲(1分钟)

教师结合幻灯片上出示的地名，介绍说：我们来关注《石壕吏》中提到的几个地名——"石壕""邺城""河阳"。在唐肃宗乾元元年(公元758年)，为平定"安史之乱"，20万唐军围攻邺郡，一度形势大好。然而次年春，形势大变，唐军大败，兵力损失惨重，不得不退守河阳。石壕地处当时唐军与叛军战争的焦点地区。

2. 学生讨论活动(2分钟)

学生结合"微对分"活动2和3所获及教师刚才精讲的内容，展开小组讨论，推断诗人对征兵的情感态度。

生1：通过老师刚才的介绍，我觉得在当时，征兵是需要的。

生2：征兵是需要的，但是，官吏在征兵时，应该如何对待百姓呢？如诗中"吏呼一何怒！"这样的征兵态度与后续官吏的做法，不只是让诗人愤怒，也让我愤怒！

生3：是的，在"前致词"部分，从这一家的结局中，我都能读出诗人对老妇一家悲惨遭遇的同情。

3. 全班交流活动（2分钟）

生1：我们组从"暮投石壕村，有吏夜捉人"中入手，推断出诗人对于石壕吏夜晚征兵的行为是愤怒的。

生2：我们组从"夜久语声绝，如闻泣幽咽。天明登前途，独与老翁别"中，读出了诗人对老妇一家的处境是同情的。

生3：我们组结合老师介绍的诗歌背景，觉得在当时的大环境下，征兵是不可避免的。

4. 师生归纳活动（1分钟）

生4：诗人既同情老妇一家的悲惨处境，又愤于官吏征兵的恶劣态度，但他知道征兵是不可避免的。

师：诗人的情感态度是矛盾的，而他复杂情感态度的交会处即是"石壕吏"。

这一环节的系列小活动，一是学生通过听取教师从《石壕吏》中出现的地名入手介绍的写作背景，拓展了对《石壕吏》写作时唐朝正处"安史之乱"的现状的知识；二是学生在"微对分"活动2—4参与对作者情感的讨论、梳理、交流中，锻炼了根据古诗背景、已梳理事件、人物形象，通过小组讨论来推断诗人情感态度的能力；三是降低了自主推断诗人对征兵所表达的情感态度的难度，实现了绝大多数学生能够参与、会参与，从而逐步增强了自主推断与表达诗人对征兵情感态度的自信与兴趣。

（五）"微对分"活动5：教师介绍方法，学生独立＋合作学习《卖炭翁》，巩固学习方法

这是指在课堂教学的第五环节，学生独立听取教师介绍《石壕吏》所用"三步法"、先独立、后合作迁移运用所学解决《卖炭翁》的"四个问题"并记录于学习单上、参与全班交流对"四问题"探索学习的成果、听取教师总结归纳系列小活动，使学生再次明确古诗品析的可用方法之一（"三步法"）；并能"有独有合"迁移运用于《卖炭翁》所表达情感的品析、交流与归纳；提高迁移已获学习方法运用于其他古诗品析活动中的成就感。

片段3：教师精讲—学生独立＋合作学习—全班交流—教师归纳—巩固学习方法。

1. 教师精讲（2分钟）

结合《石壕吏》相关活动，教师边利用通过"微对分"活动2—4归纳出的板书，边介绍古诗品析可用的方法之一：梳理事件—分析人物形象—推断诗人情感态度（简称"三步法"）。

2. 学生独立＋合作迁移运用所学解决《卖炭翁》"四个问题"的系列小活动（8分钟）

（1）全体学生围绕《卖炭翁》"四问题"，先独立完成问题1—3：① 诵读全诗，圈画押韵的字；② 结合诗句梳理事件，独立绘制流程图并判断主要人物是谁；③ 从人物描写的诗句中，注意读出人物特点，再小组讨论，完善成果。

（2）全体学生参与小组讨论问题4：从叙事和描写的语言中，注意读出作者的情感态度；并将"有独有合"学习成果整理在学习任务单上。摘录部分成果于下：

学生圈画出押韵字"黑"—"谁"，以及"单"—"寒"等。

结合诗句梳理事件：卖炭翁的事件为伐薪烧炭—晓驾炭车—泥中歇—失炭惜不得；宫使的事件为抢炭。整首诗是围绕卖炭翁烧炭—运炭—失炭的经历展开的，主人公是卖炭翁。学生完成流程图绘制。

学生从"伐薪烧炭南山中""满面尘灰烟火色""两鬓苍苍十指黑"等句，能读出卖炭翁烧炭的沧桑，进而感知他生活的艰辛；从"惜不得"中，读出卖炭翁被抢的无可奈何与悲愤绝望；从"翩翩"一词中，读出宫使的横冲直撞、趾高气扬；从"手把""口称"等动词中，能感受到宫使的仗势欺人、专横跋扈。

诗人自注云："《卖炭翁》，苦宫市也。"学生从诗人塑造的艰辛可怜却最终一无所获的卖炭翁形象，与专横跋扈的宫使身上，两相对比，读出了诗人对宫市制度的愤慨和对宫市制度下普通百姓的同情。

3. 全班交流活动（2分钟）

生1：通过自主学习并小组讨论，我们梳理了卖炭翁和宫使的事件，卖炭翁的事件贯穿整首诗，是本首诗的主人公。

生2：我们从"满面尘灰烟火色，两鬓苍苍十指黑"中，读出了卖炭翁外表的沧桑和他生活的艰辛；从第2段"惜不得"中，读出了宫使的蛮横和卖炭翁的可怜。

生3：我们从对宫使的描写"翩翩两骑来是谁，黄衣使者白衫儿"中，读出了宫使的趾高气扬；从"手把文书口称敕，回车叱牛牵向北"中，读出了他们的专横跋扈。他们的形象与卖炭翁形成了鲜明的反差对比，更显得卖炭翁生活的寒酸与艰辛。

生4：结合梳理事件、分析人物形象，我们最终读出诗人的情感态度：他对宫使和当时宫市制度的愤怒！也反映了他对卖炭翁这样的劳动人民的同情。

4. 教师归纳（1分钟）

教师边板书"梳理事件—分析人物形象—推断诗人情感"，边指板书说：我们通过这三个环节的学习活动，完成了基于《石壕吏》所学，对于《卖炭翁》的迁移运用式的自主（"有独有合"）学习。在今后进行的自主品析古诗活动中，根据诗歌的特点，同学们可以继续选择运用梳理事件—分析人物形象—推断诗人情感这一"三步法"的全部或部分，来进行品析活动。

这一活动中，学生一是通过听讲，进一步强化了对"三步法"的印象；二是在结合学习《石壕吏》的迁移运用中，有效地锻炼了围绕教师引导性的"四个问题"，运用梳理事件—分析人物形象—推断诗人情感这一自主品析古诗的"三步法"的操作做法,"有独有合"地进行自主圈画押韵字、梳理与概括叙事诗事件并绘制事件流程图、反复诵读体会诗句所表达的情感、推断出诗人对卖炭翁的同情、对宫使与宫市制度愤怒的情感态度的能力;三是有效地把握了诗歌的主旨;四是进一步提高了自主迁移运用"三步法"进行完整的古诗品析活动的成就感,促进了自主品析古诗习惯的养成。

(六)"微对分"活动6:教师课尾借助思维导图引导学生静态参与小结全课所学内容和古诗赏析方法并布置课后作业,学生课后独立完成4道作业、下次课始参与组内讨论和全班交流、独立听取教师集中反馈系列活动

这是指课堂教学的第六环节及课后,教师借助自制的思维导图引导学生静态参与小结全课所学内容和中国古诗的赏析方法并布置课后4道学生独立完成的作业(2道基础题;2道为教师增补的拓展性探索题)、学生课后独立完成4道作业、下次课始(10分钟)参与小组讨论和全班交流2道拓展性题目的独立探索性学习的成果、听取教师借助多元作业资源所做的反馈的小活动,使学生收获五个"进一步":在课后进一步拓展自己古诗方面的知识储备(如体裁特点、作者介绍、作品背景、他人评价等);进一步巩固课堂所掌握的自主品读赏析古诗的方法(比较阅读方法;梳理、概括事件并绘制流程图方法;圈画押韵字—诵读押韵诗句—体会情感方法、"三步法",简称欣赏中国古诗"四法");进一步锻炼"有独有合"品读赏析古诗的梳理概括、圈画押韵字、诵读体会诗句情感、推断诗人情感态度的能力;进一步收获自主进行完整欣赏古诗品析活动的成就感,提高继续进行自主品读赏析活动的自信与兴趣;进一步促进自主品读赏析中国古诗作品良好行为习惯的养成。

片段4:教师借助思维导图引导学生静态参与小结全课所学内容和古诗赏析方法并布置作业—学生课后独立完成4道题目(2道补充的拓展探索题,2道填空、记诵和理解性阅读后填写信息巩固所学题)—下次课始参与全班交流与听取教师集体反馈的系列小活动。

1. 教师精讲(2分钟)

教师根据多媒体呈现的自己绘制的思维导图,引导学生默默回忆、参与对全课学习内容、中国古诗赏析方法的小结:在本堂课的学习中,我们采用了课堂"微对分"的形式。通过"微对分"活动1—5,我们首先确定了学习内容《石壕吏》《卖炭翁》;随后,通过梳理事件—分析人物特点—推断作者情感态度这样三个环节的学习活动,完成了对《石壕吏》古诗赏析方法的学习。然后,同学们借鉴学习《石壕吏》的什么欣赏方法?(学生稍顿后,响亮地齐答:"三步法!"教师回应:"对!")"有独有合"迁移运用"三步法",学习了《卖炭翁》。

全体学生独立听、观、思,内化。

教师借助多媒体和口头说明,布置学生课后独立完成的回家作业:① 思考《卖炭翁》题目改成"宫使"是否合适,为什么?(写下理由)。② 完成练习册"唐诗三首"之1—3题;

填写《石壕吏》《卖炭翁》的文学常识;默写《石壕吏》《卖炭翁》部分诗句(以填空的形式完成);填写《石壕吏》中"老妇前致词"部分的阅读结果(根据空格,完成理解性阅读与填写)。③ 背诵《石壕吏》《卖炭翁》。④ 运用课堂所学的"三步法",课后自主品读赏析其他体裁古诗作品 1~2 首;归纳出新的古诗品析方法。

师:下次课始,老师会组织同学们以小组为单位,派代表交流课后①和④这两道探索性拓展作业的完成结果。

全体学生独立观、听、记录;准备课后独立完成。

2. 学生课后独立完成思考和品读赏析新古诗活动

全体学生课后独立完成教师课堂布置的 4 道作业;第二天上学后,将 1—2 题交由教师进行批改(做了准确性和其他质量情况的统计);对第 3 题,与小组长和教师进行抽背,并统计正确背诵的情况。

根据师生统计、与部分家长交流可知:有近六成学生在课后通过阅读教材、班级或家中电脑查找、图书馆借阅等形式,完成了查阅安史之乱、宫市制度、杜甫、白居易的资料;撰写了将《卖炭翁》题目改成"宫使"是否合适的观点和理由。

3. (下次课始)学生交流和听取教师反馈活动(10 分钟)

全体学生下次课始,先是参与小组讨论;再由被叫小组代表交流①和④这两道拓展性作业的探索结果。

教师注意观察和倾听;做随机激励与引导。

教师借助学生作业本、课后学习单填写情况、作业质量情况的统计结果和与部分家长交流所得,集体反馈作业情况如下:有九成余的学生,能够独立完成练习册"唐诗三首"之 1—3 题的任务;有 2/3 的学生,能够主动诵读教材和课外中国古诗;有近六成的学生,能用课堂所学《石壕吏》《卖炭翁》欣赏中国古诗的"四法",独立品读赏析 1~2 首课外的中国古诗,其中有 1/3 左右的学生,交流出自己带有一定新意的课外古诗品析方法——品析古诗时,可以关注其中的颜色词:鲜艳颜色,多表积极情感;暗沉颜色,多表低沉情感。如,苏轼的《赠刘景文》中"一年好景君须记,最是橙黄橘绿时",就是借用了颜色,表达了对好朋友刘景文的勉励:困难只是一时,不要消沉,要乐观向上面对(我们可以把这种古诗赏析方法称为"借助颜色表意法")。

全体学生独立观、听、思,内化。

在这一活动中,学生一是在课尾再次强化了全课的所学内容和中国古诗的欣赏方法之"四法";二是课后及时独立巩固了对《石壕吏》《卖炭翁》这两首新学唐诗的记诵、阅读与理解方面的要求;三是拓展了关于安史之乱、"宫市"制度、中国古代其他诗人(如李白、杜牧、曹操、陶渊明等)情况及创作背景方面的知识;四是课后进一步锻炼了独立迁移运用课中所学"四法"品读赏析其他体裁古诗作品的能力;五是归纳出了一些新的可用于古诗品析的方法(如"借助颜色表意法");六是锻炼了学生参与下次课始交流探索性学习结果的能力;七是提高了"有独有合"参与自主品析中国古代诗歌活动的成就感和兴趣,自主品析课内外中国古诗的良好行为习惯也得到了初步的培养。

三、实　效

(一) 学生方面

1. 学生自主品读赏析古诗兴趣方面的变化

对比此前教师观察所得自己任教的初二年级两个班的学生在中国古诗品读赏析方面存在的"三个1/3的困难"现象,尤其是在课堂教学中,多数学生一涉及古诗品析题就开始两眼无神、呵欠连天,请学生发言,无人应答。在《石壕吏》与《卖炭翁》的课堂六个环节的"微对分"活动中,学生的参与度极高。一是所有学生都参与了课中"微对分"活动中独立及合作学习的活动;二是在课中交流环节,60%以上的学生能够主动举手想发言;三是在课中教师精讲及归纳(或师生归纳)环节,所有学生都认真聆听并做适当笔记,参与梳理归纳相关内容;四是在课后,所有学生都完成了课后教师补充的两道拓展性作业;五是教师通过对学生课本上所做的圈画、批注、所写的感想和读书笔记可知,有2/3的学生在课后运用课堂掌握的"四法",品析了课外古诗1~2首,有的还尝试自主探索、归纳新的古诗品析方法("借助颜色表意法");六是从教师与学生聊天中提及自主品析古诗的话语、神情和他们出示的诗歌圈画痕迹、笔记来看,多数学生已不再对古诗品析心生畏惧,相反,兴趣浓厚。这都能反映学生自主读赏析中国古诗的兴趣有了较为明显的提升。

2. 学生自主品读赏析古诗知识积累方面的变化

在课前,教师从对学生的提问中可知:多数学生对于杜甫、白居易是不太熟悉的,有一半的学生已遗忘曾经学过的杜甫、白居易的基本常识;几乎所有的学生都不记得曾学过的杜甫、白居易的诗歌;对于古体诗的概念,所有学生都不知道。在《石壕吏》与《卖炭翁》的教学中,学生通过"有独有合"参与课堂"微对分"六个环节的系列活动,对于杜甫、白居易、宫使和宫市制度、唐朝的"安史之乱"等历史背景、古体诗体裁特点等知识,都有了一定的拓展。教师从学生课后作业、对其他中国古诗品析活动情况中可知,学生不仅对杜甫、白居易两位诗人的情况有了一定的了解,还拓展了对中国古代其他诗人(如李白、杜牧、曹操、陶渊明等)的了解;拓展了对中国古体诗特点及如何判断的知识和对近体诗特点的初步了解。

3. 学生自主品读赏析古诗能力方面的变化

如开始所述,此前,学生对中国古诗品析的现状总体是"三个1/3的困难",究其实质,是对品读赏析中国古诗素养存在"四个不够"。通过《石壕吏》与《卖炭翁》的课堂六个环节的"微对分"活动,"四个不够"的情况不复存在,取而代之的,是学生自主品读赏析中国古诗的"六种能力"得到了程度不一的发展:一是通过巡视课堂,笔者发现在学生独立与合作学习活动中,60%以上的学生能在解释句意的基础上体会句子所表达的情感;二是从与学生的交流中可知,超过一半的学生能答出部分诗人所表达的情感态度;三是从学生绘制的两首记事诗歌事件发展的流程图、课堂笔记、"有独有合"活动后学习单上的成果及参与全班交流发言可知,学生"有独有合"品读赏析古诗的梳理概括、圈画押韵字、诵读体会诗句情感、推断诗人情感态度(欣赏中国古诗的"四法")的能力,都获得了一定的提升;四是从教师对学生课后独立完成的两道基础题、两道拓展性学习的独立探索作业反馈来看,所有学生完成了课后的品读赏析类练习题,近80%的学生能言之有物;五是教师通过对学生课本上所做的圈画、批注、所写的感想和读书笔记可知,有2/3的学生在课后运用课堂掌握的"四法"品读欣赏了课外1~2首古诗;六是其中有1/3左右的学生,还归纳了新的古诗品析方法。这些都反映出学生在课后对课堂所获学习方法有一定的迁移运用和创新发展。

4. 学生自主品读赏析古诗习惯方面的变化

如课始所述,笔者任教的多数学生尚未养成自主品读古诗的习惯,有1/3的学生,连古诗品析题作业也是不做的。而在本课的课堂六个环节"微对分"活动中,所有学生参与了"或独或合"对两首唐诗诵读、圈画、批注、比较、梳理概括诗中人物对应的事件和绘制流程图、讨论与概括、交流中国古诗赏析方法的系列学习小活动,包括听取了教师在六个环节"微对分"活动起首的精讲和末尾的归纳和参与归纳;课后,所有学生都独立完成了课后的两道基础题和两道拓展探索题(能注意运用"四法"进行课外中国古诗的阅读赏析);下次课始,全体学生参与组内讨论;小组被叫代表参与了全班交流两道探索题的结果;1/3左右的学生,还尝试概括出了一些赏析课外中国古诗的方法。可见,学生对"或独或合"在课内外古诗阅读品析中注重方法梳理、概括、交流、迁移使用所学和尝试探索其他品读赏析中国古诗的新方法的习惯已悄然养成。

(二) 教师方面

笔者一是对于对分课堂理论,尤其是在"微对分"模式方面,有了一定的新认识。二是在"微对分"模式的实践方面,在此前已有的"对分课堂"探究与实践的基础上,基于学生自主品读赏析中国古诗学习方面"三个1/3的困难"和"四个不够"情况与素养问题的解决,对于将对分课堂形式运用于课堂教学环节,落实课堂"微对分"的覆盖环节密度、时间分配、学习容量、学习难度和预设指向这"五个方面",有了新的认识,并将实践探索的前述六个环节"微对分"系列活动的结果加以呈现。三是在初中语文主题式案例的总结素养方面,从不知如何进行主题式案例总结的"小白",到在与学校聘请的全程指导学校区级课题研究的上海市浦东教育发展研究院(简称浦东教发院)资深科研专家曹明老师的逐步互动中,进行了本总结的确题,构建了总结框架,完善了细化纲要,逐步完成了具体的写作,在近半年中,在六次与曹明老师的集中现场商讨、线上互动和在曹老师的修改提示、询问互动确认后直接修改与补充下,完成了此"具有规范性、经典性和在微对分课堂运用中具有'五个方面'创意实践探索意义之初中语文主题式案例的总结性成果"(浦东教发院曹明老师的评价）。四是其他专业素养，如对指导学生进行现代诗歌、现代文品析方面的素养，也有了一定的提升。五是与前一个自己的语文专题总结成果（见参考文献末条）所花时间相比，本次主题式案例的所花总结时间周期，缩短了近 2/3——这既说明了自己的迁移运用能力有了提高，也表明自己对探索研究的主动性在变浓，还说明自己结合学校区级课题或相关教研主题、主动关注学生语文学习中的相关现象、探析背后原因、尝试进行设计、积极开展探索、及时请教专家梳理实践材料、提炼总结主题与框架、细化总结纲要、完成总结文本和逐步加以完善的意识与习惯，已经悄然融入本体，成了自己语文教学的常态行为。

（三）学校方面

一是促进了学校语文对分课堂和学生自主学习有机结合的实践探索；二是丰富了学校区级课题学科主题式案例类的成果；三是启发了同类成果的总结；四是拓展了微对分课堂的模式，初步把握了"五个方面"的微创意。

四、反　　思

一是需要加强课前研究的显性设计；二是后续可以尝试开展学生古诗品读赏析素养发展评价标准与方法的研究，为衡量学生相应素养的提升提供较为客观公正的依据和可操作的方法；三是需要及时完成案例撰写，固化研究成果。

五、意　　义

（一）符合"对分课堂"理论之"微对分"模式

本课实践部分的活动 1—5 的六个环节"微对分"系列活动，大致都按照"教师精讲—学生讨论—全班交流—教师或师生归纳"四个微环节展开。其中，前三个微环节，源于张学新教授的"3 分钟对分"；第四个微环节，为自己根据教学的实际需要而新增。在时间分配上，相关环节最少在 1 分钟，最多在 8 分钟。本课六个环节"微对分"＋各大环节的"四个微环节"系列活动的实施，较好地落实了学生的学习主体地位和探索性学习的精神，明显地提升了学生中国古诗品读实效。

总体上来说，本课的课堂"微对分"实践，源于张教授的"3 分钟对分"。受此影响，一方面，笔者采取了拿来主义，直接运用；另一方面，启发了需要根据学校区级课题提升学生"双自"素养的需要，进行迁移变通运用，因而有了上述"五个方面"的变化。由此，也带来学生"有独有合"自主品读赏析中国古诗"四素养"得到全面提升的显效。

可见，基于理论，直接加以借鉴运用和根据学校区级课题的要求和学生素养的实际加以迁移变通创新运用，可以带来促进学生自主学习素养明显提升的实效。这彰显了学习、领会理论实质的重要性和结合学校区级课题要求、课文与学生实际加以直接运用或灵活运用理论的价值。

（二）符合理论与实践相结合的教学原则（略）

（三）凸显了课中学生自主品读赏析中国古诗素养在课堂微对分系列活动中得以逐步提高的"六性"

1. 凸显了学生在课中、课后品读赏析中的主体性（具体概述和阐释略）

2. 展现了课内外知识拓展、方法提炼和情感挖掘的趣味性

一是在知识拓展与方法提炼之乐方面。教师运用经过设计的板书、多媒体地图展示、思维导图，结合风趣的语言，介绍《石壕吏》《卖炭翁》的基本概念、人物与事件间的关系、古体诗押韵的特点、《石壕吏》诗歌背景，以及结合《石壕吏》相关活动，介绍古诗品析可用方法之一的"三步法"。在中国古诗赏析方法提炼方面，教师采用"教授→运用""实践→归纳"两种模式，教会了学生自主赏析中国古诗，把握了中国古诗赏析的"四法"，还在课外赏析中，自主总结了"借助色彩表意法"，从而明显提高了学生自主赏析中国古诗的成就感，可谓逐步收获了知、会和善赏析中国古诗的逐步递进之乐趣。二是在情感挖掘之乐方面。学生积极参与散读"前致词"部分、圈画押韵字、梳理概括人物对应事件流程图、诵读体会诗句情感和诗句押韵与诗句情感间的关联，并进行讨论与交流，对学生而言，这样的形式较为新颖；在感知诗人情感态度环节，教师结合地图，根据诗中出现的地名——"石壕""邺城""河阳"，介绍当时的"安史之乱"，帮助学生更深入感知诗人情感态度。这些都体现出本堂课在情感挖掘上的趣味性。通过这些具有趣味的活动的设计与开展，吸引了学生参与到对《石壕吏》《卖炭翁》的自主品读赏析活动中；通过拓展知识、提炼方法，降低了学生自主品析古诗的难度。学生在收获成就感的同时，提升了自主品读赏析古诗的兴趣；增进了古诗所表达情感主旨的把握和内化。

可见，教师教学中，注意落实课内外知识拓展、方法提炼和情感挖掘的趣味性，是教与学得以成功的灵魂。

3. 突出了课中获取的品读赏析方法的可运用性

一是在活动1中，学生对"唐诗三首"三首诗的相同点与特点，进行了讨论、比较、说明理由并参与全班交流，确定了本堂课的学习内容。其后，教师归纳了所用方法为比较阅读法，从实践到归纳出的这一"比较阅读法"，在将来学生自主品读相关文本时，是可继续运用的。二是在活动2中，学生根据教师精讲中介绍人物与事件间的关系，通过梳理概括叙事诗中各人物所对应事件并绘制流程图，最终确定了《石壕吏》的主人公，可见"三步法"在确定叙事诗主人公方面，是具有可运用性的。三是在活动3中，学生通过圈画押韵字、自读感受押韵诗句，体会到了对应诗句的情感，可见圈画押韵字—诵读—体会情感方法的可运用性。四是在活动5中，学生运用教师归纳的学习方法，自主＋合作迁移运用"三步法"

学习《卖炭翁》，从学生自主学习、讨论及成果交流中可知"三步法"的可运用性。五是在活动6中，学生课后通过自选1~2首课外中国古诗及其他体裁的作品，自主运用"四法"进行品析，注意总结新的品读方法。从学生作业、批注、笔记和下次课始的交流可知课中获取的品读赏析中国古诗的"四法"的可运用性；而且，学生在赏析实践中，还总结出了"借助色彩表意法"等新的赏析方法，也具有可运用性。

由此可知，在学生进行自主品读赏析相关文本活动前，教师要注意补充方法，或在教师引导下学生自主品读赏析活动后进行方法归纳。一方面，可以促进学生掌握有效的自主品读赏析方法，便于日常自主品析活动中的实践运用，提高自主品读赏析实践的速度、质量和素养；一方面，这些方法在学生自主品读赏析活动中，具有可运用性；另一方面，在教师的鼓励下，学生可在课外的自主赏析实践中，总结新的可运用的方法，从而逐步实现"教是为了不教"的教学最高境界。

4. 体现了课中与课后学生读、议、享、用的有机衔接与递进性（具体概述和阐释略）

5. 深化了课中诗歌情感与价值观方面的育人性

通过活动2—4的层递坡度式微环节小活动的开展，学生由梳理事件至分析人物形象，进而推断诗人的情感态度，层层深入，结合教师对诗歌背景的介绍、学生讨论、交流环节，学生思维、情感碰撞，更深入地感知了诗人所表达的情感，促进了学生对于战争的批判，加深了对穷苦劳动人民的同情。在活动5中，学生运用学习方法，从梳理事件至分析人物形象，进而推断诗人情感，深入感知了诗人的情感：对宫使的恶劣行为和宫市制度的批判，对劳动人民的同情。从学生课堂讨论、交流的话语、神情、课后练习中的表达、课后学生交流及学生日常行为习惯的改变等可知，学生深入感受到了两首诗诗人的情感态度，并对自身行为进行了反思与改变。

由此可知，课中"微对分"活动中，各活动层层递进，合为整体，最终促成学生深入思考、体会诗歌情感，进而对照自身实际，进行反思，并对自己的行为进行改进，深化课中诗歌情感价值观上的育人性。这正体现了当下学科育人从微小处入手的价值观。

6. 呈现了课中"微对分"之微环节对分设置上的改进性

改进之处，参见意义（一）下的概括（此处略）。

可见，"微对分"对于学科教学与育人是有价值的；有针对性的变通与创意发展，是有可操作性的，也是有价值的，是值得广大教育工作者结合教育教学管理实际，主动加以学习、实践与总结的；坚持这样做，可以实现跨越式提升自身素养，成为研究型的教师，提振自己理论结合教学实际进行实践、适度丰富理论内涵的信心。

参考文献

［1］［2］中华人民共和国教育部.义务教育语文课程标准（2022年版）［M］.北京：北京师范大学出版社，2022.

［3］张学新.对分课堂：中国教育的新智慧［M］.北京：科学出版社，2016.

［4］余映潮.中学语文古诗词教学实录及点评［M］.北京：中国人民大学出版社,2018.

［5］朱律维."独合结合"语文实施体验式提升学生写作详略素养探索——以《叙事要详略得当》区级课题研究课实践与分析为例［J］.浦东教育研究,2019(8)：53－57.

［6］朱毓虹.基于"对分课堂"理论探索实施策略　增进学生自主阅读兴趣［J］.浦东教育研究,2023(2)：23－27.

学生数学自主复习素养：
在对分课堂学习中逐步提升

——以"专题六：代数方程(1)"复习教学实践与分析为例

张燕玲(上海市蔡路中学)

一、背 景

2014年，复旦大学心理学系张学新教授提出了一种全新的课堂教学模式——"对分课堂"，该教学模式是在结合了传统讲授式教学和讨论式教学各自优点的基础上，形成的一种新型课堂教学模式。该模式将课堂教学过程分为承前启后、顺序不可颠倒的三个过程：讲授、内化吸收和讨论，主要有当堂对分、隔堂对分和局部对分三种形式。张教授在他的专著中提到："对分课堂的核心理念是把一半课堂时间分配给教师进行讲授，另一半分配给学生以讨论的形式进行交互式学习。"教师先讲课，学生后学习，实际的教学过程中更加注重师生间、生生间的交流、互动与学习。对分课堂通过把讲授和讨论错开，使学生真正成为课堂上的主体，让学生将课堂的知识进行理解之后，带着存留的问题进行小组讨论，促使学生利用间隔时间完成自主学习，提升自主学习素养。2021年2月开始的学期，笔者任教的是初三。在复习课教学中，笔者准备采用当堂对分模式。这样，整个课堂时间分配较均衡，既有教师的"讲"，又有学生的"思"，提高了课堂复习效率和学生数学自主复习素养。

笔者任教的初三学生，总体数学底子薄弱，学习基础和自主学习能力都一般。目前，学生在代数学习方面主要存在以下问题：一是数学概念、定理理解不清。二是基础知识掌握得不扎实，对基本方法、基本数学思想不能熟练、准确地加以运用。三是学生计算能力较弱；解题比较机械，不够灵活；不注意细节，常犯一些典型错误，如移项忘变号、去括号时漏乘系数、去分母漏乘、忘记检验等。四是审题能力欠缺，同一个问题用不同的语言表述，一部分学生就会读不懂题意。这些学生，往往过度依赖教师提醒解题细节，而没有将知识内化，缺乏自主学习的意识与能力。他们处于逐步构建知识和能力体系、形成创新思维、培养思考能力的关键时期，养成良好的学习习惯和思维至关重要。

所以，笔者在参加学校区级课题"基于'双自'教育的对分课堂实践研究"的实践探索中，在复习课的教学过程中，尝试通过当堂对分课堂形式，前半段由教师主讲，后半部分时间由学生独立内化、小组讨论、全班交流与归纳，从而有机培养初三年级学生数学专题复习的相关意识、能力和良好行为习惯,进而提升学生的数学学习的整体素养。

　　下面以2021年4月6日笔者所执教的复习课"专题六:代数方程(1)"一课为例,说明本探索的实践操作与相应的实效。

二、实　　践

(一) 教师精讲代数方程的概念与解法知识,借助多媒体、学习单和板书,提高学生课堂复习与构建代数方程概念的初步认知结构、理清各类方程间的区别与联系、掌握各类方程解法的效率,激发学生积极主动学习数学的心理,培养自主复习数学的意识(22分钟)

　　片段1:课始,教师借助多媒体出示初中代数方程知识框图并回顾相应知识点,培养学生认真听课、做好笔记的良好习惯和初步构建代数方程的概念认知结构,理清各类方程间的区别与联系,掌握各类方程的解法。

　　教师通过多媒体设备播放PPT,以结构图形式出示代数方程知识框图,并逐一复习目前已经学习过的方程类型(包括无理方程和有理方程,有理方程中主要涉及的是分式方程、整式方程中的一元二次方程)及其概念与解法。

　　学生认真听讲,按自己的学习程度与方式及时在学习单上进行相关记载;思考,内化。

　　通过代数方程知识框图引入本节课,唤起了学生对代数方程概念体系的记忆,让学生能跟随教师的脚步回顾已学过的初中方程知识类型的框架知识,强化了对初中方程知识框架间关系的理解;理清了各类方程间的区别与联系,加深了对这些方程解法的印象;培养了学生认真听课、回忆、唤起、思考、集中注意能力、主动并及时记录的良好听课行为习惯,为后续利用相应的方程概念进行解题奠定了基础。

　　片段2:教师出示代数方程的概念辨析题和选择题并详细分析,加深学生对代数方程概念的理解。

　　教师出示代数方程概念辨析题并逐一讲解,强调不同类型方程的判断方法。

　　问题1:分别指出下列关于x的方程是代数方程中的哪一种。

　　(1) $x^2 + 2x = 3$;(2) $(x+1)^2 - x^2 = 4$;(3) $\dfrac{x^2 + 2x}{x} = 3$;(4) $\dfrac{1}{a^2}x + 2x = 3$;

　　(5) $\sqrt{x^2 + 2x} = 3$;(6) $x^2 + \sqrt{2}x = 3$;(7) $2x^4 - 32 = 0$.

　　师:第一个方程是一元二次方程。第二个方程乍一看也是一元二次方程,但经过化简、整理后会发现这是一个一元一次方程。所以,在判断一个整式方程是几元几次方程前,一定要先将这个方程化简,然后再进行判断。第三个方程中,分母出现了未知数,所以是分式方程。第四个方程中,分母虽然出现了字母,但是大前提是关于x的方程,所以它是整式方程中的含字母系数的一元一次方程。可见,在判断一个方程是不是分式方程时,我们要注意分母是否含有未知数。第五个方程,我们发现这个方程中根号里出现了未知数,这样的方程叫作无理方程。再来看第六个方程,这个方程中虽然出现了根号,但根式里没有未知数,所以,这是整式方程中的一元二次方程。最后一个方程,这是一个一元四次方程,我们也称它为二项方程。

学生边独立观、听,边思考自己的想法和教师讲解的是否一致。如有出入,及时记录并进一步思考:问题出在哪里? 是哪个方程概念没搞清楚? 及时纠正错误。

问题 2:下列方程中,有实数解的是(　　)

(A) $\dfrac{2x}{x-2}=\dfrac{x+2}{x-2}$; (B) $\sqrt{x-1}+1=0$; (C) $2x^4+32=0$; (D) $2x^4-32=0$.

师:A 选项,这是一个分式方程,通过两边去分母,我们可以得到 $2x=x+2$,然后解得 $x=2$,那么这个分式方程的根是 $x=2$ 吗?

生:并不一定,可能产生增根。

师:是的,在分式方程转化为整式方程、无理方程转换为有理方程的过程中,未知数的允许取值范围扩大了,于是有可能产生增根。我们可以把这个根代入分式方程的分母中看,$x=2$ 使分母为 0 了,所以 $x=2$ 是这个方程的增根,要舍去,所以这个分式方程没有实数根。再来看 B 选项,这是一个无理方程,我们把 1 移到等号右边可以得到 $\sqrt{x-1}=-1$。那么由二次根式的双重非负性,我们可以知道 $\sqrt{x-1}$ 应该是 $\geqslant 0$ 的,那么它不可能等于 -1,所以这个方程没有实数根。第三个方程经过移项可以得到 $2x^4=-32$,那么 x^4 就等于 -16。我们知道任意一个实数的偶次方一定是非负数,所以它不可能等于 -16,所以这个方程也没有实数根。最后来看 D 选项,经过化简整理可以得到 $x^4=16$,也就是求 16 的 4 次方根,我们可以解得 $x=\pm 2$,所以这道题的答案是 D。那么,我们回过头来看一下,C、D 选项中的这两个方程,都可以看作是二项方程,我们可以将方程变形为 $x^n=\dfrac{b}{a}$,将问题转化为求一个已知数的 n 次方根的问题。那么要分类,当 n 为奇数时,方程有且只有一个实数根,当 n 为偶数时又要分两类,如果 a、b 同号,那么方程有两个实数根,而若 a、b 异号,则方程没有实数根。

学生认真听教师分析,并在学习单上记载相关判断依据。

学生通过认真听讲和记录代数方程的概念辨析题,明确了如何判断方程类型与方程有无实数解的依据。在讲解问题 1 时,要注重有理有据,根据概念判断;在解决问题 2 时,要强调各个类型的方程在判断有无实数解的时候的注意点,如,分式方程解好后需要代入原方程检验是不是增根。在上述过程中,学生加深了对代数方程相关概念、类型和判断的理解,增强了对概念的辨析能力。

片段 3:教师出示含字母系数的一元二次方程和分式方程两道例题并细致讲解解题思

路,规范解题过程,渗透分类讨论思想,提升学生集中注意能力,锻炼学生独立思考能力。

教师借助多媒体出示例题。

例1:解关于 x 的方程: $bx^2 = x^2 + 1(b \neq 1)$

师:这是一个什么方程?

生:含字母系数的一元二次方程。

师:是的,那么它的解法类似解一般的一元二次方程。观察这个方程,我们发现这个方程中没有一次项,所以可以用开平方法来解方程。第一步,移项得到 $bx^2 - x^2 = 1$;然后合并同类项得到 $(b-1)x^2 = 1$;接下来,两边同时除以 $(b-1)$,这又要有什么条件呢?依据等式性质2, $b-1$ 应该不等于0,那么我们要注意方程两边同乘以或除以含字母系数的式子,这个式子不能为0。由题干条件 $b \neq 1$,我们可以得到 $b-1$ 肯定不等于0,所以方程两边可以同时除以 $(b-1)$,得到 $x^2 = \dfrac{1}{b-1}$。那么这道题如果没有 $b \neq 1$ 这个条件,我们就要分 $b-1=0$ 和 $b-1 \neq 0$ 两种情况讨论。在得到 $x^2 = \dfrac{1}{b-1}$ 后,接下来一步又是什么呢?

生:接下来该两边开平方。

师:两边开平方,需要有什么条件呢?

生:被开方数应该是非负数。

师:非常好!在实数范围内,对含字母系数的式子开平方时,这个式子的值不能小于0,题干中只有 $b \neq 1$,所以要进行分类讨论,当 $b > 1$ 时, $x = \pm\sqrt{\dfrac{1}{b-1}}$;当 $b < 1$ 时,原方程无实数解,最后写出结论。我们在解含字母系数的一元一次或一元二次方程时,一定要注意是否需要分类讨论。

学生将教师板书记录在学习单上,规范解题过程,并记录解题要点。

例2:解方程: $\dfrac{x-2}{x} - \dfrac{3x}{x-2} = 2$

师:这是一个什么方程?

生:这是分式方程。

师:还记得解分式方程的一般步骤是什么吗?

生:通过去分母将分式方程转化为整式方程。

师:很好!我们知道去分母解分式方程的一般步骤是先将分式方程通过去分母转化为一个整式方程,然后解整式方程,再进行检验,最后写出结论。接下来,我们一起来解一下例2这个方程。第一步,两边同乘以最简公分母 $x(x-2)$,可以得到 $(x-2)^2 - 3x^2 = 2$,这里对吗?2漏乘了最简公分母,我们在去分母的时候一定要注意,不能漏乘常数项,所以正确的应该是 $(x-2)^2 - 3x^2 = 2x(x-2)$。去括号整理,可以得到 $4x^2 - 4 = 0$,解得 $x_1 = 1, x_2 = -1$。由于这是一个分式方程,所以我们需要对方程的根进行检验。一一般情况下,在正确解得整式方程的前提下,我们将根代入最简公分母中检验,如果使最简公分母为 0 了,那么这个根是方程的增根,如果最简公分母不为 0,那么这个根就是原方程的根,这里经检验都是原方程的根,所以原方程的根是 $x_1=1$,$x_2=-1$。在考试中,我们也可以将解得的方程的根代入原分式方程中进行检验,看方程左右两边是否相等,可以有助于我们检查出解分式方程中是否有错误。如果出现了错误,我们可以进行进一步纠正,提高解方程的正确率。

再来看例 2。这个方程,可以通过去分母来解方程。那么,还有没有其他方法来解方程?

生:用换元法来解方程。

师:我们可以设 $\dfrac{x-2}{x}=y$,则原方程可化为 $y-\dfrac{3}{y}=2$,两边同乘以 y 可以得 $y^2-2y-3=0$,解得 $y_1=-1$,$y_2=3$,那么这道题解好了吗?并没有,我们用换元法解方程的时候要注意回代,所以当 $y_1=-1$ 时,可以得到 $\dfrac{x-2}{x}=-1$,解得 $x=1$;当 $y_2=3$ 时,可以得到 $\dfrac{x-2}{x}=3$,解得 $x=-1$。同样地,这是一个分式方程,所以要将根进行检验,经检验 $x_1=1$ 和 $x_2=-1$ 都是原方程的根,所以原方程的根是 $x_1=1$,$x_2=-1$。

我们回过头来一起看一下换元法解分式方程的一般步骤:第一步,我们要选择一个合适的整体进行换元,换元后我们可以得到一个新的方程。第二步,我们只要解新的方程的根就可以了。第三步,由于解得的新方程的根并不是原方程中未知数的值,所以我们要进行回代,找出原方程中对应的未知数的值。第四步,因为这是一个分式方程,所以我们要进行检验。第五步,写结论。换元法解方程一般能把原方程化成一个较简单的方程,但是注意需要进行回代。

接下来,我们一起比较一下这两种方法,通过去分母将分式方程转化为整式方程,这是解分式方程的基本方法。而换元法解分式方程是一种特殊方法。一般地,如果我们去分母遇到了高次方程,这个时候我们就可以考虑用换元法。换元法主要可以达到降次的目的,从而实现方程的转化。有的同学可能在解方程时用的是通分,这个时候就要注意考虑分母不为 0。但这种通分的方法,我们一般不建议使用。

学生认真听讲,及时记录解题步骤及相关注意事项。

教师要仔细讲授这两个例题的解题基本步骤和注意点。例 1 是解含字母系数的整式方程,是本节课的难点,涉及运用字母系数取值范围对根进行分类讨论。例 2 是解分式方程,教师讲解时选择了两种方法,拓宽了学生的解题思路,并强调了分式方程须验根。在此过程中,表面上都是教师在分析题目,但实际上真正的主体是学生,学生在课堂中可以积极思考如何解决这两个例题,看看思路是否和教师的不谋而合,或者自己的想法有没有哪些遗漏需要及时调整,提升了学生独立思考的能力与意识;在这节课的前半部分时间,教师用心讲解,内容层层深入,渗透数学中的转化思想、分类讨论思想等,学生积极投入课堂,利用学习单,及时记录,无形中培养了学生自主学习能力中的集中注意能力,包括集中性、持久性和思索性;培养了学生的自主学习数学的意识,能及时、主动记录课堂中的重要知识,巩固了含字母系数的一元二次方程和分式方程的解题思路、基本步骤,渗透了分类讨论思想,锻炼了学生的独立思考能力。

(二) 学生独立练习代数方程配套练习单,内化、吸收本节课所复习的代数方程的概念、类型和解法,培养学生课堂的参与意识、独立学习的习惯,提升数学自主复习素养(8分钟)

片段 4:利用代数方程配套练习单,学生独立读题、思考,运用代数方程概念、步骤和解法完成练习,锻炼相应能力,提高解题成功的自信。

教师出示练习单上的练习题并规定完成时间。

1. 下列方程中,属于无理方程的是(   )

(A) $x^2 - x - \sqrt{2} = 0$;(B) $\sqrt{2}x = 1$;(C) $\dfrac{\sqrt{2}}{x} = 1$;(D) $\sqrt{2x} = 0$.

2. 在下列方程中,有实数根的是(   )

(A) $x^2 + 3x + 1 = 0$;(B) $\sqrt{4x+1} = -1$;(C) $x^2 + 2x + 3 = 0$;(D) $\dfrac{x}{x-1} = \dfrac{1}{x-1}$.

3. 关于 x 的方程 $ax + 1 = 0 (a \neq 0)$ 的根是_____.

4. $(x-1)^3 + 1 = 0$ 的根是_____.

5. 用换元法解分式方程 $\dfrac{x-1}{x} - \dfrac{3x}{x-1} + 1 = 0$ 时,如果设 $\dfrac{x-1}{x} = y$,将原方程化为关于 y 的整式方程,那么这个整式方程是_____.

6. 解方程:$\dfrac{2x}{x-2} - \dfrac{8}{x^2 - 2x} = 1$

7. 解方程:$\dfrac{x^2+1}{x+1} - \dfrac{4x+4}{x^2+1} = 3$

学生按自身学习水平,独立完成练习单上的部分或全部练习任务,并将有疑问的做好记录。

由于巩固性练习的难易程度呈阶梯形,提高了不同层次的学生参与课堂练习的兴趣;有效地锻炼了学生独立读题、思考、运用代数方程概念、步骤和解法快速完成练习的能力;提高了解题成功的自信。

(三) 学生分小组讨论在完成代数方程学习单时所遇到的问题,提升对方程概念及分式方程需要验根的理解能力、质疑能力、数学的思维及数学语言讨论、表达、归纳能力;提升和同学交往中的管理能力;强化反思、检验、改进意识(6分钟)

片段 5:学生讨论、交流在完成代数方程配套练习单上的练习时所遇到的问题,尝试解题和分析交流解题思路,巩固对方程概念及分式方程需要验根的理解,提高数学语言表达、归纳能力,提高解决疑问和清晰分析解题思路的成就感及反思意识。

生1:练习单上的第2题,我认为A、D都是正确的,你们呢?

其他学生:只有A是正确的,D是错误的。

生1:经过解方程,D选项算出来 $x = 1$,不是有解吗? 为什么是错的呢?

生2:这是分式方程,去分母后,解是 $x = 1$ 。但是,分式方程解好后需要检验,我们会发现 $x = 1$ 是这个方程的增根,要舍去。所以,这个方程是没有实数根的。

生1:哦,我明白了,我忘了检验。分式方程和无理方程在转化为整式方程的过程中,可能扩大了未知数的取值范围。所以,在解好这类方程后,一定不能省略检验这一重要步骤!

生3:我看了你们第5题的答案,和我的不一样。

生1:你仔细看看题干。

生3:哦,我审题不清,要把结果化成整式方程,我做错了。我得把这题圈出来,避免以后犯同样的低级错误。

生2:嗯,我们在做题时,首先得读清题意,这道题如果没有强调要化为整式方程,那么写分式方程也可以,但题干明确了要化为整式方程,所以在换元后还得去分母,得到的整式方程才能作为答案。

在小组讨论过程中,大家都积极参与,学生间碰撞出思维的火花,促进了学生进一步思考。基础相对好的学生讲得多些,在讲解过程中,进一步巩固了代数方程知识并提升了自身的语言表达能力;后进生相对多聆听,能注意吸收他人的解题方法,并主动进行反思,归纳自己的错因;小组讨论提升了同伴间的交往能力,加强了学生的课堂参与度,促进了学生总结、归纳能力的提升;学生也从传统复习课堂中的被动状态转变为主动状态,提高了学生数学自主复习的意识与完成解题分析的成就感。

(四) 全班交流,解决留下的代数方程问题,进一步锻炼数学思考、归纳能力,增强同学间的凝聚力(4分钟)

片段6:学生讨论代数方程练习单上还未解决的练习或课堂所复习的方程概念及解法中还存在的问题,进一步提升数学表达、归纳能力,并强化反思意识。

师:对于练习单上的第7题,你们是用什么方法完成的?

生1:换元法能解出这个方程。

师:那直接去分母可以吗?

生2:不能。我尝试了直接去分母,没解出来。

师:那你用这个方法时遇到了什么问题呢?

生2:去分母后,这个方程变成了高次方程,我还不会解。

师：非常好！这道题，以我们目前的知识只能用换元法解，这有别于例题的解法。所以在实践中，我们还要学会选择适宜的方法，学会反思。

通过全班学生参与回忆、反思、交流和听取教师随机提问引导，进一步梳理、归纳本课中遇到的问题和解决问题的思路，激发了学生后续学习高次方程解题的积极性。

三、实　　效

（一）学生数学专题复习素养方面

1. 意识方面

根据教师在课堂上对学生课堂各个环节表现的观察、学生的应答、独立练习、讨论交流等情况可知：学生的"四类意识"均有明显增强。一是课堂参与意识明显增强。如，在精讲环节，以教师讲授代数方程的相关概念和方程解法为主，学生都能认真地听教师的讲解并动笔将各个知识点及例题解题格式等一一记录在学习单上；在学生独立练习环节，学生静心完成练习单上的习题，并把自己不会做的或者有疑问的做好记号。二是主动解疑的意识明显增强。在小组讨论环节，学生会积极、主动地寻求组员的帮助，切实解决好学习单上的问题，让自己不再一知半解，真正加强了对代数方程概念的理解与解题步骤和解法的掌握。三是主动反思的意识明显增强。学生对于练习单上出现的错误，能够主动反思，找到自己的错因，注意吸收他人的解题方法，提升自己的专题复习效果。四是分类讨论意识明显增强。学生在解含字母系数的方程时，能考虑到字母系数的取值范围，进一步思考是否需要分类讨论来解决问题。

2. 能力方面

根据学生课堂独立练习时的状态和解题正确率，以及小组讨论情况可知：一是学生独立观、听教师精讲、切实理解知识的能力有了提升。学生在完成练习单第一题时，能避免看到根号就觉得是无理方程，能仔细根据定义正确找出到底哪个是无理方程。第二题完成过程中，能想到分式方程的根需要检验，所以选项 D 是错误的。学生这两类题的正确率较以往有了提高，并且能有理有据地说明解题方法。二是学生独立思考能力明显提升。学生独立练习时，能够理解知识背后的逻辑、方程概念，转化思维、逻辑思维有了明显提升。在判断概念时，思维清晰，能明确各种方程之间的区别。在解分式方程时，能先将分式方程转化成整式方程。三是学生分析数学知识和总结归纳的能力明显提升。在讨论时，学生能够认真组织语言讲解题目，概括提炼相应知识，注意有理有据，进一步巩固了代数方程的概念、解题步骤及解法。四是学生的交往管理能力明显提升。在小组讨论过程中，大多数小组成员能互相纠正习题中出现的一些错误，将知识点重新审视后加以正确运用。小组讨论这一环节，每一位学生都能参与其中，和同伴交流自己的看法，并乐于倾听同伴的想法，即使是平时寡言少语的学生也被积极带动起来，热烈参与交流。

3. 良好行为习惯方面

一是学生基本养成了认真听课的习惯和做好笔记的习惯。二是学生做笔记时,注意记录专题复习的重点、解题步骤、解法和注意点的习惯初步养成。三是学生基本适应了对分课堂形式的专题复习模式。四是学生独立学习、集中注意力和互帮互助的良好习惯有所改进。如,在"对分课堂"的独立练习中,学生能够借助学习单,独立完成对课堂内容的内化、吸收;在全课的学习中,绝大多数学生能够集中注意力,认真听课、回忆、唤起、思考和及时记录疑问;在讨论、交流环节中,学生小组成员间能够主动求教、分析错因、分享经验(如注意验证)、化解疑难。

(二) 学生数学整体学习素养方面

一是学生对于数学基础知识的掌握得到了提高。从练习中,可以看出学生能够深刻理解并熟练运用无理方程和有理方程中的分式方程、整式方程中的一元二次方程的基本概念、解题步骤、公式和解法。他们能够准确地进行数学运算和推理,对代数方程基础知识有了深入理解。二是学生对于数学问题的解决能力得到了提升。学生能够独立思考并解决数学问题。三是学生对于学习数学的兴趣得到了提高。如,他们愿意主动学习和探索数学知识,能够积极面对数学挑战,具有克服困难的勇气和毅力。四是学生的数学交流与合作能力得到了提升。学生能够用数学语言准确表达自己的观点和想法,与他人进行有效的数学交流,合作解决问题,分享学习成果。

(三) 教师方面

一是提升了教师结合对分课堂理论实施"双自"教育、开展数学专题复习、提升学生数学专题复习素养之主题式案例的研究素养。二是在日常教学中,提升了教师对于新的数学学科教科研理论和研究的关注度,并结合实际加以探索,不断提升自己的专业素养。

四、意　　义

"专题六:代数方程(1)"一课的探索实践能够取得良好效果,主要意义有以下两点。

(一) 符合"对分课堂"理论

本节课采用的是对分课堂的"当堂对分"。在讲授环节,教师对知识框图、概念辨析和解方程例题等教学内容,逐个进行精细讲解,理清知识间的联系与区别,加深学生对代数方程相关概念的理解;学生积极投入课堂,体会自己学习中还存在的问题,并加以纠正。在内化吸收环节,学生进行独立内化代数方程知识,在独立完成练习题的过程中,不同学生按照自己的能力,自行安排时间。在碰到疑难点时,记录下来;在讨论环节,先进行小组讨论,记录疑难之处,通过同伴间的交流互助,进一步吸收掌握代数方程的概念、步骤、解法和注意点,再进行全班交流分享本节课还存有的疑惑和收获。对分课堂教学模式运用于这节复习课,较好地体现了学生的主体地位,带动了学生课堂参与的积极度,很好地落实了课堂教学目标,提升了学生的数学专题复习素养。

显然,对分课堂理论符合学生实际,对学生的数学专题复习是适用的,对学生的"双自"素养具有促进作用。

(二)彰显了在提升学生"双自"数学专题复习素养方面的独特价值——"四性"

1. "对分课堂"模式下教师对学生学习的引导性

在对分课堂的四个环节中,教师对学生学习都给予了引导。在教师精讲环节,教师先借助知识框图,唤起学生对代数方程的记忆,理清知识间的联系。然后,在教师讲授相关例题、概念、注意点时,学生认真听讲并及时记录在学习单上。在独立内化环节,学生独立练习,巩固课堂知识点。在这个阶段,教师虽然不直接参与学生的学习过程,但讲授的内容为学生提供了学习的起点和方向。学生可以根据自己的个人特点和具体情况,以自己的节奏去完成内化吸收过程。教师在这个过程中扮演的是引导者和支持者的角色,通过提供学习资源、学习单提示和建议,帮助学生更好地完成内化吸收。随后,教师组织和引导学生进行讨论,学生通过组织语言,进一步加深对课堂知识的理解。在小组讨论后,教师还组织全班讨论,对小组讨论中存在的疑难问题进行解答,并做总结。这个过程中,教师针对学生的讨论情况进行引导和总结,帮助学生巩固了所学知识。

可见,课堂中教师对学生学习的引导有显性、有隐性的,是多环节、多方面的。这种引导,较好地激发了学生的学习兴趣,促进了学生主动复习和深度参与,保证了学习效果和"双自"专题复习素养的提升。

2. 代数方程知识的系统性

本课开始,教师以结构图形式展示代数方程的知识框图,学生在复习过程中形成了自己对代数方程基础知识系统的建构,理清了方程概念间的区别与联系,形成了完整的知识网络。随后,学生通过练习、讨论、交流,加深了对代数方程基本概念、定理、解题步骤、方法和注意点的理解和掌握。

可见,将数学专题复习知识系统化,可保障学生对数学专题复习知识体系的系统理解,从而帮助学生整体把握知识体系,灵活地加以运用。

3. 对分课堂课中学习时的学生主体性

一是在教师精讲环节,学生认真独立进行观察、听讲、回忆、唤起、思考、记录笔记,是隐性的学习主体。二是在内化吸收环节,学生根据课堂上教师讲授的内容,自主进行知识内化。他们通过复习笔记、独立完成学习单练习,主动思考,记录疑问,积极解决遇到的问题,形成了自己对代数方程概念、解题步骤、方法和注意点的知识体系,逐渐培养了自己的独立思考和解决问题的能力。三是在课堂小组讨论和组内及全班分享中,学生都能积极参与,分享自己的解题步骤、方法和学习心得,与小组成员共同讨论,主动提出自己的观点和疑问,促进思维碰撞,从而解决问题,加深了对代数方程的理解。显然,后两个环节,学生是课堂学习显性的主体。与平时复习时的讲练课相比,这样的课堂给学生自主思考数学问题和讨论的时间更多,学生对于课堂学习的自主性更强,专题复习实效也就更为明显,"双自"素养也有机得到了锻炼提升。

可见,在对分课堂中,学生主体性的更好落实,保障学生更好地掌握了代数方程专题复习的系统知识,提高了学习效果和质量,有机提升了"双自"素养。

4. 专题复习的实效性

在平时课堂复习中,总有一些学生听着听着就走神、打瞌睡,要求完成练习时自然没有思路。本节课以"当堂对分"进行,使学生做到"有独有合"全员参与,集中注意力认真听讲,主动并及时记录课堂内容要点,积极参与讨论与分享,令不同层次的学生各有所获,提高了数学专题复习课的效率和质量。

可见,在当堂对分模式下,结合前述"三性"的落实,能引导学生自觉投入课堂听讲、独立练习、组内讨论与交流和全班分享,从而更快、更好、更有个性地完成代数方程专题复习的任务,并有机提升学生数学专题复习的意识、能力、良好行为习惯"三素养",提高自主管理素养,从而保证了专题复习的实效性。

参考文献

[1]张学新.对分课堂:大学课堂教学改革的新探索[J].复旦教育论坛,2014(12):5-10.

[2]中华人民共和国教育部.义务教育数学课程标准(2011版)[M].北京:北京师范大学出版社,2012.

[3]黄悦军,刘明军,田明刚.核心素养视角下的初中数学专题复习课教学[J].上海中学数学,2018(9):38-42.

[4]吴骏德,曹明.实施"双自"教育　促进自主发展[M].上海:同济大学出版社,2017.

[5]杨龙,曹明,杨蕾.基于独立学习与合作学习相结合的教与学方式研究案例选[M].上海:同济大学出版社,2022.

学生自主想象作文素养：在"三程·十二步"实践中得以逐步提升

——以牛津英语"6B Travelling in Shanghai in 50 years' time"对分课堂教学实践与分析为例

张　成（上海市蔡路中学）

一、缘　　起

　　"Travelling in Shanghai in 50 years' time"一课（简称本课），选自《牛津英语》（上海版）六年级下册第 7 单元。该单元，教材围绕城市交通方式的变化而展开。本课是教师基于学生写话训练的实际教学需要而增补的想象写话训练的拓展设计，即鼓励学生畅想 50 年后上海的交通工具和交通设施的变化，并进行书面表达。写作的内容，属于想象作文。在初中英语写作教学中，想象作文具有一定挑战性。这是由于其不仅对学生的想象创新思维有相当的要求，还与学生语言能力的准确表达、写作主题选择的适切、写作内容的充实及内容之间的连贯性密切相关。

　　教育部所编的《义务教育英语课程标准（2022 年版）》（以下简称课标），在课程内容的语言技能表（二级）中指出："模仿范文的结构和内容写几句意思连贯的话，并尝试使用描述性词语添加细节，使内容丰富、生动。"由此可见，本课时的写作拓展设计，是符合课标这一精神的。

　　张学新教授提出的"对分课堂"，其核心理念是将课堂的时间只留一半给教师进行讲解、演示，剩下的一半时间分配给学生开展以讨论为主的交互式学习。该教学模式强调"四元"教学，即讲授、独学、讨论、对话。在本课教学中，笔者将以上"四元"安排的元素，灵活分布于教与学的各活动之间，并与以学习理解、应用实践、迁移创新为核心的英语学习活动观有机融合，来锻炼学生想象作文的素养。

　　预备年级的学生通常学习热情高涨，但强烈的表达意愿常常受限于思维的散乱化和语句表述的碎片化特征。特别是在写作中，学生往往会出现一些与主题句无关联的语句，学困生更是无话可写。鉴于本课想象类作文为预备年级学生首次接触，如何有效激活学生的想象思维，并以此助力学生进行连贯的书面表达，便成为本课的学习重点。本课中，需要教师借助复现空中课堂前三课时的部分内容，促进学生主动思考文章主旨句、主题句和扩写句之间的逻辑关系。同时,教师拟借助以读促写,以及运用 mind map 微技能的教学活动,帮助英语学困生克服写作时无话可说、无从落笔的通病,激活学生对作文主要内容 transport 和 facility 的行文思路。

基于以上情况,笔者在参加学校的"基于'双自'教育的对分课堂实践研究"的区级课题实践研究时,拟通过融入"对分课堂"的"四元"安排元素,即在教师施教、学生独学(想象作文)、生生讨论、展示评价的课中、课后、下次课始之"三程·十二步"教与学的实践中,提高学生想象类作文的兴趣、能力和良好行为习惯之"三素养"。

下面以牛津英语六年级第二学期 Unit7 写作拓展课时的课中、课后、下次课始之"三程·十二步"的教学实践与分析为例,说明如何在"对分课堂"之"四元"实践中,有机践行"双自"教育与英语学习活动观的深入融合,从而提高学生英语想象作文的"三素养"。

二、过　　程

(一) 课中

1. 观

在课堂导入环节,首先,教师借助多媒体呈现空中巴士视频(内含空中巴士的飞行驾驶、人脸识别、自动泊车、自动测距仪等科幻风十足的内容),要求学生独立观看;其次,教师运用"Can you see this kind of bus nowadays?""Is it high-tech/safe?""Will it be convenient to travel by airbus?"等一系列设问,要求学生同桌讨论、回答关于上海未来 50 年交通工具和设施方面描述的词汇储备;最后,教师引导学生用 1~2 个形容词,描述主旨句"Travelling in Shanghai will be _____ in 50 years' time"。其间,教师根据学生相应词汇和形容词的回答,做随机激励与引导。

这一过程,有效地激发了学生独立观看空中巴士视频、参与同桌讨论、回忆、回答交通工具、设施方面的词汇和主旨句"50 年后到上海旅游会怎样出行"的填空用词的兴趣;增加了学生关于未来交通设施设备方面描述的词汇储备,激活了发散性思维。

2. 习

(1) 读一读

学生独立阅读某位学生上节课关于上海未来 50 年出行变化的海报作业,说出每个海报短句对应的主题词,归纳每段主题句和文章主旨句之间的逻辑关联。

T：Here is a poster made by one of you. Please read each sentence and think about how the travelling in Shanghai will be in 50 years' time?

S1：The first sentence tells us the travelling will be more hi-tech.

T：That's right. More tunnels and flyovers in the sky can make people go to somewhere easily. So what else can we say?

S1：Maybe more convenient.

T：So clever you are...

（2）选一选

Task 1：学生独立选出与文章主旨句无关联的段落主题句,检测学生对于主旨句与主题句间逻辑关联的理解程度。

T：If the topic sentence is about more convenient，which sentences are irrelevant? （屏幕聚焦：Perhaps robots will drive airbus instead of people and there will be fewer traffic accidents.）

S1：The latter part is about safer，but I am not sure about the former one.

T：Who can help this girl?

S2：The former part is also about more convenient.

T：Both of you did a good job. Actually the sentence is partly about more convenient and partly about safer. Got it?

S：Yes.

（3）思一思

学生回顾空中课堂第三课时的海报,明确今日写作主线的内容(交通工具和设施的变化)及分段写作的要求。教师引导学生讨论并思考：交通工具和设施的变化,都会导致交通状况的变化。但在本课中,以哪个原因导致交通状况的变化充当扩写内容更佳?

（4）练一练

一是学生回顾空中课堂第一课时关于车费支付方式、公交车种类、司机三方面变化的文本概括。二是学生独立阅读空中巴士促写语篇,推断出外观、内设、功能、燃料的扩写内容。三是学生以同桌互助方式,圈画出"It will..."的简易支撑句型,并根据思维导图,结合柱形汽车、智能逃生舱、水陆空三栖车、子弹列车等新图,进行 pair-work 的句型操练。鉴于交通工具的变化已有四个维度的扩写内容,学生此时在教师的追问引导下自主得出：交通状况的变化应作为交通设施变化的扩写内容更适合。同时,教师引入了段与句之间也应关注内容的逻辑性这一要点。

（5）述一述

学生再次回顾空中课堂第三课时的海报,小组讨论并回答教师问题："If the traffic condition is better，who/what may it influence?"教师以交通状况变化为切入口,引导学生还能从市民及城市生活等角度,来扩写交通设施的变化。

五小步的实施,较好地锻炼了学生"独合结合"完成"上海未来 50 年的交通工具与设施、设备"的头脑风暴、借助海报和思维导图梳理空中课堂已学内容、自主选择"上海未来 50 年的交通工具和设施"、选定想象写作的主题和内容(交通工具的外观、内设、功能、燃料四个方面;交通与设施的状况,以及给人们和城市生活带来的影响)、操练语言表达、归纳行文连贯的能力,为后续自主确定交通工具与设施、设备想象作文的主题句奠定了基础,激发了学生展开想象写作的兴趣。

3. 写

(1) 想象与独写

写作 Task 2 要求学生在教师借助未来交通设施思维导图的提示下,能基于主旨词 safer,从交通状况、市民及其生活维度,来畅想上海未来 50 年交通设施的变化,并以书面的方式加以表达;写作 Task 3 要求学生通过自拟适切的主旨词和合理的细节描写维度,来完成未来交通工具与设施的思维导图,以此助力想象作文的段落写作,并在独立写作中重点关注主旨句(以下简称旨)与段、段与句、段与段、旨与句间的逻辑性。

从半开放的 Task 2,到全开放的 Task 3 的梯度设计,缓解了学生对于想象作文抵触恐惧的心理,也有效帮助学生内化了"习"环节在确定未来交通工具与设施的想象主题、细节描写、内容连贯方面的知识要点,并为后续的比较与分析逻辑性的相同点和不同点奠定了材料和思维与写作的基础。

(2) 阅读与纠错

首先,教师借助多媒体出示一篇描述空中巴士的短文(由四段文字组成),要求学生独立阅读,找出文段之间的逻辑关系和存在的错误。其次,学生通过独立阅读、思考和判断,找出了两句段落主题句"Perhaps most of the people will choose to travel by airbus"与"Perhaps there will be fewer sky tunnels for airbus to go through freely"间的逻辑错误(段与段方面)。最后,学生明确指出:应该将 fewer 改成 more。

该小步,巩固了学生兼顾段落间的逻辑性的能力;使学生进一步明确了想象作文的撰写与评价需要关注段与段之间的逻辑性,也为后续学生参与讨论、比较学生的两份习作在逻辑性方面的相似点和不同点、对不合理之处进行纠正奠定了基础。

(3) 比较与引导

T: Here are two passages. Let's compare and contrast in terms of logic. Please use straight lines to show similarities and wavy lines to show differences.

要求学生先参与同桌讨论,然后准备参与全班交流。

被叫学生 1 到讲台处(简称上台),用直线画出两份习作在逻辑性方面的相似点。

S1: The similarity is that both of them did well in the logic between theme and paragraph, paragraph and supporting sentences, paragraph and paragraph.

T: What about the difference?

被叫学生 2 上台,用曲线画出两份习作在逻辑性方面的不同点。

S2: I think this wavy line sentence isn't about safer. Maybe he'd better write 'Perhaps all of the people will follow traffic rules.' We should also pay attention to the logic between theme and supporting sentences.

T：Good job!

教师及时板书段与段、旨与句之间的逻辑性关联，以完善逻辑性维度的评价要求。

T：Boys and girls，who can make a summary for us in terms of logic?

S3：We should pay attention to the logic between theme and paragraph，paragraph and supporting sentences，paragraph and paragraph，theme and supporting sentences.

两篇习作在旨与段、段与段、段与句方面的连贯性不错，但第二篇在旨与句方面的逻辑性方面欠佳。习作1：学生在自评中，肯定了自己在连贯"四维度"方面的达成，并对"take one's bearing"做了"make people know where they are"的释义。习作2：学生针对伙伴习作中出现的旨与句不符逻辑的问题做出了合理修改。全体学生在其后教师的引导下，通过寻找两篇习作的共性亮点或不足，以小组讨论和师生互动，自主提炼补充了逻辑性的评价维度。

学生在经历"有合有独"的"比较与引导"和判断与改进的实践与思考中，不仅内化了写前输入环节中旨与段、段与句的连贯性，更创造性地自主完善了段与段、旨与句的连贯性，培养了学生在参与交流、比较评价、听取教师引导和自我修正中，不断提高自主想象作文逻辑、行文连贯的能力。

4.评

一是教师讲解评价要求。一为自评内容，包括：Task 3习作的主旨句、段落主题句、段落扩写句的写作内容和具体的表述是否符合逻辑性？旨与段、段与句、段与段、旨与句"四维度"的表述是否符合连贯性？对未来交通工具和设施的细节描写，是否具有创新性？二为批改符号的说明，主要有用直线或括号画出段落主题句、细节描写句，用箭头指出内容间的逻辑关联，用曲线画出亮点语句，用问号指出习作存在的改进之处。二是学生自批Task 3习作。在自批中，学生注意主旨词的确立、两类逻辑性（主旨句、段落主题句、段落扩写句的写作内容和具体的表述是否符合逻辑性）、"四维度"表述的连贯性，以及对未来交通工具和设施变化的想象性及其细节描写与一定创新性的达成情况。三是学生上台展示自批（自评）情况。有一位学生上台的展示显示：未来交通工具和设施以更安全、更方便为主旨词，准确使用一般将来时及本课重点句型介绍无人驾驶车和专用停车场的变化情况，并从外观、功能、市民及城市生活角度进行细节描写。对于该生展示的习作中连贯性"四维度"的高效达成，在教师的引导下，全班同学给予了高度肯定。该生习作中关于无人驾驶车的自动测距和专用停车场利民便民的想法，具有一定创新性，教师鼓励他和大家分享了如何会想到这些亮点的思考。四是学生同桌交换习作进行互批（互评）。互批中，同桌根据教师的评价要求引导，结合自己的判断，肯定了符合评价要求的规范之处、特色亮点之处，尤其是能够指出同桌自评中出现的误判，并提出了修改建议。五是学生上台展示互评结果。两位被教师随机抽取的学生，上台展示了互评的习作。在教师的引导下，学生发现了两篇互评习作中出现的共性问题：旨与句之间存在逻辑性瑕疵。一篇习作，主旨词为更安全和更舒适，但城市的生活将变得更有趣的表述则不太适合；另一篇习作，主旨词为更快和更方便，但交通设施一段缺少相关细节描写句。在同桌互评中，教师还指出了习作中存在思维导图不全、使用中式英语、语法拼写错误等问题。六是教师组织全班学生讨论，帮助这两位学生修正习作中所指出的不足。七是全班学生再次进行自批（自评），改进习作，主要是完善了旨与句之间的关联度。

上述七小步的实践过程，使学生明确了自评、互评、展示与修改的要求；较好地锻炼了全体学生"有独有合"根据教师的评价内容与使用的批改符号的要求（包括学生自评与互评展示时穿插的评价引导），进行自评与展示、互评与展示、互助修改和独立修改 Task 3 习作的能力，尤其是学生普遍关注到了自己所写未来交通工具和设施的主旨句、段落主题句、段落扩写句的写作内容和具体表述的逻辑性，以及"四维度"表述间的相互连贯性，部分学生在所写的未来交通工具和设施的细节描写方面，体现了一定的创新性。教师从对学生 Task 3 习作改进后的批改情况可知：多数学生的习作，能够紧扣未来交通工具和设施为主线内容，从外观、内设、功能、燃料、交通状况、市民及生活角度开展说明，对自己草拟的思维导图中信息的获取、加工、创造能力也较强；学生习作中暴露的旨与句缺乏逻辑性这一易错点，也得到解决。这使得合理想象的创新思维在逻辑思维的保障下，更熠熠生辉；提高了学生对自己的习作加强自评、互评和反思与改进的意识和兴趣，促进了自主监控学习质量良好行为习惯的养成，这也间接地带动了班内学困生英语写作的进步，增强了同学间互帮互助和自主评价与改进的意识。

5. 结

学生聆听教师关于本课时的结语：一是想象作文需要学生脑洞大开，运用一般将来时畅想并准确表达上海未来 50 年交通的变化；二是学生还需要注意写作主题选择的适切度，并巧用思维导图对未来交通工具和设施进行细节描写；三是学生需要重点关注写作内容的充实及内容之间的连贯。四是学生应该养成对评价量表合理使用于自审自查、与同伴间的交互批改、交流的良好写作习惯。为呼应单元主题（城市生活的改变），最后，教师以"智能的工具；卓越的设施；充满希望的生活"作为结语结束了本课时的教学。

教师的课末总结，有效地帮助学生梳理了在单元主题课框架下如何确立想象作文主旨、如何利用思维导图合理想象扩充细节描写等知识技能；内化了学生在行文创作中关注并落实符合想象作文主题的内容、行文连贯性的能力；培养了学生以自、互评活动监控、修正、优化自己学习成果的良好学习行为习惯。

6. 明

教师借助多媒体和口头说明，明确了学生课后的两项作业：① 基于课堂自评与互评的结果，继续打磨自己的习作。② 全班被分为三个大组，分别独立阅读《共享班车》《连通走廊》和《无人驾驶舱》，以 pair-work 的形式，合作摘抄文中的好词好句，并加以修改润色，运用到自己的习作中。

这两项作业的设计,一是促进了学生的自主反思,锻炼了学生根据自评、互评的结果和评价的要求改进习作的能力;二是巩固了课堂所学;三是让学生在合作阅读、摘录和经过润色的基础上,将所学迁移运用到自己的习作修改中,从而为优化自己的习作奠定了基础。

(二)课后

7. 读

一是教师选择课外全班学生分组阅读的未来交通方面的材料《共享班车》《连通走廊》和《无人驾驶舱》,分别准备好纸质学材;二是全班学生自主选择,组成三个大组;三是明确各组的阅读材料;四是三组成员各自开展本组学材的独立阅读;五是学生运用借助查阅英语字典策略,自主解决陌生单词与词块的读音和语义障碍;借助探寻主旨策略,找出语篇的主旨句;运用分析要义策略,定位描述未来交通工具或设施的主要功能;运用品味语言策略,重点关注那些能体现未来交通工具或设施变化、功能丰富性和生动性的语句。

三个大组的学生,都能借助英语字典,自主把握陌生单词与词块的读音和语义;能找出各自阅读语篇所表达的主旨;能把握未来交通工具或设施的主要功能;关注到了未来交通工具或设施的发展性、功能的丰富性和生动性;还有机培养了小组合作阅读、运用相关阅读策略,进行课外材料阅读、梳理概括阅读信息的能力;内化了相应的表达句式。

8. 摘

针对上节课习作中语言表达多为简单句的现象,各小组学生将目光重点聚焦于自己小组阅读语篇中的并列复合句和复杂句的摘抄,特别是那些能让未来交通工具和设施的细节描写更生动的语句,培养了学生小组合作聚焦于摘抄并列复合句、复杂句和生动描述细节的能力;强化了学生在阅读中注意摘抄重点和生动描述细节的意识与习惯。

9. 润

一是学生同桌建立双人合作小组;二是尝试合作删减了重复词句;三是将经过同桌商定筛选后的好词金句,摘录到了表1中;四是学生独立思考将同桌合作摘选的好词金句,经过润色改造,迁移运用到自己原习作中对文章主旨句、段落主题句、段落扩写句的有针对性的修改中;五是学生品味所摘抄的好词金句、原习作句式和润色后的语句的内容属性,自主分析归纳出习作在表达内容、语言句式方面还存在的不足,明确自己想象作文语言提升的努力方向。

这五小步的实施,培养了学生同桌合作进行讨论、交流判断、删减重复词句、选摘好词金句、借助表格进行分类记录和独立选用所摘抄的好词金句、进行润色改造、运用修改完善原想象作文和总结修改理由的能力,尤其是简单句、并列复合句、复杂句的交互使用,让学生润色后的习作之语言表达变得更为地道,对未来交通工具和设施的描写更生动细致;培养了学生相应的良好行为习惯,提高了学生借助阅读摘录的好词金句自主修改完善未来交通工具和设施方面想象作文的兴趣,尤其是学生课后的组内、跨组的作文交流让班级里充满了互助共进地完善想象作文的氛围。

表1　学生读后对自己想象作文的润色内容、属性
梳理和润色理由概述(以语篇C为例)

语篇C	润色内容	内容属性	润色理由
好词	a must；point-to-point	情态动词的名词化使用;复合形容词	原习作多为简单句;词汇量匮乏
好句	sb. can...if they...	复杂句:条件状语从句	
S1原习作语句	Perhaps none of the drivers will drive cars by themselves.	段落主题句;简单句	
S1润色后语句	Perhaps a driver wont' be a must in the future. Driverless cars will give us point-to-point service.	段落主题句与扩写句更为形象生动	
S2原习作语句	People can have a sleep in driverless cars.	扩写句;简单句的描写内容相对苍白、句式比较单一	
S2润色后语句	If passengers feel tired, they can have a sleep while driving just by pressing the button. Then the seat will change into a bed, really safe, convenient and comfortable.	扩写句;条件状语从句对乘客能在无人驾驶车里休息的功能描写更细节化、具体化	

(三) 下次课始

10. 享

在下次课始,一是教师随机从三个大组中抽取三对学生,以 pair-work 的形式,分享交流同桌选摘的属性表成果。二是由于作业采用的是拼图式阅读,大组间并不知道对方语篇的内容,故邀请一组学生到讲台前,先呈现该大组的阅读语篇并让全班默读,继而展示大组学生在屏幕上用直线、曲线或圆圈勾画出的语篇中的好词金句。由于预备年级的学生对新鲜事物具有强烈的好奇心,特别是在收获了上一节想象类作文写作课的成果和课后与同桌进行激烈的思维碰撞后,不等教师邀请,各小组都有学生跃跃欲试,想上台展示自己的学习成果。该步骤也为学生主动与同桌开展合作学习并展示想象作文语言润色的能力提供了契机,也培养了他们乐于与他人分享学习资源和策略方法的良好行为习惯。

11. 评

（1）协商与自评

教师邀请相关学生同桌小组上台，一是教师鼓励同桌成员间讨论两分钟，主要是协商一下对属性表自评内容的分工、语言组织和语言衔接的想法；二是学生借助属性表，同桌合作参与全班自评的交流；三是各组成员，注意做好观察与记录属性表自评交流中的特色亮点和不足、存疑之处。该小步的实施，锻炼了同桌学生协商交流自评分工和内容、参与交流与同桌合作选摘的属性表、尝试做好交流时的观察与记录的能力；培养了学生关注分工与细节、有条理地介绍自己和同桌选摘的属性表的意识和兴趣。

（2）请教与引导

首先，学生提出自评交流过程中遇到的表述障碍，特别是简单句、并列复合句、复杂句等专业术语名词表达时的困惑；其次，教师邀请其他组的学生进行提示或帮助；最后，教师根据需要，进行有针对性的引导。这一过程，培养了学生展示交流属性表成果时的反思与问题意识、愿意提出困惑的勇气和主动求教的意识；锻炼了相关学生参与解疑答难的能力和全体学生从中获取有效信息的能力。

（3）互评与补充

一是教师邀请其他小组成员对属性表成果进行补充介绍。二是教师组织对交流成果的互评。三是各小组在认真聆听了三对同学自评结果后，分别就语篇 A、B、C 补充了自己的想法，如，语篇 A，at the same time 等副词词组可放于句首、动名词做主语等；语篇 B，自评小组的展示内容十分完整，得到了大家的一致好评；语篇 C，互评学生用火眼金睛找到了 allowing them to… 的表达，但不知如何对其属性进行表述，故向教师提问。四是教师随机肯定了交流学生对未来交通工具和设施更细致生动的描写，并引导学生可将该种表达放于句末用于表达一种状态或结果。这四小步的实施，较好地培养了学生对属性表成果进行补充介绍、参与互评和主动对语篇 A、B、C 分别提出有针对性的建议的能力，培养了学生互相监控学习成果、进行有效反思、提出合理完善化建议的能力；落实了教学评一体化的课程理念，强化了学生的成果介绍和互评意识，内化了评价素养。

12. 听

一是学生聆听教师总结的优化想象作文语言表达的要义：简单句、并列复合句和复杂句需要混合使用；需要加强词块的积累与合理运用；需要关注丰富句首的表达；需要借助图表归纳、整理所学内容，及时进行总结巩固。其中，部分内容如现在分词表状态或结果，超出了预备年级学生目前的认知水平，故在此不做深入解析，只鼓励学生合理运用。二是学生借助对教师总结的"听中学"，对作业中反馈的共性问题——"句式单一化与词汇量的匮乏"进行了反哺思考，明确了自己在想象作文语言润色方面的"四个注意"之努力的方向，即注意加强词汇与词块的积累、注意句式表述的多样性和生动性、注意巧用图表进行表述、注意多样化学习策略的运用。这就使学生在聆听教师的总结中，明确了优化想象作文语言表达的"四个需要"的要义；在自我的反哺思考中，体悟到了解决想象作文共性问题之"四个注意"的对策;提高了学生的总结反思与改进意识和写好想象作文的兴趣。

三、实 效

(一)学生方面

1. 自主作文兴趣方面

一是课始,教师空中巴士视频的导入,有效地抓住了预备年级学生对认识、探索未来交通工具的兴趣。二是阅读输入中,以某学生上节课关于上海未来50年交通变化的海报作业为切入点,并合理穿插空中课堂前两课时的部分内容,进一步巩固了学生已建立的兴趣。三是学生根据未来交通工具的思维导图和包括柱形汽车、智能逃生舱、水陆空三栖车、子弹列车等在内的拓展新图进行口头句型操练活动,有效降低了对于上海未来交通想象作文的恐惧心理。四是学生课后针对共享班车、联通走廊、无人驾驶舱不同阅读语篇的合作摘抄、润色、汇总,将对于未来交通工具和设施的探索学习热情延续至了课外。五是学生课中与下节课始的自评与互评环节,自评学生的自如表达、互评学生的自发提问、补充和互助,无不印证了他们对于自主想象作文的求知欲。六是"三程·十二步"的实践中,随着学生对上海未来交通工具和设施自主想象作文素养的逐步提升,写好习作的成就感逐步积累,写作自信逐步提升,从而也逐步提高了全体学生写好想象作文的兴趣。

2. 自主作文能力方面

从学生写前输入、课中习作、自评、互评、课后习作可知,学生对上海未来50年交通工具和设施的自主想象作文的以下五个方面的能力,都得到了较好的锻炼。

一是学生自主阅读理解梳理原文能力方面。全班学生能独立理解多模态语篇(上海未来交通变化的海报)传达的意义,归纳出每个海报中短句对应的更高科技、更舒适、更快、更安全等主旨信息。通过独立阅读空中巴士语篇,学生能自主提取推断出诸如外观、内设、功能、燃料、交通状况、市民及相应的生活影响等扩写信息。同时,学生通过合作讨论、思考"交通状况的变化应充当交通工具还是交通设施的扩写内容",结合"练一练"的同桌交互对话的操练,得以自主得出"交通状况的变化应作为交通设施的扩写内容更为合理"的结论。

二是学生对未来交通工具和设施想象作文能力方面。多数学生能熟练地运用一般将来时,对上海未来50年的交通工具和交通设施的变化确立主旨句。学生能有效迁移空中课堂第一、三课时的旧知,合理想象未来交通工具和设施变化的拓展写作维度,并运用思维导图,从外观、内设、功能、燃料、交通状况、对市民及相应的生活影响方面,进行细节描写。在课后,学生能针对习作句式单一的通病,通过词性巧用、句式丰富等润色路径,更精细化地思考并优化上海未来交通变化的主旨与细节写作内容,其自主想象能力得以二次升华。

三是学生口头语言表达技能方面。学生能以同桌互助的形式,结合柱形汽车、智能逃生舱、水陆空三栖车、子弹列车等新图,准确运用简单句,从交通工具和设施的不同描写维度进行口头的写前操练。在课中写后与课后语言润色的自、互评活动中,学生能根据教师的评价内容与批改符合的相应要求,较为全面地展示自己习作主题鲜明、逻辑匹配、内容充实、语义连贯、细节合理和具有一定创意等亮点。同时也能以合作方式,客观地指出伙伴习作存在单词拼写、使用中式英语、旨与句的连贯性等方面存在的不足。

四是学生对想象作文自评与互评能力方面。学生能在课中自评和课后润色活动中,客观地说明自己习作中关于旨与段、段与句、段与段、旨与句之间"四维度"的连贯性、对交通工具与设施进行细节描写且在语言润色后更为生动、学困生写作进步等亮点。在课中与下节课开始的互评中,学生不仅能指出伙伴在语言表达方面存在思维导图不全、使用中式英语、语法拼写错误等问题,更能针对旨与句之间的连贯性不足这一普遍问题,在教师组织下,经过全班学生合作,为两位互评展示的学生提出改进的建议。

五是思维品质方面。学生能在多模态语篇(海报)的启发下,畅想上海未来 50 年的交通工具(外观、内设、功能、燃料)和交通设施(交通状况、人与城市生活所受到的相应影响),锻炼了发散、想象思维。更为重要的是,学生在创作的过程中,必须时时兼顾旨与段、段与段、段与句、旨与句之间"四维度"的连贯性,有效地锤炼了逻辑性思维。

3. 自主作文良好行为习惯方面

一是元认知策略运用习惯方面。一方面,学生在课后拼图式阅读过程中,通过初步查阅字典学习语篇中遇到的一些陌生单词、词块和句型,促进了良好的自主查阅与判断的阅读良好认知学习行为习惯的养成。一方面,促进了学生对想象作文进行课中与课后自主检查与改进,以及小组成员间在互评过程中,听取质疑、中肯建议和自主加以改进的监控与改进学习过程和结果的良好自主学习与监控管理行为习惯的养成。另一方面,促进了部分学生在遇到问题后,主动提问老师或同学,寻求帮助,及时解决问题良好学习行为习惯的养成。

二是认知策略运用习惯方面。学生在课中习得环节中,通过复习空中课堂前两课时的凝练内容,确立了习作主线与扩写内容,知晓了单元课时间的内在联系,构建了良好的单元复习的意识。另外,学生也初步树立了巧用思维导图和图表思考阅读问题、梳理归纳课中学习重点和完成课后作业的良好学习行为习惯。

三是交际策略运用习惯方面。参与自评与互评的学生,能借助手势、目光、表情等肢体语言辅助口语表达,提升了学生在台前的自信与干练的精神风貌,助其养成大胆说、自信述、科学评的习惯。

4. 自主作文监控素养方面

一是锻炼了学生在课中通过自评与互评,监控自我和他人学习成果的能力与习惯。二是锻炼了学生课后合作的摘抄、填表、润色作业、与同桌相互协商、剔除重复词句、记录最精练且共性的内容、自主改进想象作文的能力。三是下次课始的评价中,锻炼了小组学生代表上台反馈和同桌讨论交流的各自发言内容的能力。四是强化了学生从各组的交流中,合理吸取他人作文中的精华、改进自己的作文和帮助他人进行改进的意识。

5. 内化想象作文主旨方面

学生"三程·十二步"阅读、尝试撰写、评价与分享和不断完善想象作文的过程,引发了学生对交通与设施的现状与发展、与人、与城市生活如何实现良性影响的关注,激发了敢想敢为、善做善成精神。

(二) 教师素养方面

1. 提升了课题研究素养

(1) 用"对分"、显"观"念、落"双自"方面

本课教师的设计、实施、总结和不断完善总结成果的过程和结果,以及观课教师的听课反馈与学生作业的课后跟踪表明:教师能够基于学校"双自"(自主学习、自主管理)的要求,以张学新教授"四元"之"微对分"的教学模式,积极引导学生在"三程·十二步"的实施过程中,独立听取教师教授与引导、阅读和梳理原文、自主想象作文主题句和上海未来50年交通工具与设施的内容、自主表达阅读梳理和自主想象作文的情况、"有独有合"发现亮点、凝练问题、解决问题,较好地调动起了学生自主学习和自主管理的主观能动性,提升了学生想象作文的兴趣;有效地锻炼了学生"有独有合"的想象作文之学习、实践、评价与改进的能力;促进了学生元认知、认知和交际"三策"相应良好行为习惯的养成。同时,英语学习活动观倡导的学习理解、应用实践、迁移创新理念则为"双自"教育要求的指向在课中有效落地提供了强有力的保障。

(2) 专题总结成果提炼素养方面

本次学习想象作文指导方面主题式案例成果的总结过程中,笔者积极听取学校组织的"双自"教育区级课题研究指导和"对分课堂"的专家讲座,自学专著,会后及时梳理、总结并尝试关联本年级区级教研主题,结合本课主题式案例的撰写,从反复厘定总结的主题、研究缘起由复杂笼统的表述,到简明清晰的概述,从案例操作步骤之"三程·十二步"和各步的含义与指向、具体操作小步的再细化,到各步实效的提炼及相互间的逻辑匹配性,从整体实效的科学分类,到匹配的事实的挖掘和合理来源的交代,再到课后反思的实化、意义揭示的逐步清晰化,都离不开学校聘请的在我校长期指导区级课题研究的浦东教育发展研究院专家曹明老师的殷切指导。在此过程中,笔者在区级课题精神指导下的学科主题式案例的设计、撰写与完善能力、规范化和实化表述能力、文献把握能力,都有了显著的提升;成果的表述,需要注意研究主题、各大板块之间的相互匹配,规范化、分类化、实化和细化表述的良好撰写习惯得到了初步养成。

2. 提升了其他专业素养

在初中英语想象作文的写作教学中,笔者对如何确立教学目标与重难点、注重课时间逻辑关联(单元备课意识)、尊重学生学情和认知规律、有机融入"对分课堂"和"双自"教育的要求、设计层层递进的教学活动、组织学生高效地讨论与合作、利用学生课堂生成性资源进行有效评价("教—学—评一体化")等方面的素养,也有了显著的提升,从而使自己的教学设计变得更为科学、规范、合理,也为今后设计其他的初中英语课型提供了参考依据。

四、意　义

(一) 彰显了三个阶段整合实施十二步在提升学生想象作文素养方面的独特价值——"十性"

1. 融合了学生想象的趣味性与条理性

2. 巩固且实现了语言表达的准确性与丰富性

3. 夯实了习作内容间的逻辑性和具体表述"四维度"间的连贯性,激发了学生评价的自主性和自主润色评价引导的系统性

4. 加强了想象作文写作教学的整体性和满足了写作拓展课时设计的实需性

符合"十性"价值的所做和实效概要与价值所在的揭示的具体内容均略。

(二) 符合"对分课堂"理论

本次主题式案例探索研究的"三程·十二步",是基于学校倡导的"双自"教育,融入了张学新教授所提倡的"四元"教学(讲授、独学、讨论、对话)的"对分"模式。其中,课中主要涉及当堂微对分,课后与下次课开始为隔堂对分。课的前面"观、习、写、评"四大步,以学生独学(含观)、小组讨论、学生展示、师生或生生评价为主,教师引导讲解为辅,主要解决以下想象作文的共性问题:作文主题词的畅想与选择、旨与段之间的连贯、未来交通工具与设施扩写内容的梳理与连贯(段与句)、交通工具或交通设施的改变与交通状况更优化的匹配布局、自评与互评的展示与完善(段与段、旨与句)。其后的"结、明"两大步,以教师精讲和学生独学为主,激活了学生对想象作文的兴趣,凝练了课中所学重、难点且明确了课后作业要求。课后环节的"读、摘、润"三大步,分别为:学生三大小组形式下的独立阅读;学生小组合作聚焦于摘抄并列复合句、复杂句和生动描述细节;学生先小组讨论与交流筛选与摘录的好词金句,后独立润色并修改到自己的习作中。总体属于学生的课后独学、讨论与对话。下次课开始的后三大步"享、评、听",总体属于"隔堂"微对分,以学生间的讨论与对话为主,穿插了局部的学生独学和教师讲解。讲授、独学、讨论、对话"四元"之隔堂微对分与"双自"教育的有机融合为"三程·十二步"的实施,有效地提升了学生对上海未来交通工具与设施自主想象作文的兴趣、能力和良好行为习惯,提升了学生"有独有合"的自主学习和自主监控素养。

可见,"独合结合"的"对分课堂"模式,相比传统课堂更能调动学生学习的自主性、课

堂参与度和自主监控性,更能满足不同层次学生的个性化学习需求,从而更好地培养学生想象作文"三素养"。

参考文献

[1] 中华人民共和国教育部.义务教育英语课程标准(2022年版)[M].北京:北京师范大学出版社,2022.

[2] 吴骏德,曹明.实施"双自"教育　促进自主发展的实践研究[M].上海:同济大学出版社.2017.

[3] 张学新.对分课堂:中国教育的新智慧[M].北京:科学出版社,2017.

[4] 曾泽怀.英语学习活动观与活动设计[M].广州:广东高等教育出版社,2021.

[5] 梁雍荣,胡庆芳,张健.想象作文有效教学策略的课堂实践研究[J].中小学外语教学(中学篇),2010(2):7-12.

[6] 朱萍.初中英语读写结合教学设计[M].上海:上海教育出版社,2022.

[7] 刘健,施志红.初中英语写作教学活动与设计[M].上海:上海教育出版社,2017.

[8] 胡群芳.思维导图在初中英语写作教学中的应用[J].海外英语,2020(4):168-169.

[9] 林立.初中英语有效教学研究:初中英语有效教学的课堂评价[M].北京:北京师范大学出版社,2016.

学生英语"双自"写作素养：在对分课堂实施"四程·二十步"中逐步提升

——以七年级写作"A model student in my class"教学实践与分析为例

陶　意（上海市蔡路中学）

一、背　　景

本次授课对象是蔡路中学七(3)班学生。班级学生英语学习基础参差不齐。有小部分的学生在课上思维活跃，基础扎实，可以起到很好的带头作用；但大部分学生的学习基础不扎实，习惯了被动接受知识，班中多数学生在英语写作时有很大的困难。如遇到新的话题，学生的写作容易出现逻辑混乱、内容偏题、用不相关的语句凑字数等现象，或者是有满腹的想法却无法用英语表达出来。因此，对现阶段作文课，学生课堂参学的积极度不高。

本课选自《牛津英语(上海版)》七年级下第五单元第四课时，是一堂写作课。由于教材在七年级和八年级之间有一个较大的跨度，低年级英语并不要求学生能完成一篇完整的书面写作，而八年级则要求写出连贯通顺的作文。这就需要在七年级英语教学对学生的写作能力加强培养，为八年级时学生能够写出连贯通顺的英语作文做好充分的写作知识与能力准备。教育部组织编写的《义务教育英语课程标准(2011年版)》(简称课标)指出：七年级学生应有明确和持续的学习动机及自主学习意识。能就较广泛的话题交流信息，提出问题并陈述自己的意见和建议。能主动利用多种教育资源进行学习。具有较强的自我调控能力，初步形成适合自己的学习策略。

根据笔者对课标的理解，在教学过程中，教师应引导学生在口头和笔头表达时，根据语言交际的目的和需求，围绕语篇话题，运用所学的语言知识进行规范、准确、全面的表达，要做到重点突出、目的明确；把握文章的基本信息；找出文章中的论点和论据；简单表达观点并陈述理由。因此，在课堂教学中，设置写作标准、教学过程围绕写作标准、引导学生写中心句，并在写作中用所学的知识点对中心句进行补充尤为重要。学科核心能力矩阵中提到，中学生应具备用学到的词汇、短语和语法规则就熟悉的话题准备描述、表达想法和情感的能力；应具备能在语言实践活动中分工合作，利用网络、图书馆等自主获取所需信息，完成学习任务等学习策略。

本课的主要形式是对分课堂,核心理念是把一半课堂时间分配给教师进行讲授,另一半分配给学生以讨论的形式进行交互式学习。对分课堂的关键创新在于把讲授和讨论错开,让学生在中间有一定的时间自主安排学习,进行个性化的内化吸收。对分课堂把教学刻画为在时间上清晰分离的三个过程,分别为讲授(Presentation)、内化吸收(Assimilation)和讨论(Discussion),也可简称为 PAD 课堂。

针对上述情形,笔者在参加"基于'双自'教育的对分课堂实践研究"区级课题实践探索时,对本课拟用对分课堂里的当堂对分与隔堂对分相结合的教学模式,组织学生围绕"我们班级的模范学生"这一话题,组织"四程·二十步"的理、听、学、写、享、评、改系列活动,提升学生"双自"(自主学习和自主管理)写作的兴趣、知识、能力及良好习惯,进而提升学生英语学科的学习核心素养。

下面以 2021 年 4 月 7 日下午第 5 节在七年级(3)班对该班执教的"A model student in my class"一课的实施基本流程为例,说明实践过程和相应的实效。

二、实　　践

(一) 课前预习(三步)

在本阶段中,学生先是独立阅读教师布置的预习任务,自主理解预习要求,之后通过自定计划、自主实施的方式独立完成收集教师所指定的信息,根据教师所提供的预习任务单,梳理、归纳和记录信息,并写下实施过程中所遇到的困惑,以培养学生自定计划、自主实施、自主归纳特定信息,以及独立收集、梳理、概括与记录课前预习单要求的内容和记下自己的反思与困惑的能力;促进学生养成课前认真做好写作素材准备的良好预习习惯。

1. 收集

一是学生根据教师提供的多媒体课件的预习作业内容,明确收集任务:借助多元资源,如观察身边学生、翻阅书籍、查阅字典等,开展独立收集描写模范生特点、事例相关词句的活动。

2. 写句

尝试写下自己心中模范生的事例。如果无法组织成完整的句子,则可写下词语或词组。

3. 整理

一是学生根据教师下发的预习单,将自己查阅的描写模范生特点和事例的材料按照"字""词""句"的类别,整理在预习单上;二是将预习过程中遇到的困惑写在"问一问"栏目内;三是做好课中交流准备。

教师从回收的学生预习任务单及课中学生的交流情况可知:在课前独学实践中,一是全体学生一改往日对预习作业敷衍了事的态度,都能认真、及时、独立完成;二是锻炼了收集教师所指定的信息、根据学习单加以整理并提出困惑的能力;三是为课中参与学习、进行交流、提高学习新课和写作的速度奠定了基础,也增加了学生参与写作的兴趣,还培养了课前认真、独立、及时做好写作素材准备的良好预习习惯。

(二) 课中参学(九步)

学生围绕"我心中的模范生"这一主题,以独立或小组合作(简称"或独或合")的形式,融入当堂对分的模式,完成"九步"("查""说""阅""导""思""写""享""评""改")的学习任务,在提高完成相关任务速度、质量的同时,有机提升学生"双自"意识、兴趣、知识、能力和良好行为习惯素养。

1. 查

一是教师口头提出的要求,让学生明确接下来要和同学互相分享自己的课前预习作业。二是教师将学生按照座位分为四个混编小组,每组 5~6 人(全班共 23 人)。三是小组成员互相检查、记录课前预习单任务的完成情况。

2. 说

一是学生阅读教师幻灯片上的问题:你心中的模范学生是谁? 独立思考答案。

二是教师抽取个别学生,回答该问题,并注意随机激励与引导。

3. 阅

一是学生根据教师要求,在小组围坐的桌子中间指定位置,摆放各自整理好的模范生素材,并按"字""词""句"做好分类。二是学生相互阅读组内成员的相应素材。

实效简析:以上三步,属于当堂对分模式下教师借助多媒体、学生课前学习单记录引导下的学生"或独或合"的预习成果反馈和分享,是广义的讲授。这"三步"的过程,较好地锻炼了学生小组成员互查课前预习单任务模范生信息收集、梳理与记录完成情况的能力、分享自己心中的模范学生该是什么模样的能力、对小组成员收集的模范生材料按"字""词""句"进行分类的能力和相互学习、摘录的能力,为后续提高听懂教师的精讲和独立写作"我心中的模范生"的速度与质量奠定了素养、单词词汇的基础,促进了课前独立做好写作素材收集、整理、分类、参与小组学习、摘录等作文预习良好习惯的养成。

4. 导

这是当堂对分的教师集中精讲环节,主要完成四项任务。一是教师通过幻灯片,展示一些已经学过的可以描述人物性格的形容词及生词,通过图片、英语解释等师生互动让学生猜测出生词的词义;通过朗读,初步记住这些生词。二是以连线配对的出题形式,让学生初步意识到写作中,不同的模范人物性格应当由其相对应的事例来进行举证。三是教师展示课文例句和描写模范生性格的关键词,让学生判断是否有不合适的例子,以此来巩固学生将描写模范生主题句和事例相匹配的能力。四是再次展示刚才的课文例句,其中有故意用错连词及时态的地方,引导学生找出并总结让步状语从句的用法。五是给每一个小组下发一份材料,学生小组合作对材料中的模范生事迹与材料中的人物个性进行匹配,小组成员由组长引导,将相匹配的词和句粘贴在一张较大的纸上,方便学生在写作阶段借鉴使用。

以下撷取其中教师精心引导学生独立判断与分析描写模范生的三个例句和一篇例文好在哪里的教学片段:

教师呈现三个描写模范生的例句后,说:同学们来看一下这三句例句,说明了乔是一个怎么样的学生?

生1:好学生。

师:没错! 那么"好"具体好在哪里呢?

教师展示一些表示人物品质的形容词,如谦虚、诚实、有责任心、助人为乐等。

全体学生独立观、听、阅、思。不久,一位举手的被叫学生说:这里应该是谦虚。

师:很好! 接下来,我们看看下面这位模范生有些什么好品质?

生:有责任心。

师:对! 当我们描述一位模范生的时候,他或许有许多优秀的品质,但是我们写作时可以挑选其中的一个方面,然后用相关的事例进行补充。这样,文章才能做到重点突出,逻辑缜密。

全班学生点头。

师:接下来,我们再看看这篇例文,大家觉得写得怎么样?

生1:写得很好!

生2:(用到了教师刚才说的话)老师,我觉得他写的重点很突出。

师:非常好! 我们再来分析一下例文这里所写的句子的功能。首先,这一句是主题句,点明了重点是努力学习,举的例子分别是完成作业有效率和积极向老师提问。那这句话(她每天按时打扫教室)是否和主题有关呢?

学生思考,纷纷摇头。

师:因此,这个事例我们可以去掉,因为整篇文章应该是突出她学习努力的。这里,我们可以尝试换一个事例。最后,我们看到例文还写了一句结尾,文章非常完整。让我们一起来总结一下描写模范生的写作有什么要求?

生1:要有开头和结尾,文章要完整。

生2:事例要和主题相关。

生3(有点儿不确定):不要写错单词?

师(鼓励):是的,这是非常重要的基本要求,另外,也要注意语法。如,这篇文章讲述的是一个学生的日常状态,因此,最好的时态是什么?

生:一般现在时。

师:好! 老师把模范生的写作标准放在这里,大家看好和思考后,结合课前收集、整理与记录的材料和刚才描写模范生的举例、讨论分析的结果,便可以开始写作了。

5. 思

思和写两步,是当堂对分的学生独学独练内化吸收的环节。"思"主要完成两项任务:一是学生阅读教师在黑板上所展示的"我心中的模范生"的写作要求,独立思考,总结吸收上一环节中教师所讲授的内容,确定描写重点,构思写作主题和文章结构。二是独立翻阅课前自己收集和小组分享的模范生素材,梳理合适的证据性素材。

6. 写

学生一是独立尝试写作某一模范生的相关主题某方面的事迹。二是听取教师巡视时所做的随机个别激励与引导,独立反思,改进所写。

以下是教师观察到的部分学生的写作过程:

学生1是一位英语写作基础较好的学生。通过课中学习加上充足的课前准备,再略微思考片刻后,便提笔写作,整个过程较为流畅,偶有停顿斟酌词句。他较快地完成了任务,完成后还仔细检查了一遍。

学生2是一位英语写作基础一般的学生。他平时的写作容易出现较多"中式英语"表达和比较"老套"的写作素材。这次在开始写作前,他聚精会神地翻阅了小组中间的模范生素材库,不久,便对其中一部分素材进行了摘抄,断断续续完成了自己的写作。

学生3是一位英语写作基础薄弱的学生。他平时的写作有一定困难,无法用正确的语言描述内心的想法。而在本次写作过程中,他一改往日消极的态度,也开始翻阅起了小组成员的模范生素材库。在翻阅过程中遇到许多不明白的地方,教师引导他记录下这些问题,等有组员完成写作后进行讨论。在这过程中,他虽然没有完整地写出整段的短文,但是自己在笔记本上记下了描写的重点,还记下了一些适合描写模范生的单词和词组,特别还记下了在准备如何确定描写模范生的主题、构建框架、选择可用的合适材料方面想向同学求教的问题,写得明明白白。可见,他对如何写好模范生的短文,已经有了较为全面的思考和材料准备。

实效简析: 以上两步,属于当堂对分模式下的独学[思的环节、独练(写)]。通过这"两步"的过程,有效地提升了学生在规定的时间内安排好作文构思与写作时间的写作过程管理能力,以及在短时间内集中注意力完成教师布置任务的自我控制能力,锻炼了学生对"我心中的模范生"这类以人为主的记叙文的写作能力,包括使用合适的形容词来写主题句、用让步状语从句来写事例的能力;初步养成了构思一篇作文时,要考虑文章结构含有开头、经过、结尾,且文章经过部分要与开头和结尾相互呼应,使文章更有逻辑性的习惯。

7. 享

一是小组成员互相交换作文;二是独立阅读组内成员作文;三是独立进行批注;四是组内成员交流阅读批注情况。

8. 评

一是教师借助学习单、多媒体和口头说明"我心中的模范生"作文评价内容（五项"十性"）。即：① 文章主题的清晰性和表述的简洁性；② 文章结构的完整性和合理性；③ 证据材料举例的多元性和匹配性；④ 使用新旧单词、词组、形容词的合适性和状语从句等时态和连词使用的正确性；⑤ 文风的可读性和寓意的正向性。二是打分要求。按每项满分 20 分，由高到低按"四个层级"（符合为 18～20 分；较符合为 15～17 分；一般为 12～14 分；须努力为 0～11 分）的要求打分；五项合计满分为 100 分；另有特色加 20 分，须说明加分的理由，并按特色度打分（明显为 18～20 分；较明显为 15～17 分；一般为 12～14 分；较弱或无为 0～11 分），特色加分计入总分，但计入后的总得分不得超过满分。三是评价方式方法。在小组成员学习评价标准、理解评价内容和要求的基础上，做到一为据此对同组成员进行打分；二为组内交流打分依据；三为协定小组对每个成员打分的结果；四为分数与等第间的转换：90～100 分为优；75～89 分为良；60～74 分为合格；59 分以下为须努力。由此，构成了"我心中的模范生"作文小组互评标准。

9. 改

一是学生将批改好的作文还给组员。二是学生阅读、思考组员给自己的评价。三是学生独立思考，合理吸收组员意见，修改自己的作文。

实效简析：以上三步，属于当堂对分模式下讨论（小组）、交流（全班）与内化（改进）的环节。通过这"三步"的过程，有效地提升了学生为了能确保讨论有序而进行的自我管理和同伴管理意识；锻炼了学生为了确保互评环节有序进行而仔细阅读评价标准和组员作文的阅读能力，同时锻炼了学生能基于评价标准，清晰、准确地表达自己的观点，包括组员作文的优点和缺点，并能够乐于接受他人意见的能力，学生加强了根据自己理解的评价标准和吸收组员意见后自我改进作文的能力，增进了对参与小组讨论、全班交流、互评互助与独立改进价值的认识，强化了根据标准规范、客观评价的意识，养成了互评促进自改的良好写作习惯。

（三）课后巩固

这是对分课堂之当堂对分实施模式中小组讨论与班级交流（或对话）在课后的延伸环节。课后，学生通过阅读教师所列的任务单，通过"亮"（思考、梳理自己作文中的优点）、"帮"（组员独立思考自己作文中的不足之处，提出想解决的问题与困惑，请求组内成员互帮互助）、"改"（独立修改自己的作文）、"考"（组内成员出题互考）四个步骤，及时巩固新学会的单词、形容词和状语从句并进行迁移运用，锻炼了对自己作文的理顺逻辑、判断反思、加以改进和提出疑问的写作改进和自我监控、写作结果加以调整的学习结果自主监管与调整管理能力；促进了及时完成课后相关"或独或合"作业良好行为习惯的养成，提升了课堂效益，增加了学生的学习兴趣。

1. 亮

一是思考自己在哪些方面表现出色，比如语言运用、逻辑思维、观点阐述等。二是学生通过阅读教师布置的课后反思任务，进行自我反思，回顾在之前写作中的不足，思考哪些方面还需要改进。

2. 帮

一是学生在组内提出写作中的困惑，和小组成员交流仍然不明白的地方。二是互帮互助解决疑惑之处。

3. 改

一是学生独立阅读学生和老师对自己作文修改的批注和课后互帮互助中提出的建议。二是吸收自己思考需要改进之处，独立修改美化自己的作文。三是做好怎么样考同学和被考的准备。

4. 考

一是学生独立出考题。二是学生互相出题目并给出解答。三是出题者判断答题者的回答是否正确，并互相讨论判断结果。

通过课后阶段四步的学习，学生在学习能力、学习习惯和学习兴趣三个方面都取得了显著的进步。学生不仅完成了独立思考、判断挖掘自己作文的优势亮点、出好题目想好答案如何考考组内同学、写好问题如何求教同学，还完成了互帮互助解决疑难、自主改进作文的任务，学会了如何深入思考作文主题，提出自己独到的见解，也能够对写作中方法、经验和解决问题的办法进行"举一反三"的迁移运用；同时，还锻炼了学生的集中注意能力和主动质疑能力；增强了组内分享、互助意识；学生基本养成了课后及时巩固所学的良好习惯，增强了对自己的写作成果进行监控和调整的自主管理学习结果的意识。这种自主管理能力的提升，使学生能够更加高效地完成学习任务。

（四）下次课始

这是对分课堂的隔堂对分环节。本阶段学生首先独立听取教师的任务要求，以"或独或合"的形式，通过"展""考""评""思"四个步骤进行全班交流和独立反思，再次巩固以写人为主的记叙文相关词汇、常用句型、文章结构构思方法与写作技巧相关知识，促进分享成果、互评、合作监控作文改进结果和自我改进良好习惯的养成。

1. 展

一是学生在班内设置的展示区布置每个小组《我心中的模范生》作品。二是全班学生互相阅读其他组的作品。三是组与组之间互相交流。

2. 考

学生小组合作完成两项任务：一是分组出题；二是组际互考互答。

3. 评

学生一是根据《我心中的模范生》互评标准，组际互评展示的作文；二是组际互评考题、互考与互答的情况；三是存疑求教老师与同学。

4．思

一是小组成员合作反思本小组的作文相较于其他小组作文的优点与缺点。二是学生独立反思自己的作文和参与交流的情况还有什么可以改进的地方,并记录下参与组际交流的体会。

学生通过隔堂对分的四步实施过程,再次锻炼了参与小组布展、组内交流作文、组际交流与互评、解决疑惑、小组合作反思和独立反思注意改进作文和参与交流中不足之处的能力;经过一系列参与互动、思考改进的过程,对新词、状语从句句型已经非常熟悉,因此课堂讨论的参与度也很高;在部分基础较好的学生的带动下,组员们的思维也得到了发散,通过自己出题、改编问题等方法打开了组员们的思路,不断地换角度思考问题;同时,学生对组员作文的评价和改进自己的作文也更有自信了,学习兴趣得到了提升;"或独或合"监控交流和作文结果的意识进一步增强了。

三、实　效

（一）学生方面

1．学生"双自"写作素养方面

（1）学生写作兴趣方面

从写作话题来看,本课的写作话题贴近学生生活,是他们感兴趣的话题。教师通过课堂观察,发现大多数学生能更主动投入时间和精力去探索。熟悉的人和事可以给学生更多的写作灵感,大多数学生都主动积极地和同学交流。从课堂活动程序来看,教师通过课后与学生进行交流发现,学生无论是在课前收集模范生的材料环节,还是在课中独学独写、讨论和交流、互评环节,以及课后"亮""考""帮""改"分享和下次课始作文改进的展评等环节,都不再觉得这是个枯燥的学习任务,反而具有很大的趣味性。学生兴趣提高了,在家自主学习的管理意识也得到了提升。从学生对写作这一行为来看,学生在下次同类以人为主的记叙文写作"一个影响我最深的人"中,写作的兴趣增加了,从而也带动了学生作文上交的速度,写作质量也有很大的提升。

（2）学生写作知识方面

在本课教学过程中,学生新学习了让步状语从句这一句型,在今后表达对比、强调、惊讶、矛盾等情感时,都可以使用到这一句型。通过对收上来的学生作文观察发现:在这篇写作中,学生都正确使用了让步状语从句,包括句型结构、时态、单词拼写都基本正确,从句意的表达上看,这一句型起到了突出模范生某一优点的作用;同时,在收集资料和分享资料的过程中,学生也扩展了一定的关于人物性格、生活常用事件的词汇,对于本次写作与今后写作描述人物的记叙文都有帮助;另外,学生在学习中理解了段落的基本结构,大部分学生在写作时都牢记要"贴合主题",牢记先构思后写作的写作方法。

（3）学生写作能力方面

一是所有学生对模范生主题进行检索和查询的能力大幅度提升。在课前过程中,大部分学生能利用互联网、参考书等工具,少部分同学仅仅使用了校内课本,但都基本完成了任务,较之以往预习作业小部分学生不知如何完成,本次预习作业的完成率较高。而在下次写作课前,有一半的学生主动运用多元资源查询好了与模范生写作有关的素材,使写作过程更为顺利。

二是学生独立完成写作的能力得到了提升。通过课中学习,学生能够独立阅读教师布置的写作任务,独立完成写作的基本流程,包括构思、草拟、修改。学生在写作的过程中能够紧贴主题,没有学生出现偏题现象,所有学生在写事例时都使用了正确的事例。通过和以往写作课产出的作品进行对比,句子结构从简单句到复杂句进行了转变,句型结构变得丰富。同时,学生通过独立实践完成了写作过程,在写作目标、过程、结果和分配各阶段任务用时方面的管理能力也得到了提升。

三是学生的自我批判能力和接受同伴及教师的批评并据此改进作文的能力得到了提升。在课中,大部分学生都能够通过阅读教师的写作评价表对自己和组员的写作进行初步的自我评估,并改正不足之处。学生能自己修改一些拼写错误,也能指出组员的拼写错误、标点错误、连词使用错误及较为明显的事例与主题句不符的现象。

四是学生课堂参学和在家独学独练时的专注度也有所提高。据家长反映,学生在家自己学习时或是查阅材料时,自我管理能力也有明显的提高。

（4）学生写作习惯方面

一是课前独立收集模范生信息习惯方面。在本课中,教师通过布置任务引导学生进行收集整理材料。学生通过完成任务,体验到了通过预习作业,提高写作质量,降低写作难度。教师还观察到,在下次写作课时,学生已经主动进行了课前收集整理所需写作素材。

二是自主构思写作习惯方面。通过分析以往完成写作任务过程中学生的行为来看,本班三分之二的学生是在看到作文题目后,直接提笔就写,写不到规定字数则开始用修正带、修改符号等胡乱添加一些单词或句子进行"凑字数"。在本课结束后,下一单元的写作练习中,已经有一半的学生有进行列提纲、写草稿的行为。作文也减少了偏题和写废话的现象。

三是自主批改、自主订正习惯方面。通过与学生谈话发现,学生过去之所以不爱检查作文,是因为自己也知道自己写得不好,表示了"不堪回首"之意。本次课中,学生已经熟悉了"我心中的模范生"的评价标准,大部分学生能够在写完后自己先检查一遍,订正一些较为明显的错误。有五分之一基础较好的学生在今后的学习中,养成了在教室不展示评价标准的情况下,自己分析制定写作标准后再进行自主批改的习惯。

2. 学生英语核心素养方面

一是语言能力方面。学生在课堂活动中,通过"听"教师课堂指令、"回答"教师和同学的问题、"阅读"板书、教学课件、任务单、组员作品等材料、"写"自己的作文、提出并解决问题等多方面的学习体验,不断加深理解与本话题相关的词汇和句型。

二是思维品质方面。学生在构思写作的过程中,逻辑思维能力得到了很好的锻炼。通过思考我所写的文章主题是什么、各个事例是否符合本主题、如何用句型去强调人物品质,学生学会了整合相关信息,删除无关或重复的内容。语言组织能力也得到了提高。

三是学习能力方面。学生在"双自"教育目标引领和当堂与隔堂对分的教学模式下,学习能力获得了提高。课前,学生学会了自己查资料;课中,教师通过任务单等指令发布任务,学生通过自定计划、自主实施、自我辅导的形式锻炼了自学能力;在小组成员互评、互帮、自改阶段,学生的分析能力和批判性思维亦得到了锻炼。

(二) 教师方面

在"我心中的模范生"这一写作主题下,以培养学生"双自"写作"四素养"和提升学生英语核心素养为目标出发,笔者开展了"四程·二十步"的实践尝试,在从设计到实施到总结,再到逐步完善的过程中,通过不断研读各类学术材料、思考课程设计、改善教学计划,提升了对英语学科知识内容的理解和掌握及自身的教学专业素养,并在不断和学校聘请的全程指导学校区级课题研究的科研专家曹明老师的互动过程中,提升了自己的课题研究设计和成果总结能力。

在教学实践的过程中,学生亦看到了教师对课堂活动进行的改善和创新,他们也逐渐学会尝试新事物和新方法。在完成这一系列细化的教学实施步骤中,学生通过观察教师也学会了有条理地去做事,对解决问题时的规划会更加清晰,更加有逻辑,学习的积极性也大幅度提升。

四、反　思

一是需要加强课前精心设计实施步骤;二是需要加强事先规范与显性的作文评价标准的研制与运用;三是需要精心把握学情,提高写作课分层设计的要求。

五、意　义

(一) 符合"对分课堂"教学模式

"对分课堂"的核心思想,是要把课堂还给学生。本案例"四程"中的第一程是相对于上一课时的"隔堂对分";第二程是当堂对分;第三程是课堂讨论的课后延伸;第四程是本课时下一课时的课堂对分。前提是落实提升学生的"双自"写作素养。正是根据基于"双自"写作素养的目标引领,"四程"细化了"二十步"的操作,在旧知隔堂巩固、新知当堂学习与实践、课后延伸实践和下次课始隔堂分享巩固的循环运转中,既发挥了教师集中精讲导学和相机穿插引导的精准导学优势,又很好地发挥了学生独学独写、组内讨论碰撞、全班分享互评对话、课后"或独或合"反思改进评价和互助再改进的循环——"听—学—练(写)—享—评—思—改"一体化学习的独特价值。

可见,基于"双自"教育目标的引领,通过实施"对分课堂"多元组合教学模式,教师的课堂讲授和学生课中与课后的实践不再处于分离状态,学生在课堂活动中,可以不断发现问题、表达问题、讨论问题、解决问题;课堂互动不再局限于教师和"好学生",所有学生都参与到学习的过程中,提高了全体学生的学习兴趣和写作、分享、互评、自纠与互纠能力,增强了写作自信心,课堂内外的写作效率得到了极大的提升。这样的探索是富有生命力的,吾将上下而求索。

(二) 彰显了"六性"独特价值

即彰显了基于"双自"素养发展目标引领下,"四程""或独或合"整合实施"对分课堂"之多元(当堂对分、"亮考帮"和隔堂对分)模式,细化操作步骤(二十步)在提升学生"双自"写作"四"素养(兴趣、知识、能力和良好习惯)方面的独特价值——以下"六性":

1. 体现了"双自"写作素养、作文互评标准和教师在细化实施"二十步"教学过程中精讲和相机穿插讲的引导性

2. 增强了学生在体验学习过程和实践写作过程中的规范性和方法性

3. 突出了学生在"四程"三种"对分课堂"实施模式学习过程中的主体性

4. 展现了立足学生生活的话题在学生"双自""或独或合"与多元对分课堂实施模式下学习过程中的趣味性

5. 保证了学生在"四程"学习中的高效性

参考文献

[1] 中华人民共和国教育部.义务教育英语课程标准(2011 年版)[M].北京:北京师范大学出版社,2012.

[2] 上海市教育委员会教学研究室.上海市初中英语学科教学基本要求[M].上海:上海教育出版社,2017.

[3] 张学新.对分课堂:中国教育的新智慧[M].北京:科学出版社,2016.

[4] 黄国雨.美术在线教学把握"十步"　提升初中生表现表达素养[J].浦东教育研究,2020(4):42-45.

[5] 吴骏德,曹明.实施"双自"教育　促进自主发展[M].上海:同济大学出版社,2017.

[6] 何顺志.初中英语语法教学活动设计[M].上海:华东师范大学出版社,2014.

[7] 聂华.整合运用相关策略形式,提高指导"独二代"家教实效——Water Festival 教学实例

分析[M]//金卫东,曹明."独二代"家庭教育指导新方略.上海：上海教育出版社,2017：151－158.

[8]周瑜.初三学生体育中考项目理想成绩和健体兴趣：在"独合结合"多元实践体验式学习中提升[M]//杨龙,曹明,杨蕾.基于独立学习与合作学习相结合的教学方式研究案例选.上海：同济大学出版社,2022：154－161.

基于对分课堂物理单元复习实施"三程·十步",提升学生自主复习与应用素养

——以九年级"压力与压强"单元复习实践与分析为例

徐飞英(上海市蔡路中学)

一、背 景

新课程标准要求学生应在教师的引导下自主地学习,教师为学生的自主学习留出空间,引导学生自主思考,促进学生学会学习。教师要创新教学,有利于引导学生主动探究、建构知识、获得结论,为学生提供质疑与探究的机会,提供学习方法的指导,促进学生核心素养的养成。教师应帮助学生进行知识的建构,引导学生自己去认识和发现,帮助学生逐步形成自主学习的习惯,培养其解决实际问题的能力及自我管理和自主学习的能力。

"压力与压强"是沪教版九年级第二学期第六章"压力与压强"第2节的内容。本节主要讲述压力、压强的概念,压强的大小跟哪些因素有关,以及增大和减小压强的主要方法,并且在生产和生活实际中也有广泛的应用。多数学生对压力和压强的基本概念有初步理解,能够记住压强公式及其单位,并且在简单的练习题中能够正确应用;部分学生可能在压力和压强的概念上存在混淆,尤其在面对综合性问题时,学生往往难以灵活运用所学知识进行分析和解决,缺乏对实际问题的深入理解和应用能力。学生在学习每节的内容时掌握的知识都是零散的,单元复习时要指导学生把这一章中零散的知识进行整理归纳形成较为完整的知识体系。九年级的学生经历过一年的物理学习,具有一定的物理知识储备,已经积累了一定的有关物理的学习方法、学习习惯及物理思维,具有一定的自主复习能力,完全能在教师的指引下开展自主复习。

对分课堂是复旦大学张学新教授创立的新型教学模式,对分课堂的核心理念是把一半课堂时间分配给教师进行讲授,另一半分配给学生以讨论的形式进行交互式学习。对分课堂强调先教后学,教师讲授在先,学生学习在后。对分课堂强调生生、师生互动,鼓励自主性学习。对分课堂的实施模式,有当堂对分、微对分和隔堂对分等。

基于上述情况,笔者在参加"基于'双自'教育的对分课堂实践研究"区级课题实践探索时,尝试采用对分课堂之当堂对分模式,在物理单元复习中实施"三程·十步",来提升学生自主复习与应用素养。下面以2021年4月8日下午第1节笔者在初三(2)班执教的"压力与压强"单元复习课实施基本步骤的实践与分析为例,说明如何运用当堂对分在物

理"压力与压强"单元复习中实施课前、课中和课后"三程·十步",来提升学生自主复习与应用的意识、知识、能力、良好行为习惯和兴趣。

二、实　　践

(一) 课前(2 步)

这是学生通过小组讨论,共同构建"压力与压强"知识概念图和小组合作完成两个探究压力相关的小实验,锻炼学生小组合作讨论、梳理"压力与压强"单元知识使之系统化、精简化和小组合作进行探究压力的作用效果与什么因素有关、测单足站立时对地面压强的实验设计的能力,以及选用身边的器材、物品加以实验、得出结论的能力;强化通过课前小组合作进行单元知识梳理、实验设计与实施的价值意识;提高课中单元复习的速度和参与性。

1. 小组讨论,共同构建概念图(第 1 步)

课前,学生根据教师设计的"压力与压强"课前小组合作复习任务单的要求,各小组成员合作阅读第六章第 2 节的内容,讨论、梳理知识体系要点,借助一定的形式(如思维导图、表格等),梳理、概括了"压力与压强"的知识概念图。

这一过程,锻炼了学生小组合作阅读第六章第 2 节内容、梳理概括压力与压强的定义、压力的三要素、压力作用效果的影响因素、计算公式等知识概念体系和借助一定图式呈现梳理概括结果的能力;使全章主要知识得以系统化、结构化、简洁化地加以呈现,丰富并完善了学生的认知结构,加深了他们对全章知识的理解,帮助他们很好地把握了知识内在的逻辑及联系;也为课中的系统复习和应用奠定了基础。

2. 小组合作,完成课前实验探究(第 2 步)

在"压力与压强"单元中,涉及的主要实验是探究压力的作用效果与什么因素有关。课前,教师要求学生根据课前复习单,一是小组合作完成两个探究小实验的设计,即设计探究压力的作用效果与什么因素有关、测单足站立时对地面的压强的实验,选用的器材可以是身边的物品;二是小组合作完成实验,收集实验证据并做好记录;三是归纳实验结果,得出结论。

学生通过上述过程,一是培养了小组合作根据教师课前复习单的要求完成两个探究小实验的设计、利用身边的物品进行实验、记录数据、进行分析和得出结论的能力;重温了压力的作用效果之影响因素和单足站立时对地面的压强,促进了对"压力与压强"单元知识的理解;培养了课前在同伴交流中提升思维发散和表达能力,以及单元复习课时小组合作进行实验的习惯和兴趣。

(二) 课中(6 步)

这是当堂对分的课中环节,师生通过实施 6 步,即 6 个环节:引入、讲授、独学和独练、小组讨论、全班交流、教师总结,激发学生"或独或合"复习"压力与压强"的兴趣;学生在积极听取教师精讲和参与回忆、梳理中,完成"压力与压强"基本概念知识体系和相互联系的梳理,加深对"压力与压强"的知识与联系的印象,形成知识网络;在学生进行独学、独练和讨论交流中,锻炼"有独有合"复习和应用"压力与压强"定义、公式等完成巩固性练习和解决实际问题的应用能力,提高参与小组讨论和全班交流的合作复习与应用能力;在听取教师总结引导中,培养解决、应用共性问题、解答困惑之处的能力;促进学生基于"双自"教育借助当堂对分开展"有独有合"复习和应用之良好单元复习习惯的养成。

1. 教师借助趣味小实验引出复习主题,引发学生复习兴趣(第3步)

这是课中的引入环节。运用物理趣味实验激发学生的学习兴趣,引出"压力与压强"复习主题,使学生迅速进入状态,引导学生思考和回忆。教学片段1如下:

片段1:借助鸡蛋捏不破趣味小实验引入(2分钟)。

教师拿出一个鸡蛋,问:鸡蛋易碎吗?

学生独立思考,快速回答:很容易碎。

教师用手捏一个鸡蛋,用了很大的力都捏不破,提问:有谁能捏破这个鸡蛋? 谁来试一试?

学生认真观察并思考;踊跃参与并想试一试。被抽到的学生尝试捏破鸡蛋,结果捏不破。

师:请班级里力气最大的同学来试一试,看看我们班的大力士能不能把鸡蛋捏破(结果也没有捏碎)。

师:鸡蛋易碎,但为什么捏不破呢? 想想平时,我们是怎么把鸡蛋弄碎的?

生:敲一下就碎了。

师:鸡蛋捏不破,但是一敲就碎,这是为什么呢?

马上把学生的兴趣点引入。由此引入思考和压强的概念。

这一过程,一是可使学生对物理现象及过程产生必要的感性认识;二是容易集中学生的注意力,激发学生的学习兴趣,引导学生积极主动地思考;三是把实验感知与思维活动紧密结合起来,能够对物理现象和过程获得生动、深刻的印象,这对形成和理解物理概念有着积极的意义。

2. 教师精讲和板书,学生加深理解单元知识体系(第4步)

学生独立、积极听教师精讲和逐步板书思维导图式的"压力与压强"知识体系,在教师随机问题、口头提示和板书引导下,学生主动参与回顾与梳理,加深理解"压力与压强"章节内容的逻辑结构。教学片段2如下:

片段2:学生独立主动听授、参与梳理和观察思维导图式单元知识体系板书(20分钟)。

教师直接讲授压力的定义并板书。

教师口头说明压力的"三要素"：作用点——受压物体表面受力面的中心；方向——垂直于受力面；力的大小——视具体情况而定，有时会等于重力，有时不等于重力（此处留白让学生自己思考什么时候压力会等于重力，什么时候压力与重力无关）。教师边讲边出示PPT，并及时在黑板上板书图1思维导图式单元复习框架中的相应内容。

教师讲授压力的作用效果——使物体发生形变；借助PPT出示图片，并演示手压气球，气球形变；以及两个食指压住铅笔的两端，两食指凹陷程度不同。

教师讲授影响压力作用效果的因素——压力的大小和受力面积（压力的大小和受力面积如何影响压力的作用效果，此处留白），借助PPT出示这两个影响因素，并及时板书。

教师讲授压强（p）定义：物体单位面积上受到的压力叫压强。意义：反映压力的作用效果的物理量，压强越大，其作用效果越显著，压强越小，其作用效果越不显著。物理学中用p来表示压强。定义式：$p = F/S$；单位是帕斯卡，简称帕，用Pa表示。中学生站立时对地面的压强约为1.5×10^4 Pa，即每平方米的面积上受到的压力是1.5×10^4牛。改变压强的方法：增大压强，即增大压力或减小受力面积；减小压强，即减小压力或增大受力面积。教师边讲边出示PPT，并及时在黑板上板书图1的框架。压强在生活中的应用，此处留白。

板书如图1：

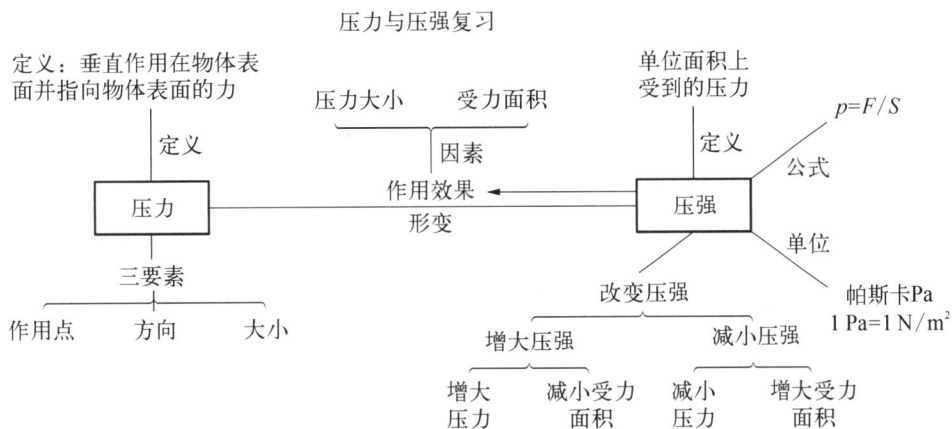

图1　"压力与压强"复习知识体系（板书）

学生独立认真听、观、忆、思、记，内化。

学生通过独立积极听取教师讲授，参与回忆、梳理，同步观看教师思维导图式的知识体系板书复习框架，一方面，加深了对"压力与压强"教学内容的框架（压力的定义、压力的"三要素"、影响压力作用效果的因素、压强定义、压力与压强的关系和定义式）、重点和难点类基础知识的理解；一方面，方便了学生对结构化、系统化、简洁化呈现的"压力与压强"思维导图式框架知识体系的记忆和调用；另一方面，由于教师不是面面俱到地进行复习讲解，留有学生"或独或合"参与复习梳理、练习和应用的空间，有助于后续学生的独学、独练、小组讨论和全班交流"压力与压强"知识体系,切实巩固复习成果,有机提升"双自"复习与应用素养。

3. 学生独练,独立内化知识体系(第5步)

学生独立学习完成"压力与压强"知识结构填空式的梳理,独立完成系列练习,锻炼独立内化吸收知识能力;发现和记录自己的困惑,以便在组内讨论,互助解决,增进小组合作互助精神。教学片段3如下:

片段3: 学生独学和独练(9分钟左右)。

师:下面请同学们先独立阅读中考要求,根据提示在填空线上完成"'压力与压强'课堂复习学习活动卡"的"一、'压力与压强'知识结构梳理"(涉及压力的定义、压力作用效果的影响因素;压强的物理意义、定义、计算公式、单位与简称和符号、1帕的含义和改变压强的方法);然后,完成习题10题(题型有选择、填空、作图和计算,内容主要围绕压力和压强展开,有压力的概念和作图、压强的概念、影响因素、增大或减小压强的方法、动态变化及计算),时间大约9分钟;彼此不要交流;回答不出的疑惑之处,记录下来,以便小组讨论时求助同学。

全体学生独立观、听、阅、思、忆,按要求完成三项任务,并记录解答不出的题目。

师:巡视;做随机激励与引导。

学生独立听、思,有的改,内化。

学生通过这一环节,锻炼了根据教师活动卡,独立领会中考要求的能力,以及根据"一、完成填空",形成压力与压强知识的结构化、系统化和简洁化体系的能力;根据"二、完成习题",提升了本单元的复习应用能力,强化了对压力与压强知识的记忆、深化理解和复习应用能力;困惑之处的记录,也为后续的深入、有意义的小组讨论和参与全班交流做好铺垫和准备。

4. 学生小组讨论,交流成果和互助解困(第6步)

这是指学生围绕完成独练的"压力与压强"知识梳理和10道习题的成果、困惑,尤其是所记录的"亮考帮"内容,参与组内讨论、交流、互考、互助,以进一步熟悉"压力与压强"的知识体系;提高独练、交流成果和"考考你"的复习应用成就感;解决独练中的困惑之处,增进小组成员讨论、交流感受、互帮互助的价值认同。教学片段4如下:

片段4: 学生小组讨论(6分钟)。

学生讨论"压力与压强"的知识梳理及10道习题的练习结果。围绕"亮考帮",亮就是找到闪亮点(小组成员互相展示了作业成果,分享了学习心得),考就是相互考查,帮就是针对困惑的地方小组成员帮忙解析(组内成员提出解题中的困惑之处,弄懂的学生必须向同伴解释自己的思考、推理与问题求解的过程,小组内通过辩论及互相指导,帮助那些一开始没有弄懂的同学理清了解题思路)。

教师巡回督促所有学生认真参与小组讨论、互帮互助,必要时给予一定的帮助;同时,注意倾听学生的讨论,了解学生的困惑所在;注意做随机激励与引导。

学生通过小组成员分享独练成果,有效加深了对"压力与压强"知识体系的理解;通过分享解题体会与经验、出题"考考你",提高了复习应用的成就感;通过共析疑难、互相帮助、互相切磋、共同解决问题,增进了对合作讨论、解疑式学习的价值认同,增进了从同伴那里获得指导、提高复习效果的兴趣。

5. 学生全班交流,提升合作复习与应用素养(第 7 步)

这是指全班学生在教师引导下分享独练梳理"压力与压强"知识体系、解 10 道习题和开展小组讨论"亮考帮"的结果、体会、经验与困惑及解决情况,补充或提出新的见解,听取教师的随机激励与引导,进一步深化和拓展对"压力与压强"知识体系的理解;锻炼参与全班"先独后合"交流相应内容的能力和听取教师随机激励与引导的能力,以及从多个角度思考、审视问题、解决问题的能力;增进合作精神,促进参与全班交流复习应用成果、体会经验、提出发散性问题和合作解决问题良好习惯的养成。教学片段 5 如下:

片段 5:全班交流(4 分钟)。

师:下面我会随机抽取相关小组来分享刚才讨论的精华;若有尚未解决的问题,也可以说出来大家一起解决。

抽到的小组学生代表重点分享小组讨论的"亮考帮"方面的精华,提出尚未解决的问题,如,为什么压力的大小有时候等于重力,有时候不等于重力? 在什么情况下压力的大小才等于重力呢? 其他小组学生认真倾听、思考、判断、吸收;相关小组举手被叫的学生对于尚未解决的问题发表自己的看法。

全班学生听、思;在教师的鼓励下,提出尚未解决的问题,如,压力与压强这两个概念经常混淆,应如何进行区分?

学生经历这一实施过程,一是进一步深化和拓展了对"压力与压强"知识体系的理解;有效地锻炼了参与全班"先独后合"交流梳理单元知识内容、应用复习知识解决 10 道系列习题的能力、听取教师随机激励与引导的能力和从多个角度思考、审视与解决问题的能力;在交流互动过程中更好地体会到独学独练和小组讨论与全班分享交流学习的价值,产生了强烈的收获感。二是在提出问题、思考问题、分析解决问题的交流中,激发起思维碰撞的火花,增进了质疑精神和合作精神,促进了参与全班交流复习应用成果、体会经验、提出发散性问题和合作解决问题良好习惯的养成。

6. 师生总结,学生合作内化单元复习应用素养(第 8 步)

这是对分课堂中的总结环节,即教师通过梳理共性问题、口头简要解答、总结全课所学、解释课始手捏鸡蛋不易破的原因和组织"改变自己对地面的压强"小游戏,来帮助学生加深对相关知识点的理解,化解复习中的疑惑,提升对"压力与压强"的应用能力,促进课尾集中小结良好习惯的养成。教学片段 6 如下:

片段6：教师总结(1分钟)。

教师借助板书的关键点,梳理、概括刚才交流环节中各组学生提出的共性问题(压力与重力的联系与区别,压力与压强的区别)。口头引导学生观看与回忆"压力与压强"知识梳理中的内容,边复习边对解决问题的思路做简要的解答,解答课始人们手捏鸡蛋为何难碎的物理原因,最后通过小游戏"改变自己对地面的压强"结束本课。

学生认真聆听、思考、在学习单上做标记,参与回顾、梳理全课所学的内容、方式方法与体会经验,参与解决共性问题,内化"压力与压强"复习与应用素养。

学生通过这一环节,加深了对"压力与压强"知识点的理解;锻炼了参与合作梳理归纳"压力与压强"复习内容与方式方法和听取教师梳理概括共性问题、讲解重、难、疑点化解复习中的共同困惑的能力;促进了课尾集中小结和关注单元知识体系重点、难点、易错点之良好习惯的养成。

(三) 课后(2步)

这是指学生课后先独立梳理、总结、记录作业中"亮考帮"的内容,再在小组中分享各自独学与独练过程中感受最深、受益最大、最为欣赏、自己的新发现等内容("亮"),自己弄懂了但是觉得别人可能存在困惑的地方,用考题的形式表述出来,来挑战同学("考"),对自己不懂、不会的地方或想了解的内容,用疑问的形式表述出来,在组内讨论时求助于同学("帮"),以深化对"压力与压强"单元复习内容的理解;锻炼独立梳理、总结、记录作业中"亮考帮"的内容,对学习过程、体验的优势与亮点进行凝练与分享、评价的能力,以及对不足与困惑之处进行反思、判断、求教与互助、探讨的能力;促进复习过程中"独合结合"开展"亮考帮"良好习惯的养成。

1. 学生独立完成课后习题(第9步)

这是指课后学生独立判断,选择教师科学、规范地设计的拟做必做题和选做题,独立、按时完成选择的作业,注意检查和纠正错误,积极参加下次课始的全班交流、听取教师随机激励与引导和整体反馈全班作业情况,及时独立巩固"压力与压强"单元知识体系,提高独立应用单元复习知识技能完成课后选做作业的能力,促进课后及时、独立、保质和注意自查、作业纠错和参与班级交流反馈良好单元复习之作业良好习惯的养成。教学片段7如下:

片段7：学生课后独练(15分钟)。

教师借助多媒体、"压力与压强"课后独立作业单和口头说明,布置自己设计的体现梯度性、易错性、选择性的学生课后作业15题(其中必做题10题,选做题5题),要求学生课后独立完成所选题,下次课始将组织作业交流与评价。

学生独立观、听、阅、思;课后,进行选择,按时、独立完成所选作业;进行自主检查,发现和纠正错题,思考与分析错题原因。

被叫学生下次课始,借助课后作业单、多媒体和口头说明,参与全班交流;听取教师随机激励与引导和反馈的全班作业选做率、按时率、准确率、规范性和创意率等情况。

学生独立听、思，内化。

通过这一步，一是激发了学生课后独立完成作业的兴趣；二是学生及时巩固了"压力与压强"的复习内容；三是有效地锻炼了学生课后独立、按时完成所选作业，进行自主检查、发现和纠正错题、思考与分析错题原因的能力，以及借助作业单、多媒体和口头说明，参与全班交流独立作业体会与经验、听取教师随机激励与引导、反馈全班作业、注意反思与合理吸收师生交流与反馈情况的能力；四是让学生在完成作业中产生新的疑惑，促进了主动尝试探索后续复习内容、开展小组讨论和全班交流、进行深入思考、课后独立进行作业反思、改进良好作业习惯的养成。

2. 作业"亮考帮"（第10步）

这是指课后学生在小组中将各自总结的学练过程中自己感受最深、受益最大、最为欣赏和有一定新发现的内容，向同组成员"亮"出自己作业中的这些闪光点，基于自己弄通的但预计同学存在不足的内容尝试"考"同学，对自己作业记录中存在的困惑主动求助组内同学"帮"自己解决困惑，听取教师的随机激励与引导，以激发学生主动分享自己作业优势，提高独立作业与"考""帮"同学的成就感；在同学互助中解决独立作业中的疑难问题，增进合作精神；促进学生课后作业中主动思考、梳理和总结"亮考帮"的内容和课中主动参与"亮考帮"交流分享、互帮互助良好作业习惯的养成。教学片段8如下：

片段8：学生下次课始参与"亮考帮"交流（5分钟）。

学生根据教师围绕"亮考帮"的要求，先在小组内进行课后独立选做作业完成情况的相互交流与评价；再在全班参与交流自己作业的"亮考帮"内容；听取教师的随机激励与引导，解决作业中的困惑。

学生通过这一步，消化了知识，认识到了自己复习与作业的优势，提高了独立作业与"考""帮"同学的成就感；能够正视自己作业中的不足，主动相互求教，在同学互助中解决了独立作业中的疑难问题，增进了合作精神；促进了学生主动参与"亮考帮"交流分享、互帮互助良好作业习惯的养成。

三、实效与反思

（一）实效

1. 学生自主复习与应用素养方面

从教师对学生课前小组讨论共同构建概念图和小组合作完成课前实验探究预习情况的批阅与了解、对课中完成六步（听讲及观板书、独学、独练、参与小组讨论、参与全班交流、听取教师总结）的参与性和学练、交流的速度和质量、对课后学生独立作业的批阅和对下次课始学生参与"亮考帮"的观察可知,学生的"压力与压强"单元自主复习和应用素养得到了较为明显的提升。

(1)自主复习意识方面

较好地培养了学生独立复习的意识、小组合作复习与交流的意识和复习中学用结合的意识。

一是学生独立复习的意识普遍增强。如,学生课中主动对"压力与压强"的知识体系进行梳理、参与独学、独练、小组合作讨论和参与全班交流中的独立吸收、反思内化等,都促进了不同实施步骤中独立复习意识的普遍增强。

二是学生合作复习意识普遍增强。一为学生在"压力与压强"单元复习的课前通过完成两步任务,促进了课中六步的学练与讨论交流,因而普遍感受到了课前小组合作梳理"压力与压强"单元知识体系和尝试小组合作完成课前实验探究对课中复习的重要性,增强了课前小组合作复习梳理单元知识体系与开展实验探究与交流的意识。二为课中听讲、独学与独练后,参与小组讨论和全班交流,进一步增进了全体学生合作复习的意识。三为课中和下次课始的全班交流独学、独练和课后独立作业时"亮考帮"的情况,体验了单元复习中同学之间相互交流"亮考帮"和进行互帮互助的价值,因而明显强化了全体学生合作复习的意识。

三是学生复习中学用结合的意识普遍增强。如,课前,学生借助思维导图、表格等小组合作梳理"压力与压强"单元知识体系,借助知识体系尝试开展小组合作探究小实验;又如,课中,学生借助课前梳理和课中听讲的单元知识,尝试应用于独学、独练、梳理、概括、总结与记录、交流"亮考帮"的内容,提升了单元知识的关联化、系统化、科学化、简洁化的建构与应用于解题、自主监控、反思与改进的意识;再如,课后与下次课始,学生借助课前与课中复习的单元知识和提升的能力,课后独立完成课后必做与选做题、参与下次课始的"亮考帮"内容为主的交流,再次强化了学生复习中学用结合的意识。

(2)自主复习知识方面

一是学生通过"三程·十步"的独立为辅、小组和全班合作为主的学、练、议、助、享的过程,"压力与压强"的单元知识逐步达到了结构化、系统化、科学化和简洁化地逐步熟悉、加深理解、加以建构的程度,也方便了随机调用。二是学生对于当堂对分的实施基本流程类知识有了初步的了解与价值感受。三是学生对对分课堂中的"亮考帮"的含义、操作基本要求和结合"压力与压强"的单元复习如何具体加以运用的知识有了初步的体验并增进了对其价值的认同。四是学生对于本课"三程·十步"的单元复习整体步骤有了感性的体验和理性的初步把握。五是学生再次熟悉了借助思维导图、表格等复习、梳理、概括、调用和记录学习过程的基本做法和增进了对其学用价值的认同。六是"压力与压强"单元自主复习的这些知识体系,切实巩固了复习成果,增进了学生对其迁移运用价值的认识。

(3)自主复习能力方面

主要培养了学生"三程"参与"压力与压强"单元知识自主复习和应用的能力。具体表现如下：一是锻炼了学生课前小组合作借助思维导图和表格等梳理、概括、交流和借以进行探究小实验的能力。二是课中六步，培养了学生自主听授、根据课中学习单和教师引导独学、独练、独理的单元知识梳理自主应用能力，以及参与小组讨论与交流"亮考帮"为主的优势与不足、小组成员互帮互助解决疑难的合作能力，还有课后独立选题、及时、保质完成必做题和选做题、进行自主检查与纠错、分析错因的能力。三是下次课始的作业反馈，再次锻炼了学生参与小组和全班讨论与交流课后作业"亮考帮"为主的优势与不足、小组成员互帮互助解决疑难和在教师引导下现场解决新疑的自主应用能力。四是初步培养了学生单元复习结合对分课堂实施基本流程、作业"亮考帮"实施基本流程、"三程·十步"单元复习整体实施基本步骤的单元复习之基本程序性能力。五是有机促进了学生的物理核心素养的发展。

（4）自主复习良好行为习惯方面

一是学生课前参与小组合作借助思维导图与表格等梳理、概括和交流"压力与压强"单元知识的"四化"习惯初步养成。二是课中主动独立听授、运用"压力与压强"单元知识体系独学、独练和课后独练的良好习惯基本养成。三是学生课中根据独学、独练的"亮考帮"结果参与小组讨论和全班交流单元复习中的优势与不足、互帮互助化解复习练习中的困惑之良好习惯初步养成。四是学生在本单元复习时遵守对分课堂、"亮考帮"和整体复习的实施基本步骤单元复习之良好程序性习惯初步养成。五是"压力与压强"单元复习的对分课堂中每个环节都有目的明确、任务明确、指向性明确的要求，学生知道什么时候该做什么事，容易形成良好的根据"三明确"进行自主复习与应用的良好单元复习行为习惯。

（5）自主复习兴趣方面

本课基于"双自"教育，尝试运用对分课堂模式、"亮考帮"模式和"三程·十步"进行"压力与压强"的单元复习，这样的模式的基本流程，对学生既有新鲜感，又具有针对性、规范性、科学性，因而提高了学生"三程"参与"或独或合"复习的兴趣。另外，"压力与压强"单元复习对分中，师生是复习共同的主体，教师与学生的关系、学生与学生间的关系融洽，彼此对复习过程都抱有更为积极的体验心态，学习的动机主要是同伴激发、自我激发，使学生越学越开心、越有成就感，这些都强化了学生的学习欲望，激发了学生单元知识自主梳理、强化与应用的兴趣。

2. 教师研究素养方面

一是提升了教师的主题式案例研究素养方面。二是对对分课堂及其"亮考帮"和"三程·十步"的实施基本步骤、意义价值有了新的认识和运用体验。三是大大提升了教师的研究教材和教学资源、举措的素养。四是强化了教师主题式案例之主题、框架、细节材料之间需要互相匹配和"三程·十步"之每程、每步须有明确的含义、实化的实践过程和对应的实效的意识。五是教师在成果总结和修改完善定稿的过程，在与浦东教发院科研专家曹明老师的互动讨论、研读其修改提示、直接修改材料等过程中，逐步体会到了语言表述的确切化、规范化、简洁化和各部分中间注意匹配化、互证化的重要性，并努力尝试着这样做。

（二）反思（略）

四、意 义 揭 示

本课的教学实践，取得了较为明显的实效，主要意义如下：

（一）符合对分课堂的理论

本课物理单元复习中实施"三程·十步"，采用当堂对分和隔堂对分的模式，符合对分的讲授原则、精细加工原则、独学模式、小组讨论和全班交流模式（结合案例过程的所做实效和原理阐释略）。

可见，对分课堂不仅切合教师与学生的心理需求和特征，也符合教育与学习心理规律，把新课程改革和核心素养的最新理念落实到物理单元复习中，可以发挥出比纯粹讲授或纯粹讨论更大的威力，达到更好的物理单元复习效果；学生的"双自"多元复习和物理核心素养也可得到有机发展。后续，笔者将继续开展这方面的探索。

（二）较好地发挥了"三程"学生独立和小组合作相结合整合实施"十步"进行单元复习"五性"优势

即学生学习的主体性、复习流程的趣味性、单元知识梳理的"四化"性、知识梳理与实际应用结合的实践体验性、"三程"复习实效和"双自"单元复习与应用素养提升的高效性（具体阐释略）。

参考文献

[1] 张学新.对分课堂：中国教育的新智慧[M].北京：科技教育出版社，2016.

[2] 张学新.对分课堂：大学课堂教学改革的新探索[J].复旦教育论坛，2014(5)：5-10.

[3] 上海市教育委员会教学研究室.中学物理单元教学设计指南[M].北京：人民教育出版社，2018.

[4] 黎雪，陶丽兰.核心素养导向的初中物理单元复习课4+N教学模式应用——以"声音与环境"单元复习课为例[J].广西教育，2022(10)：14-17+33.

[5] 王美生.初中物理单元复习课教学优化设计探究[J].新课程导学，2012(14)：66.

[6] 周瑜.初三学生体育中考项目理想成绩和健体兴趣：在"独合结合"多元实践体验式学习中提升[M]//杨龙，曹明，杨蕾.基于独立学习与合作学习相结合的教学方式研究案例选.上海：同济大学出版社，2022：154-161.

[7] 张成.学生自主想象作文素养：在"三程·十二步"实践中得以逐步提升[J].浦东教育研究，2023(9)：24-27.

学生"双自"口风琴乐曲赏析与演奏素养：在整合实施当堂对分等"十式"中得以逐步提升

——以七年级《我的祖国》教学实践与分析为例

杨一帆（上海市蔡路中学）

一、背　景

《义务教育艺术课程标准（2022 年版）》对第三学段（6～7 年级）"独奏与合作演奏"的学习任务有明确的学业要求，即要求学生能够掌握所学乐器的基本演奏技巧，包括但不限于节拍、节奏、速度控制、多声部合作等，同时应在演奏中融入个人的情感体验，使音乐更具感染力和生命力，能用乐器编创和表现短小音乐作品，并客观分析、评价自己和他人的演奏，每学年能演奏稍具复杂性的乐曲 1～2 首等。

在实际器乐教学中，口风琴作为一种易于掌握且富有表现力的乐器，深受我校学生欢迎。但学生在乐理知识的掌握、演奏技巧及自主学习能力等方面仍存在不足。其一，部分学生的基础技巧掌握得不够扎实，导致吹奏时出现节拍、节奏等方面的问题。这是学生的音乐理论基础知识较薄弱及对指法技法的了解不够深入所致。其二，学生在口风琴演奏中的表现力还有待提高。他们往往能够准确吹奏出音符，但在情感表达、音色处理等方面却显得较为生硬和单调。这可能与他们对音乐的理解和感受能力不足有关。这需要学生通过更多的乐曲分析和吹奏实践来加以提升。其三，学生在器乐演奏方面的多声部乐曲表现力也需要加强。在合奏中，部分学生过于关注自己的演奏，而忽略了与其他声部的配合和协调。这会导致整体演奏效果的不和谐，影响整首乐曲的演奏质量。

基于上述情况，笔者在参与学校"基于'双自'教育的对分课堂实践研究"区级课题实践探索时，于 2023 年 5 月 17 日下午第 1 节，在初一（2）班为该班学生执教了《我的祖国》一课的口风琴演奏实践，通过探索张学新教授提出的"对分课堂"理论中的当堂对分式之"三个阶段"（讲授、内化和吸收、讨论），根据学科基本情况，将环节调整为教师精讲、独立学习、小组讨论与练习、小组展演与评议、师生归纳与合奏（"五步"）；并结合运用其他"九式"，即精讲说明式、课堂学习单式、"三程"笔记式、信息技术式、独立学习内化式、实践操作式、榜样引领式、成果展评互学式和随机激励式（与当堂对分式合称"十式"），组织学生进行独立与合作相结合(简称"独合结合")的口风琴演奏学习,提高学生口风琴演奏的乐理知识与演奏技巧,同时有机提升"双自"(自主学习和自主管理)能力和习惯。

二、实　　践

(一)教师精讲:《我的祖国》乐曲分析和演奏中的四个重难点(15分钟)

鉴于当堂对分的精讲时间由张学新教授建议的20分钟压缩为15分钟,教师从借助"三式"(信息技术式、课堂笔记式和口头说明式)入手加快精讲进程,通过单向教授的方式引导学生深入分析《我的祖国》的乐曲结构、调式、节拍节奏和情感表达,重点梳理大附点节奏、前八后十六节奏、颤音、穿指、跨指的指法技法,并通过微课视频多角度展示技巧,学生仔细观察教师弹奏颤音、穿指、跨指的演奏要点,初步内化弹奏颤音、穿指、跨指的基本概念与演奏要点的知识链,激发学生后续在口风琴吹奏实践中实现对旋律精准演奏的兴趣,强化学生听取教师精讲时的主动参与复习、答问意识与笔记意识。

片段1:乐曲分析。

首先,教师通过多媒体播放2023年国庆特别节目中,中国科学院合唱团、银河少年电视艺术团、北京音乐家协会合唱团共同表演的《我的祖国》演出视频,这版三团合唱的《我的祖国》情深谊长,气势恢宏,表达了人们对祖国的无限眷恋和深情厚谊。其次,教师口头介绍该作品的创作背景和文化意义:该曲为1956年的电影《上甘岭》的插曲,由乔羽作词、刘炽作曲、郭兰英演唱,这首歌唱出了志愿军战士对祖国、对家乡的无限热爱之情和英雄主义的气概,它超越了电影插曲的身份,成了中国人民表达爱国情感的重要载体,也成了中国音乐文化的重要组成部分。再次,教师出示单声部乐谱,要求学生跟随钢琴视唱主旋律,提醒学生用正确的发声方法演唱,做到声音圆润、情感饱满。最后,教师出示二声部乐谱,对作品分析中需要使用的知识板块(如乐曲结构、调式、节拍节奏、情感表达等)进行系统且简短的复习(并不言明答案,为后续学生独立完成课堂学习单做好留白)。

学生独立观三团合唱的《我的祖国》,听教师介绍作品的创作背景和文化意义,有感情地随钢琴视唱单声部主旋律,体悟作品所表达的爱国情感和文化内涵;通过对作品二声部乐谱知识的分析和复习,引发对作品的结构、调式、节拍节奏、情感表达的思考。

实效简析:教师在授课中发现,学生状态非常专注且兴趣浓厚,这是由于上述过程更加直观地使他们感受到了乐曲的旋律和情绪,增强了他们单声部旋律的视唱能力,初步体悟出作品所表达的爱国情感和文化内涵。通过对作品二声部乐谱知识的分析和复习,引发了学生对作品的结构、调式、节拍节奏、情感表达的主动思考和提高了对乐曲的思维辨析能力;提升了学生主动参与二声部视唱演奏,把握节奏型和指法技法的探索兴趣。

片段2:复习强调演奏中的重难点问题(节奏型和指法技法)。

教师方面,其一,借助多媒体出示二声部乐谱,口头说明梳理后的《我的祖国》中出现的四个重难点:大附点节奏及其变体、前八后十六节奏、颤音和指法。其二,复习节奏型知识,为唱谱做准备。即出示板书,通过节奏图示的书写和师生节奏跟唱来巩固前大附点节奏"前长后短"、前八后十六节奏"长短短"的特点。其三,将学生分为两个声部,跟随教师的钢琴伴奏分别视唱各自声部的乐谱,熟悉单声部旋律。接着,根据该曲声部上出现的先轮唱再合唱的特点,指挥学生进行二声部合唱,并提醒学生感受主旋律在两个声部间来回交替的层次感,为后续的二声部合奏的协调性打好基础。其四,复习颤音,为学生独立学习阶段的弹奏难点练习做准备。即教师先是带领学生回忆颤音的演奏方式是将主要音和上方邻音进行快速、均匀、交替的演奏;接着,通过教师自制的微课视频,在大屏幕上多角度展示弹奏颤音的方法和技巧;同时,提醒学生注意指尖的站立和触键的位置。其五,复习指法技巧,为独立学习阶段的弹奏流畅度做准备。即教师先是在大屏幕的乐谱上做标注,呈现乐谱中所有需要运用穿指、跨指来弹奏的音;接着,通过教师自制的微课视频,帮助学生回忆穿指和跨指的基本概念和演奏方法。

学生独立观赏、阅读、聆听节奏型知识和旋律复习,借助笔记本进行复习和记录,为正确演唱和演奏作品打好基础;跟随教师的钢琴演奏,熟悉各自负责的声部旋律,感受多声部乐曲的层次感和丰富性;边仔细观察教师弹奏颤音和指法技法的演奏要点,边默默在桌子上进行模拟练习,初步内化弹奏颤音、穿指、跨指的基本概念与演奏要点。

实效简析:在以往的口风琴教学实践中,部分学生由于缺乏对节奏型知识、装饰音和指法基本概念与演奏要点系统的复习和巩固,导致经常在实际演奏中出现节拍、节奏等方面的问题。在本片段中,一是教师借助五步精讲举措,弥补了这些不足;二是学生既能认真独立观赏、阅读、聆听节奏型知识,又能借助笔记本进行复习和系统地记录重难点,多数学生还能边仔细观察教师示范弹奏的颤音、穿指、跨指技法要点,边默默在桌子上进行模拟练习,状态很是投入,从而初步内化了弹奏颤音、穿指、跨指的基本概念与演奏要点,为下个环节的结合口风琴的独立学练做好了基础知识和基本技法的准备;三是强化了学生听取教师精讲时的主动参与复习、答问、模拟练习意识与笔记意识。

(二)独立理、编、记、练(8 分钟)

即教师借助"二式"(课堂学习单之表 1 和课堂笔记的记录),引导学生独立梳理《我的祖国》的乐曲结构、调式、节拍节奏、情感表达和节奏创编五项音乐要素,并记下自己的问题与困惑之处,学生再在"三式"(信息技术式、实践操作式、随机激励式)的引导下,通过观察微课视频和 GIF 动图中的重难点演奏示范,进行颤音、穿指、跨指的模仿,并完成各自声部的口风琴独立吹奏练习;锻炼学生独立完成《我的祖国》音乐要素的梳理、节奏创编、记录困惑、用口风琴弹奏颤音、穿指、跨指的实践能力和提升对文化内涵的自主理解能力;促进在独立学习环节的借助"五式"引导,积极思考、阅读笔记、回忆所学、根据要素指引和描述要求进行梳理、记录良好习惯的养成。

片段3：学生独立完成课堂学习单（表格）梳理、创编节奏和记录困惑。

教师出示课堂学习单，要求学生根据教师精讲和课堂笔记来独立梳理"六要素"之符合"描述/分析要点"的提示，记录在"学生填写区域"（含为乐曲创编一段2小节的节奏伴奏）；对在梳理过程中遇到不确定或疑惑的点，可在后续小组讨论与练习环节，向同学和老师请教求助。完成时间为2分钟。

学生独立听、思、忆；根据教师精讲内容和课堂笔记中的乐理基础知识整理，独立完成《我的祖国》课堂学习单（表1），即学生根据教师设计的"表1　《我的祖国》口风琴教学课堂学生独立梳理和创编节奏学习单"，对"乐曲结构、调式、节拍节奏、情感表达、节奏编创、我的困惑""六要素"，根据"描述/分析要点"的提示，在"学生填写区域"做相应的梳理、记录。

表1　《我的祖国》口风琴教学课堂学生独立梳理和创编节奏学习单

《我的祖国》课堂学习单		
学生姓名：		
学习项目	描述/分析要点	学生填写区域
乐曲结构	填写乐曲的总体结构，如ABAB、ABA、回旋曲式等	
调式	填写乐曲的调式类型，如大调、小调、民族调式等	
节拍节奏	填写节拍类型，如4/4、3/4等；填写节奏特点，如密集、宽疏等	
情感表达	要用怎样的情感演奏该曲？观察通过哪些音乐元素来表达？	
节奏创编	自选节奏型为乐曲创编2小节4/4的伴奏，注意该伴奏与乐曲的契合度	
我的困惑	自己在"乐曲结构、调式、节拍节奏、情感表达、节奏创编"五项要素梳理或创编方面有何问题与困惑？	

教师注意巡视，做随机观察、询问和激励与引导。

相关学生听取教师随机激励与引导，内化。

实效简析：一是教师观察到学生在此过程中表现出高度的自主性和专注度。二是借助课堂学习单式之表1和课堂笔记式，锻炼了学生独立复习、回忆、对照笔记、对应表1的引导，对《我的祖国》口风琴中"乐曲结构、调式、节拍节奏、情感表达"四项音乐基础知识和创编节奏，根据"描述/分析要点"的提示，在"学生填写区域"做相应的梳理、记录和表达创意的能力。三是锻炼了学生独立反思、梳理和记录前"五项要素"整理结果或节奏创编中的问题与困惑之自主管理学习结果的能力；引发了学生后续主动参与独立尝试口风琴吹奏实践操作的兴趣。

片段 4：实践操作。

师：此前，老师已将颤音、穿指、跨指技法这三种实践性较强的吹奏重难点的技法以微课视频的形式进行了精讲，为了方便大家在实践练习过程中反复观看具体操作，我把微课视频中这三个技法的精华片段制作成了 GIF 动图，在多媒体乐谱对应的重难点旁自动反复播放，大家在用口风琴练习时，可以重点看一看视频中颤音、穿指、跨指的实际运用后，再进行模仿练习。

学生独立听、阅、观、思；在乐谱上标记出大附点节奏及其变体、前八后十六节奏、颤音、穿指、跨指这几处重难点，提醒自己在用口风琴吹奏的过程中避免错音、错节奏这类错误的发生；独立练习吹奏各自负责的声部，弹奏中遇到难以吸收的重难点部分，可以观察屏幕上反复播放的重难点指法技法 GIF 动图，如依旧无法解决，则举手寻求教师单独辅导。

教师注意倾听、观察学生的独立练习情况，对举手的学生做随机辅导；根据学生练习的情况，进行随机激励。

实效简析：一是学生由于有先前的颤音、穿指、跨指方面的技法知识为基础，又在乐谱上标记出了大附点节奏、前八后十六节奏、颤音、穿指、跨指等重难点，再加上根据教师提示先观看了这些重难点的演奏视频，有效避免了独立练习中的常见错误，从而逐步理解并内化了颤音、穿指、跨指的基本概念和演奏要点，使得口风琴演奏能力有了显著提升；二是学生在遇到难以掌握的重难点时，会首先通过观察屏幕上反复播放的重难点指法技法 GIF 动图进行模仿练习，无法解决时才会主动举手寻求教师帮助，提升了他们自主思考、进行吹奏技巧过程监控、调整改进吹奏技巧的独学实践管理能力；三是教师在巡视过程中，给予个别指导并进行随机激励，对独学成果突出的学生进行即时表扬，激发了学生对学弹口风琴的热情，形成了积极向上的课堂氛围。

（三）小组讨论与排练（8 分钟）

教师借助"二式"（课堂学习单式、榜样引领式）将学生按性别与口风琴演奏水平混合分为四人一组，安排有器乐基础的学生成为该组的"小老师"，对课堂学习单表 1"六要素"进行讨论与汇总，解决学习单填写和创编过程中出现的困惑，学生再借助实践操作式对《我的祖国》进行口风琴二声部合奏的初步实践和听取教师随机激励式鼓励与引导，以深化对作品的音乐要素和文化内涵的理解；锻炼学生小组合作完成上述任务能力，提升口风琴演奏技能；锻炼小组合作解决记载中的困惑和排练中出现的声部配合问题，加强反思调整，改进表 1 记载的困惑和口风琴二声部合奏技巧，提升对学习过程的自主监控与改进管理能力；提升后续参与班级分享记载成果、参与展演二声部合奏效果和根据标准(表 2)进行互评的兴趣。

表 2 《我的祖国》乐曲分析、节奏创编小组梳理记载
分享和口风琴二声部合奏展演互评标准

展演小组成员:			评价者:	
评价项目与说明 (分)			评分要求: 符合(18～20); 较符合(15～17); 一般(12～14); 较少符合或不符合(0～11)	评语
课堂 学习单 (40)	乐曲分析 (20)	对乐曲各方面分析具有正确性和完整性		
	节奏编创 (20)	节奏谱写的规范性和乐曲契合度		
二声部 合奏 (60)	技术准确性 (20)	旋律演奏的准确性		
	声部协调性 (20)	合奏音量的平衡度 节奏节拍的一致性		
	舞台表现力 (20)	情感表达的丰富性 舞台表演的积极性		
特色 加分 (30)	加分理由:		特色明显(27～30); 较明显(22～26); 一般(18～21); 较少或无(0～17)	
评语 参考 (优点/ 改进 意见)	乐曲分析:对乐曲分析准确,情感理解深刻/分析不够全面,需要细化内容。 节奏编创:谱写规范准确,与乐曲风格契合度高/节奏时值不符合 4/4 小节要求。 技术准确性:演奏技巧准确无误,颤音和指法运用得当/注意提高演奏的连贯性。 声部协调性:音量平衡控制得当,整体和谐统一/某一声部音量过响,须调节。 舞台表现力:小组成员的表演自信且富有积极性/注意表演状态的松弛度			

评价说明:① 满分:100 分;② 各组评价权重:一致,满分都是 100 分;③ 特色加分的处理:得分计入总分,但计入后的小组评价分数不得超过满分;④ 分数与等第间的转换:90～100 分为优;75～89 分为良;60～74 分为合格;59 分以下为须努力。

片段 5:小组汇总课堂学习单讨论结果,按小组排练二声部合奏。

师:请大家先按照四人一组混合分组(男、女生和口风琴吹奏水平高、中、低都有)的方式,自愿分组,推选好组长;然后,组内交流学习单表 1 梳理、记录的内容,由小组长汇总,做好参与全班交流和评议的准备;全班学生按要求分成七组、推选组长。

下面以组 1 为例,说明小组讨论和排练的过程:

小老师(作用同"榜样引领式",一般是组长):大家先看看课堂学习单,我们需要从乐曲结构、调式、节拍节奏、情感表达这几方面来讨论《我的祖国》作品分析,节奏创编最后说,谁先来?

生 2:我先说吧。乐曲结构上我觉得是 AB 结构的二段体,A 段柔情优美,B 段气势宏伟。调式我有些不确定,听上去像是民族调式,但看乐谱又不止出现五个音,应该不是五声调式吧?所以,我填了明亮的大调式。

小老师:我来解释一下,你的听感是正确的,这的确是一首民族调式的作品。不过,它出现了六个音,这第六个音在乐理上被叫作清角或者变宫。所以,这首曲子是一首六声的民族调式。

生 3:原来如此,那我也得改一下答案;然后,在课堂笔记上记一下:民族调式不止五声。

生 4:我来说节拍节奏方面吧。这是四拍子,用宽疏的节奏编织出抒情的旋律。

生 3:同意。情感表现这方面,我觉得应该用深情柔美的情绪来演奏这首曲子。但我不太清楚如何演奏出这种情绪。

小老师:你看,谱例上标注了呼吸记号和连音线,提示我们两小节换一口气,并且要连贯吹奏。因为 A 段情绪是抒情的,所以在气息上要慢吸慢呼,你们试试。

学生 2、3、4 尝试吹奏,果然比自己练习的时候好多了!

小老师:再来看看节奏创编,我们每个人把自己创编的节奏用"Da"来唱一下吧。我先来,X X̲X̲ X̲X̲X̲ X | X· X̲ X̲X̲X̲ X |

生 2:X X̲X̲ X X̲X̲ | X̲X̲X̲ X̲X̲ X X̲X̲ |

小老师:我觉得你的编创其实挺合适的(看向生 2);作为伴奏,我的节奏编得太复杂了,不太适合实际演奏过程的编排,你的节奏简单明了,也能契合乐曲的主题情绪(学生 2 很高兴)。

生 3、4:同意。那我们整合一下课堂学习单的回答,等会儿进行小组汇报。

小老师:接下来,我们开始二声部合排吧。大家注意节奏和指法,先轮奏再合奏,所以你们一声部先进(看向学生 3、4),我们二声部晚两拍进来。大家听我给的起始拍。

学生跟随小老师的引导,开始尝试合奏。

生 3:我觉得我们的节拍速度还不是完全一致,需要再练习一下。

生 4:我在颤音 6 这里总是跟不上节奏,应该怎么处理?

小老师:你可以先慢一点儿练习,确保每个音符都能准确弹奏;然后,再逐渐加快速度。我们一起来练习这一段,你跟着我的节奏试试。

两人进行针对练习,小老师带领学生 2 掌握节奏后,四人一起重新合奏。

生 2:这次好多了,但我们的音量似乎有点儿不平衡。

小老师：没错，一声部的同学可以稍微控制一下音量，让我们的声音更加和谐。

学生根据反馈调整音量，继续排练。

实效简析：《我的祖国》是一首难度较大的二声部作品，声部上出现了先轮奏再合奏的特点，主旋律在两个声部间来回交替，因此无论是在指法技法还是声部配合方面，对学生来说都是不小的挑战。在本片段中，合作小组学生一是在"小老师"的带领下，解决了独立学习中出现的颤音、穿指、跨指方面指法技法的难点问题，使二声部的演奏变得准确和流畅了；二是逐步掌握了合奏的节奏和音量控制问题，提高了对多声部乐曲的层次感和多样性的认识；三是通过合作学习与交流，展现了良好的团队合作精神和互助学习的态度，学会了倾听和接纳他人的意见。

（四）小组分享、展演与评议、互学（6分钟）

这是指学生借助"三式"（课堂学习单式、实践操作式、互评互学式）进行小组汇总后的课堂学习单表1记载成果分享和二声部合奏的实践展示，其他小组根据分享与展演情况按照表2评价标准进行评议，提出优点和改进建议，每个小组在听取评议后，进行自我反思，提出改进方案，教师注意借助随机激励式对优秀展演小组予以表扬和鼓励，锻炼学生小组合作分享讨论、梳理的《我的祖国》"六要素"记载成果、二声部合奏的展示和参与互评互助的能力，提升二声部作品声部配合的协调性；进一步加深对《我的祖国》音乐知识、所表达情感和合奏要领的理解；提高小组合作分享记载成果和合奏成功的成就感与自信，激发后续参与小组合奏演练和展演的兴趣；锻炼学生对小组分享记载成果、二声部合奏展演、互评中问题和建议的主动反思、吸收合理化建议与及时改进的自主管理学习结果的能力。

片段6：小组展演和互评、互学。

师：接下来，我们进行小组展演。请各小组先分享课堂学习单，再展示二声部合奏，其他小组根据小组分享学习单记载和二声部合奏展演情况，同步完成互评表，并提出意见和建议，课后将互评表交给老师。以下，请按第1—7组的顺序，到讲台处做记载分享和合奏展演。

组1生1：大家好！我们先分享一下课堂学习单。我们认为《我的祖国》这首曲子结构是AB结构的二段体，节拍是四拍子，情感表现需要气势宏伟。

组1生2：调式采用民族调式，情感表现上需要抒情流畅。

组1生3：我们的节奏伴奏是这样的：X XX X· X ｜ XXX XXX X X ｜

组1生4：现在我们开始二声部合奏，请大家欣赏。

组1进行二声部合奏展示，其他小组成员认真聆听并完成互评表。

组2生1：你们的乐曲结构分析很准确。但还可以再详细一点儿，比如，讲讲AB段不同的情感表现。

组2生2：你们的节奏创编很有创意，节奏型的时值和写法上也完全正确。

组3生1：合奏部分有些地方节奏不太一致，不过整体效果还是很好的，特别是气势这一块表现得很到位！

组3生2：我觉得你们在音量控制上做得不错！但是二声部的情感表达可以再多一些。

组1生1：谢谢大家的建议！我们确实需要在段落分析上更详细一点儿。

组1生2：在情感表达上也需要更多的练习，特别是二声部的同学，节奏一致性也需要再加强练习。

组1生3：嗯嗯。我们可以再多练习几次；建议下次可以在排练时使用节拍器，确保每个成员都能准确进入。

组1生4：是的，特别是在合奏时，我们要更加注意彼此的配合，确保情感和节奏都能统一起来。

组1成员进行自我反思，讨论改进方案。

后续小组依此类推；在相关小组交流后，其他六组根据《我的祖国》小组课堂学习单表1记载分享和二声部合奏展演评议表，完成展演与评议。

实效简析： 学生通过小组参加全班分享表1记载成果和二声部的合奏展演与根据标准（表2）互评互助活动，一是在互评过程中提供的评价反馈（如，对乐曲AB段的情感表现和节奏伴奏的创意性评价）有助于改进和完善对作品的理解，体现了学生对音乐理论知识的扎实掌握；二是学生在二声部合奏展示中注意到了节奏和音量的控制，提升了二声部合奏的协调性和统一性；三是学生在听取反馈后，能够自我反思和讨论改进方案，增强了音乐理解和演奏技能，培养了他们的总结反思、自主监控学习过程和合理吸收评价意见加以改进的自主管理能力；四是提高了后续参与班级分享记载成果、参与展演二声部合奏效果和根据标准（表2）进行互评的兴趣。

（五）师生归纳与合奏（3分钟）

教师借助"三式"（课堂学习单式、成果展评互学式、随机激励式）对上一环节的《我的祖国》"六要素"记载梳理结果和二声部口琴合奏展演给出评价，并对优秀分享和展演的小组进行鼓励和表扬，为最佳节奏创编的小组发布"荣誉任务"，引导学生参与本课所学内容和学习方式的梳理总结，学生再借助实践操作式进行《我的祖国》全班二声部合奏，获得"荣誉任务"的小组用打击乐器为大合奏进行伴奏，增强小组记载分享成果、合奏展演和参与全班二声部合奏的成就感和动力；进一步巩固对《我的祖国》"六要素"乐曲知识与技巧和文化内涵的理解；提升参与全班口风琴演奏能力和二声部合奏的协调性，激发学生的学习热情和动力；促进学生课后独立与小组合作反思、监控学习结果、发现问题和主动加以改进之自主管理良好习惯的养成。

片段7： 师评、全班大合奏和师生合作归纳。

首先，教师对各小组《我的祖国》"六要素"记载梳理成果的分享和小组二声部口风琴合奏汇报展演进行精练的评价，对优秀分享成果和展演表现出色的小组给予赞扬，同时对所有学生在展演中所展现出的努力和进步表示认可,为最佳节奏创编的小组发布"荣誉任务";其次,学生在教师引导下自主回忆、翻阅学习单记载和答问,师生共同回顾了本课的重点,包括《我的祖国》的乐曲结构、调式、节拍节奏、情感表达等关键知识、创编的节奏与经验、所用的方式与问题的解决的过程等;再次,在教师的钢琴伴奏下,全班学生按照各自的声部分工进行口风琴大合奏,同时,获得"荣誉任务"的小组成员使用铃鼓、沙锤等打击乐器演奏自己小组的创编节奏,为大合奏进行伴奏;最后,教师在学生合奏中注意倾听和细致观察,对需要改进的地方给予即时的指导和建议。

全体学生同步听取教师的随机引导,进行自主反思,调整自己的演奏。

实效简析:在上述四步的实施过程中,一是通过教师的精练评价和提问引导,学生对《我的祖国》的"六要素"进行了系统回顾和总结,巩固了对乐曲理论知识与吹奏技巧和文化内涵的理解;二是在教师的钢琴伴奏下,全班学生将理论知识转化为实践技能进行分声部大合奏,提升了口风琴二声部合奏的协调性和表现力;三是通过随机激励小组记载分享成果、小组合奏展演和参与全班二声部合奏的优势,尤其是获得"荣誉任务"的小组成员使用打击乐器用自己创编的节奏为大合奏进行伴奏,使学生在学习过程中获得了自主学习的成就感和自信心,促进了学生课后独立与小组合作开展反思、进一步监控演奏情况、发现问题和主动改进演奏协调性、流畅性和情感表现力的自主管理学习结果之良好习惯的养成。

三、实　　效

(一) 学生方面

1. 兴趣方面

教师综合课中观察学生参与表现、课后与个别学生交流和对部分学生课后自主练习口风琴吹奏等情况的了解可知:学生参与课中五个环节时听取教师精讲演示、独学内化、小组讨论与练习、小组记载成果分享、口风琴二声部合奏展演、课尾集中小结及参与全班合奏的学习积极性更甚以往。在当堂对分整合实施其他"九式"的听、观、学、理、记、练、议、展、评和改的过程中,他们不仅体验到了《我的祖国》乐曲的旋律之美,也感受到了与伙伴共同学习的合作之美,这种强互动性的多元化学习方式极大地激发了他们对器乐学习的热情。

2. 知识方面

教师综合学生课中的听讲记录、独学情况、表1"六要素"的小组记录与组际交流、参与全班梳理概括所学内容与体会和经验可知:学生在音乐理论基础知识方面、音乐作品分析方面取得了实质性的进步。因为教师的精讲、视频分析与辑录、引导学生独学、表1的小组记录和讨论梳理、课尾的集中小结,都能够围绕《我的祖国》一课的学习重点、难点,即对乐曲结构、调式、节拍节奏、情感表达、节奏创编"五要素"的音乐知识与技能技巧进行深入理解的学习,即便是第六要素"我的困惑"也是围绕五项要素中梳理或创编方面的问题与困惑提出的(当然,后续还延伸到小组演奏、全班合奏与互评方面的问题),从而大大深化了学生对"五要素"音乐知识、技能梳理与演奏技巧中问题的把握,也加深了对《我的祖国》所表达的文化内涵的体悟,以及对整合实施"十式"在促进自身听、观、学、理、记、练、议、展、评和改的过程中学习方式方面价值的认同感。学生表示,现在他们能够更加自信地分析乐曲,并理解不同音乐元素是如何共同作用来表达乐曲情感的。

3. 能力方面

从教师现场观察学生课中教师精讲内容、口风琴独学练习情况和二声部合学练习情况、二声部合奏展演互评和参与全班二声部合奏展示情况可知:学生一是提高了对《我的祖国》的乐曲结构、调式、节拍节奏、情感表达、节奏创编"五要素"的音乐知识与技能技巧和所表达情感的深入理解能力。二是提高了学生后续四个环节中参与教师预设提问、随机引导阅读、观赏视频、独立练习口风琴、小组讨论记载"六要素"、展示记载成果和小组合练情况与根据标准评价、互助解决问题的积极性。三是教师在精讲环节对变化音、附点节奏、颤音、穿指、跨指基本乐理技巧的细化讲授,使学生在自我练习、乐谱标记重难点和观察屏幕上的示范动图的内化过程中有效避免了口风琴练习中错音、错节奏这类错误的发生,乐曲准确率和流畅度得到了提升。四是在"小老师"的引领下,小组合作解决了独学练习中产生的问题,对二声部合奏有了速度、音量须统一的体悟,并且在后续的二声部合奏展演互评中,在小组展示的反馈评价下,反思和改进展示中出现的声部配合问题,合奏的协调性和统一性得到了再一次提高。五是在全班二声部的合奏展示中巩固了演奏技巧,且由于已对乐曲进行深入的"六要素"分析,全班合奏呈现较强的整体音乐表现力,在乐曲整体情感和力度把握上得到了显著提高。

4. 良好习惯方面

从教师的现场观察、学生听讲时的积极主动性、专注性和记录要点笔记的及时性、借助学习单表1的独立理、编、记、练的有序性、小组讨论借助表1汇总"六要素"讨论结果做好交流准备的充分性、小组参与班级分享表1"六要素"梳理、记载成果和展演二声部口风琴吹奏成果和互评互助互纠表现时的有序性、协调性和自信心,以及参与课尾师生归纳和全班合奏的有序性、协调性和主动性看,这些独立与小组合作、全班合作、师生合作主动学习口风琴知识技能、开展学习情况记载和成果交流、吹奏实践与合奏展评、尝试加强口风琴吹奏学习目标、过程和结果监控的良好"双自"学习行为习惯有了程度不一的提升;基于此,也有机强化了学生的责任感和团队精神;增进了对基于"双自"教育整合实施当堂对分等"十式"学习音乐的愿望。

(二) 教师素养方面

1. 深化了对区级课题、对分课堂理论和主题式案例类成果研究的认识与理解

笔者在参与学校区级课题"基于'双自'教育的对分课堂实践研究"的"双自"对分课堂等"十式"整合实践小课题实施过程中,能积极听取学校聘请的区级课题全程指导科研专家

曹明老师的集体和个别互动指导,能主动学习张学新教授的"对分课堂"专著,尤其是其中的当堂对分实施模式理论和操作要领,能潜心钻研本校教师的主题式案例研究成果实例,从而对区级课题、对分课堂与实例成果有了更深层次的理解并结合用于本专题的实践。

2. 明显逐步提高了对主题式案例类成果的总结素养

在成果总结中,笔者根据与曹老师在校现场互动中的讨论提示和暑期线上反馈中的微信紧密互动提示、修改示范、直接修改和嵌入式的"微指导"(如,在当堂对分五大实践过程环节中对含义的贴切性的修改、过程片段中以当堂大对分模式为总的架构、有机嵌入"本课化"音乐元素和"双自"课题与"十式"举措的务实、细化呈现写法的"微指导"文字提示),自主学习、消化后进行分步修改,得到曹明老师的肯定和指出需要继续完善之处后继续钻研体悟进行再修改,以及在实效环节、意义揭示环节进行回应性修改,从而不断提升自己的学科主题案例成果总结的定题、框架设计、材料收集、具体撰写和务实、匹配修改完善成果的能力。在与专家的互动交流和自己的钻研学习、不断修改与体悟中,逐渐形成了良好的研究和撰写习惯。这些成果总结素养的提升,不仅有助于自身在日常教学中更好地实施"双自"教育理念,也在课题研究素养方面积累了宝贵的经验。

(三)学校方面

一是促进了学校音乐教学方式的改革和音乐教学研究的深化开展。

二是丰富了基于"双自"教育的"对分课堂"之当堂大对分在音乐课堂教学中的迁移运用的实践与理论价值。一为在设置环节上,由三大环节拓展为五大环节;二为在时间分配上,由教师 20 分钟精讲改为 15 分钟,增加了学生独学独练、小组梳理记载练习、全班分享小组实践成果和课尾展评与归纳的时间;三为在归纳的主体上,由教师改为师生合作进行;四为在成果展示后的评价上,提供了基础材料记载的表 1 和评价内容设置简洁、评价要求易把握、评价实施有说明的表 2 之评价标准。这"四个层面"的改进,体现了更多的学生主体性、"独合结合"性、理论结合实践性、注重学习方式方法引导性、艺术学习的强调表现表达性和新课标的"教、学、评"一体性,简称"六性"迁移运用价值。

三是为学校区级课题的主题式案例研究提供了生动的实践案例和丰富的研究素材。

四、反　　思

回顾整个设计、实践与总结的过程,有以下"五个注重"的反思:一要注重研究的细化设计先行,更好引导实践操作和成果总结;二要注重在器乐教学中细化和优化评价方式,提升评价的规划性、准确性和全面性;三要注重坚持对课堂"双自"教育背景下对器乐教学方式方法有效运用的探索,进一步提升学生的演奏素养;四要注重加强多元学习,深入理解学校区级课题的精神,掌握"双自"素养的核心理念,并将其融入日常教学实践中,服务与提升学生的音乐核心素养;五要注重在平时的教学中及时通过对课堂教学的观察和回顾,整理素材并撰写案例类实践研究成果,促进自身的可持续发展,带动学生的可持续发展。

五、意　义

(一) 符合对分课堂的理论

本次主题式案例的探索,基于学校"双自"教育,采用张学新教授提出的对分课堂理论中的"当堂对分",并在具体实施过程中进行带有自己个性化的"四个层面"的改进,体现了"六性"迁移运用的理论与实践价值,展现了其独特的优势和显著的实效(具体所做片段与实效简析、促进师生与学校发展的实效,以及迁移价值的体现见上文相应内容)。

综上所述,本次教学实践由于基于"双自"教育立场和目标,符合对分课堂理论,参照当堂大对分的实施模式进行了有针对性的迁移运用,从而得以有效地提升了学生的自主学习《我的祖国》乐理知识、指法技巧和口风琴二声部合奏的实际演奏技能与艺术表现力为主的自主学习与展评互助能力和自我管理学习目标、过程与结果的自主管理能力,并实现了相应知识、良好习惯和学习兴趣的多元发展,真正达到了"双自"素养的培养目标。

可见,以"双自"教育为基,迁移运用对分课堂理论与实施模式,整合实施其他"九式",可以带来音乐"本课化"学习目标和学生"双自"素养的全面发展,并促进教师素养和学校的发展,更加彰显了结合实际运用理论和实施模式实践的多元价值。

(二) 彰显了"七性"的独特价值

本主题式案例的研究取得了明显的促进学生、教师和学校"三发展"的显效,彰显了基于"双自"教育立场和目标,按照对分课堂的核心"三步"迁移运用为"五步"作为框架整合实施"十式"的实践在提升学生"双自"口风琴素养方面的独特"七性"价值(具体阐释均略)。

1. 丰富课堂教学,提高口风琴学习方式的多样性

2. 强化合作学习,提升课堂互动学习的协作性

3. 优化教学计划,增强口风琴学习的易接受性

4. 关注个体差异,保证练习实践过程中的及时反馈性

5. 教学成效优化,实现口风琴演奏教学的实效性

6. 注重学习方式学法引领,促进学生艺术学习素养发展的可持续性

7. 注重自主钻研、同伴经验内化和专家引领相结合,促进教师教研和成果总结素养提升的渐进性

参考文献

[1] 中华人民共和国教育部.义务教育艺术课程标准(2022 版)[M].北京:北京师范大学出版社,2022.

［2］张学新."对分课堂"：中国教育的新智慧［M］.北京：科学出版社,2016.

［3］吴骏德,曹明.实施"双自"教育　促进自主发展的实践研究［M］.上海：同济大学出版社.2017.

［4］梁雅儒.对分课堂教学模式在中小学音乐课堂中的运用研究［J］.课程教育研究,2018(45)：217－218.

［5］陈曦.《音乐学院技能技巧课"对分课堂"教学模式的研讨与实践》教学圈建设情况报告［J］.乐器,2021(5)：36－39.

［6］万娜."PAD课堂"教学模式在大学《音乐欣赏》课程中实践探索［J］.北方音乐,2020(2)：113－115.

［7］周瑜.初三学生体育中考项目理想成绩和健体兴趣：在"独合结合"多元实践体验式学习中提升［M］//杨龙,曹明,杨蕾.基于独立学习与合作学习相结合的教学方式研究案例选.上海：同济大学出版社,2022：154－161.

学生"双自"班徽设计和展评素养：在"对分课堂"实践和"六式"引导下得以逐步提升

——以"班徽设计"一课实践与分析为例

顾耘禾(上海市蔡路中学)

一、缘　起

(一) 落实美术新课标要求的需要

教育部组织编写的《义务教育艺术课程标准(2022 年版)》(以下简称课标)明确了中学美术课程应围绕核心素养,体现课程性质,反映课程理念,确立课程目标。核心素养主要包括审美感知、艺术体现、创意实践和文化理解。课标同时指出,八到九年级学生能够"创作平面、立体或动态等形式的美术作品,创造性地表达对自然与社会的感受、思考和认识,发展创造性思维能力";学生能"为学校或社区的学习与生活需求设计作品,形成设计意识,增强社会责任感"。所以,本课题以笔者对蔡路中学初二年级学生所执教的"班徽设计"一课为例,围绕新课标将视觉信息传达、生活与设计、工艺传承和环境营造这四项学习内容嵌入具体的学习任务中,倡导学生观察生活、收集素材、合作交流、提炼班级特点,从而进行创造性的表达,体现了新课标中以美育人和重视艺术体验的课程理念。

(二) 发挥班徽独特价值的需要

1. 感染力

班徽作为一种浓缩和精练的美术作品,具有鲜明的形象特征,是班级文化的核心标志,可发挥其对班级成员的价值导向、精神陶冶等教育功能。

2. 亲和力

一个班的班徽生成是需要全班同学一起参与设计、制作、评比出来的,可最大限度地拉近大家的距离,增进同学之间的亲和力。

3. 凝聚力

班徽作为一个班集体的身份标志,象征着大家同属于一个集体,反映班级成员的共同追求和归属,有利于激发学生的集体荣誉感和团队凝聚力。过往的研究表明,毕业后,无论过了多少年,班徽始终是学生对班级最深的团队印象和集体认知。

(三)落实"对分课堂"教学模式和学校区级课题精神的需要

根据上述情况,笔者在参与学校"基于'双自'教育的对分课堂实践研究"区级课题的实践研究时,于2022年9月20日上午第3节在初二(6)班对该班学生采用了复旦大学张学新教授"对分课堂"中提出的"当堂对分"及"隔堂对分"两种模式,课前、课中与课后"三程"整合实施"六式"(自主预习式、多媒体式、当堂和隔堂对分式、设计实践式、展评式、随机激励式),组织学生通过课前自主预习,课中听取教师精讲、独立学习内化吸收、参与小组讨论和全班交流与归纳,课后完善班徽设计的实践式学习和下次课上参与全班展评式学习,了解班徽的意义价值和设计与制作知识;锻炼独立和小组合作、全班合作相结合的(简称"独合结合"或"有独有合")徽章的收集、意义价值和设计知识的听讲学习、独立梳理、班徽设计实践、参与小组讨论、全班展示与评价、课后小组完善班徽设计、下次课上参与全班展示与评价的能力;有机培养学生"双自"班徽设计和展评的相关兴趣和良好的行为习惯,进而提升美术核心素养。

二、融合"六式"的教学实践

(一)课前实施学生自主预习式

学生根据教师的分组要求,组建三个合作学习小组并自主推选组长。教师提供三个不同类型的徽章(人民警察警徽、世界卫生组织会徽、北京大学校徽),由各组组长抽取其中一个作为本组的主题徽章,按组收集对应徽章(警徽、世卫组织会徽和北大校徽)的信息,最后由组长进行整合归纳,做好课中参与全班交流的准备。通过这四步走的过程,锻炼了学生自主收集特定信息的能力,激发了学生小组合作收集、梳理、归纳和准备设计与制作班徽的兴趣,也为提高课堂教学实效奠定了基础。

(二)课中实施"五式"

1. 独立观看多媒体视频导入式

片段1:师生观看徽章视频(约5分钟)。

教师播放视频(学生独立观察)缅怀周令钊先生,介绍周令钊先生生平主笔,以及参与设计的作品:开国大典上天安门城楼的毛主席巨幅画像、国徽、少先队队旗、共青团团旗、中国人民解放军三大勋章(八一勋章、独立自由勋章和解放勋章)等。2019年12月20日,周令钊先生获颁"中国文联终身成就美术家"荣誉称号。颁奖词如是介绍:"人们未必都能记住周令钊这个名字,但每个人都不会忘记或使用过他设计的作品,这就是一个设计家的伟大。"

教师组织学生交流观感。

生1：周令钊先生真不愧是"国家形象设计师"啊！他设计的徽章简洁明了，意义深远，让人过目难忘。我也想试试自己动手设计一枚徽章。

生2：是呀，如果我们的班级也拥有属于我们自己的班徽，那该多好呀！这样，其他同学一看，就知道我们是哪一个班级的了，过了很多年，我们也都还会记得呢。

这一过程，有效地培养了学生独立观看介绍周令钊先生所设计的代表国家形象的徽章视频、参与小组讨论、回答问题的能力和对伟大艺术家周令钊先生的崇敬之情；激发了学生学习班徽设计知识和尝试设计的兴趣；培养了学生课前独立收集新课学习所需特定信息、进行观赏和交流观感的良好习惯。

2. 新知学习当堂对分式(10分钟)

(1) 教师精讲国徽设计

即导入后，教师借助多媒体、口头说明国徽的性质、意义价值，以及新中国国徽的造型特征、色彩特征和其中表达的象征文化和精神内涵，帮助学生明晰从哪几个方面理解徽章设计，引发后续"独合结合"尝试设计班徽的兴趣。

片段2：教师讲解国徽性质、价值和展示我国国徽图案，讲解国徽设计的理念、构成要素和意图(约2分钟)。

师：徽章是艺术现象和相关文化表示某个集体的标志，起着传递信息和表达特定的情感和价值观的作用。国徽是徽章的一种，是国家的标志和象征。

学生独立观、听、思，内化。

教师借助多媒体呈现新中国国徽，口头说明：中国人有种含蓄的文化特质，即托物言志、借景抒情，这在我国的国徽设计上，就有很好的体现。我们看到国徽的造型上，有五颗小五角星环绕一颗大五角星，象征着中国共产党领导下的全国人民的大团结；五角星下方的天安门，则体现了中国人民的革命传统和民族精神，同时也是我们伟大祖国首都北京的象征；还有国徽的外轮廓，是齿轮和麦稻穗，象征着工人阶级领导下的工农联盟。国徽的色彩上，选用正红色和金黄色互为衬托对比，体现了中华民族特有的喜庆色彩，既庄严又富丽。国徽是民族的象征，也是代表国家的徽章。

学生独立观、听、思，内化。

学生通过这一过程，明白了国徽的性质和意义，了解了新中国国徽的造型特征、色彩特征和可从哪些方面把握徽章设计的要领；领悟了我国国徽所表达的象征，以及革命传统、民族特色和精神内涵；引发了后续"或独或合"尝试设计班徽的兴趣。

(2) 学生内化吸收，组内深度交流

即学生组内讨论交流课前所分的三个小组分别收集的"三类徽章"的设计理念、构成要素和意义，进一步巩固徽章设计知识；为参加全班交流做好准备，引发后续尝试设计班徽的兴趣；提升合作精神，营造积极和谐的课堂环境。

片段 3：学生组内讨论交流课前分组所收集的"三类徽章"的理念、要素和意义（约 6 分钟）。

师：请小组长来为我们介绍课前分组收集的优秀的徽章设计作品，注意围绕设计理念、构图要素和象征意义进行交流。

组1：我们组要为大家介绍的是我国的警徽设计。它是由国徽、盾牌、长城、松枝这四个元素组成。我们组认为，国徽是国家的标志和象征，表明人民警察是国家法律的捍卫者；盾牌是人民警察的象征，表明人民警察具有保卫人民安全的神圣职责；长城象征人民警察是维护社会秩序和国家安全的钢铁长城；松枝象征人民警察的坚韧品质和战斗意志。

组2：我们组要为大家介绍的是世界卫生组织会徽设计。大家可以从造型上看到，它是五大洲球形图上，蛇盘绕着权杖，外圈绕以橄榄叶的图案。我们组在网上查询资料得知，在古希腊传说中，有名神医阿斯克勒庇俄斯手持盘绕着灵蛇的神杖，云游四方，治病救人。因其医术高明，为人善良，特别受人拥戴。于是，后来出于对神医和灵蛇的崇敬，便以蛇绕神杖作为医学的标记。神杖表示云游四方，为人治病，灵蛇则是健康长寿的象征。

组3：我们组要为大家介绍的是北京大学校徽设计。在造型上，为篆体"北大"两个字上下排列，其中上部的"北"字象形化成背对背侧立的两个人像，而下部的"大"字象形成一个正面站立的人像，有如一人背负二人，构成了"三人成众"的意象，设计理念在于要以人为本。这是第一次把中国书法用于校徽设计上，透出一种浓厚的书卷气和文人风格。我们组后来查询得知，北大校徽的设计者是鲁迅先生，他不仅是一位文学家，还是一位优秀的设计师。此后，书法成为校徽设计的一个重要元素。色彩上，北大校徽确定了特定红色为标准色。后来，也流传了"有一种红是北大红"的说法，让校徽的设计更具识别性。

师：同学们讲解得都很详细。通过对警徽、世卫组织会徽和北大校徽三枚徽章设计的分析和解读，你们认为好的徽章构思与设计有什么共同点呢？

生1：它们的造型都比较简练，一目了然，大家一看就能大概猜到是什么组织的徽章，很容易识别，也很容易让大家记住。

生2：徽章在一定程度上代表着某个国家、某个政府或某个组织，所以，它的设计要充分地体现出某个国家、某个政府或某个组织的人文风情和精神内涵。

（3）教师示范校徽设计过程

即教师通过借助多媒体呈现多样化的校徽和对校徽设计主题（理念）、步骤、技巧做精心讲解，展示如何结合文化元素、美术元素和校园要素进行创意设计，使学生直观地了解班徽设计的主题、步骤（定形、布局、图文）、技巧（文字、字母、字体和颜色的选择等）和如何彰显创意，进一步引发学生后续独立进行班徽创意设计的兴趣。

片段 4：教师以校徽设计为例，进行设计主题、步骤和技巧的讲解（约 2 分钟）。

师：首先，我们要确定徽章的主题寓意，把握大体形状（圆形、三角形、梯形、菱形、不规则形等）。比如，我设计的我们学校的校徽，采用圆形来象征全校同学团结一心。其次，从刚刚同学们讲解的徽章设计作品中,我们能归纳出组成徽章的基本元素,也就是图案、文字、图文结合。接下来,我们就要根据设计主题、文化内涵,确定构成元素,进行合理布局。在确定了基本内容后,紧接着要确定各元素的颜色,因为不同的颜色代表了不同的含义。在这个过程中,我们要根据主题内容确定色彩搭配,比如说,红色代表激情,绿色代表青春,蓝色代表天空和梦想。

图 1 和图 2　教师设计的校徽

师:我设计的本校校徽(图2)中间的绿色抽象人物,由字母"C"和"L"结合而成,代表学校名字的缩写和象征色。人物的头部选择红色,代表学生热情饱满。这个人物在跑步,象征着活力、进步和积极向上的精神。人物的身后设计一圈近似无限符号的黄色图案,代表着金灿灿的、拥有无限可能的未来,寓意是学校和教师对学生的期望。整体造型上简洁明了,色彩上明亮突出,希望大家在学校的学习和生活中,都能够积极向上,追求卓越,拥有一个光明的未来。

学生专注观、听,同步思考、内化设计要求。

这一过程,使学生直观地了解了校徽设计的步骤、要领和技巧,包括主题、理念、步骤(形状、布局、图案)、技巧(文字、字母、字体和颜色的选择等)和如何彰显创意;引发了学生跃跃欲试进行创意设计班徽的兴趣。

3. 当堂合作创作实践式(20 分钟)

片段 5:教师借助多媒体呈现学生按小组须当堂创作的班徽实践式作业,讲解完成要求(约 2 分钟)。

教师借助多媒体呈现(结合口头说明)小组须当堂创作的班徽实践式作业内容和要求:

(1)创作内容

① 按原来的小组,为自己的班级设计一个班徽,图案要既能很好地反映班级的特点,又简洁美观,易于为大家所理解。

② 班徽设计完成后,下方写上本组的设计意图,300 字左右。

(2) 创作要求

① 相关性:班徽设计应反映班级文化和核心价值观。

② 挑战性:需要有一个以上的校园或班级元素,积极向上。

③ 开放性:色彩鲜明和谐,造型简练美观。

三个合作小组学生独立观、听;思考创作内容和创作要求,讨论设想,合作确定班徽拟表达的主题和拟用的主体图形;请组内一位绘画水平较高的同学担任绘画主创,完成主体图形的构图布局、相关具体图案的勾勒,配上合适的色彩;请书法有特色的同学书写合适的文字;请写作水平较好的同学写设计意图说明。在此过程中,其他组员都要为小组班徽的创作出谋划策。

教师加强巡视、观察;做随机询问、激励;做个别辅导。

相关小组学生听、思;做相应改进;内化。

当堂独立创作实践式的实施,有效地锻炼了各合作小组成员根据所学的徽章设计知识和教师提出的班徽创作内容与创作要求,开展合作实践操作,创作反映班级实际、引领班级文化和核心价值观发展的个性化班徽的能力;培养了课后加强小组合作评价和反思、完善班徽设计、做好下次课上交流准备的能力和良好习惯;增强了小组运用徽章设计知识合作创作班徽的成就感、创作兴趣和合作精神。

4. 隔堂对分展评式与随机激励式

片段 6:学生分组展示班徽和进行自评、互评,观与听教师展评(约 10 分钟)。

师:大家的作品基本都已经完成了,下面请同学们按组到讲台处来介绍自己小组所设计的班徽。同时要注意以下几个重点:首先,造型是否简练美观、反映主题;其次,是否符合班情、体现班风;最后,线条是否流畅,色彩是否反映主题,绘画完成度如何。

图 3 第 1 小组的班徽

组 1:大家好!我们组的班徽的中心有一个土堆,上面长出了一株像数字"6"的绿色植物,象征着成长和希望,同样也代表了我们 6 班。植物上方,一道彩虹跨越,两端各连接着一片云朵,代表着我们班的多样性和团结性。彩虹上方是一个太阳,象征着知识和光明。植物的下方装饰了一些类似翅膀的图案,象征着自由和梦想。整个徽章被一个黄色的五边形包围,代表着我们在学校的保护下可以自由生长。总的来说,我们组设计这个班徽的意图是希望我们在知识的阳光下,团结协作,充满希望,自由成长。

其他组生 1:哇,这个班徽设计得真好!这株生机勃勃的绿色植物太有创意了,让我有一种想悉心守护它、看它茁壮成长的样子的冲动。这个班徽能让我们更加团结,更想好好建设和爱护我们的 6 班。

其他组生 2：我也觉得这个设计很不错！特别是在组 1 同学们的设计意图解说下，我对这个设计有了更深的理解。不过，我觉得如果能在颜色上再做一些调整，可能会更好。比如说，我们可以把彩虹设计成七彩的，这样看起来会更加鲜艳、活泼，而且更能体现我们班同学们的多样性。

组 1：谢谢大家的建议！我们会把班徽的颜色设计得更丰富一些，让它更加鲜艳、活泼。再次感谢大家的支持！

组 2：大家好！我们组班徽的主体是一颗爱心，爱心的内部是花和叶子巧妙地组成了数字"6"，代表着我们 6 班。花的颜色有红色、橙色、黄色、绿色和蓝色，代表着我们班同学的多样性和丰富性。我们的班级宣言是"给点儿阳光就灿烂"，因此，画中加入了阳光元素，象征着希望与光明。爱心上长出了一双翅膀，代表着我们梦想的翅膀，爱心下由两只手捧着，寓意是在教师和父母的关爱与支持下，如同双手托起了我们的梦想。我们想表达的是：我们班在充满爱的环境中共同成长，积极向上。

图 4　第 2 小组的班徽

师：非常好！你们组的设计很有创意，而且充满了象征意义。爱心和翅膀都很好地体现了我们 6 班友善和向上的一面。五个不同颜色的花瓣和绿叶的组合也展示了我们班的团结和力量。我很欣赏你们组的设计。不过，如果可以的话，我有一个小建议。你们觉得我们能不能把班徽的形象画得更简洁一些或加入一些文字元素？这样，可以更好地让大家记住，也让班徽更有活力。你们觉得这个建议怎么样？

组 2：谢谢顾老师的建议。我们组会继续深入讨论修改方案，让它更加简洁精练。班徽代表着一个班级的形象，我们一定会让班徽尽善尽美。

隔堂对分展评式与随机激励式的实施，有效地锻炼了各组学生合作展示各自创作的班徽、参与组内自评和组际互评、听取教师选评的能力，增强了学生班徽合作展评的成就感、兴趣和客观评价、互促互改的意识和合作精神，进一步巩固了徽章和班徽创作的知识和技能，提高了学生合作反思、听取小组互评和师评意见、注意改进本组班徽作品的自主监控、调整、改进意识。

三、主 要 成 效

（一）学生方面

1."双自"班徽设计与展评素养

（1）兴趣方面

学生参与班徽设计和展评的兴趣浓厚。原因如下：其一，是徽章的审美和文化因素具有吸引力。一是徽章的审美因素具有吸引力。徽章一般都具有独特的造型,其构图布局、具体图案、颜色、文字等元素的有机组合所具有的美感,吸引着学生的审美关注。二是徽章的象征意义因素更具有吸引力。徽章往往蕴含了大量的历史和人文因素,学生在查阅徽章信息时,会主动了解徽章背后的历史故事和文化内涵,例如徽章上的图案、颜色、文字等象征意义,能激发学生主动学习、探索的兴趣和创作的兴趣。其二,徽章知识,尤其是班徽知识的主动收集和听取教师精讲知识及设计要领引发了自主创作的兴趣。学生通过参与课前小组合作收集三类徽章(警徽、世卫组织会徽和校徽)的信息、课始参与全班分享预习成果、课中听取教师精讲徽章设计知识和教师介绍为所在学校设计的校徽实例,为学生后续的班徽创作奠定了知识基础,无不跃跃欲试。其三,学生课尾的小组合作创作班徽的实践体验基本满足了其将所学徽章与班徽知识化为实际行动与具体作品的愿望。其四,课后学生参与小组合作自评、反思、改进,保持了班徽创作实践的兴趣。其五,学生小组合作参与下次课中的隔堂对分环节班徽作品的展示、互评和听取教师评价,使本次学习、实践体验与展评活动兴趣达到了高峰。其六,"三程"结合、"独合结合""当堂对分"与"隔堂对分"结合、线上与线下结合、班徽知识学习与审美交流结合、徽章与班徽审美理论与班徽创作实践结合、作品展示与评价结合(简称"六个结合")——这样多元结合的丰富的学习方式,由于有对分课堂为纲加以串联、以"双自"素养和美术核心素养为指向引领,深深吸引了学生的注意力,始终保持着对徽章和班徽知识学习、班徽创作实践、讨论分享、反思监控、修改完善和作品展评的兴趣,从他们在课中热烈的讨论氛围中可以看出学生对徽章设计的兴趣之大。

(2)知识方面

本课(含下次课中的隔堂对分)学生"双自"班徽设计与展评知识的拓展,主要有六:一是在课前,三个小组分工收集三类徽章作品、设计说明、意义价值,学生在参与组内观赏与讨论交流中,初步体悟了如何赏析徽章的知识。二是学生在课中两次独立听取教师精讲中,对徽章与班徽的设计知识有了较为集中和全面的了解。如,学生掌握了班徽设计要考虑主题寓意、班级实际、文化元素,造型特点需要关注简洁性、可识别性和象征性,班徽设计还应合理运用色彩、文字,使其更加鲜明生动,并能够与所代表的班级形象相匹配,最后,须有设计说明。三是学生在课中小组合作创作班徽的实践中,自主体悟、构建了个性化理解的班徽创作知识。四是学生在课后小组合作自评、反思、改进设计中,强化了自主监控、调整的自主管理学习过程和结果的意识。五是学生在参与下次课中隔堂对分作品展示与评价中,内化了班徽设计、展示、评价的审美和展评知识。六是学生通过小组合作设计班徽活动,对班级文化和学校文化的了解得到了加深,他们的文化素养也得到了提升。

(3)能力方面

本课(含下次课中的隔堂对分)学生"双自"班徽设计与展评知识的能力发展,主要有八:一是课前参与小组合作分工收集三类徽章、观赏和整理归纳做好课中交流准备的能力得到了锻炼。二是课始通过观看周令钊先生所创作的国徽、少先队队旗、共青团团旗、中国人民解放军三大勋章等作品,提升了观察和分析不同徽章的设计风格和特点的能力。三是有效地锻炼了听取教师精讲徽章和校徽设计知识要领、意义价值的能力,以及对所展示与分析的徽章、设计的校徽的观察能力。四是将课前自主收集、观看、归纳和两次听取教师精讲与示范分析的徽章和校徽设计要领、文化元素运用等知识运用到班徽设计实践中,能够根据班级特色、学校文化确定班徽主题和寓意、构思主图形状和整体布局、进行图案的设计,并运用线条、色彩、文字、字母、数字等元素进行创作,提升了创作能力。五是通过课后小组合作自评、反思、修改班徽,培养了自我监控与调整学习结果的自主管理能力。六是在参与下次课中隔堂对分的小组班徽创作成果展评中,培养了合作展示与互相评价小组班徽创作成果的能力和听取教师评价,从展评中撷取有效信息,注意再次反思和自主改进作品的自主管理能力。七是在参与分组沟通和全班交流的过程中,通过讨论、分享,互相启发、答疑,培养了团队和谐合作能力和解决问题的能力。八是培养了借助多元方式理论,联系实际开展"双自"班徽设计与展评学习的能力。

（4）习惯方面

本课(含下次课中的隔堂对分),有效地培养了学生以下七种良好习惯:一是课前小组合作收集三类徽章信息、合作观赏讨论、梳理归纳做好课中交流准备的课前自主预习习惯。二是课中两次听授中,集中注意力、认真观听记、回答教师提问的良好习惯。三是将所学的徽章和校徽知识运用于作品合作赏析、小组合作创作班徽实践、课后小组合作自评、反思、修订班徽、下次课始积极参与全班展示、互评和听取教师评价的良好习惯。四是在小组讨论和参与全班分享交流中,积极参与讨论、交流,认真倾听他人的意见,回应询问质疑,提出自己的想法,自主进行反思,从中撷取有效信息,自主改进作品和思考如何完善交流展评的良好习惯。五是锻炼了在规定的时限内完成课中班徽创作的时间管理习惯,并注意保证设计质量。六是在"三程"进行徽章、校徽分组收集、观赏、课中听赏教师精讲与分析示范、小组合作创作班徽、参与展评班徽设计作品中,锻炼了进行批判性思考、追求更为完美的艺术表现表达的良好习惯。七是培养了"六个结合"多元方式下开展"双自"班徽设计与展评知识"学—赏—创—展—评"一体化自主学习,理论与实践相结合的良好学习习惯。

2. 学生美术核心素养(具体内容略)

（二）教师方面

1. 主题式案例研究素养

笔者一是学会了如何确立研究主题。即研究主题需要基于"三情"＋的依据(学情、课标、教材依据分析和可加其他依据的分析)、区级课题"双自"教育的要求、张学新教授对分课堂模式的要求,定位学生相关"双自"素养(本课题中为学生"双自"班徽设计和展评素养)的发展目标,选择对分课堂的相关模式(本课题中为当堂和隔堂对分模式)和其他相关举措(本课题中为其他"三式五法")。这样确定的研究与总结主题,既有规范性,又有操作性和实践性,保障了主题式案例研究设计、实施和总结的大方向的成果的质量。二是有效锻炼了主题式案例框架构建和材料整合的素养。在上海市浦东教育发展研究院(简称浦东教发院)原资深科研专家曹明老师的指导下,确定了本主题式案例总结的五大板块,梳理了各板块下细化的提纲,据此自主收集了相应的设计、实践与实效性的材料,注意提炼加工,逐步规范、实化、细化、"干货"化和直达式地表述了各部分的内容,提升了框架体系的规范性、逻辑性、材料的丰富性和成果的可模性。三是提升了成果的创意性,主要有"六个层面":一为简明扼要的第一板块(背景);二为以当堂和隔堂对分模式为纲,串联其他"三式五法",聚焦研究主题,逐步由浅入深、相互匹配,"干货"化呈现各环节的含义、片段过程,落实"双自"班徽设计与展评素养指向的第二板块(实践);三为分类逐步清晰与细化、事实证据丰富和可信、来源有所交代、总体变得规范和立体的第三板块(实效);四为基于主题式案例研究设计、实践与总结视角的、有针对性的"干货"型的第四板块(反思);五为初次尝试撰写的浦东教发院科研专家曹明老师强调的主题式案例第五板块(意义),从符合对分课堂理论模式和若干价值的两大特性进行了总结;六为颇有成就感的成果质量方面——字数:本主题式案例达到笔者自己的案例从未有过的1.1万字;质量:令人满意!笔者在进行大量相关课题文献、本校的"双自"教育已有成果、张学新教授的对分课堂理论、徽章和班徽设计的理论与技巧和曹明老师所分享的主题式案例实例的学习钻研后,将其转换成落地的课程实践;同时,在经历了重新定题、梳理框架与撰写提纲、细化操作要求、收集与梳理实践及实效性材料、具体的撰写、与专家交流互动、逐步完善翔实内容,化虚为实,到最终定稿的整个科学化、规范化的写作过程之后,主题式案例的写作能力得到了有效的锻炼,成果字数大大增加,质量得到了大大的提升,对类似的课题研究兴趣也进一步增强了。

2. 其他专业素养

在备课过程中,笔者多维度地收集、了解、梳理与概括"三类徽章"的知识和意义,提高了资源筛选和再加工的能力;利用多个互联网教学平台,如翻转课堂、慕课(MOOC)等,观看和学习徽章、班徽类的教学视频,向全国范围的名师学习授课经验,从而提升了教学能力。同时,笔者通过交流探访身边其他美术老师的课堂实践,进一步完善了课堂细节,锻炼了协同教研的水平。尝试将主题式案例之主题、"三情"+依据先行、框架与提纲跟进、各板块间和板块内部注意相互匹配,明白表述需要规范、实化、细化和切忌废话、空话、粗话,是笔者最大的收获。笔者已开始在日常教育教学主题教研的设计、实施和总结过程中,尝试着迁移运用。

四、意义揭示

(一) 符合"对分课堂"模式

从上述研究背景、实践过程、教学实效可知,本主题式案例是以对分课堂的当堂对分和隔堂对方模式为纲,串联起其他"三式五法",聚焦研究主题,逐步由浅入深、相互匹配,"干货"化呈现各环节的含义、片段过程,落实"双自"班徽设计与展评素养指向,实现了学生"双自"班徽学习、练习、合作设计、展示与评价意识、知识、能力和良好习惯"四素养"的普遍提升和美术核心"五素养"的一定发展。这是因为对分课堂结合"双自"教育的多元举措,改变了美术教学传统的灌输式学习的模式,既具备传统课堂先教后学的教学理念,又兼具讨论与体验式课堂的生生、师生互动和学生多元实践体验的特性。所以,本主题式案例能够取得较为明显的实效。

可见,基于"双自"教育要求,以对分课堂模式为纲,串联生生、师生互动和学生多元实践体验的方式方法,可以真正落实学生在"三程"学习中的主体地位,从而带来学生素养发展不一样的实效。

(二)彰显了案例研究成果质量一定的创新性

如上文在教师主题式案例研究素养方面的变化所概括的,"提升了成果的创意性,主要有'六个层面'"(具体不再赘述)。

可见,成果质量的创意取得,既离不开前期个人学习钻研与实践,也与总结阶段专家实例分享分析、对主题与框架及提纲构建指导和协助提炼密不可分。作为一线教师,一方面需要加强自身主动自觉的学习修炼、实践和总结;另一方面,也需要主动加强与务实型专家的互动。

参考文献

[1] 张学新.对分课堂:大学课堂教学改革的新探索[J].复旦教育论坛,2014(5):5-10.

[2] 崔敬之.小小班徽作用大[J].中小学教师培训(小学版),1998(6):60.

[3] 周勇.班级文化建设操作纪实[J].教学与管理,2005(10):3.

[4] 陈利.新课标下美术差异教学策略研究[J].成才之路,2020(20):139-140.

[5] 梁思源."对分课堂"理念在大学课程教学中的实践探讨[J].河南教育学院学报:哲学社会科学版,2017,36(5):110-113.

[6] 吴骏德,曹明.实施"双自"教育　促进自主发展[M].上海:同济大学出版社,2017.

[7] 周瑜.初三学生体育中考项目理想成绩和健体兴趣:在"独合结合"多元实践体验式学习中提升[M]//杨龙,曹明,杨蕾.基于独立学习与合作学习相结合的教与学方式研究案例选.上海:同济大学出版社,2022:154-161.

[8] 黄国雨.美术在线教学把握"十步走"提升初中生表现表达素养——以"抗疫公益广告设计"教学为例[J].浦东教育研究,2020(4):42-44.

队员争做自强不息好少年素养：
在少先队活动课实施"三程·九步"引导实践中得以逐步提升

——以"学党的二十大精神、做自强不息好少年" "大对分"少先队活动课过程实践与分析为例

吴杨叶（上海市蔡路中学）

一、背　　景

习近平总书记在党的二十大报告中指出：新时代的伟大成就是党和人民用自强不息的精神拼出来、干出来的。自强不息是中华民族的传统美德，也是中国共产党百年奋斗的历史经验。《中国少年先锋队队章》中明确了少先队的性质：先锋是开辟道路的人，党用先锋为少先队命名，就是希望队员们始终紧密团结在中国共产党的周围，自强不息，永不松懈。

"对分课堂"是我校区级课题"基于'双自'教育的对分课堂实践研究"所倡导的教学模式，其核心理念是课堂上一半时间给学生活动，另一半时间给教师，教师的指导时间不是绝对固定的，也并非一次性的，而是穿插在活动过程的各个步骤的。

《少先队活动课程指导纲要（2021 年版）》中指出：少先队活动课程要突出政治属性，以自主教育、实践教育为基本形式，激发队员的自主意识和创造精神，帮助引导队员主动思考、深入观察、用心体会。因此，笔者在参加学校区级课题的实践研究中，选择了基于"大对分"模式，在少先队活动课中探索实施"三程·九步"的基本步骤，引导队员学习党的二十大精神，争做自强不息好少年。

二、实　　践

本案例以笔者于 2022 年 12 月 15 日下午第二节在初一（2）班日冕中队（简称日冕中队或中队）所上的"学党的二十大精神、做自强不息好少年"少先队活动课为例，概述实践探索的举措与结果。少先队活动课前有两步，课中有四步，课后有三步，一共九步（见图 1）。

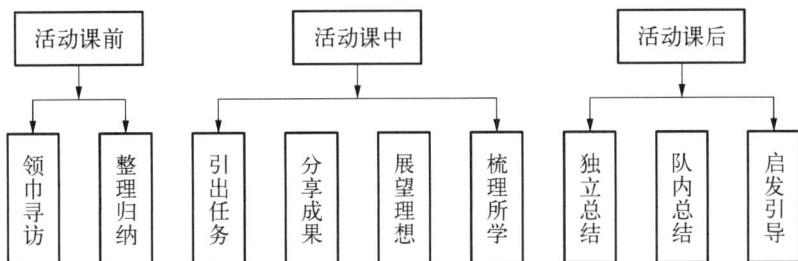

图1 少先队活动课实施"三程·九步"步骤图

(一) 活动课前

1. 寻

这是指在少先队活动课前,队员以组建的小队(日冕中队产生了"大梦想小队"和"小作为小队"两个小队,大梦想小队11人,小作为小队10人,总计21人,推选了各自的队长)为单位,在辅导员的倡议下开展红领巾寻访"二十大的精神学些什么""自强不息的好少年做些什么""学二十大精神和做自强不息好少年之间到底有什么联系"(简称"三个核心问题")活动,参与同伴间的互动讨论倡议活动和听取教师的深层次解读,锻炼队员阅读文本、梳理概括、互议交流、聆听记录的能力;培养队员用通俗易懂的方式分享习近平总书记二十大报告中讲到的"金句"、治国理政小故事、党和人民怎样用自强不息的精神拼出伟大成就的兴趣。

(1) 呈现倡议

寻访活动前,笔者先利用钉钉平台"作业功能"向队员们发起了主题为"学党的二十大精神、做自强不息好少年"的寻访倡议并呈现了倡议书(倡议书内容为"1+2+N",即就寻访内容、寻访途径、寻访形式所提的特别要求:1个引领,2个进入,N种方式);然后,建议大家利用课余自行解读倡议,有疑问的记录在寻访体验卡上并于两天之内在钉钉平台中队群中提问。

(2) 互议倡议

经过两天的自行阅读之后,首先,笔者引导队员们在群内说出自己的困惑;其次,同伴们相互讨论,并就队员所提的问题进行回答;最后,对还不清楚的问题,笔者记录下来作为课上组织探索、解答的题目。

(3) 师解倡议

根据队员的疑问,笔者利用课余做了一次专题解答。笔者先和队员们明确了这次寻访的主题——"学党的二十大精神、做自强不息好少年",并对题目进行了三个层面的分析,即"二十大的精神学些什么""自强不息的好少年做些什么""学二十大精神和做自强不息好少年之间到底有什么联系"。然后,就寻访内容、寻访途径、寻访形式做了三方面的解读,并要求队员们做重点标注。

第一,寻访内容要"巧"。寻访的内容要围绕寻访主题聚焦"一个引领",即聚焦"政治启蒙和价值观塑造"。笔者建议队员们分三个维度展开:一是了解党的二十大召开的时间、地点,用略读+精读的方式读二十大报告,用通俗易懂的方式分享习近平总书记二十大报告中的"金句"或治国理政的小故事;二是查找自强不息的意思和出处,用画说、图说、事说、数说等方式了解党和人民怎样用自强不息的精神拼出伟大成就;三是明确自己的梦想,用演讲、朗诵等方式向辅导员和队员讲述如何做自强不息好少年!

第二,寻访途径要"活"。寻访的途径可以依托"两个进入",即依托线上"学习强国""萌动上海""青年大学习""红领巾爱学习"等平台和线下"15分钟幸福圈""校外少先队组织"等平台开展。由于初中阶段的孩子学业压力大,故建议他们在周末三五好友闲聚时、网上冲浪时,用好这些碎片化时间来开展寻访。

第三,寻访形式要"趣"。寻访的形式要围绕"N种方式",即用故事、摄影、视频、绘画、剪纸等新鲜、好玩、有趣的方式,记录寻访过程中的所感所悟。

在解答的过程中,笔者再三和队员们强调:少先队活动课的主人是少年儿童,组织者是少年儿童,聆听者也是少年儿童,儿童向儿童讲政治,内容必须儿童化,途径必须灵活化,形式必须多样化。

这一环节系列小活动的实施,一是通过辅导员呈现倡议,队员们自主阅读倡议书,理解了"二十大的精神学些什么""自强不息的好少年做些什么""学二十大精神和做自强不息好少年之间到底有什么联系";二是通过同伴间的互动讨论,锻炼了队员们阅读文本、梳理概括、互议交流、聆听记录的能力;三是通过辅导员更深层次的解读,培养了队员们用通俗易懂的方式分享习近平总书记在二十大报告中讲到的"金句"、治国理政小故事、党和人民怎样用自强不息的精神拼出伟大成就的兴趣。

2. 理

这里的理,有两层含义。其表义,是指在队员们有了寻访素材后,引导他们围绕三个核心问题进行有效整理归类;更深层的含义,是指通过整理悟到了哪些道理。

初一的队员敢想敢做,在两周的时间内,"大梦想小队"收集到资料11份,"小作为小队"收集到资料9份。但是,面对多而杂的资料,如何整理成了摆在他们面前的首要难题。

(1) 优选素材

这时,辅导员就要担起引导的重任。笔者首先让两个小队做了连连看的游戏,整理寻访的素材,看看能否和寻访的主题高度匹配;其次,把匹配度高的素材保留下来,无关的素材放在一边或者直接删除;最后,对保留下来的素材再次挑选,紧扣主题,优中选优。以"大梦想小队"为例,他们收集到有关近十年我国在军事、外交、科技、经济、文化等领域取得的伟大成就的图片20张(简称材料1),有关青年乡村医生的故事、青年乡村干部等故事3个(简称材料2),伟大成就的图片显然和查找自强不息的意思和出处,以及用画说、图说、事说、数说等方式了解党和人民怎样用自强不息的精神拼出伟大成就的寻访主题比较符合,因此,辅导员建议他们重点保留材料 1 作为优选素材;而材料 2,与主题关系不大,建议他们可暂时放一边。

(2) 巧现素材

怎样把优选的材料在活动课上巧妙地呈现出来? 笔者给了队员们两种建议。

第一种,图说伟大成就。同样以"大梦想小队"为例,他们的资料中以图片居多,笔者建议他们思考,怎样让图片更能呈现出"中国式"味道? 听了意见,本着让有意义的事情有意思起来的原则,孩子们开始了头脑风暴,有的说把网图画出来,有的说把网图打出来,也有的说把网图剪出来,考虑到剪纸是我国民间艺术的瑰宝,相当具有"中国式"味道,最终他们决定用剪纸来巧现近十年我国在军事、外交、科技、经济、文化等领域取得的伟大成就。考虑到自身的剪纸水平参差不齐,他们邀请了美术教师作为指导教师,协助他们做好这次特殊的作业。最后,他们还把它布置成一个剪纸展览,为后期的少先队活动课做准备。

第二种,事说先锋故事。"小作为小队"在素材优选过程中,把重点放在了了解二十大报告中提及的乡村振兴的惠民新政及了解身边乡村奋斗者的故事上。笔者给了他们两个建议:其一,征用"大梦想小队"暂放一边的有关青年乡村医生、青年乡村干部的 3 个小故事;其二,拟写一个关于乡村振兴和惠民新政的小剧本,然后用自导自演的方式拍成一部微电影。听了建议,队员们情绪高涨,在小队长的带领下,有的认领了编剧任务,有的认领了导演任务,还有的认领了演员任务。通过三次修改和调整,微电影《配出幸福密码》终于迎来了杀青,孩子们别提多骄傲了。

在这一活动中,队员们通过听取辅导员的建议与意见,锻炼了材料收集、材料整理、材料筛选、材料呈现的能力;队员们梳理、概括寻访素材,增强了探索党和人民怎样自强不息拼出伟大成就、乡村振兴和惠民政策、乡村先锋榜样的兴趣;内化了图说伟大成就、事说先锋故事中所蕴含的党和人民自强不息的奋斗精神。

(二) 活动课中

1. 引出任务

这是指活动课一开始,辅导员发起活动任务:10 月 16 日,党的二十大召开。在二十大的报告中,过去十年的成就、习爷爷的"金句"多到数不过来。今天,我们要举行一节特别的队会,分享各小队学习党的二十大精神、争做自强不息的好少年的材料,开展讨论,梳理概括和交流,内化其蕴含的价值。

这一过程简单、明了、直入主题,以任务驱动再次明确了队课的要求,激发起队员们主动参与后续任务的自主意识。

2. 分享成果

活动环节由"大梦想小队"和"小作为小队"的擂台赛组成——每个小队的活动时间为 10 分钟,活动由各自小队的队长主持,辅导员在旁适时点评、总结。"大梦想小队"的活动由剪纸展览、队内分享、沙画点评、破译密码四个步骤组成;"小作为小队"的活动由微电影秀、队内分享、互动点评、破译密码四个步骤组成。

下面以"大梦想小队"活动为例,概述队员们如何以小队为单位,围绕近十年来我国在军事、外交、科技、经济、文化等领域取得的伟大成就进行剪纸展览、队内分享、沙画点评、破译密码四步的实施过程。

(1) 现

即"大梦想小队"的队员们在小队长的带领下,将寻访过程中的图片资料以剪纸的方式在白板上呈现为一个小型剪纸展览,并根据辅导员的建议调整布局、美化版面,以锻炼相应能力,内化剪纸展览内容所蕴含的自强不息的精神。

片段 1:队员呈现剪纸作品(约 1 分钟)。

师:队员们,今天"大梦想小队"和"小作为小队"分别要举行剪纸展和电影秀,两位小队长还发起了一个任务——"解密自强不息"。哪个小队先来?

小队长:当然是我们"大梦想小队"先来。中国有多大,梦想就有多大。古语曾说:"天行健,君子以自强不息。"我认为争做自强不息的好少年,与我们国家的成就是分不开的。二十大报告中,习爷爷就说了,新时代的伟大成就就是党和人民用自强不息的精神拼出来、干出来的。所以,我们小队的成员收集、整理了近十年我国在军事、外交、科技、经济、文化等领域取得的伟大成就,用剪纸来呈现这一派欣欣向荣的场面。下面,请我们小队的队员们在展板上张贴自己的作品。

(2) 享

即队员们结合自己的寻访经历分享自己的剪纸作品,并注意阐述为什么会选择这个题材来进行剪纸创作,其背后蕴藏着哪些伟大成就和精神,以锻炼队员们概要交流剪纸作品所蕴含的成就和精神的能力,增强他们探究近十年来我国取得伟大成就的兴趣。分享过程由"大梦想小队"的小队长组织,一共 6 名队员参与。

片段 2:队员分享剪纸作品(约 3 分钟)。

师:这么多精彩的作品,谁先来介绍一下?

队员 1:近十年,习爷爷多次来到上海,他对上海提出,要打造社会主义现代化建设的引领区。作为生活在上海的小孩子,我感受到我们作为开路先锋应当生生不息,我非常自豪,所以就剪了这幅"引领区"作品。

全体队员在辅导员暗示下鼓掌。

队员 2:过去十年,我们从未停止过对世界的探索,就连高不可攀的珠穆朗玛峰,我们也成功在上面连上了 5G 通信设备。没有这股自强不息的精神,怎么可能! 所以,我的作品叫"5G 连珠峰"!

全体队员自发鼓掌。

队员 3:习爷爷最大的心愿就是打赢脱贫攻坚战。看,"双十一"我们家满满的购物车！这不正是我们脱贫攻坚的成果吗？

全体队员笑，热烈鼓掌！

队员4：我们的硕果还结到了国外。看！这届卡塔尔世界杯，是不是有"满满的中国味"？外国人都赞叹我们自强不息呢！

全体队员点头，热烈鼓掌！

队员5：我觉得更有自强不息精神的还有我们的航天人，神舟十四、十五号不光在空中接力，我听说神舟十四号还带回了稻谷，真想尝尝。这次有一位航天人，准备了25年才上天。你们说说，航天员的上天和归来，是不是为自强不息代言了？

全体队员响亮地回答："是！"热烈鼓掌。

引领区

5G连珠峰

双十一的购物车

中国制造

英雄归来

特殊的军礼

图2　"大梦想小队"队员剪纸作品（部分）

（3）评

即队员以红领巾评论员的身份，就剪纸作品《特殊的军礼》借助沙画的形式，介绍杜富国的英雄事迹和特殊军礼的特殊之处、杜富国这么做的原因、从中学到了什么，进行交流评价，锻炼相应能力，内化全体队员自强不息的精神。

片段3：队员讲评《特殊的军礼》（约3分钟）。

师：谢谢队员们的精彩分享。咦！大家有没有发现，这幅作品的题目很有趣，叫"特殊的军礼"，我想采访一下作者，为什么会想到剪这幅作品？有什么特殊含义？

全体队员思、观，内化。

队员6：他的故事很励志，不仅让我看到了我国在军事、国防上取得的伟大成就，也让我看到了自强不息的军人气质。下面，就由我作为红领巾评论员，用我们小队准备的一段沙画视频解答大家的疑问。他27岁荣获一等功，31岁被授予八一勋章。为了救下战友，他被地雷炸断双手，炸瞎了双眼，他就是排雷英雄杜富国。他出入雷场1000次，排掉2400颗地雷。"你退后，让我来！"是他常挂在嘴边的一句话。可他的英雄战绩也不是与生俱来的，从最开始的训练成绩垫底，再到后来遥遥领先，他只用了一个半月的时间。他常说："没有谁天生就是合格的战士，只有自强不息，勇往直前，才能获得成功。"被炸瞎双眼和炸断双手之后，很多人问他后不后悔？他总是毫不迟疑地说："不后悔。做一名优秀的排雷兵，一直都是我的愿望。如果再来一次，我还是会这么做。因为国家有需要，军人就应该上战场。"

图3　"大梦想小队"队员沙画作品（部分）

（4）解

即队员们首先聆听辅导员的问题，再通过独立思考和两两讨论，聚焦问题，在学习卡上写下答案，最后和辅导员一起解惑答疑，锻炼全体队员相应的能力和内化自强不息的精神。

片段4：队员思考辅导员的问题后解惑答疑（约3分钟）。

师：谢谢大梦想小队。你们用剪纸、沙画等作为切入口，让我们看到了过去十年中国人民逢山开路、遇水架桥的气势。伙伴们，看了这么多，听了这么多，那大家找到密码了吗？老师给大家一点点提示：党的二十大中传递的精神、成就是在谁的带领下取得的？为什么我们会取得这么多的成就？杜富国英雄作为2022年八一勋章获得者，你们从他的身上学到了什么，又该怎么做呢？现在，让我们两两讨论一下，把感悟写在体验卡上，稍后一起解答。

全体队员独立思考，参与讨论，内化要求，准备参与回答。

举手被叫的"大梦想小队"队长：我先来说，我看到了杜富国身残志坚的品质，他把个人命运和国家命运紧紧联系在一起，国家有需要，他就毫不犹豫挺身向前。我很佩服！

队员1：我觉得新时代取得的伟大成就是我们党带领全国人民一起拼出来、干出来的。国家有需要，我们也应该上战场。

队员2：作为一名新时代的学生，我们的主战场是学习。虽然学习的道路很艰苦，但古人就曾用"天行健,君子以自强不息"勉励我们。

队员3:"基建狂魔""绿色中国"……近年来,这些对中国的别样称呼,展现了中国共产党带领中国人民摆脱"东亚病夫"称号的现实,让人看到了一个觉醒的中国。作为新时代的少先队员,未来是我们的天下。我们不仅要好好学习知识,更要勇于面对困难和挑战。

师:同学们总结得很好! 过去十年我国取得的伟大成就,离不开中国共产党的精心设计。中国共产党带领中国人民用自强不息的精神,在经济、文化、科技、国防、外交等一个又一个领域取得了了不起的成就;还常常告诉我们,从小要听党的话。虽然前进的道路难免有坎坷,但就像杜富国说的那样,没有谁天生就是合格的战士,只有自强不息,才能勇往直前。伙伴们,现在找到密码了吗?

队员们异口同声回答:"找到了!"

师:此时此刻,我们是不是可以自豪地说:争做自强不息好娃娃,从小要听党的话!

通过这一活动,一是有效地锻炼了队员们自主布置剪纸展览,用自己的作品分享近十年中国在科技、文化、经济等领域取得的伟大成就的能力,锻炼了队员们呈现素材—分享交流—点评讲解—解惑答疑的能力;二是增强了队员们探究近十年来我国取得的伟大成就的兴趣;三是加深了队员们对党带领我们用自强不息的精神取得伟大成就的情感认同,坚定了从小听党话的初心。

"小作为小队"活动过程,也按现、享、评、解四个步骤实施,具体活动过程略。

3. 展望理想

即队员们通过聆听习近平总书记在纪念五四运动100周年上的讲话后,结合"2035,是这 YOUNG"这一主题撰写TED演讲稿,说出2035年的展望,听取辅导员点赞加油和分享自己的成长故事,锻炼队员们结合总书记的要求、辅导员成长故事蕴含的意义和自己的实际撰写与畅谈理想的能力,发扬自强不息的精神。

(1) 写

即队员们聆听习近平总书记在纪念五四运动100周年上的讲话,结合"2035,是这YOUNG"这个主题独立思考,独立在体验卡上撰写"如何争做自强不息好少年"的TED演讲稿,锻炼结合习近平总书记的讲话和自己的实际撰写理想的能力,内化自强不息的精神。

片段5:队员在体验卡上以TED演讲的方式撰写理想(约5分钟)。

师:队员们,你们是幸运的,你们的未来将伴随着中华民族伟大复兴一路前进。特别是到2035年,你们大学毕业,点亮了可期未来。听了前面习近平总书记在纪念五四运动100周年上的讲话,大家对于怎样争做自强不息的好少年,是不是有了更深的理解和认识? 下面我有个提议,让我们以"2035,是这 YOUNG"为主题,用一个关键词为主线,写下自强不息的畅想或者理想。稍后我们以TED演讲的方式一起来说一说。

全体队员独立听、思、忆、学；尝试在体验卡上撰写理想；做好 TED 演讲准备。

（2）说

即被叫的队员借助 TED 演讲分享自己 2035 年的理想（两个小队各两位队员上台主动分享，其余队员在钉钉交流区分享），锻炼相应能力和内化自强不息的精神。

片段 6：队员现场说出 2035 年的愿望（约 5 分钟）。

队员 1：我是天宇，2035 年，我 25 岁了，医大研三学生。小时候，我想当一名军人，保家卫国。你问我为什么又去学医，支持我的就是为奶奶配药的那段经历。可是我最近遇到了一个烦恼，我想回到农村当一名乡村医生，却遭到了妈妈的强烈反对。妈妈说："辛苦学医这么多年，就希望你能走出农村，你倒好，还要做一名乡村医生，爸妈脸上多没面子。"妈妈的话让我辗转难眠，我理解父母的良苦用心，却不认同他们的说法。于是，我找妈妈深聊了一次："妈，你有没有想过，如果当时没有配药窗口，没有那位乡村医生，奶奶能轻而易举在家门口配到药、治好病吗？人家能做乡村医生，我为什么不能呢？你不是一直告诉我，不要忘了学医的初心吗？现在，我选择回到家乡做一名乡村医生，为的就是担起这个初心呀。我想尽我所能，用所学的专业解决村里老人最后一公里的配药难题。你不觉得这是一件值得骄傲的事情吗？"最终妈妈还是被我说动了。虽然地处农村，条件还有限，但我同样有一个立志报效祖国的大梦想。这就是我的 2035，我用"担当"为 young 添彩！

其他三名队员的分享略。

（3）赞

即辅导员、其他队员在聆听队员的现场演讲后，用言语、手势、目光、表情等形式表达赞扬。以天宇的 TED 演讲为例，笔者用语言和手势为他点赞：我觉得天宇很了不起，不仅知道自己想要什么，而且还有行动。虽然身处农村，但依旧想成为自强不息、报效祖国的好村医。老师为你骄傲（竖起大拇指）！

（4）享

即辅导员向队员们分享自己的成长故事和未来畅想。

片段 7：辅导员分享自己的成长故事和 2035 年的梦想（约 1 分钟）。

师：老师也是一名土生土长的合庆人。天宇的烦恼我也有过。大学毕业那年，爸妈也希望我能走出农村，但我还是毫不犹豫回到了自己的家乡任教。我的想法只有一个，坚守农村，为家乡的教育事业献一份绵薄之力。今年，是我在家乡工作的第 18 个年头，我很开心，我把青春的热血洒在家乡的这片热土上。2035 年，我 53 岁，或许头发早已花白，背脊不再挺拔，但我还是愿意戴上红领巾，以辅导员的身份把党的故事讲给你们听。我会一如既往，尽我所能，做队员们学习知识、锤炼品格、创新思维、奉献祖国的引路人。

全体队员静静地聆听，热烈鼓掌！

全体队员在钉钉交流区分享自己 2035 年的理想与体会。

"展望理想"的四步实施,有效地锻炼了学生结合总书记的期望和自己的实际独立撰写理想的能力,参与现场 TED 演讲和在钉钉交流区分享自己理想和体会的能力,听取辅导员的成长故事和 2035 年的畅想、内化自身理想的能力,参与钉钉留言、点赞、打分和对个人、队员的分享给予及时、客观、公正的反馈和评价的能力;激发了自身和队员间相互学习、主动反思与改进的意识;促进了队员们主动参与点评、结合自身进行反思改进的良好行为习惯的养成;内化了可期未来需要每一位少先队员用自强不息的精神迎难而上的觉悟。

4. 梳理所学

即队员通过独立梳理、总结所学和听取辅导员的总结,锻炼相应能力,内化自强不息的精神和坚定自身 2035 年的理想。

(1) 悟

即队员们借助体验卡独立回忆全课所学,思考活动的体会,形成简单的课堂感悟并参与中队现场或钉钉的分享。

(2) 结

即队员们独立聆听辅导员关于本节课的结语。辅导员首先肯定"大梦想小队"和"小作为小队"的打擂台活动:"大梦想小队"的队员们化身剪纸小能手,用剪纸铺开了党的二十大描绘的美好画卷,悟出了新时代的伟大成就是党和人民拼出来、干出来的,你们找到了听党话的密码;"小作为小队"能够走进社区、自导自演,悟出了乡村振兴的背后,总有一群默默的守护人。大家也许下了从小学先锋、长大做先锋的誓言。同时,你们也解出了学先锋的密码。我们还一起聆听了习爷爷的教导,用 TED 演讲畅想 2035,你们也悟到了立志向的密码。然后,辅导员借此提出希望:愿你们学习二十大的精神,争做自强不息的好少年! 同时,愿你们听党话、学先锋、立志向,争做有中国情怀和国际视野的接班人,为把我国建成富强、民主、文明、和谐、美丽的社会主义现代化强国,时刻准备着!

这一活动,有效地锻炼了全体队员独立梳理、总结所学内容和听取辅导员总结的能力;引发了他们对 2035 年理想的思考,坚定了各自的理想;增强了队员们对党带领我们用自强不息的精神取得伟大成就的认同,坚定了争做自强不息好少年的决心。

(三) 活动后

1. 独立总结

写,即活动课后,队员们独立根据辅导员所发的三个评价表(表略)的引导,对自己的参与过程、实效和展望情况进行分类(按知识、能力、习惯和兴趣"四维度",以及由高到低四个层次)评价,完成的评价表上交小队长整理,在下次活动课上进行专题总结的交流,锻炼相应能力,内化评价要求和自强不息的精神。这一活动,一是拓展了队员们关于表格评价基本要求的知识;二是锻炼了队员们独立反思参与活动过程,根据标准对自己和小组的参与过程、实效和展望情况进行自我分析、寻找亮点与不足、主动撰写心得体会和进行客观公正评价与反思的能力;三是增强了队员们参与队活动课获得的成就感;四是养成了课后及时自主总结学习过程、体会与经验和进行必要的展望的良好行为习惯。

2. 队内总结

炼,即小队长根据队员记载的评价表的情况先逐个整理汇总,再审核提炼队员中的优秀作业,最后将本队的评优结果给辅导员,作为中队评优争先的过程性资料;同步准备少先队活动课专题总结分享会,并邀请辅导员参加。

3. 启发引导

引,即辅导员根据队员们的自评和队内的互评再做口头启发引导。

片段 8: 辅导员口头引导。

辅导员:队员们通过寻访伟大成就、学习先锋榜样,树立了坚定的志向——学习党的二十大精神,争做自强不息好少年。本次专题总结与交流队会,流程清晰,交流内容丰富,体会真切,具有一定的新意,队会整体效果显著。相信大家对于党的二十大的精神有了更全面的了解,对于争做自强不息的好少年的立场更为稳固,对于 2035 年的愿望更为坚定。

全体队员独立听、忆、思、内化。

通过听取辅导员口头总结,结合前两步的活动,一方面提高了全体队员参与活动后总结、交流与评价的成就感;一方面,促进了队员们独立与小组合作及时进行回顾、总结与反思、改进之良好行为习惯的养成;另一方面,队员们普遍增强了对党和国家的崇敬感和信任感,内化了自强不息的精神和 2035 年的愿望,增强了当下学习的动力。

三、实　　效

(一) 队员方面

1. 激发了学习党的二十大精神的兴趣

一是活动课前,队员们通过收集素材、整理素材,在队员合议、师生共议过程中,初步引发了初探"党的二十大精神"学什么的兴趣;二是活动课中,队员们通过呈现素材、表现素材,在队员互动、师生互动的过程中,逐渐激起再探"党的二十大精神"怎么学的兴趣。三是在活动课后,队员们在提炼素材、归纳素材、参与交流与评价、听取辅导员老师总结引导的过程中,进一步激发起为什么学"党的二十大精神"的兴趣。

2. 提升了争做自强不息好少年的能力

队员们在大量的图文阅读、事迹聆听、总结交流、互动评价中,了解了新时代的伟大成就是中国共产党带领我们用自强不息的精神取得的,了解了乡村的幸福生活是身边榜样先锋用自强不息的坚守换来的,初步增强了自我教育能力;通过 TED 演讲,了解了可期未来需要每一位少先队员用自强不息的精神迎难而上,并进一步提升了自我表达能力。

3. 增强了热爱党和国家的朴素情感

"学党的二十大精神、争做自强不息好少年"少先队活动课以中、小队的组织形式开展活动,队员们在实践活动中有所收获(包括兴趣、能力、情感),又通过总结会内化、感悟、提升。队员们在巧、活、趣的氛围中分享习近平总书记二十大报告中的"金句"、中国近十年取得的伟大成就及新农村建设的伟大成果,多角度看到了党和人民用自强不息的精神拼出幸福未来,增强了对党和国家的崇敬感和信任感。

(二)辅导员方面

1. 提升了案例撰写能力

在主题式案例的研究和总结中,笔者一是提升了案例类成果的总结能力;二是能挖掘案例片段,进行案例撰写;三是能归纳案例实效,进行分类总结;四是能定位案例观点,阐释意义所在;五是能搜集参考文献,自主分类阅读。

2. 促进了课题研究素养

此次研究,帮助笔者聚焦了少先队活动课的核心,对标了少先队活动课程与对分课堂的途径。在今后的课题研究中,笔者要做到三个加强:一要加强理论学习和实践操作方面的实化;二要加强事先设计与事中指导的细化;三要加强局部经验与成果总结的内化,以促进课题研究素养的提升。

3. 厚植了政治价值底蕴

在设计"一课时"少先队活动前,笔者自主阅读党的二十大报告、寻访红色基地、学习少先队活动课程等,提升了政治素质,促进了对"'一课时'少先队活动"存在意义与价值的领悟,学会了用儿童化的语言向少先队员讲好儿童化的政治,擦亮了鲜红的政治底色。

四、意　义

(一)符合少先队活动课的性质和对分课堂的理论

本次主题式案例探索研究的"三程·九步",基于学校倡导的"双自"教育,融入张学新教授所提倡的"对分"模式,符合少先队活动课程的性质。少先队活动课的性质是以实践教育为基本形式,队员们在辅导员的指导下自主设计、自主活动,辅导员对少年儿童进行政治启蒙和价值观塑造的跨学科实践性课程。"双自"教育的理念是引导队员学会自主学习,"对分课堂"的核心是一半时间给队员活动,另一半时间给辅导员,辅导员的指导穿插在活动过程中。这三者的核心理念都是以队员为主,辅导员在旁做辅助引导。

本活动课前的"领巾寻访、整理归纳"两大步、活动课中的"活动环节"四大步的实施过程、活动课后的三大步都涉及了"大对分"的理念与实施模式。

可见,符合少先队活动课性质的"对分课堂"模式,相比传统课堂更能调动队员们自主设计活动和自主参与活动的热情,从而激发队员们学习党的二十大精神的兴趣,提升争做好队员的能力,增强热爱党和国家的朴素情感。这种队员自我教育的模式,值得继续加以探索。

(二) 彰显了少先队活动课基于"大对分"模式实施三程·九步在引导队员做自强不息好少年方面的独特价值——"四性"

1. 价值引导的政治性

本案例有着少先队独特的专业属性,即聚焦政治启蒙和价值观塑造。课前,辅导员就向队员们发起了红领巾寻访的倡议;课中,队员们用小队 PK 的形式呈现寻访素材,用画说、图说、事说、数说等方式了解了党和人民怎样用自强不息的精神拼出伟大成就和幸福生活。可见,紧紧围绕少先队的主责主业,进行积极有效的政治引领是激发队员学习党的二十大精神的兴趣、提升争做自强不息好队员觉悟的有效举措。

2. 活动落实的组织性

整节少先队活动课以少先队特有的中队、小队的组织形式展开,充分发挥组织育人的优势。课前,队员们在小队长的带领下找寻、整理寻访素材,其间大家互相配合,取长补短,在较短的时间内了解了党的二十大精神;课中,两个小队进行 PK 赛,知晓了党的二十大精神的主要精神和成果;课后,队员自评、队内互评进行总结分享会,明白了党在新时期提出的奋斗目标和美好愿景,为将来投身中国式现代化建设做好准备。可见,以中、小队组团锻炼、混龄合作的大队分模式学习党的二十大精神,帮助队员克服了单打独斗学习的胆怯心理,也改善了辅导员上课唱独角戏的现象。

3. 活动形式的实践性

实践教育是少先队组织的鲜明特色,上述片段告诉我们,队员们不论是主动获得关于党的二十大精神的内容,还是在辅导员的指导下争做自强不息好队员,实践有着其不可替代的作用。

4. 活动内容的儿童性

纵观课前寻访和课中的七个片段,辅导员始终面向全体儿童,遵循新时代少年儿童的成长规律。一是体现在活动时间上,把一半时间(甚至超过一半时间)留给少年儿童;二是体现在活动内容上,用童言童语的方式讲政治,视角儿童化,途径灵活化,形式多样化。

总之,本活动课的设计和实施,激发了队员们学习党的二十大精神的兴趣,提升了争做自强不息好少年的能力,增强了热爱党和国家的朴素情感。

参考文献

[1] 张学新."对分课堂":中国教育的新智慧[M].北京:科学出版社,2016.

[2] 刘志平."对分课堂"教学模式教学评价体系的构建研究[J].课程教育研究,2018(52): 143.

［3］黄国雨.美术在线教学把握"十步"提升初中生表现表达素养——以"抗疫公益广告设计"教学为例［J］.浦东教育研究,2020(4):42-44.

［4］全国少工委.少先队活动课程指导纲要(2021年版).中少发〔2021〕3号.

［5］姚佳慧.队员主题式辩论活动素养:在少先队辩论赛活动中提升——以少先队活动课"网络语言对汉语言文学的影响"辩论赛活动时间与分析为例［M］.上海:同济大学出版社,2024.